夏炎 主编

中古中國的女性與社會

南开中古社会史工作坊系列文集

中西書局

图书在版编目(CIP)数据

中古中国的女性与社会：南开中古社会史工作坊系
列文集三／夏炎主编. —上海：中西书局,2023
ISBN 978－7－5475－2060－4

Ⅰ.①中… Ⅱ.①夏… Ⅲ.①中国历史－中古史－妇
女史学－文集 Ⅳ.①K240.7－53

中国国家版本馆 CIP 数据核字(2023)第 004051 号

中古中国的女性与社会：
南开中古社会史工作坊系列文集三
夏 炎 主编

责任编辑	吴志宏
装帧设计	黄 骏
责任印制	朱人杰
出版发行	上海世纪出版集团
	中西书局(www.zxpress.com.cn)
地 址	上海市闵行区号景路 159 弄 B 座(邮政编码：201101)
印 刷	上海肖华印务有限公司
开 本	700 毫米×1000 毫米 1／16
印 张	21.25
字 数	316 000
版 次	2023 年 8 月第 1 版 2023 年 8 月第 1 次印刷
书 号	ISBN 978－7－5475－2060－4／K·420
定 价	88.00 元

本书如有质量问题,请与承印厂联系。电话：021－66012351

教育部人文社会科学研究重点研究基地南开大学中国社会史研究中心资助

中央高校基本科研业务费专项资金资助

目　录

性 别 制 度

女 性 书 写

女 性 生 活

女 性 政 治

附　　录

性 别 制 度

从汉礼到唐律：中古性别制度建构概说

高世瑜

汉唐时代历来是中国历史上为人瞩目的时代,对于妇女/性别史来说,这也是一个颇值得重视的时代。如果说先秦是华夏文明的初创时期,那么汉唐正是其成熟时期。中国古代规范男女地位与两性关系的性别制度同样如此,正是在这一时期得以建构成熟,并确立了正统地位,成为此后千年不易的统治思想、法规准则与社会主流价值观念。

中国古代的性别制度初始主要体现于"礼",主要依靠对人的教化实施,强制性与惩戒功能较弱;其后则由礼入法,从伦理秩序、道德准则进入法规制度,礼法合一、"以刑护礼",从而得到强化。流传后世千年不衰的"礼",大体形成于周,成熟于汉,由汉至唐正是礼制得以确立并完成由礼入法的时代,因而在性别制度建构史上具有重要意义。①

一、礼与性别制度溯源

在中国古代,成文的性别制度最早体现于"礼"中。"礼"作为中国特产,在妇女/性别史上至关重要。它不是法规制度,却有着强大的约束力。如孟德斯鸠所论:礼兼具宗教、道德和法律属性,"他们把宗教、法律、风俗、礼仪都混在一起。所有这些东西都是道德……这四者的箴规,就是所谓礼教"②。

---

① "性别制度"或可作"性别秩序"。前者似更多意味着成文与强制性;后者含义应更广,可以是一种约定俗成、不成文的社会规范,如果作此解释,它应该形成更早。由于"性别制度"已为人公认与常用,本文仍以"制度"统称之。

② ［法］孟德斯鸠著,张雁深译:《论法的精神》,商务印书馆,1961年,第313页。

"礼教"成为决定妇女身份地位、两性关系的至高法则,在历史上影响深远,近代以来曾受到严厉批判。

从考古发现和古文字记载看,至迟到殷商时代,事实上已经有了男女性别的等级区分,或者说已经有了性别秩序,但是成文制度尚不明确。严格意义上的性别制度应该形成于周,其标志便是"周礼"的出现。后世流传"周公制礼"说,或说孔子是"礼"之理论祖师。无论其起初是否周公本人所制,但礼产生于西周时代应无疑问;此后至春秋战国时代,通过儒家孔子等人的倡导阐释,周礼又得到进一步强化。应该说,"礼"并非性别制度之始,它是为维护既有秩序而制定的。

礼,原本是祭祀神祇或祖先的礼仪。在最早的文字殷商甲骨卜辞中,"禮"即为礼敬祭祀神祇、祖先之意。左面的"示"即神或祖先,右面的"豊"即祭祀的礼器(或说"曲"为容器,可能是酒器;"豆"应是盛肉的器皿)。殷商时代,社会崇重鬼神,"殷人尊神,率民以事神,先鬼而后礼",故有学者认为,最初的"礼"并非形成于周,"周礼"是继承殷商而来。至周代,"周人尊礼尚施,事鬼敬神而远之,近人而忠焉"①,说明周人尊礼更近于人事。可能从商至周,礼有一个演化过程,从敬神礼仪逐渐演化成为人的道德行为规范。后世或将"礼"释为履,东汉许慎《说文解字》称:"礼,履也,所以事神致福也。"②即履就是祭神之礼。清人则根据《周易》进一步解释说:"履,足所依也。引伸之,凡所依皆曰履。"③履已有了足所依的鞋之意,由此又引申为人所依从的规则。从中似可窥见,"礼"从祭神礼仪逐渐被引申为人的行为规制的线索。

祭神之礼何以逐渐演化为规范人的行为的制度? 除了祭祀礼仪日益神圣化、规范化,必须严格规定人的礼节行止外;更重要的是,在古代贵族社

---

① (汉)郑玄注,(唐)孔颖达等正义:《礼记正义》卷54《表记》,(清)阮元校刻《十三经注疏》,影嘉庆南昌府学刊本,中华书局,2009年,第3564页。

② (汉)许慎撰,(清)段玉裁注:《说文解字注》卷1《第一篇上》,影嘉庆经韵楼刊本,上海古籍出版社,1988年,第2页。

③ (汉)许慎撰,(清)段玉裁注:《说文解字注》卷1《第一篇上》,影嘉庆经韵楼刊本,上海古籍出版社,1988年,第2页。

会,祭祀神灵、祖先是至大之事,所谓"国之大事,在祀与戎",由何人主持或以何种身份参与祭祀之礼,关乎统治地位、继嗣与继承权,因而必须严格区分鉴别身份等级,由此,就有了明确人伦秩序的需要。故有学者指出,"礼"起源于宗法制度。宗法制度,简言之,即贵族社会维护父系家族世袭统治的制度。它自然要通过父系血缘关系诸如嫡庶、亲疏等规定人的贵贱、尊卑等级秩序。由于古代社会家国一体,是故宗族制度便由贵族社会推而广之,礼也由贵族的家族秩序而成为国家的政治、社会秩序。

　　这种规范人的等级秩序的"礼",又何以起初便涉及性别,以分别男女为宗旨?道理很简单,目的正在于严格维护宗法制度。分别男女一是区隔男女,防止两性关系混乱,以保证血统纯洁;二是避免女性参与男性天下的国事和立嗣争端。最终都是为了保证嫡长子继承,防止世袭政权或国家的丧乱败亡。《礼记》称:"礼之大体,而所以成男女之别,而立夫妇之义也。男女有别,而后夫妇有义;夫妇有义,然后父子有亲;父子有亲,而后君臣有正。"①荀子说得更明白:"夫禽兽有父子而无父子之亲,有牝牡而无男女之别,故人道莫不有辨,辨莫大于分,分莫大于礼。"②"内外无别,男女淫乱,则父子相疑,上下乖离,寇难并至。"③古人很明白,规范人伦关系的基础是男女关系:父子关乎继嗣权,辨明父子首先必须分别男女;男女有别才能生育纯种后嗣,才有真正的父子之义。此外,法家人物韩非谈论女子亡国,列举了"太子已置,而娶于强敌以为后妻"④;"后妻淫乱,主母畜秽,外内混通,男女无别"⑤;"后妻贱而婢妾贵,太子卑而庶子尊"⑥等现象,由此证明男女两性关系关乎国家兴亡成败。故宗法制度建立之始,"男女之别"就成为"国之大

① (汉)郑玄注,(唐)孔颖达等正义:《礼记正义》卷61《昏义》,(清)阮元校刻《十三经注疏》,影嘉庆南昌府学刊本,中华书局,2009年,第3648页。
② (清)王先谦撰,沈啸寰、王星贤点校:《荀子集解》卷3《非相篇》,中华书局,1988年,第79页。
③ (清)王先谦撰,沈啸寰、王星贤点校:《荀子集解》卷11《天论篇》,中华书局,1988年,第314页。
④ (清)王先慎撰,钟哲点校:《韩非子集解》卷5《亡征》,中华书局,1998年,第111页。
⑤ (清)王先慎撰,钟哲点校:《韩非子集解》卷5《亡征》,中华书局,1998年,第112页。
⑥ (清)王先慎撰,钟哲点校:《韩非子集解》卷5《亡征》,中华书局,1998年,第112页。

节"。此外,礼出现之初便首重婚姻、提倡"敬妻",也是因为嫡妻有祭祀祖先、承其后嗣之功,以此保证家族的嫡系传承。

可以说,由礼规定的古代性别制度,主旨即"男女有别"。男女在所有礼仪、行事上都要有严格分别。例如:春秋时期,齐桓公之女哀姜至鲁,鲁庄公命宗亲妇女执币(玉帛类礼物)觐见,受到大夫御孙批评:"男女同赘,是无别也。男女之别,国之大节也。"①——男女赠送的礼物都要有严格区别,并且被视为"国之大节"。之所以重视这些细微末节,将其视为大节,是为了在所有领域严格区分男女,以防微杜渐。最终都是为了分隔男女,以防两性混淆与"淫邪"之事,维护血统纯洁和世袭继嗣权利。

有学者指出,礼之"别男女"起初并非针对女性而是对男女双方的限制,是力图纠正原始社会遗留的"男女无别"混乱性风俗,整顿婚姻秩序,包括"男女辨姓"以保证"同姓不婚",都肯定了其使社会摆脱野蛮走向文明的正面意义。② 这有其道理。但是也不能不看到,在业已形成的父系男权社会背景下,礼之"别"不仅包含两性分隔之别,而且从产生起即蕴含两性高下、主从的等级之别。正是由礼的"别男女"主旨,生发出男尊女卑、男外女内、男主女从等规范,从等级次序、活动场域、双方关系等方面分别规定了两性高下不同的身份地位,后来又由此发展出许多进一步严格区分两性的仪制和限制妇女的规范。自然,后世之"礼"经过后人不断改造发挥而有所膨胀异化,但也不可否认,其自产生起便既有改变两性关系混乱习俗的正面意义,同时也是将两性分为两个等级,将女性置于卑下、从属身份地位的发端。

二、汉礼:性别制度的确立

先秦以来,尤其是周礼产生以来,两性性别秩序与观念随之形成并日益推广,但并未真正一统天下,成为人们严格遵行的规范,也并未改变普遍存

---

① (晋)杜预集解,(唐)孔颖达等正义:《春秋左传正义》卷10庄公二十四年,(清)阮元校刻《十三经注疏》,影嘉庆南昌府学刊本,中华书局,2009年,第3862页。

② 参杜芳琴等主编《中国历史中的妇女与性别》,天津人民出版社,2004年,第128页;畅引婷《建构的历史与历史的建构》,三晋出版社,2009年,第116页。

在的两性无别的现实状况。直到汉代，性别制度才得以确立巩固，获得正统地位。汉武帝的"独尊儒术"政策与新儒家人物的学说对此起了重要作用。其标志便是以三纲五常为经纬的儒家礼教的成熟与统治地位的确立，而大一统王朝又使得其影响远超前代。礼教经典著作与思想体系也于此时完整成型，其所规定的尊卑、主从、内外之别等性别制度规范与观念，被后世奉为圭臬，成为流行千年的社会主流法则与正统价值观，受到历代统治者的不断倡扬和人们的尊奉。

事实上，先秦诸家对于男女、夫妇之别早已有类似主张，基本都认同整顿社会秩序，男女之别是重要的一端。儒家有关于君臣、父子、兄弟、夫妇、朋友的"五伦"之说和"夫妇别、父子亲、君臣严"的"三正"之论。荀子称："若夫君臣之义，父子之亲，夫妇之别，则日切磋而不舍也。"①"礼义不修，内外无别，男女淫乱，则父子相疑，上下乖离，寇难并至，夫是之谓人祅。"②商鞅改定的教令更明确："始秦戎翟之教，父子无别，同室而居。今我更制其教，而为男女之别。"③法家代表人物韩非则以"臣事君，子事父，妻事夫"为"天下之常道"。④ 但他们大都是从政治秩序、人伦道德角度立论，并未把这些上升到"天道"上来。至西汉初年，学者贾谊《新书》所论之礼仍沿袭前世《左传》观点，所谓："夫和妻柔，姑慈妇听，礼之至也。"⑤虽然以礼为至高准则，但对于夫与妻、姑与妇双方有对等的要求。

汉武帝时，新儒家代表人物董仲舒总结改造先秦儒家思想并兼采诸家，创立儒学新学说，彻底摒弃双方的对等关系，正式归纳出君与臣、父与子、夫与妻高下等级区分明确的"三纲"思想，创立了以三纲五常为核心的儒家伦理思想体系；更重要的是，以天道、阴阳五行等神学理论对其进行了充分论

---

① （清）王先谦撰，沈啸寰、王星贤点校：《荀子集解》卷11《天论篇》，中华书局，1988年，第316页。
② （清）王先谦撰，沈啸寰、王星贤点校：《荀子集解》卷11《天论篇》，中华书局，1988年，第314页。
③ （汉）司马迁撰，（南朝宋）裴骃集解，（唐）司马贞索隐，（唐）张守节正义：《史记》卷68《商君列传》，中华书局，1982年，第2234页。
④ （清）王先慎撰，钟哲点校：《韩非子集解》卷20《忠孝》，中华书局，1998年，第466页。
⑤ （汉）贾谊撰，阎振益、钟夏校注：《新书校注》卷6《礼》，中华书局，2000年，第215页。

证阐释。此前,成书于先秦时期的《易传》在阐释"群经之首"的《易经》中,已将阴阳法则对应君臣、男女等关系,或已蕴含两性尊卑之义。① 董氏显然借鉴并发挥了《易传》的阴阳观念。而"三纲"说则应直接源于上述法家韩非的"三顺"说,即:"臣事君,子事父,妻事夫,三者顺则天下治,三者逆则天下乱,此天下之常道也。"② 董仲舒进一步以天道、阴阳等神学理论对其进行论证阐释,不仅将三纲列为天道:"王道之三纲,可求于天。"③ 而且以阴阳喻男女,明确分出了阴阳、男女两者的贵贱等级:"阳贵而阴贱,天之制也。"④ "男女之法,法阴与阳。"⑤ "丈夫虽贱皆为阳,妇人虽贵皆为阴。"⑥ 不仅主张男女阴阳有别,更重夫妇的阴阳之别:"阳为夫而生之,阴为妇而助之。"⑦ "君臣、父子、夫妇之义,皆取诸阴阳之道……夫为阳,妻为阴。阴道无所独行,其始也不得专起,其终也不得分功。"⑧ 这些阴阳神学阐释使得男女、夫妇之别神秘化、宗教化,具有了天道性质,从而具有了不容置疑的权威性。

董仲舒创立的三纲理论成为后世的神圣经典,除了汉武帝的独尊儒术政策赋予其正统地位之外,东汉时期召开的白虎观经学会议也起了重要推动作用,因而在性别制度建构上具有重要意义。会议论证和确立了董仲舒的纲常伦理准则,会后撰集的《白虎通》一书不仅继承总结了先秦以来的性

---

① 有学者认为,此处尊卑只是位置高下之义,并非价值判断,强调的是两性的合和互动关系。参贺璋瑢《东西方文化经典中的女性与性别研究》第三章三节,上海三联书店,2013 年,第 247—259 页。

② (清)王先慎撰,钟哲点校:《韩非子集解》卷 20《忠孝》,中华书局,1998 年,第 466 页。

③ (汉)董仲舒撰,(清)苏舆义证,钟哲点校:《春秋繁露义证》卷 12《基义》,中华书局,1992 年,第 351 页。

④ (汉)董仲舒撰,(清)苏舆义证,钟哲点校:《春秋繁露义证》卷 11《天辨在人》,中华书局,1992 年,第 337 页。

⑤ (汉)董仲舒撰,(清)苏舆义证,钟哲点校:《春秋繁露义证》卷 16《循天之道》,中华书局,1992 年,第 445 页。

⑥ (汉)董仲舒撰,(清)苏舆义证,钟哲点校:《春秋繁露义证》卷 11《阳尊阴卑》,中华书局,1992 年,第 325 页。

⑦ (汉)董仲舒撰,(清)苏舆义证,钟哲点校:《春秋繁露义证》卷 12《基义》,中华书局,1992 年,第 351 页。

⑧ (汉)董仲舒撰,(清)苏舆义证,钟哲点校:《春秋繁露义证》卷 12《基义》,中华书局,1992 年,第 350—351 页。

别尊卑理论，将董仲舒的三纲思想阐释得更为明确清晰，同时进一步发挥其阴阳理论，使得儒家思想彻底神学化。"三纲者，何谓也？……君为臣纲，父为子纲，夫为妻纲。"①"三纲法天地人……夫妇法人，取象人合阴阳，有施化端也。"②男婚女嫁也是由于阴阳之道："阴卑，不得自专，就阳而成之。"③妻应从夫本是先秦以来即有的观念，《白虎通》则将它与天地之道联系起来，提出："夫有恶行，妻不得去者，地无去天之义也。"④又牵强附会地从字义出发，进一步敷衍出了男女两性、夫妇之间的不同身份与分工，提出："男女者，何谓也？男者，任也，任功业也。女者，如也，从如人也。在家从父母，既嫁从夫，夫殁从子也。《传》曰'妇人有三从之义'焉。夫妇者，何谓也？夫者，扶也，扶以人道者也。妇者，服也，服于家事，事人者也。"⑤这些言论成为流行后世的两性与夫妇关系的正统准则。

被后世奉为圭臬的"礼"之经典——《周礼》《仪礼》《礼记》三礼，后世对其成书年代及作者看法不一，但大多认为成于周代或春秋战国时期，后由汉儒纂辑增删而成。从各种考证看，可以认为，其基本礼仪规则应形成于先秦，而整理完成于汉儒之手。《周礼》主要记载官制与政治制度，其中除宫人、内官、命妇、女巫等职责及婚制之外，涉及性别问题不多。《仪礼》记述礼仪制度，包括了性别制度，但较为概略简单；流传后世、成为性别制度经典的则是阐释《仪礼》的《礼记》。《礼记》一般认为并非撰成于一时，基本内容大约来自先秦儒家，为汉儒编纂解析增删成书，故有大、小戴两种《礼记》。由此也可证，规定性别制度的"礼"应形成于先秦，而成熟于汉。

---

① （汉）班固撰集，（清）陈立疏证，吴则虞点校：《白虎通疏证》卷8《三纲六纪》，中华书局，1994年，第373、374页。

② （汉）班固撰集，（清）陈立疏证，吴则虞点校：《白虎通疏证》卷8《三纲六纪》，中华书局，1994年，第375页。

③ （汉）班固撰集，（清）陈立疏证，吴则虞点校：《白虎通疏证》卷10《嫁娶》，中华书局，1994年，第452页。

④ （汉）班固撰集，（清）陈立疏证，吴则虞点校：《白虎通疏证》卷10《嫁娶》，中华书局，1994年，第467页。

⑤ （汉）班固撰集，（清）陈立疏证，吴则虞点校：《白虎通疏证》卷10《嫁娶》，中华书局，1994年，第491页。

　　《仪礼·丧服》子夏传明言:"妇人有三从之义,无专用之道。故未嫁从父,既嫁从夫,夫死从子。故父者,子之天也,夫者,妻之天也。"①《周礼》也称"妇学之法"为"妇德、妇言、妇容、妇功"②。可见关于性别制度、妇女身份的礼制基本规则先秦时应已明确。《礼记》则将"男女有别"列为万世不易之道:"亲亲也,尊尊也,长长也,男女有别,此其不可得与民变革者也。"③并首次详细规定了分隔男女的具体方式和两性不同的行为准则,诸如"男女不杂坐,不同椸枷,不同巾栉,不亲授"④;"外言不入于梱,内言不出于梱"⑤;"男不言内,女不言外,非祭非丧,不相授器"⑥;"男女不通衣裳。内言不出,外言不入"⑦;"女子出门必拥蔽其面,夜行以烛,无烛则止。道路男子由右,女子由左"⑧;"男女授受不亲"⑨云云,皆成为后世耳熟能详的两性言行规则。除严格分隔男女两性,《礼记》还从字义上更明确地阐释了两性的主从关系及妇女的三从之道:"丈者长也,夫者扶也,言长万物也。……女者如也,子者孳也,女子者,言如男子之教,而长其义理者也。故谓之妇人。妇人,伏于人也。是故无专制之义,有三从之道。在家从父,适人从夫,夫死从

<hr>

① (汉) 郑玄注,(唐) 贾公彦疏:《仪礼注疏》卷30,(清) 阮元校刻《十三经注疏》,影嘉庆南昌府学刊本,中华书局,2009 年,第 2394 页。

② (汉) 郑玄注,(唐) 贾公彦疏:《周礼注疏》卷7"九嫔"条,(清) 阮元校刻《十三经注疏》,影嘉庆南昌府学刊本,中华书局,2009 年,第 1479 页。

③ (汉) 郑玄注,(唐) 孔颖达等正义:《礼记正义》卷 34《大传》,(清) 阮元校刻《十三经注疏》,影嘉庆南昌府学刊本,中华书局,2009 年,第 3265 页。

④ (汉) 郑玄注,(唐) 孔颖达等正义:《礼记正义》卷 2《曲礼上》,(清) 阮元校刻《十三经注疏》,影嘉庆南昌府学刊本,中华书局,2009 年,第 2686 页。

⑤ (汉) 郑玄注,(唐) 孔颖达等正义:《礼记正义》卷 2《曲礼上》,(清) 阮元校刻《十三经注疏》,影嘉庆南昌府学刊本,中华书局,2009 年,第 2686 页。

⑥ (汉) 郑玄注,(唐) 孔颖达等正义:《礼记正义》卷 27《内则》,(清) 阮元校刻《十三经注疏》,影嘉庆南昌府学刊本,中华书局,2009 年,第 3168 页。

⑦ (汉) 郑玄注,(唐) 孔颖达等正义:《礼记正义》卷 27《内则》,(清) 阮元校刻《十三经注疏》,影嘉庆南昌府学刊本,中华书局,2009 年,第 3168 页。

⑧ (汉) 郑玄注,(唐) 孔颖达等正义:《礼记正义》卷 27《内则》,(清) 阮元校刻《十三经注疏》,影嘉庆南昌府学刊本,中华书局,2009 年,第 3168 页。

⑨ (汉) 郑玄注,(唐) 孔颖达等正义:《礼记正义》卷 51《坊记》,(清) 阮元校刻《十三经注疏》,影嘉庆南昌府学刊本,中华书局,2009 年,第 3521 页。

子,无所敢自遂也。"①有学者指出,《仪礼》之"三从"起初只是出嫁妇女丧服制度原则的体现,战国、西汉后逐渐演变成道德规范。② 此也正可作为汉代性别制度确立之一证。《周礼》中原本作为宫廷中九嫔掌"妇学之法"以教嫔妃宫人的"妇德、妇言、妇容、妇功",也被《礼记》推广为教育广大妇女"以成妇顺"的"四德"理论。③ "三从四德"自此成为后世千年不易、通行社会的妇女行为准则。

《礼记》与《白虎通》都成为后世关于性别制度的权威经典。

此外,汉代还出现了两部开创性的女教著作——刘向《列女传》与班昭《女诫》。④ 它们虽成书目的不同,但都将礼教经书所阐述的观点,发挥演绎成能为普通妇女看懂、借鉴的传记故事和便于遵行的具体言行规则,对于推行礼教、创立女教起了重大作用,成为后世妇女必读的教科书。两书所开创的内容、体裁也为后世所继承,历代同类著作绵延不绝。

由上可见,汉代在礼教发展史上、汉礼在性别制度建构史上的重要地位,是其他时代不能比拟的。

三、性别制度的由礼入法

中国古代法律一般认为自春秋战国时期而兴,重要起源之一便是礼。法不仅与礼的基本精神一致,而且礼的许多内容陆续直接进入法律。相对于礼,法更强地代表了国家意志,并具有了强制性和惩戒功能。性别制度自

---

① （清）王聘珍撰,王文锦点校：《大戴礼记解诂》卷 13《本命》,中华书局,1983 年,第 254 页。《礼记·郊特牲》说法大体相同。对"三从"解释也有歧义,或认为"从"只是跟从、随从之义,尤其是"从子",未必是服从、顺从。可备一说。但似与上下文"无专用之道""无所敢自遂"即妇女不可自己专断行事有所抵牾。至后世,则基本笼统以服从、顺从为解,而以尊母、孝道淡化了"从子"。

② 焦杰：《性别史论稿》,科学出版社,2015 年,第 138 页。

③ （汉）郑玄注,（唐）孔颖达等正义：《礼记正义》卷 61《昏义》,（清）阮元校刻《十三经注疏》,影嘉庆南昌府学刊本,中华书局,2009 年,第 3650 页。

④ 两书之外,还有东汉皇甫谧著《列女传》、蔡邕著《女训》,但全文亡佚,仅存篇章。由此推测,除刘、班两书外,两汉可能还有同类著述。

先秦形成至汉代得以确立,主要是以礼的形式规定男女行为与两性关系;与此同时,它也逐渐由礼入法,即从社会价值观、道德行为准则进入带有惩戒刑律的法规制度。立法与制礼精神原则一致,法规律条则有着"以刑护礼"作用,这标志由礼所确立的性别制度通过法得到强化,具有了不可违逆性。

现今可知最早的律条便涉及性别问题。被认为是古代法典之源的战国时代《法经》"杂律"中列有"淫侈",便是有关两性关系的律条。据《晋书·刑法志》记载,其内容有"夫有一妻二妾其刑职,夫有二妻则诛,妻有外夫则宫"①,旨在限制丈夫于一妻一妾之外再纳妻妾和妻子的婚外性关系。由此可知,中国古代的法典自出现起便涵括性别制度,主要是严格规范婚姻制度与两性关系;从刑罚看,对违法者惩戒相当严厉。与此同时,又有对于妇女轻缓刑罚的法令,如先秦鲁国有"妇人无刑,虽有刑不在朝市"②的法令,大约既有因为女性为弱者、从者不能自主的缘由,也有严格区隔两性以免败坏社会风化之意。

实施以法治国的秦朝,法律中更有多种律条涉及婚姻、两性关系等问题。首先,维护婚姻制度。睡虎地秦简《法律答问》中有关于妻子弃夫逃亡或与人结婚等律条,如:"女子甲为人妻,去亡,得及自出,小未盈六尺,当论不论? 已官,当论;未官,不当论。"即身高未满6尺(应即幼女)的妻子逃亡,婚姻若经官府便论罪,否则不论。又,"女子甲去夫亡,男子乙亦阑亡,相夫妻,甲弗告情,居二岁,生子,乃告情,乙即弗弃,而得,论何也? 当黥城旦舂。"即妻背夫逃亡并与他人结婚生子,对方知情仍不离弃,当判黥面服劳役重刑。丈夫若休弃妻子须到官府登记,"弃妻不书,赀二甲",如未经官,要处缴纳罚金。对于夫妻间争斗,有"妻悍,夫殴治之",若撕裂、折伤肢体当处耐刑(即剃去鬓发胡须)等律条。其次,惩治婚外性关系。如:"甲、乙交与女子丙奸,甲、乙以其故相刺伤,丙弗知,丙何论处? 毋论。"即二男子因与同一女子通奸而相伤,女子不知情,故不论罪。从律条看,女子与人通奸似无很重

---

① 对于宫刑其说不一,或认为是幽禁于宫中,或认为是破坏性器官的肉刑。由此内容看,后者的可能性较大。

② (晋) 杜预集解,(唐) 孔颖达等正义:《春秋左传正义》卷34 襄公十九年,(清) 阮元校刻《十三经注疏》,影嘉庆南昌府学刊本,中华书局,2009 年,第4274 页。

刑惩。但对血亲之间的通奸惩罚则极为严厉："同母异父相与奸,何论？弃市。"即双方均判死刑。① 秦始皇还以刻石宣示："有子而嫁,倍死不贞。防隔内外,禁止淫泆,男女絜诚。夫为寄豭,杀之无罪,男秉义程。妻为逃嫁,子不得母,咸化廉清。"②对有子妇女再嫁、男女淫乱都有严厉惩戒。刻石虽非法律条文,但是以皇帝名义发布,自然具有法的意义。

从以上所列可见,秦朝虽然重法轻儒,但在维护婚姻制度、制约两性关系方面,与"礼"的精神一致,并首次通过刻石立法惩戒妇女再嫁、提倡贞节。值得注意的是,秦律对于两性犯法都有惩戒,似无明显的性别区分;丈夫淫乱"杀之无罪",大约是由于男子具有强力与主动权,或可能侵犯他人的夫权,故惩罚尤重。

汉代法律空前发展,并且开创了以经断狱,首开以礼入法之端。汉代的律令今已见不到全文,从现存有关律条及案例看,与妇女、性别相关者,大体有如下几方面内容：限制、禁止乱伦及其他不正当的两性关系。如汉律中有"立子奸母,见乃得杀之"③的律条,严禁母与子、继母与继子之间的乱伦性关系。《白虎通》载："女子淫,执置宫中,不得出也。丈夫淫,割去其势也。"④从律条看,对于不正当两性关系,汉律对于男女双方处罚是对等的,似无宽严差别。维护正当婚姻关系,同时保证男方的离异权力。或认为,"七去"之条(或"七出""七弃",即女方不顺父母、无子、淫、妒、有恶疾、多言、窃盗,男方有权出妻⑤)已入汉律,但因亡佚,无法证实。史载少量女方请求离异的事例,也未见有官府干预,可见汉律对女方的离异权力也予以承认。严格维护婚姻、家庭中长幼尊卑伦理秩序。对于具有伦理关系的两性犯罪刑惩明显轻重不同。张家山汉简《二年律令·贼律》中有律条涉及家庭成员斗

---

① 以上引自睡虎地秦墓竹简整理小组编《睡虎地秦墓竹简·法律答问》,文物出版社,1990 年。
② (汉) 司马迁撰,(南朝宋) 裴骃集解,(唐) 司马贞索隐,(唐) 张守节正义：《史记》卷 6《秦始皇本纪》,中华书局,1982 年,第 262 页。
③ (汉) 何休注,(唐) 徐彦疏：《春秋公羊传注疏》卷 4 桓公六年何休注引律,(清) 阮元校刻《十三经注疏》,影嘉庆南昌府学刊本,中华书局,2009 年,第 4811 页。
④ (汉) 班固撰集,(清) 陈立疏证,吴则虞点校：《白虎通疏证》卷 9《五刑》,中华书局,1994 年,第 441 页。
⑤ (清) 王聘珍撰,王文锦点校：《大戴礼记解诂》卷 13《本命》,中华书局,1983 年,第 255 页。

殴行为："妻悍而夫殴笞之，非以兵刃也，虽伤之，毋罪"；"妻殴夫，耐为隶妾"。又，"妇贼伤、殴詈夫之泰父母、父母、主母、后母，皆弃市"；"殴妻之父母，皆赎耐；其奥詈之，罚金四两"。① 律文明显可见夫妻地位高下迥异：夫殴伤妻，只要未使用兵刃便无罪；而妻殴夫则判耐刑并罚没为奴婢。夫妇与双方尊长的地位差别就更悬殊：妻殴伤詈骂夫家尊长要处以极刑；而丈夫同样行为只判赎耐轻刑或罚金。与秦律相比，已有明显变化，律条对于夫权和家族伦理秩序的维护极为明确。如对夫"殴笞"妻刑罚更为宽容；而秦刻石中"夫为寄豭，（妻方）杀之无罪"则肯定被废弛了。

对于妇女犯罪，《周礼·秋官司寇》已有"女子入于春槁"条。汉律与之一致，《汉旧仪》卷下载："凡有罪……女为春，春者，治米也，皆作五岁。……女为白粲者，以为祠祀择米也，皆作三岁。"②可见女性罪犯主要罚作春米、择米类劳役。服劳役的女犯有时也可以以钱代役，每月出钱雇人上山伐木以赎罪，名曰"顾（雇）山"③。汉律中还有孕妇缓刑、减轻刑罚规定，《汉书·刑法志》载："孕者未乳……当鞠系者颂系之。"④即孕妇未生产之前，拘禁要宽容些。汉代也已有亲属"从坐"法，即男性犯罪，女性亲属随从坐罪。若犯大逆不道重罪，"父母妻子同产者皆弃市"⑤；其余一般或是流放边僻之地，或是没入官府为官奴婢："罪人妻子没为奴婢，黥面。"⑥两汉都曾颁布过对于从坐妇女的宽减法令，规定女子若已出嫁则不从家人流徙；从坐妇女与老幼同等对待，不得拘禁等。

魏晋时期法律更明显地体现出礼法合一特色。曹魏律遵照周礼，将"八

① 转引自王子今《古史性别研究丛稿》，社会科学文献出版社，2004 年，第 203 页；彭卫、杨振红《中国妇女通史（秦汉卷）》，杭州出版社，2010 年，第 75 页。

② （汉）卫宏：《汉旧仪》卷下，（清）孙星衍等辑，周天游点校：《汉官六种》，中华书局，1990 年，第 85 页。

③ （汉）班固撰，（唐）颜师古注：《汉书》卷 12《平帝纪》如淳注，中华书局，1962 年，第 351 页。

④ （汉）班固撰，（唐）颜师古注：《汉书》卷 23《刑法志》，中华书局，1962 年，第 1106 页。据颜师古注，"颂"读容，有宽容之意。

⑤ （汉）班固撰，（唐）颜师古注：《汉书》卷 5《景帝纪》如淳注，中华书局，1962 年，第 142 页。

⑥ （晋）陈寿撰，（南朝宋）裴松之注：《三国志》卷 12《魏书·毛玠传》，中华书局，1959 年，第 376 页。

议"①入律，标志着儒家礼制正式入法。晋律"峻礼教之防"，首创"准五服以制罪"②，更表明了礼与法的密切结合，或者说法律的儒教化。此后，在法律体系的不断发展中，有关妇女与性别的律法也日渐详备。有关妇女与性别的律条，大体包括以下几方面：惩戒不正当两性关系、维护婚姻制度。曹魏正始中，朝廷曾议论过"男女淫乱"等罪免死，恢复古之肉刑问题。③《晋书·刑法志》记载晋律之纲要称："重奸伯叔母之令，弃市。淫寡女，三岁刑。崇嫁娶之要，一以下聘为正，不理私约，峻礼教之防，准五服以制罪也。"北魏拓跋氏进入中原前，针对鲜卑族两性关系的混乱，曾严厉规定："男女不以礼交皆死。"④此外，严格维护夫权和家庭伦理纲常、惩治不孝。晋律有"妻伤夫，五岁刑，子不孝父母，弃市"⑤，"子贼杀伤殴父母枭首，骂詈弃市，谋杀夫之父母亦弃市"⑥。与汉律立法原则一脉相承，在家庭斗殴中，加重惩罚妻子或子媳一方。东魏元孝友还曾上书，请求对宗室王无子而不娶妾者论罪："其妻无子而不娶妾，斯则自绝，无以血食祖父，请科不孝之罪，离遣其妻。"⑦但最终因朝廷意见不一，未立为法。

对于前代已有的男性犯罪女性亲属"从坐"刑律，魏晋时曾引起过不止一次讨论，相继进行了较大改革。魏法犯大逆者，诛及已出之女。正元中，朝臣奏议提出："女人有三从之义，无自专之道。……父母有罪，追刑已出之女；夫党见诛，又有随姓之戮。一人之身，内外受辟。"故建议："在室之女，从父母之诛；既醮之妇，从夫家之罚。"朝廷因而改定律令。⑧魏时士卒逃亡罪及妻子，曾有逃亡士卒之妻虽嫁夫家但未见其夫，也被判弃市。朝臣奏议认

---

① 即议亲、议故、议贤、议能、议功、议贵、议勤、议宾。此八类亲贵人物犯罪，可有减缓优待。

② （唐）房玄龄等：《晋书》卷30《刑法志》，中华书局，1974年，第927页。

③ （晋）陈寿撰，（南朝宋）裴松之注：《三国志》卷22《魏书·陈群传》，中华书局，1959年，第634页；卷13《魏书·钟繇传》，第397页。

④ （北齐）魏收：《魏书》卷111《刑罚志》，中华书局，1974年，第2873页。

⑤ （梁）沈约：《宋书》卷81《顾觊之传》，中华书局，1974年，第2080页。

⑥ （唐）李延寿：《南史》卷27《孔靖传》，中华书局，1975年，第727页。

⑦ （北齐）魏收：《魏书》卷18《临淮王传》，中华书局，1974年，第423页。

⑧ （唐）房玄龄等：《晋书》卷30《刑法志》，中华书局，1974年，第926页。

为死刑刑罚过重,朝廷进行了减缓。① 晋律也有女子从坐之法,晋明帝时,因罪犯诛及将嫁之女而引起议论,朝廷改革旧制,从此"女不从坐","复三族刑,惟不及妇人"。② 北齐时,对妇女从坐法又做了一定改革:"妇人年六十以上免配宫。"③从以上历次讨论与改革可以看出,妇女"从坐"的残酷刑律在一定程度上开始走向理性化,得到了一定的宽减。

对于妇女的刑罚,汉代虽多次下过宽减诏令,但从现存记载看,并无明确立法规则。魏晋律于此立法原则更为明确,即妇女的刑事处罚与老小同论,相对于男子,可有一半或某种程度的减缓。如晋律有"老少女人当罚金杖罚者,皆令半之"④的律条。南朝因之,梁律规定对于诸种刑罚,皆可以金、绢赎罪,而数量相对于男子,"女子各半之"⑤。北周律规定:"妇人当笞者,听以赎论。"⑥对于孕妇,魏晋律比汉律减刑幅度更大,并有了明确的缓刑条款。梁律有"女子怀孕者,勿得决罚"⑦。北魏律条则有"妇人当刑而孕,产后百日乃决"。此外,还因男女斩刑皆去衣裸体,有失礼法,而改革旧制,不令袒裸。⑧

由于唐前法规律条多亡佚,只能根据留存至今者略作观察。有学者认为:"秦代及秦之前的法律是法家的法律,视男女同一,有平等精神。汉代'法律儒家化'之后,礼教的法律观当道,'男尊女卑'的局面就形成了。"⑨虽然对秦前法律与法家的两性平等精神评价偏高,男尊女卑局面也非至汉代才形成,但总体发展趋势大体符合事实。综合观之,秦汉至魏晋的立法原则与礼之精神一致,而自汉至魏晋引礼入法,则开始了礼法合一进程。律法首重规范

---

① (晋)陈寿撰,(南朝宋)裴松之注:《三国志》卷22《魏书·卢毓传》,中华书局,1959年,第650页。

② (唐)房玄龄等:《晋书》卷60《解结传》,中华书局,1974年,第1633页;卷6《明帝纪》,第163页。

③ (唐)李延寿:《北史》卷32《崔昂传》,中华书局,1974年,第1182页。

④ (唐)房玄龄等:《晋书》卷30《刑法志》,中华书局,1974年,第927页。

⑤ (唐)魏徵等:《隋书》卷25《刑法志》,中华书局,1973年,第698页。

⑥ (唐)魏徵等:《隋书》卷25《刑法志》,中华书局,1973年,第708页。

⑦ (唐)魏徵等:《隋书》卷25《刑法志》,中华书局,1973年,第699页。

⑧ (北齐)魏收:《魏书》卷111《刑罚志》,中华书局,1974年,第2876页。

⑨ 黄嫣梨:《中国传统社会的法律与妇女地位》,《妆台与妆台以外——中国妇女史研究论集》,香港牛津大学出版社,1999年,第169页。

婚姻制度、约束两性关系,对于两性违法者似无明确轻重差别。其次是明示妇女的从属性身份,"从坐"法即是显著体现,男子犯罪妻妾从坐,女子犯罪则只坐自身;对于女犯刑惩的减缓事实上也是缘于其身体与身份两方面的弱势。更值得注意的是,自汉以来,随着礼制的强化确立,法律增强了维护夫权与家庭伦理秩序功能,对于一般犯罪,两性刑惩并无明显宽严等差,但对于具有伦理关系尤其是夫妻关系的男女则根据尊卑等级实施轻重不同的刑惩。法规日益体现出礼之既分别男女、约束两性关系,又维护两性尊卑等差的原则。

四、唐律：性别制度的法典化

性别制度由礼入法的完成,可以唐律为标志。法学家总结称:"礼是唐律的灵魂,唐律是礼的法律表现。"①从汉礼到唐律,正显示了性别制度从礼到法、礼法合一的全过程。唐律被认为是古代传世第一部成熟、完备的法典。它继承改革前朝有关律条,"一准乎礼",即以礼教伦理为准则,严格制定了有关性别与妇女的法规,使周、汉以来的性别制度由礼制化全面走向礼法合一化,成为性别制度完成由礼入法的里程碑或集大成者。

唐律相关律条繁多,以下仅择其最明确体现两性地位与关系的立法原则者简述之。

1. 婚姻法律

严格维护一夫一妻婚姻制度,禁止有妻再娶或娶嫁有夫之妇:"诸有妻更娶妻者,徒一年;女家,减一等。""诸和娶人妻及嫁之者,各徒二年;妾,减二等。各离之。即夫自嫁者,亦同。"男子有妻另娶,仅徒一年;而娶、嫁人妻,则双方徒刑加一倍。律文不仅维护婚姻契约,而且明显偏重维护夫权,加强对妻子一方的约束。

离婚大体可分法定离婚、一方擅离与夫妻"和离"三种情况。法定离婚中,包括婚姻发生"义绝"情况,即夫妻或双方亲属发生斗殴伤害或通奸行为等,如:"殴妻之祖父母、父母及杀妻之外祖父母、伯叔父母、兄弟、姑、姊妹";

---

① 张晋藩:《引礼入法,礼法结合》,《北京日报》2019 年 12 月 2 日第 15 版。

"妻殴詈夫之祖父母、父母,杀伤夫外祖父母、伯叔父母、兄弟、姑、姊妹";"欲害夫"等。① 律条对夫妻双方犯罪定性与刑惩有着明显区别:丈夫须殴打或杀害妻子亲属,才构成"义绝",而妻子则仅是打骂或杀伤丈夫亲属,就成"义绝";妻欲害夫属"义绝",夫欲害妻则不论罪。可见由于夫与妻、夫家与妻家地位有着尊卑等级区分,故而对夫妻双方的刑惩也有明确的轻重差别。

另一种法定离婚则是妻子犯"七出"之条,唐律将礼制中的"七出三不去"直接纳入法律条款:"七出者,依令:一无子,二淫佚,三不事舅姑,四口舌,五盗窃,六妒忌,七恶疾。""三不去"为"一经持舅姑之丧,二娶时贱后贵,三有所受无所归"②。妻子虽犯"七出",但若属"三不去",丈夫出妻也有刑惩:"诸妻无七出及义绝之状而出之者,徒一年半;虽犯七出,有三不去而出之者,杖一百。追还合。若犯恶疾及奸者,不用此律。"③"七出"历来是维护男子婚姻主动权的礼制,将其纳入法律,则以法保证了丈夫单方面的离异权;"三不去"作为法律条款对夫权又有一定限制,对处于弱势的女方权益有一定保护作用。值得注意的是,"七出"律条将"无子"改列为第一,"三不去"中"恶疾及奸者"不在其内,都表现出对于夫家后嗣与夫权的重视:无子将使夫家断绝后嗣;恶疾会危及夫家及后嗣安全,犯奸则不仅是妇女恶行,而且危害夫权尊严与血统纯洁。

对于一方擅自离去、造成事实离婚者,唐律有制裁条款,但只是针对妻妾一方:"妻妾擅去者,徒二年;因而改嫁者,加二等。"④对于丈夫背妻远离或逃亡,则未见有律条定罪。双方自愿离婚,唐律称"和离",法律对此不加干涉:"若夫妻不相安谐而和离者,不坐。"⑤

---

① (唐)长孙无忌等撰,刘俊文笺解:《唐律疏议笺解》卷14《户婚》,中华书局,1996年,第1055—1056页。

② (唐)长孙无忌等撰,刘俊文笺解:《唐律疏议笺解》卷14《户婚》,中华书局,1996年,第1055—1056页。

③ (唐)长孙无忌等撰,刘俊文笺解:《唐律疏议笺解》卷14《户婚》,中华书局,1996年,第1055页。

④ (唐)长孙无忌等撰,刘俊文笺解:《唐律疏议笺解》卷14《户婚》,中华书局,1996年,第1061页。

⑤ (唐)长孙无忌等撰,刘俊文笺解:《唐律疏议笺解》卷14《户婚》,中华书局,1996年,第1060页。

综上,唐律绝对保证男方在婚姻中的主动地位和单方面离异权,但同时通过"三不去""和离"等律条对妇女婚姻权益也有一定保护。

对于寡妇再嫁,唐律并无禁止或限制律条,只规定:"诸夫丧服除而欲守志,非女之祖父母、父母而强嫁之者徒一年,期亲嫁者减二等。"①禁止直系家长之外的人强迫寡妇再嫁,则说明祖父母、父母有权夺其志强迫再嫁。律条主旨显然并不在于保护寡妇守志权力,而是维护家长对于女子的婚姻决定权。这实际上意味着女子在守志与听命发生矛盾时,应该服从家长之命。

2. 两性关系

对于婚外违反礼法的两性关系,即所谓"奸"罪,唐律有各种惩处律条。如果是强奸,"强者,妇女不坐"②。如果是"和奸",则男女同罪;若是女子有夫,则加重处罚:"诸奸者徒一年半,有夫者徒二年。"③律条特将有夫之妇与无夫妇女区别开来,加重对有夫者犯奸双方的刑惩,可见重在严格约束已婚妇女,以维护夫权。

另外,对奸罪的惩处,根据双方良贱等级与亲属关系而有所不同,如:男子奸他人部曲妻或杂户、官户妇女,杖一百;而奸自家的贱民女子则无罪。律条明示贱民妇女类同私产,男子对自家的妓、婢等具有合法的性占有权力。

3. 家庭斗讼

唐律处理家庭亲属间争斗的律条,对于夫与妻、夫家尊长与子孙之妇等亲属之间的争斗,量刑绝不平等,而是明确根据双方身份尊卑增减,常有数等之差。疏议在解释妇女"殴告夫"及尊长等"十恶"罪中,明言立法依据即是:"依礼,夫者,妇之天。"④

如夫妻之间发生斗殴:"诸殴伤妻者减凡人二等,死者以凡人论","诸妻

---

① (唐)长孙无忌等撰,刘俊文笺解:《唐律疏议笺解》卷14《户婚》,中华书局,1996年,第1043页。

② (唐)长孙无忌等撰,刘俊文笺解:《唐律疏议笺解》卷26《杂律》,中华书局,1996年,第1852页。

③ (唐)长孙无忌等撰,刘俊文笺解:《唐律疏议笺解》卷26《杂律》,中华书局,1996年,第1836页。

④ (唐)长孙无忌等撰,刘俊文笺解:《唐律疏议笺解》卷1《名例》,中华书局,1996年,第64页。

殴夫徒一年,若殴伤重者加凡斗伤三等,死者斩"。① 夫伤妻,减常人斗讼罪二等;妻伤夫,则加罪三等。一减刑一加刑,后者更多加一等。丈夫与媵妾辈斗殴各自加减等级更多;而媵妾与妻相犯,则和夫与妻同论。律法不仅严格维护夫为妻纲的伦理关系,而且严格维护正妻与媵妾的贵贱等级差别。

女子与夫家亲属间的争斗,也依身份尊卑而量刑不同。如妻妾与夫家尊长相争:"诸妻妾詈夫之祖父母、父母者,徒三年;殴者,绞;伤者,皆斩;过失杀者徒三年,伤者徒二年半。"②反过来,夫家尊长殴打子孙之妇:"殴子孙之妇令废疾者,杖一百;笃疾者,加一等;死者,徒三年;故杀者,流二千里。妾,各减二等。过失杀者,各勿论。"③"若尊长殴伤卑幼之妇,减凡人一等;妾,又减一等;死者,绞。"④夫家尊长与子孙之妇发生斗殴,比之凡人也是一减刑一加刑。

另外,根据卑幼者应为尊长者讳的礼制,妻告夫,即使如实也要判刑:"虽得实徒二年";若诬告,则"加所诬罪三等"。⑤ 而夫告妻,并无刑罚;若诬告,"须减所诬罪二等"⑥。也是一加一减。夫家尊长与子孙之妇相告与之同理:妻妾告夫之祖父母,与告夫同,"虽得实徒二年";家长"诬告子孙、外孙、子孙之妇妾及己之妾者,各勿论",⑦即长辈诬告晚辈妻妾,皆不论罪。

唐律关于家庭斗讼的律条承继前朝,对纲常伦理秩序,对夫权、家长权

---

① (唐)长孙无忌等撰,刘俊文笺解:《唐律疏议笺解》卷22《斗讼》,中华书局,1996年,第1543—1547页。

② (唐)长孙无忌等撰,刘俊文笺解:《唐律疏议笺解》卷22《斗讼》,中华书局,1996年,第1565页。

③ (唐)长孙无忌等撰,刘俊文笺解:《唐律疏议笺解》卷22《斗讼》,中华书局,1996年,第1565页。

④ (唐)长孙无忌等撰,刘俊文笺解:《唐律疏议笺解》卷23《斗讼》,中华书局,1996年,第1582页。

⑤ (唐)长孙无忌等撰,刘俊文笺解:《唐律疏议笺解》卷24《斗讼》,中华书局,1996年,第1629页。

⑥ (唐)长孙无忌等撰,刘俊文笺解:《唐律疏议笺解》卷24《斗讼》,中华书局,1996年,第1634页。

⑦ (唐)长孙无忌等撰,刘俊文笺解:《唐律疏议笺解》卷24《斗讼》,中华书局,1996年,第1634页。

的维护更为明确有力。

4. 财产继承

在古代社会，原则上说，妇女没有财产继承权，但妇女也并非没有任何获得家庭财产的权利。已有学者通过睡虎地秦简《法律答问》与张家山汉简《二年律令》论证了秦汉妇女拥有一定财产权。① 唐律则对此作出了明确规定。

首先，作为父系家庭之女，她们有权获得一定数量的资财作为嫁奁："诸应分田宅及财物者，兄弟均分，妻家所得之财，不在分限。……其未娶妻者，别与聘财；姑姊妹在室者，减男聘财之半。"②即在分家时，"在室"之女可以分得同辈男性聘财一半的资财；出嫁后，夫家兄弟在分家时无权瓜分妻家所得之财，即保护已婚妇女对于本家私财的所有权。

其次，如果家庭没有男性承嗣，即"户绝"，则无论是在室还是已嫁之女，均有继承父母遗产的权力。唐令规定："诸身丧户绝者，所有部曲、客女、奴婢、店宅、资财，并令近亲转易货卖，将营葬事及量营功德之外，余财并与女，无女均入以次近亲。"③即如属"户绝"，除了为死者营办丧事费用外，余下财产全部给予女儿。如无女儿，才轮到其他亲属。

再次，寡妇若无子嗣，唐令对其财产生计也作了规定："寡妻无男者，承夫分。若夫兄弟皆亡，同一子之分。"④寡妇无子者，可以继承丈夫应得的一份财产；如果丈夫与兄弟皆亡，则可以按一个儿子的份额在丈夫家族中分得财产。这使得守寡妇女生计得到了一定的法律保障。

以上律令通过立法使得妇女财产所有权、继承权明确化、数量化，对于妇女的经济权益具有一定保障作用。

5. 妇女刑律

对于妇女犯罪，承袭汉代以来的刑律，有一定减缓律条。一般多以劳役作为刑惩，"妇人之法，例不独流"，改为留住本地决杖或"居作"，即服劳役，

---

① 薛洪波：《秦汉妇女拥有有限财产权》，《中国社会科学报》2016 年 2 月 29 日第 4 版。
② ［日］仁井田陞著，栗劲等编译：《唐令拾遗》户令第 9，长春出版社，1989 年，第 155 页。
③ ［日］仁井田陞著，栗劲等编译：《唐令拾遗》丧葬令第 32，长春出版社，1989 年，第 770 页。
④ ［日］仁井田陞著，栗劲等编译：《唐令拾遗》户令第 9，长春出版社，1989 年，第 155 页。

从事缝作等劳动。这对于保障妇女安全有一定益处。对于孕妇,唐律的缓刑法更明确,即产后百日行刑,如果监临官员不按律执行,则有严格惩戒律条。

沿袭前代从坐法,唐律对于谋反、大逆、谋叛大罪,也有女性亲属"缘坐"法,但免去了死刑;并规定年满六十或有残疾者免刑,已嫁和许嫁之女不从父家坐罪,出养、入道、已聘未娶之女不追坐。对未嫁从父、出嫁从夫的礼制执行得更为严格规范,也体现了一定的从宽与理性原则。

魏晋律对于妇女刑惩原则是与老小同论,相对于男子而有所减缓。唐律在收赎法(以纳铜赎罪)、脱户或逃亡的刑惩方面,也都体现了比男子从轻的原则。值得注意的是,唐律还规定,家人共同犯罪时,妇女不坐罪:"诸共犯罪者,以造意为首,随从者减一等。若家人共犯,止坐尊长。"律疏称:"尊长谓男夫者,假有妇人尊长,共男夫卑幼同犯,虽妇人造意,仍以男夫独坐。"①即尊长指男性;即使妇女为尊长,与男性晚辈共同犯罪,而且是主谋,也只坐男子。立法依据比魏晋更明确,即妇女为从属、同于卑幼的礼法原则。

综上,从妇女、性别角度观察,唐律既承袭前代,又有发展与增益,依礼立法原则更为明确。对于一般犯罪,是男女同罪同刑,并无明显性别歧视;性别区分主要体现在具有伦理关系的男女中,根据身份尊卑而同罪不同刑,明确体现夫为妻纲、长幼尊卑等礼制原则,体现妇女的从属性身份与对夫权、夫家尊长的严格维护。在婚姻和两性关系方面,"七出"之条的入律,在奸罪上将有夫之妇与无夫者区别开来加重刑惩等,都反映了法律对于夫权维护力度的加大。唐律还明确阐释了对于妇女的立法原则,即将妇女视同"卑幼":"妻之言齐……义同于幼","其妻虽非卑幼,义与期亲卑幼同"。② 据此,妇女在家庭斗讼中处于劣势,但鉴于妇女的生理弱势与从属性,对其又有着一定减缓、变通甚至免责律条。唐代性别法规的完善,使两

---

① (唐)长孙无忌等撰,刘俊文笺解:《唐律疏议笺解》卷5《名例》,中华书局,1996年,第416—417页。

② (唐)长孙无忌等撰,刘俊文笺解:《唐律疏议笺解》卷22《斗讼》,中华书局,1996年,第1544页;卷24《斗讼》,第1634页。

性的地位等差、主从关系更加明确化，并通过"以刑护礼"，强化了对于这种等差和关系的维护。

以上简述了性别制度从礼到法的发展过程，需要注意的是，一种意识形态、法规制度从形成推广到严格制约全社会，往往要经过一个或长或短的历史过程，礼与法同样如此。所以我们看到汉唐时代的妇女生活保持了相对的自由，并没有完全受到礼法的严重束缚，仍然存在一些"男女无别"风俗；但同时也要看到，中古时期有关性别的礼与法的成熟确立，对于后世影响深远，成为千年不易的统治思想与法规基石，从而深刻影响了后世的妇女生活。

释唐令"女医"条及其所蕴之
社会性别观

楼　劲

天一阁藏明抄《天圣令》残本所存《医疾令》之末,附有宋已"不行"的唐《医疾令》佚文,其中第九条为:

> 诸女医,取官户婢年二十以上、三十以下,无夫及无男女、性识慧了者五十人,别所安置,内给事四人,并监门守当。医博士教以安胎产难及疮肿、伤折、针灸之法,皆按文口授。每季,女医之内业成者,试之;年终,医监、正试。限五年成。[①]

此为唐太医署"女医"之制,由于令文例须简洁,且与其他令条互文见义,其内涵的丰富实远远超出了字面。鉴于其提供了前所未见的新资料、新线索,对于中古医疗史及妇女史研究均甚重要,以下即拟在前人讨论女医问题及《天圣令·医疾令》整理者对"女医"条梳理、考释的基础上,[②]联系《医疾令》等唐令规定,参以其他资料释其尚可发覆再论之处,亦以揭示其中所示的社会性别状态,期能有助于相关研究的深入。

[①] 录文据天一阁博物馆、中国社会科学院历史研究所天圣令整理课题组校证《天一阁藏明钞本天圣令校证(附唐令复原研究)》下册《校录本·医疾令卷第二十六(假宁令附)》,中华书局,2006年。以下凡录《天圣令》及其所存唐令之文皆出此本。

[②] 明抄本《天圣令》发现以前的女医研究,有代表性的可举出李贞德《唐代的性别与医疗》,收入邓小南主编《唐宋女性与社会》,上海辞书出版社,2003年。文中引据日本令文中的女医规定以证唐代女医之况,尤值注意。《天圣令·医疾令》整理者为程锦,其另有《唐代女医制度考释——以唐〈医疾令〉"女医"条为中心》一文,载于《唐研究》第12卷,北京大学出版社,2006年。

一、"官户婢"与太医署女医来源

"官户婢"一词罕见于文献，①整理本的标点可再议。"官户"在唐代法律中有其特定含义，大略是指不系贯于州县，隶籍朝廷诸司轮番为之执役服事的人户，其身份地位仅次于奴婢，低于"杂户"和平民编户。② 据此，所谓"官户婢"或可勉强释为官户之女，因其仍属贱籍而称"婢"。但若考虑"婢"在唐代法律中或与"奴"连称，或单称，均指女奴，③若释"官户婢"为官户之女，也就混淆了官户与奴婢的差别，并与其他律令条文义相扞格，显然不妥。

唐代又有"户婢"之称，《资治通鉴》卷205《唐纪二十一》长寿元年七月记武后滥杀之事：

> 太后自垂拱以来，任用酷吏，先诛唐宗室、贵戚数百人，次及大臣数百家，其刺史、郎将以下不可胜数。每除一官，户婢窃相谓曰："鬼朴又来矣。"不旬月辄遭掩捕族诛。

此处"户婢"显即家婢、私婢。若循此语例，则女医条中的"官户婢"应点开，作"官、户婢"，为官婢与私婢的合称。但唐律既规定私奴婢类同主家资产，④太医署女医取此于理不通，况且唐代的"户婢"更多是指官婢。《天圣

---

① 日本《令义解》卷8《医疾令第廿四》女医条："女医取官户婢年十五以上，廿五以下，性识慧了者卅人……"此为成书于平安朝时期的《政事要略》卷95《至要杂事五下·学校事下》所引《养老令》文，亦作"官户婢"。东京吉川弘文馆"新订增补国史大系"，1973年，以下所引《令义解》"女医"条之文皆出此。

② 《唐律疏议》卷3《名例篇》"诸府号官称犯父祖名而冒荣居之"条关于"奸监临内杂户、官户、部曲妻及婢者，免所居官"的疏议，释杂户和官户皆配隶诸司职掌，前者已系贯州县，享有编户的部分权利，而后者完全隶籍诸司。《唐会要》卷86《奴婢》述唐制官奴婢"一免为番户，再免为杂户，三免为良人。皆因赦宥所及，则免之"。原注："凡免，皆因恩言之，得降一等、二等，或直入良人。诸律、令、格、式有言官户者，是番户之总号，非谓别有一色。"可见唐代法律所称"官户"即隶籍诸司轮番执役服事的"番户"总称，其身份低于"杂户"。

③ 如上引《唐律疏议》"奸监临内杂户、官户、部曲妻及婢者，免所居官"的规定，其中"婢"与"杂户、官户、部曲妻"并列，即为官、私奴婢之"婢"。类此之例在《唐律疏议》中不胜枚举。

④ 参《唐律疏议》卷20《贼盗篇》"诸以私财物、奴婢、畜产之贸易官物"条。

令·营缮令》末所存唐令第二条：

> 诸营造杂作，应须女功者，皆令诸司户婢等造。其应供奉之物，即送掖庭局供。

令文中的"户婢"出于犯罪配没的官奴婢之家，其制见于《唐六典》卷6《刑部》都官郎中、员外郎条：

> 凡反逆相坐，没其家为官奴婢……凡初配没，有伎艺者，从其能而配诸司；妇人工巧者，入于掖庭；其余无能，咸隶司农。凡诸行宫与监、牧及诸王、公主应给者，则割司农之户以配。①

据此，"户婢"当因其合户配没，身为女性得名，②又因其有一定伎艺分隶诸司服事，故称"诸司户婢"。由此对照上引《营缮令》文：诸营造杂作所需女功由"诸司户婢等造"，亦即由"初配没，有伎艺者，从其能而配诸司"的官奴婢营作；应供奉之物"送掖庭局供"，则是由配没之家的"妇人工巧者入于掖庭"者营作。两相参照，合若符契，户婢在唐令式中常指合户皆被配没的官婢应无可疑，然则"女医"条令文中的"官户婢"，也就不能标点为"官、户婢"了。

明确唐制所称"官户"和"户婢"之义后，即可断定女医条令文所述"官户婢"实非官户之女，因为其不能称"婢"；同时其也并非合指官、私之婢，因为女医取自私婢于法不合，"户婢"在令式中本指合户配没入官的女奴，也无庸再冠"官"字。故合理的解释和做法，是将之标点为"官户、婢"，也就是指

---

① 《新唐书》卷47《内侍省》掖庭局载"妇人以罪配没，工缝巧者隶之，无技能者隶司农。诸司营作须女功者，取于户婢"。可与参证。

② 《唐六典》卷6《刑部》都官郎中、员外郎条有一条原注："诸官奴婢赐给人者，夫妻男女不得分张；三岁已下听随母，不充数。"是合户配没的官奴婢虽可分隶不同部门执役，却仍得在一定程度上保留其家庭形态，幼年男女尤其如此，故若将之赐给官贵人家，仍不得拆散其夫、妻、男、女。其适可为唐令"户婢"一词作注，而上引《通鉴》文中的"户婢"，也可理解为合户赐给官贵人家之婢。又《旧唐书》卷51《后妃传上·睿宗昭成皇后窦氏传》载其立为德妃后，"长寿二年为户婢团儿诬潜"。《新唐书》卷46《百官志一》载工部所属虞部郎中、员外郎之职，"每岁春，以户小儿、户婢伇内蒢种溉灌，冬则谨其蒙覆"。其"户婢"皆指配没入宫或隶诸司的官婢，"户小儿"则由"三岁已下听随母"的规定而来。

官户和官婢,女医即从这两类女性中选取。①

事实上,从官奴婢和官户中选取并教习官府所需的技艺者,乃是唐代的通例。上引《唐六典》文所述即为官奴婢"从其能而配诸司"的制度,这类人员即便已有技艺在身,配入诸司或掖庭后也仍需要再加教习,以适应官府及宫廷的特定需要。② 取官户子女加以教习更有定制,《天圣令·杂令》末所存唐令第十九条:

> 诸官户皆在本司分番上下,每十月,都官案比。男年十三以上,在外州者十五以上,各取容貌端正者,送太乐(原注:其不堪送太乐者,自十五以下皆免入役);十六以上,送鼓吹及少府监教习,使有官能。官奴婢亦准官户例分番(原注:下番日则不给粮),愿长上者,听。其父兄先有技业堪传习者,不在简例。杂户亦任本司分番上下。

选送至太常寺所属太乐、鼓吹署教习的,乃是从事歌舞器乐的人员,而送少府监教习的,则多工巧人员。③ 所谓"男年十三以上"云云,并非其不取女子,而只是明确了选取男子的年限,因为唐时官户之女服事、习业于诸司者显然不少。④ 上引《唐六典》载"妇人工巧者入于掖庭"者所事性质不一,唐时诸

---

① "女医"条令文"诸女医取官户、婢年二十以上"云云,已明其只取女性,故无须赘述为"官户之女若官婢"。上引程锦《唐代女医制度考释——以唐〈医疾令〉"女医"条为中心》一文已推测女医有可能从官户和官婢中选取,只是其整理《医疾令》文时应仍有惑,故未将之如此点开。

② 《新唐书》卷47《百官志二》载内侍省置"宫教博士二人,从九品下,掌教习宫人书、算、众艺"。则诸杂伎艺亦当各有教习之法。

③ 《唐律疏议》卷3《名例篇》"诸工乐杂户及太常音声人犯流"条疏议曰:"工、乐者,工属少府,乐属太常,并不贯州县……工、乐及太常音声人,皆取在本司习业,依法各有程试。所习之业已成,又能专执其事……犯流罪,并不远配,各加杖二百。"此处隶籍少府、太常的工、乐者,即为官户,太常音声人则为杂户,皆可经选取习业于本司,业成则专执其事,因而犯流可加杖而不远配。

④ 《唐六典》卷6《刑部》都官郎中、员外郎条载此制亦作"男年十三以上"云云。据其前文载官奴婢配没之制,"男年十四以下者,配司农;十五以上者,以其年长,命远京邑,配岭南为城奴"。这显然也不能解释为女子不配,而同样只是明确了被配男子的年龄。其后文又载官奴婢"凡配官曹,长输其作。番户、杂户则分为番。男子入于蔬圃,女子入厨膳,乃甄为三等之差,以给其衣粮也"。是女子同样被配,所述入蔬圃、厨膳者,当指官奴婢身无技能而配隶司农者,但其服事时亦须进行某种教习。

司及各地官府更有大量官妓,而此类凡经赦免皆为官户、杂户,其子女继续执事服役于诸司及各地,及其被选取教习有关技艺实属必然,其中女子则以教坊歌舞乐妓见诸记载者最多。由此看来,唐令规定每年十月都官案比官户,虽称"男"年十三、十五、十六岁以上送太乐、鼓吹及少府监教习,但就官户和官奴婢子女皆须世世从事官府所需技艺的整套制度而言,其况显然并非都是只选其子,官奴婢及官户之女被选从事官府所需技艺并加以教习,应是相当普遍的事实。

总之,唐代本来就有从官户子女和官奴婢中选取、教习宫廷和官府所需技术人员的制度,各技术主管部门对之且有经常化的课试及限期业成之制,《医疾令》中的"女医"选取教习之法,即可归为这套体制的组成部分。

二、诸司方术生身份与女医之特殊

唐代诸技术事务的主管部门各有其所需技艺者的教习体制,可以视之为一种特殊的职业学校,据其所学约可分为方术、乐舞和工巧之学三类。① 从上引《唐律疏议》"诸工乐杂户及太常音声人犯流"条可知,其中后两类教习的大都是官户、杂户子女,②而方术之学包括太史局、太卜署等处教习的天文、卜筮等生,也包括在太医署习业医药的生徒在内,一般都取自平民。《天圣令·杂令》末所存唐令第一条:

> 太史局历生,取中男年十八以上,解算数者为之,习业限六年成;天文生、卜筮生并取中男年十六以上,性识聪敏者,习业限八年成,业成日,申补观生、卜师(原注:其天文生、卜筮生初入学,所行束修一同按摩、咒禁生例)。

"中男"为编户成员承担课役的丁中制专名,在唐代的大部分时期都指其中

---

① 参楼劲《魏晋至隋唐的官府部门之学》,载《隋唐辽宋金元史论丛》第七辑,上海古籍出版社,2017年。
② 唐人崔令钦《教坊记》载唐亦有"平人女以容色选入内者,教习琵琶、五弦、箜篌、筝等者,谓之挡弹家"。此"平人女"即平民女子,则挡弹家性质当与诸司所雇明资匠相类。

的十六至二十岁男子,是历生、天文生、卜筮生等皆取平民男子年十八或十六以上。① 又《天圣令·医疾令》整理者复原的唐令第一条:

> 诸医生、针生、按摩生、咒禁生,先取家传其业,次取庶人攻习其术者为之。

"庶人"即平民白身,可见这四类生徒皆先取医家子弟,次取非医家出身的平民习医者。② 上引《杂令》原注述天文生、卜筮生与按摩生、咒禁生初入学所行束修同例,亦说明其在学身份略同。③ 但《医疾令》却特别规定"女医"取自"官户、婢",因而是一个专门针对服事于官府的女性方术者的选用办法。④

从平民中选取官府所需技术人员,原则上只能以自愿为前提;⑤而官奴婢、官户、杂户皆身受强制,无法规避官府从中取送习业者。官府方术之学多从平民中选取生徒,又说明其地位高于从贱户中选取习业者的乐舞、工巧

---

① 《唐六典》卷10《秘书省》太史局载挈壶正、司辰之下有漏刻博士九人,教"漏刻生三百六十人(原注:隋置,掌习漏刻之节,以时唱漏。皇朝因之,皆以中、小男为之)"。所谓"中、小男",亦指当时编户丁中制分为"黄、小、中、丁、老"的中、小两个年龄段的男子。

② 此条以"家传其业"与"庶人攻习其术者"对举,似因家传其业者包括医官和犯罪配没的医家子弟之故。整理者复原唐令此句是据《天圣令·医疾令》首条:"诸医,大小方脉……伤折科,选补医学,先取家传其业,次取庶人攻习其术者为之。"然日本《令义解》所录养老令此条作:"凡医生、按摩生、咒禁生、药园生,先取药部及世习,次取庶人年十三已上,十六已下。"其"次取庶人年十三已上"一句的注释,则引《学令》说明了官宦和医家子弟年龄可放宽。故其以"药部及世习"与"庶人"对举,是因两者年龄规定不同,恐唐令亦然,而宋令此条不定年龄,盖亦因另有规定之故。然以复原唐令此条删去庶人年龄,亦须再酌。

③ 《文苑英华》卷512《判十·书数师学射投壶围棋门二十七道》"观生束修判",谓有天文观生所学未就,其师按算学生徒之例向其征收束修,此生遂上诉云"伎术不可为例"。以下选录的五道判词,一道各责师过,两道以为其师有理,另两道则以此生所诉为是。是束修之例与所习之学性质及其生徒身份相连,非例即易致聚讼,这当然是合乎束修作为礼物的原义的。

④ 《唐六典》卷14《太常寺》太医署:"药园师以时种莳,收采诸药(原注:京师置药园一所,择良田三顷,取庶人十六已上,二十已下充药园生。业成,补药园师)。"同书卷17《太仆寺》:"凡补兽医生,皆以庶人之子,考试其业,成者补为兽医,业优长者,进为博士。"是药园生及兽医生亦从庶人之子选补。

⑤ 《文苑英华》卷512《判十·书数师学射投壶围棋门二十七道》"习卜算判",谓赵氏兄年十八,补卜筮生;弟年十六,补历生。上诉请改补兄为只要习业六年的历生,弟补习业八年的卜筮生,"所司不许,苦诉不服"。像这样已被选取为方术生者可屡上诉申请改补,正是自愿原则的体现。

之学。这都表明唐代的知识系统中,方术与乐舞、工巧虽同属技艺,但其社会生态仍有优劣之别,习业者身份亦有高下之分,官府各技术部门表现尤甚。因此,上面所述唐代官府技术人员来源和教习对象的身份差异,说明的是当时平民进入官府习业并从事方术,仍不失为其可选的职业出路,而若进入官府充乐舞、工巧,则多所不愿,非另立强制选充之法,即难满足官府所需。同理,女医从官户、婢中选取的规定,亦表明进入官府从医多非平民女子所愿,为确保女医的来源,也就只能像太常、少府等处所属乐舞和工巧人员那样,从官奴婢和官、杂户中选取。

至于为何平民男子尚愿进入官府方术之学习业,而女子则须强制为之呢? 其部分原因,当是男子入此习业不仅可免远较女子为重的课役负担,且有上升登进的法定通道。《唐六典》卷10《秘书省》太史局载其教习诸生:

> 历生三十六人(原注:隋氏置,掌习历。皇朝因之,同流外,八考入流),装书历生五人(原注:皇朝置,同历生)……天文观生九十人(原注:隋氏置,掌昼夜在灵台伺候天文气色。皇朝所置,从天文生转补,八考入流也)……天文生六十人(原注:隋氏置,皇朝因之,年深者转补天文观生)。

可见此类一旦入学即为免除课役的流外或无品职吏,①并可在本部门因其技艺、业绩,经八考登进为流内伎术官。又《天圣令·医疾令》末所存唐令第二条:

> 诸医、针生,博士一月一试,太医令、丞一季一试,太常卿、丞年终总试(原注:其考试法式,一准国子监学生例)。若业术灼然,过于见任官者,即听补替。

是医生、针生课试业成者,可如国子监生申送尚书省复试,合格者升补从九

---

① 《天圣令·赋役令》末所存唐令第十五条规定免除课役的流外及无品职吏范围,其中即包括国学诸生和"天文、医、卜、按摩、咒禁、药园生"。至于身为杂户的"太常音声人"亦在其列,这是因其分番服事诸司即同课役之故,性质与平民免课者殊异。同处所存唐令第十八条则规定漏刻生、漏童、药童、兽医生可免杂徭。《通典》卷40《职官二十二·大唐官品》载太史监历生、天文观生为流外七品。《新唐书》卷55《食货志五》载高宗时定流外官月给俸钱、食料共170钱。故方术生为流外官者,除给廪外例有月俸。

品上的医助教和从九品下的医正、针助教;①其业术"过于见任官者,即听补替",则是其中绩效突出的甚至可取代太医署现任官,成为从七品下的太医令、正八品上的医博士、从八品上的太医丞和针博士、从八品下的医监。② 不难看出,太医署所属生徒身份亦为流外或无品职吏,且其从流外上升为流内伎术官的途径,要比天文诸生更加强调技艺、绩效,也更为畅达。③ 与之相比,进入官府乐舞、工巧之学的生徒多出于贱户,且无"八考入流"的规定,故其虽亦可经赦并因技艺、绩效在本部门逐渐升至流外和流内伎术官,其登进之路无疑要远为狭窄和艰难。④ 这一点当可大略解释何以平民愿入官府方术部门而多不愿入乐舞、工巧部门,以及官府乐舞、工巧部门何以多从身受强制的官奴婢和官户中选取技艺者的原因。

　　唐代的流外官和流内"伎术官",虽上升登进有重重障碍,⑤却毕竟仍有规定待遇和特权,入流后,其免赋、荫子、犯罪官当等项权利更与其他官员相

---

① 《天圣令·医疾令》末所存唐令第七条,规定医、针生业成申送尚书,覆试医经得第者,"医生从九品上叙,针生降一等。不第者,退还本学。经虽不第,而明于诸方,量堪疗疾者,仍听于医师、针师内比校,优者为师,次者为工"。是师、工可由诸生业成而尚书省覆试不第者充。《唐六典》卷14《太常寺》太医署条述太医令、丞、医监、医正各有品阶,其下有无品医师二十人,医工一百人,医生四十人,典学二人。据《通典》卷40《职官二十二·大唐官品》,太医署医、针师为流外勋品,按摩、咒禁师和医、针工为流外三品,按摩、咒禁工为流外四品。

② 《天圣令·医疾令》末所存唐令第八条,规定按摩生、咒禁生业成者,"并申补本色师、工"。《唐六典》卷14《太常寺》太医署条述"太医令掌诸医疗之法,丞为之贰。其属有四,曰医师、针师、按摩师、咒禁师,皆有博士以教之,其考试、登用如国子监之法"。是按摩生和咒禁生可因业成分别升补按摩师、工及咒禁师、工,再经课试亦可申送尚书省覆试后,补从九品下的按摩、咒禁博士及其他医官。

③ 据《天圣令·医疾令》末所存唐令第二、八两条,医生、针生按其不同分科,限七年、五年、四年、三年业成,九年不成者"退从本色";按摩生限三年、咒禁生限二年业成。由于这些都是最长时限,与天文诸生"八考入流"的规定相比,医学诸生业成申补为流内官的通道显然要快捷得多。参张耐冬《唐代太医署学生选取标准》、程锦《唐代医官选任制度探微》,皆载于《唐研究》第14卷,北京大学出版社,2008年。

④ 《新唐书》卷48《百官志三》太常寺太乐署条:"凡习乐,立师以教,而岁考其师之课业为三等……十五年有五上考、七中考者,授散官,直本司,年满考少者不叙。"又载其徒习业成而行修谨者,"为助教,博士缺,以次补之……其内教博士及弟子长教者,给资钱而留之"。从生徒业成者中递补的乐署博士,地位当与内教博士略同,其报酬既称"资钱",说明其身份有类无品职吏和长上匠,而须十五考七中、五上者,方得授散官而仍直本司。

⑤ 见《唐会要》卷67《伎术官》。

同,故其即便甚受士人歧视,较之一般庶民境遇仍颇优越。因此,是否可循例成为有俸而不课的流外官,并有较为顺畅的升至流内官的登进通道,便成了影响平民愿否进入官府方术和乐舞、工巧部门服事习业的要素。而问题恰恰在于,所有这些只对男性适用,女性则充其量至本部门无品教职而止。① 这就集中体现了当时社会赋予女性的特定角色和限制,也反映了女性方术、乐舞、工巧者在职场中总体附属于男性的地位,而众所趋骛的官场更是男性的一统天下,从而不能不使平民人家女子甚畏于此,多所不愿。要之,女医从"官户、婢"中选取,实际上是其身份相对于官府其他方术生卑微,在整个官方医事体系中处于附属地位的写照,而这不仅关系到官府所属技艺者选取、培养和升进的整套制度,更关系到唐代社会等级和社会性别的特定状态,以及当时各种知识技艺的社会属性和生态有别的一系列事实。

三、"无夫无男女"及"别所安置"

女医"取官户、婢"以下的另外几项规定:"二十以上,三十以下",为自古公认女性身心成熟的盛年,②按当时习俗和婚龄,该年龄段的应多已婚女子,③对自身性别特点的体会要更全面,更便于教习妇科之术。"性识慧了"既是对生徒的常见要求,也与世间公认医者特须"巧慧智思"有关,④"五十

---

① 除嫔妃宫女所任"内官"及封赠外,唐代官府方术、乐舞、工巧部门中技艺高超的女性从业者,仍可在教习活动中发挥一定作用。如唐人段安节《乐府杂录》"歌"条载内教坊善歌者,代宗时有张红红,号"记曲娘子";德宗时有田顺郎,"曾为宫中御史娘子"。二人必当从事歌曲教习。《新唐书》卷48《百官志三》太常寺太乐署末载教坊有诸博士教授乐舞,为无品教职。教坊女子善歌舞、器乐者从事教学当不过此。

② 《黄帝内经·素问》"上古天真论"称女子以七为数,"二七天癸至,任脉通,太冲脉盛,月事以时下,故有子;三七肾气平均,故真牙生而长极;四七筋骨坚,发长极,身体盛壮;五七阳明脉衰,面始焦,发始堕"。

③ 李贞德《汉唐之间医书中的生产之道》一文"前言",述其研究汉魏六朝妇女的婚年多在十四至十八岁,女性死亡年龄段的高峰则在二十至三十岁,当与生育相关。收入《台湾学者中国史研究论丛》李建民主编之《生命与医疗》卷,中国大百科全书出版社,2005年。

④ 唐释慧琳《一切经音义》卷13首列"女医"条,并释"医"之音义:"医,意也,以巧慧智思,使药消病也。"似佛经中有"女医"名目,且医者尤须"巧慧智思"。

人"之额与同署男医员额相比也不算少,①不过内涵更为丰富也更值得注意的是"无夫及无男女"的规定。

"无夫及无男女",从字面解释即未婚女子及无子女之寡妇,这项要求在入宫服事的官婢中也可看到。前引《唐六典》卷6《刑部》都官郎中、员外郎条原注述配没官奴婢赐人者不得拆散其夫妻男女,其下有云:

> 若应简进内者,取无夫无男女也。

"简进内者",即其前文所述配没而"入于掖庭"的妇人工巧之类,"无夫无男女"则是针对其中多有已婚女子的规定。这大概是要取其较少俗间是非和牵绊,对于服事内廷者来说是不难理解的。② 非但如此,当时还确认女性天然易受外界干扰,孙思邈《备急千金要方》卷2《妇人方上·求子》论"妇人之病,比之男子十倍难疗"有曰:

> 女人嗜欲多于丈夫,感病倍于男子,加以慈恋爱憎、嫉妒忧恚,染著坚牢,情不自抑,所以为病根深,疗之难瘥。③

女人"感病倍于男子"或然,却绝非因其"嗜欲多于丈夫",故此论虽体现了传统医学兼重心理的长处,却更多当时流行的社会性别观成分。即世人公认女性本易陷入各种是非牵绊,困于情绪而难自拔,并已将之上升为合乎天道

---

① 《唐六典》卷14《太常寺》太医署只载按摩生十五人,不及其余诸生员额。《新唐书》卷48《百官志三》及旧志皆载太医署有医生四十人、针生二十人,按摩生十五人,咒禁生十人。

② 《汉书》卷97上《外戚孝宣许皇后传》载有霍氏所爱女医淳于衍入宫侍许后疾,因其夫请衍向霍光夫人求官,遂以毒药害许后。这正是服于内廷和显要贵妇的女医因其夫请托而酿成祸乱的鉴戒。

③ 《备急千金要方》妇人之病十倍难治一段,抄自相传为东汉张机所撰、西晋王叔和整理定本的《金匮玉函经》卷1《证治总例》,但其论所以难治,是因"妇人众阴所集,常与湿居,十五以上阴气浮,百想经心,内伤五脏,外损姿容;月水去留,前后交互,瘀血停凝,中路断绝,其中伤堕,不可具论"。南宋张杲《医说》卷9《妇人》引"葛仙翁云:凡妇人诸病,兼治忧恚,令宽其思虑,则疾无不愈"。是两晋间葛洪所论,亦如《金匮玉函经》之兼重女性生理与心理。至《备急千金要方》上引文所着力发挥的,则纯为汉唐医家述妇人"百想经心"以致多病之说,且被唐时王焘《外台秘要》卷33《求子法及方一十二首》全文抄录。至张杲《医说》卷9《妇人》又称妇人得病,"诚以情想内结,自无而生有……大率如此。若非宽缓情意,则虽服金丹大药,则亦不能已"。从汉晋医家兼重女性生理和心理,到唐宋医家更加强调女性先天存在的心理问题,这正是汉以来社会性别观不断流衍的体现。

的医理。这一点似可表明,规定"无夫无男女"的出发点,不仅是要一般地减少其社会关系的外在干扰,而且也是在尽可能排除女性特多"慈恋爱憎、嫉妒忧患"的外因,从内在心理上有助于其专志服事。

当然在此背后,可能还存在着女性从业本不如男,若多牵绊又困于情则尤不可为之类的成见,同时也不排除有更为重要的社会性别观念在起作用。西汉刘向所撰、后人续有所补的《古列女传》卷4《贞顺传·齐杞梁妻》载其葬夫恸哭,城为之崩:

> 既葬曰:"吾何归矣! 夫妇人必有所倚者也,父在则倚父,夫在则倚夫,子在则倚子。今吾上则无父,中则无夫,下则无子。内无所倚,以见吾诚;外无所倚,以见吾节。吾岂能更二哉! 亦死而已。"遂赴淄水而死。君子谓:杞梁之妻,贞而有礼。

杞梁妻投水赴死,固属非常之举,堪值注意的是其申说的"内无所倚,以见吾诚;外无所倚,以见吾节"①。此语表明,在"三从"成为女子的最高道德律后,"无夫无男女"洵为出嫁女子自明"诚节"和世间认其贞静可靠的要件。也就是说,之所以要对入宫官婢作"无夫无男女"的限制,除取其少所牵绊、职志易固外,还有更高一层的"女德"观念为其标的,故其又可与汉魏以来《列女传》和《女诫》类作品的流行联系在一起加以考虑。②

看来,唐代女医之所以须"无夫无男女",实际上是比照服事于内廷的官婢,以诚节贞静、较少是非牵绊和易于专心致志为其选取条件的。由此不难推想太医署培养女医的目的,主要也是为内廷的大批嫔妃宫女兼为宫外贵妇提供医疗服务。与之相应,女医条下文的"别所安置"等规定,一方面继续体现了当时社会性别观对女医习业的影响,另一方面似亦有类服事于内廷

---

① 相传为蔡邕所撰的《琴操》卷下《河间杂歌·芑梁妻歌》亦载其事:"妻叹曰:'上则无父,中则无夫,下则无子。外无所依,内无所倚,将何以立吾节? 岂能更二哉,亦死而已矣!'于是乃援琴而鼓之……曲终,遂自投淄水而死。"所记杞梁妻语与上引《古列女传》有别,但其强调的重点已全是杞梁妻以死殉夫的节烈。

② 刘向以后《列女传》累有续作,班昭撰《女诫》以来则多《典式》《女训》《女则》《女孝经》等书,皆崇三从四德而褒贬分明。参《四库全书总目提要》卷57《史部·传记类》一《古列女传七卷,续列女传一卷》之提要、卷95《子部·儒家类存目》一《女孝经一卷》之提要。

的女伎安置教习之法。

"别所安置"即太医署选取的女医，不与其他医、针等生一体习业，而是另有专门院舍供其起居教习。如此安排，一种考虑是因为官府既需培养女医，名教又甚重男女之防，遂不得与男性生徒混同教学。可与参证的，如道经《洞玄灵宝道学科仪》卷上《讲习品》所述女道士外出就师受道的规范：①

> 凡是道学，当知听习回向，须得明师……若女冠众，性理怯懦，本位无人可习者，当三人、五人乃至多人，清净三业，赍其道具，听受法本。亲近大师，一日二至，退著本位。若近本师住处法门，无女冠住处法门，应近本师住处左右，投精专奉道之家居止。

道法授受既须明师，但教门仪轨亦重男女之防，②故若女道士别就他观听受法本，不仅须结伴就师，其居所亦有限制，从中可见道观若有常居女冠，也要为之设立专舍。有意思的是上引文提到女冠"性理怯懦"，则其结伴出行专舍聚居，也是针对世所公认的女性特点采取的保护措施，这对出身贱户易受欺凌的女医来说显然尤为必要。

女医别所设立"内给事四人，监门守当"，除与女道士外出就师相类的防范、保护寓意外，所透露的是另一层更为重要的信息。"给事"而称"内"，在唐一般是指宦官之职，女医起居教习的别所竟由宦官监门守当，可见其性质当与教授和供奉内廷乐舞的内教坊尤其是太常别教院入宫女伎所居的宜春院相类。《新唐书》卷48《百官志三》太常寺太乐署载内教坊故事：

> 武德后，置内教坊于禁中。武后如意元年，改曰云韶府，以中官为使。开元二年，又置内教坊于蓬莱宫侧，有音声博士、第一曹博士、第二曹博士。京都置左右教坊，掌俳优杂技，自是不隶太常，以中官为教坊使。

---

① 任继愈主编之《道藏提要》1117 定此经为"刘宋灵宝派道士编撰"。
② 《韩昌黎全集》卷6《华山女》诗记有唐后期女冠讲经长安道观，出入六宫之事，且着力渲染其乃"以色传道"。中国书店，1991 年。此类道、佛皆时而有之，却皆有违教中仪规。

是唐初以来设内教坊于禁中,教习供奉内廷的伎乐,武后以来以中官为使统之。至玄宗时扩充外教坊,分为左右,与内教坊并由宦官教坊使统领。①《旧唐书》卷28《音乐志一》又载玄宗故事:

> 玄宗又于听政之暇,教太常乐工子弟三百人为丝竹之戏……号为皇帝弟子。又云梨园弟子,以置院近于禁苑之梨园。太常又有别教院,教供奉新曲……别教院廪食常千人,宫中居宜春院。

玄宗教梨园弟子的别院,或即上引新志所载置于蓬莱宫侧的内教坊,②其况足见此院由宦官监门守当实属理所当然。而所谓"太常别教院",则因乐舞之事本属太常寺太乐、鼓吹二署,但供奉内廷新曲者性质特殊,故须立院别教,其在体制上当属外教坊,规模常有千人,其中入宫供奉的女伎则居于宜春院服事教习。③

　　以上所以要费辞说明内教坊及别教院之制,不仅因其别在宫中教习,且由宦官掌之,事与女医"别所安置"并以"内给事"监门守当性质相近;更是因为安置女医的"别所",很可能就像宜春院那样位于宫中。日本《令义解》卷8《医疾令》所引《养老令》女医条亦有"别所安置"之文,其注解释曰:"谓内药司侧,造别院安置也。"可见日本仿唐所定之制,是将女医安置在宫中"内药司"侧的别院。王昶《金石萃编》卷62收录的《梁师亮墓志铭》载志主安定乌氏人:

> 大父殊,隋任右监门录事;显考金柱,唐奉义郎;并行高州壤,道蔑

---

① 《教坊记》载"西京右教坊为光宅坊,左教坊为延政坊,右多善歌,左多工舞,盖相因成习。东京两教坊俱在明义坊,而右在南,左在北也,坊南西门外即苑之东"。其述洛阳左右教坊西邻禁苑。据徐松《两京城坊考》卷3《西京·外郭城》所考,长安光宅坊西邻东宫,北为大明宫,延政坊由原长乐坊改名,北接禁苑。

② 徐松《唐两京城坊考》卷1《西京·三苑》述"梨园在光化门北……至明皇置梨园弟子,乃在蓬莱宫侧,非此梨园"。

③ 《教坊记》:"妓女入宜春院,谓之'内人',亦曰'前头人',常在上前头也。其家得在教坊,谓之'内人家',四季给米……宜春院人少,即以云韶添之,云韶谓之'宫人',盖贱隶也。"是入宫居于宜春院的皆是女伎,不足则添以云韶宫人,此类皆与配没官婢"有工巧者入掖庭"者相类,后虽经赦免为官户以至平民,仍长在教坊服事。其"四季给米"亦可与《天圣令·杂令》"官奴婢及杂户、官户给粮充役"条参证。

王侯。杨雄非圣之书,我家时习;方朔易农之仕,吾人所尚。君……起家任唐朝左春坊别教医生,抠衣鹤禁,函丈龙楼,究农皇之草经,研葛洪之药录。术兼元化,可以涤疲痫;学该仲景,因而升上第。①

梁氏所任"左春坊别教医生"不见于史载,王昶引钱大昕《潜研堂金石文跋尾》有曰:"考《百官志》左春坊药藏局有郎、丞、侍医、典药、药童,无云别教医生者。唯太医署有医博士及助教,掌教授诸生。然则师亮殆以医助教入侍宫坊者欤?"昶则认为梁氏是在左春坊受教医术,"业成而升上第"。今案左春坊药藏局既设侍医、典药,此类除从医外自可教习药童,梁氏为太医署助教充宫坊教习是讲不通的,②即便其有可能临时入侍宫坊,显亦不得称"起家"。但王昶以为梁氏受教左春坊也有问题,若其本为药藏局药童之类,则不得称"别教";若其为太医署生徒,则断无就学左春坊之理。今案志铭述其家非儒生,又慕尚东方朔以所学博杂登进,③梁氏或系医家子弟选入太医署为医生者,盖因其由此跻身流外官而夸称"起家",被遣至左春坊充任教习故称"别教",又因唐制教职考课皆以生徒课试成绩及业成的多少迟速分等而"升上第"④。这就不能不引人联想梁氏赴左春坊所教,很可能就是由太医署

① 志铭接上引文述师亮后因助军转输之勤获勋上柱国,垂拱二年"以乾陵当作,别敕放选,释褐调补隐陵署丞",转珍州荣德县丞,任满解职,万岁通天元年归途中死于益州蜀县。故志文称"唐朝"是因时值武周,且其任左春坊别教医生当属流外而未释褐,其后来亦依《医疾令》规定随师建陵之军众为医而获勋。

② 《唐六典》卷14《太常寺》及两唐志俱载太医署唯医、针博士有助教,阶从九品。据志铭梁氏当时既未释褐,故其即便入侍宫坊也不可能是"医助教"。

③ 《汉书》卷87《扬雄传》载其著《太玄》《法言》,"诸儒或讥以为雄非圣人而作经"。《史记》卷126《滑稽东方朔传》载其"好古传书,爱经术,多所博观外家之语",自称"避世于朝廷"。此即志铭所述扬雄、东方朔之事的出典。又志铭述梁氏父祖"道蔑王侯"语非寻常,似为称誉医者功德的套话;其父为散阶从六品上之"奉义郎"而不及职事,亦合北朝以来医官志铭讳言其为医之习。参罗新、叶炜《新出魏晋南北朝墓志疏证》128《徐之范墓志》,中华书局,2005年。

④ 唐考课"二十七最"标准中,"训导有方,生徒充业,为学官之最……占候医卜,效验居多,为方术之最"。《唐六典》卷21《国子监》国子祭酒、司业"每岁终,考其学官训导功业之多少,而为之殿最"。同书卷14《太常寺》太乐署:"凡习乐,立师以教,每岁考其师之课业,为上中下三等,申礼部……"足见前引唐《医疾令》规定的生徒习业内容及业成年限,即为其教官的考课标准。

教习而须"别所安置"的女医。

据唐长安宫城布局,女伎入宫所居的宜春院,当在东宫北部中轴线东的宜春宫附近,宫南即为典膳厨,隶属于左春坊的典膳、药藏局应在典膳厨附近。① 以太常别教院女伎入宫安置于宜春院之例推想,太常寺太医署别教女医于东宫药藏局所辟院舍确有可能,因其既便于利用药藏局的医药资源,又有就近服务于内廷嫔妃、宫女之便,且宫禁本严,尤合"别所安置"之义,还因其地不免仍有东宫官吏往来,正须有"内给事四人,监门守当"。由此推想梁氏所任的"左春坊别教医生",或者就是辅助博士"别教"安置于左春坊管内院舍的女医。② 不过退一步讲,无论梁氏所任何职,所教何生,唐《医疾令》女医条既规定其与入宫官婢同须"无夫无男女",又"别所安置"并特设"内给事"四人监门守当,则其安置之所当位于宫中,起居教习有类太常别教院入居宜春院的女伎,比照入宫服事的女婢来管理,业成常以内廷嫔妃宫女为服务对象,这恐怕都不会有什么问题。

四、女医所习课程及"按文口授"

女医习业的不少方面应与太医署诸生相类,学界对诸生教习课试的要节已作讨论,③这里可不赘说。但女医的教学显然也有其特点,集中表现在所习课程及其教学"皆按文口授"等方面,对此仍有必要略作诠释。

令文述"医博士教以安胎产难及疮肿、伤折、针灸之法"云云,明确了女

---

① 《唐两京城坊考》卷1《西京·宫城》述东宫北部居中为承恩殿,其左右为宜春、宜秋宫,"宜春之北为北苑,其南,道东为典膳厨,道西为命妇院"。《新唐书》卷49上《百官志四上》载左春坊所属典膳局官须"每夕更直于厨",则其必靠近典膳厨,药藏局因提供药膳材料亦应在此附近,与宜春院及命妇院为近邻。唐制"命妇"内指皇帝、太子嫔妃,外指公主及官贵母妻,此类尤其是外命妇若需女医提供服务或即须由命妇院联系。
② 《唐六典》卷14《太常寺》太医署载医、针博士皆有助教,为从九品流内技术官,不载按摩、咒禁博士有助教,但其显然亦当有人辅助其教,唯无品阶故不载录,而女医所习"伤折"科实为按摩博士的教习内容。
③ 参冯卓慧、王霖冬《从唐开元〈医疾令〉看唐代的医疗法》,《西安财经学院学报》2013年第1期;彭炳金《〈医疾令〉所见唐代医学教学及考试制度》,《天津师范大学学报》2014年第1期。

医所习范围及其课试之法。《唐六典》卷14《太常寺·太医署》：

> 医博士掌以医术教授诸生，习《本草》《甲乙》《脉经》，分而为业。一曰体疗，二曰疮肿，三曰少小，四曰耳目口齿，五曰角法。

其后文载"针生习业，教之如医生之法"；又载按摩、咒禁博士教习各自生徒亦有科目，如按摩生即须习"损伤折跌"之法。从男性生徒习业的这些科目，可获印象是女医所习只限当时医疗分科的一小部分，却兼括了医生、针生和按摩生所习之科，故令文女医条所述执教的"医博士"，当是泛指太医署诸医、针、按摩博士而言。①

　　女医的这种课程安排，首先也还是反映了其在医疗活动中的附属地位。如令文定其必须在五年内兼习数科而非专于一科，即与男性生徒习业之况迥异。②《天圣令·医疾令》末所存唐令首条即明确了诸医生"分业教习""各专其业"的原则，第三条则规定了医生所习科目的业成年限：

> 诸学体疗者，限七年成；学少小及疮肿者，各五年成；学耳目口齿者，四年成；学角法者，三年成。针生七年成。③

各科的业成年限，直接关系到教官的考课和生徒的升进或黜退，④其为时长短盖据一般情况下各科习业的经验所定。准此，男性生徒专习体疗或针灸、疮肿、伤折等科，每科长则克期七年，短如咒禁生亦须二年；而女医须习安胎

---

① 日本《令义解》卷8《医疾令第廿四》女医条注释其教习之况："案唐令：博士教之。今于此令，虽文不言，而博士教授，但按摩、针灸等，其业各异，须当色博士各教授。即试升，令当色试。"是其各科皆由"当色博士各教授"，女医业成亦各由当色博士试其所习各科熟练与否。
② 日本《令义解》卷8《医疾令第廿四》女医条规定其习业限七年成，已较唐令的五年延长。
③ 同处所存唐令第八条："诸按摩生学按摩，诵伤折经方及刺缚之法，限三年成；咒禁生学咒禁、解忤、持禁之法，限二年成。"
④ 《天圣令·医疾令》末存唐令第二条规定医、针生"在学九年业无成者，退从本色"。是诸生在限内业无成者，可延期习业课试，但不得超过九年。据《唐律疏议》卷3《名例篇》"诸工乐杂户及太常音声人犯流"条对"犯徒者，准无兼丁例加杖，还依本色"的解释，则《医疾令》所谓"退从本色"，应是指来自庶人的医、针等生习业九年无成者，须退为平民白丁。故女医若五年延期业仍无成，即非退为官户、官婢，亦应有其他惩罚。

产难及疮肿、伤折、针灸,却总共克期五年。① 故其要求的是女医须兼有令文所列数科的必要知识技能,却无须像男医那样既要熟习面上的知识,更须精于一科。② 由于医学理论和实践长期以来都甚重医者精于某科有其专长,③太医署女医的这种仅须泛习而无须专精的课程规定,已在专业起点上注定了其比于必须精博兼备的男性生徒的弱势,说明了其培养目标主要是充当医官的辅助人员。

太医署女医所习的安胎产难及疮肿、伤折、针灸科目,无妨看作制度设定的女医治疗范围,却不能理解为这些疾患包括孕妇的妊娠分娩多由女医负责,因为医、针生必亦教习"安胎产难"等知识技能,史籍中更多男医治疗皇后嫔妃等贵妇的实例。④ 至于女医所习之所以不是别的而是这几个科目,

---

① 令文对此的表述是清晰的,如上引文规定"诸医生"的课程,习"少小及疮肿"者"各五年成",女医习"安胎产难及疮肿、伤折、针灸之法……限五年成"而无"各"字,已明其兼习此数科共限五年。又《天圣令·医疾令》末存唐令首条强调医、针生"分业教习",而女医条则无此规定,这也表明女医非分科习业,而是兼习所列诸科。况且上引文规定针生习业限"七年成",若部分女医单习"针灸"只限五年,或女医亦按一定比例分别习业各科而一律限五年成,皆有违情理。

② 《天圣令·医疾令》末存唐令第一条:"诸医生既读诸经,乃分业教习。率二十人,以十一人学体疗,三人学疮肿,三人学少小,二人学耳目口齿,一人学角法,各专其业。"这里规定的是医生分习诸科的比例,而非各科医生的员额,这样的比例当亦反映了由此登进为医官者的分科状态。

③ 《史记》卷105《扁鹊列传》述其"过邯郸,闻贵妇人,即为带下医;过雒阳,闻周人爱老人,即为耳目痹医;来入咸阳,闻秦人爱小儿,即为小儿医;随俗为变"。这反映了先秦以来医者分科之况。孙思邈《千金翼方》卷26《针灸上·取孔穴法第一》:"且夫当今医者,各承一业,未能综练众方,所以救疾多不全济。何哉? 或有偏功针刺,或有偏解灸方,或有惟行药饵,或有专于禁咒,故以纲罗诸穴,有愈于是。"这是述分科末流有偏窄之弊,但亦可见长期以来医患甚重专长之风。参于赓哲《〈天圣令〉复原唐〈医疾令〉所见官民医学之分野》,《历史研究》2011年第1期。

④ 《天圣令·医疾令》第一条述宋仁宗时"诸医"分科包括大小方脉、针科、灸科、眼科、风科、疮肿科、咽喉科、口齿科、产科、书禁科、金镞科、伤折科,将之与其末所存唐令条文提到的科目对比,所谓"体疗"当包括了宋时的"大小方脉"等科,其中已含妇产科等知识技能。又医、针生各科皆须习读的医经内容亦皆涵盖了妇产科,如张仲景《伤寒杂病论》序谓其所采及于《胎胪药录》,北宋王洙整理其杂病部分编定的《金匮要略》,其卷下即有"妇人妊娠病脉证并治""妇人产后病脉证治""妇人杂病脉证并治"三篇;晋王叔和《脉经》卷9前三篇皆为安胎产难诸证,其余六篇亦皆妇科儿科诸证。隋太医博士巢元方《诸病源候论》卷41至50皆为妇产及小儿病,这都表明医、针生所习包括了安胎产难等术,更何况,华佗、徐文伯、王显、姚僧垣等诸多医例,皆表明汉唐间男医治疗妇产科疾病一直都是主流。

应当也是其主要为嫔妃宫女服务的缘故。她们不仅都不便出宫或由男医入内医治,更为重要的是,安胎产难和疮肿、伤折、针灸施治,每须切近接触其身体,即便特许御医为之诊疗,也须由女医充其助手,承担男医不宜的各种贴身服务。① 由此再看女医所习包括了"安胎产难",却未包括必然与之相连而医生所须习业的"少小"等科,恐怕也还是由于宫中怀胎者及所产无不身份贵重,自有专精其业的高手御医费心诊治,此时女医固须在保育其妊娠分娩时充当配角,却无须参与其新生儿疾患的治疗。由此可见,唐令规定的女医课程,实从另一侧面证明了前面所述太医署女医的角色定位和服务对象,反映了当时社会性别观对女性习医和就医活动的深刻影响,尤其所蕴尽可能勿使其他男性切近接触女性身体的考量,则显然不仅是身为皇帝禁脔的嫔妃宫女如此,也同样适用于被公认为身体专属其夫所有的外命妇乃至于一般妇女,此即太医署需要专门培养女医及其所习限此数科的基本原因。

女医教学"皆按文口授",这也明显不同于太医署其他生徒皆须诵读并精熟医经的规定。《天圣令·医疾令》末所存唐令第一条,开头即称"诸医生既读诸经,乃分业教习"②,可见熟读规定医书乃是女医以外诸生习业的初阶。③ 同处所存唐令第七条规定医、针生业成送尚书省的试策之法:

> 医生试《甲乙》四条,《本草》《脉经》各三条。针生试《素问》四条、《黄帝针经》《明堂》《脉诀》各二条。其兼习之业,医、针各三条。问答法式及考等高下,并准试国子监学生例。

---

① 具体如《千金方》卷3《妇人方中·杂治第八》有治产后藏中风及阴肿痛的"当归洗汤",即须熬药水每日三次"洗阴";同处还有另一种"治产后阴肿痛方",则须熟捣桃仁每日敷阴三次。此类显然与女医所习"安胎产难"及"疮肿"科相关,其操作在当时显非男医所宜。

② 《天圣令·医疾令》第四条:"诸医、针学,先读《本草》《脉诀》《明堂》……次读《素问》《黄帝针经》《甲乙》《脉经》,皆使精熟。其兼习之业,各令明达。"第五条:"诸医、针学,各从所习,钞古方诵之。"整理组即据此参以日本《养老令》复原了唐令第四、五条,其间异文惟改"学"为"生"之类而其义略同,可见诸医、针生诵读医经之况。

③ 《天圣令·医疾令》末所存唐令第八条载"诸按摩生学按摩,诵伤折经方及刺缚之法"。是按摩生所诵为经方及刺缚之法,由此推知咒禁生亦当熟诵咒禁、解忤、持禁之法。

可见医、针生试策，约相当于国学生徒的"帖经""墨义"之类，皆以熟诵经文为前提。而女医"皆按文口授"，则是一律由教官据医经口授文义。对男、女生徒教学方式的这种不同，有研究者认为令文不要求女医熟诵经方，应是其本出贱户，欠缺文化知识之故。但若考虑女医既经选取，罪犯配没者及官户中又不乏断文识字者，这样解释显有未惬，而应结合上面所述其课程之况，将之释为预设的女医角色定位和服务对象使然。即其作为男医的助手配角，又全无上升为医官充当治疗主角的可能，①故在课程安排上先已唯求其泛涉数科而无须精博，其要在于亲手操作而非医理经方，口授及示范也就成了其最切实用的教学培养方式。②

当然令文只能就一般情况做出规定，好学业精的女医自会更受欢迎，"按文口授"更是极具弹性的教学方式。《天圣令·医疾令》末所存唐令第五条规定：

> 诸教习《素问》《黄帝针经》《甲乙》，博士皆案文讲说，如讲五经之法。私有精达此三部者，皆送尚书省，于流内比校。

据上引策试医经的规定，这显然是医、针生教习之法，其"案文讲说"与女医的"按文口授"实无多少不同，讲授的含量应当也像国子监博士讲解五经那样，与教官的水平、好恶和师徒互动之况相关，女医若能"私有精达"经方者，虽无申送尚书省进身为官的可能，得到某种奖励亦属事理之常，区别只在女医皆口授而男医先须熟诵指定经方而已。因此，令文规定的女医教学虽因特定培养目的和社会性别观呈现了种种特点，但也还是合乎通行的教学方式的，长期以来尤其盛行于方技习业的言传身教，在太医署男、女生徒的教学中显然均有突出地位。

---

① 《天圣令·医疾令》末所存唐令第二条："诸医、针生，博士一月一试，太医令、丞一季一试，太常卿、丞年终总试。"而女医条只规定了博士季试，年终则由品阶较低的医监、正试，可见女医在当时官方医疗体系中的角色定位和不能升为医官的附属性、卑微性，也已体现于其课试规定之中。日本《令义解》卷8《医疾令第廿四》女医条规定其由博士月试，岁终内药司试，限七年业成。则反映了日本仿唐所立女医的重要性要稍高一些。

② 日本《令义解》卷8《医疾令》女医条注"案文口授"曰："谓女医不读方经，唯习手治，故博士于其所习，安方经以口授也。"所释足以参考。

五、结语：唐"女医"之制溯源

在女医条这些蕴义特定的文字俱已释迄后，大致可对唐女医之制下两点结论：一是太医署教习的女医多为医官助手，主要是为嫔妃宫女提供贴身的医疗服务。故其各项规定一方面从属于官府各技术部门尤其是太医署选取和培养其所需技术人员的整套制度；另一方面又对其选取条件、安置处所、课程安排、教习方式等项作了诸多调整，以适应培养目标的需要。二是女医之制通体处于特定社会性别观的笼罩之下，并从一个独特的角度反映了当时医疗领域的社会性别状态。这不仅集中体现于女医在整套官方医事体系中的卑微身份和附属地位，处处渗透于其习业、执业的全过程，而且也典型地透露了当时在女性身心和智力、女医与男医之别、女性疾患就医等方面的一系列共识或偏见。合此两点而言，即可认为唐令女医条的资料价值主要不在医学本身，而在于其中所示医疗社会学范畴的各种状态，包括其具象化为相应的职业规范、习惯和官方制度的态势，尤其是特定政治体制、知识系统和社会性别观对于医疗史和妇女史的深切影响。

最后还须注意的是女医条在《医疾令》中的位置。此令先列太医署诸医生选取、教习、课试之法，其末即为女医条，后面再继以其他医药行政条文，这样排序既是女医在太医署教习体制中仅处附属地位的反映，又提供了女医之制有可能晚出，是在太医署其他生徒管理条文之后方被附入《医疾令》的线索。由于《医疾令》源头在西晋《泰始令》，其中并有医署设官教习生徒之条；①《天

---

① 《唐六典》卷6《刑部》刑部郎中、员外郎条原注载晋令有《医药疾病》篇，此即后世《医疾令》立篇之源。《唐六典》卷14《太常寺》太医署医博士条原注："晋代以上手医子弟代习者，令助教部教之。"这应当出于当时犹存的《晋令》，其内容仍可与唐宋《医疾令》助教辅助博士教习，生徒先取医家子弟的规定相证。又《天圣令·医疾令》第五条："诸医、针生各从所习，钞古方诵之。其上手医，有疗疾之处，令其随从，习合和、针灸之法。"所述"上手医"指医中高手，晋令已有此称而唐、宋令循称，似亦反映了晋、唐《医疾令》有关生徒教习条文存在的沿革关系。

圣令》所存唐令则出于开元二十五年令，①但据前面对武周《梁师亮墓志铭》载其"起家任唐朝左春坊别教医生"的分析，女医之制的定型入令恐当不晚于唐初。故若推溯此制之源，其时间范围暂且可框在西晋至唐初之间。

再从西晋往下梳理，《唐六典》卷14《太常寺》医博士、助教条原注述晋太医署设助教教习医家子弟，继曰：

> 宋元嘉二十年，太医令秦承祖奏置医学，以广教授。至三十年省。后魏有太医博士、助教。隋太医有博士二人，掌医。皇朝武德中，博士一人，助教二人；贞观中，减置一人，又置医师、医工佐之，掌教医生。

据此，无论西晋医署教习是否包括了女医，东晋以来其实际已处于停废状态，至刘宋文帝时一度恢复，十年后罢撤。《宋书》卷82《周朗传》载其孝武帝登位后上疏论政，其中一条论巫风及医事有云：

> 针药之术，世寡复修，诊脉之伎，人鲜能达。民因是益征于鬼，遂弃于医，重令耗惑不反，死夭复半。今太医宜男、女习教，在所应遣吏受业，如此，故当愈于媚神之愚，惩艾滕理之散矣。

其下文载朗"书奏忤旨，自解去职"，此建议落空。不过周朗请由东晋以来归属门下省的太医教习男、女医生，②仍可说明当时宫廷和官府既缺男医也需要女医，但医署却无教习之法，民间则巫风盛行而尤其缺乏系统接受过医经、医术训练的男、女医。③ 至于《唐六典》上引文述西晋以来医学沿革一提

---

① 参戴建国《天圣令所附唐令为开元二十五年令考》、坂上康俊《天圣令蓝本唐令的年代推定》，俱载《唐研究》第14卷。

② 《汉书·百官公卿表》载奉常、少府所属皆有太医令丞，是秦汉太医已有内、外之别。秦封泥中有"泰医左府""泰医右府""泰医丞印""大医丞印"，见刘瑞《秦封泥分期释例》，《考古》2013年第10期。《唐六典》卷14《太常寺》太医署述其秦汉属少府，西晋属宗正，东晋省宗正，"太医以给门下省"。《宋书》卷40《百官志下》载太医令、丞属门下省，分别为第六品、第九品。

③ 《晋书》卷95《艺术韩友传》载其善卜相宅，能行厌胜之术，"龙舍长邓林妇病积年，垂死，医巫皆息意。友为筮之，使画作野钎著卧处屏风上，一宿觉佳，于是遂差"。《南齐书》卷55《孝义诸暨东洿里屠氏女传》载其甚有孝行，得神护佑"遂以巫道为人治疾，无不愈，家产日益"。《南史》卷70《循吏郭祖深传》载其梁武帝时上封事论政有曰："臣见疾者，诣道士则劝奏章，僧尼则令斋讲，俗师则鬼祸须解，医诊则汤熨散丸，皆先自为也。"此皆可见南朝民间以巫治病的流行，屠氏女更是女巫治病甚有市场的实例。

刘宋即述后魏,则显然是以此为隋唐医学教习之法的正源,其原因除有鉴于北朝之况外,更是由于南朝医署迄无博士、助教之官,①也就再未恢复医徒教习之制。在此前提下,梁陈定令虽有《医药疾病》篇,其中自然不会有生徒教习之制,就更罔论有选取女医习业之法了。

北朝的情况与之相当不同,《魏书》卷113《官氏志》载太和中所定官品,太史、太卜、太医博士皆从七品下,太医、太史助教皆第九品中,②这类设置本身就表明北朝甚重方术的传统也已体现于其教学活动。③ 又《魏书》卷8《世宗纪》载永平三年十月辛卯下诏立馆治疗京畿内外疾病者,"严敕医署,分师疗治,考其能否,而行赏罚"。又载延昌元年四月癸未,因肆州地震死伤甚多,诏"生病之徒宜加疗救,可遣太医折伤医,并给须之药,就治之"。故北魏后期医署教习之况虽史载不详,④但宣武帝诏文所述"分师疗治"及"折伤医"名称,却仍透露了唐《医疾令》中诸医生、医官分科的来源。再看《唐六典》卷14《太常寺》太医署原注述其北魏以后沿革之要:

① 《南齐书》卷16《百官志》载太常所属太庙令、丞等官,称"置令、丞以下皆有职吏",又载太医令、丞属尚书省。则其下亦仅有职吏而无教官。《隋书》卷26《百官志上》载梁陈百官班位品阶,皆无医博士、助教,梁太医令为流内一班,丞为三品蕴位,陈官品中太庙、明堂等署令为第五品,未知有无太医令、丞。孙思邈《千金翼方》序称"晋宋方技,既其无继,齐梁医术,曾何足云",当亦有感于南朝医学之不振。

② 同处所载太和中官品另有第六品中阶的"太史博士",当因两者属不同系统所致,犹其时尚书算生从八品中,而诸寺算生则为从八品下。《魏书》卷2《太祖纪》末载"帝服寒食散,自太医令阴羌死后,药数动发,至此愈甚"。是道武帝时已有医署。《魏书》卷6《显祖纪》皇兴四年三月丙戌,诏曰:"朕思百姓病苦,民多非命,明发不寐,疚心疾首。是以广集良医,远采名药,欲以救护兆民。可宣告天下,民有病者,所在官司遣医就家诊治,所须药物,任医量给之。"此诏体现了太和以前医政之况。

③ 《宋书》卷95《索虏传》载北魏道武帝拓跋珪"颇有学问,晓天文"。故其开国建制所重晃崇通天文术数,董谧献服食仙经。《魏书》卷114《释老志》则载道武帝"置仙人博士,立仙坊,煮炼百药",太武帝亦好方术,曾问隐士韦文秀以"方士金丹事"。故其所重崔浩、高允等亦皆精于天文术数,同时及其后如毛脩之以善烹调渐居高位,蒋少游以制作巧思而获重用,皆与北族尤重方技术数的倾向有关。《周书》卷47《艺术传》序称宇文泰时"曲艺末技,咸见引纳",亦体现了这种传统。

④ 《魏书》卷113《官氏志》载太和二十三年修订,至宣武帝登位后颁行的官品中,除经学博士和律博士外,已无诸技术学博士。孝文帝迁都洛阳全面推行汉化改革后,诸技术学有所萎缩,其教官或已被摒至流外。

> 北齐太常寺统太医令、丞。后周有大医下大夫、小医上士。隋太常
> 寺统太医署令、丞,有主药、医师、药园师、按摩、咒禁博士……后周医正
> 有医生三百人,隋太医有生一百二十人,皇朝置四十人。

据此,无论北齐有无医署教习之制,①但其到周隋实甚兴旺,唐《医疾令》中有
关太医署生徒选取、教习各条,即应承此发展而来。

经上梳理可见,若女医之制出现于唐代以前令文的话,那显然不会是在
南朝,而在北魏以来,又以周隋的可能为大。尽管其事仍因记载阙如而难断
定,但北朝既然更重方技,其社会性别状态也因北族的冲击而多元不一,②女
性习业方术的可能自亦较大。即就官方教习而言,《晋书》卷106《石季龙载
记上》载其居摄赵天王后:

> 内置女官十有八等,教宫人星占及马步射,置女太史于灵台,仰观
> 灾祥,以考外太史之虚实。又置女鼓吹羽仪,杂伎工巧,皆与外侔。

这固然可视为一个特例,但也说明北族对女性习业的态度要来得更为开
放。③ 与此同时,北朝民间女医并不像南朝周朗上疏所称的寡鲜,又可证于
敦煌莫高窟几幅涉医壁画中的女医图像,这多少也为女医之制的发轫提供
了某种佐证。现将有关图像描述于下:

1. 时属北周的第296窟:其覆斗顶北披东端绘有主题为"施医施药,疗

---

① 《隋书》卷27《百官志中》载北齐太常寺有太医署令、丞"掌医药等事",其后文载诸署令有从
八品上或从九品上之别,又载"尚书、门下、中书等省医师"为从九品下。是北齐诸省皆设医
师之官,其制多头不一。

② 如《魏书》卷18《太武五王列传·临淮王潭传》附《元孝友传》载其孝静帝时上疏:"将相多尚
公主,王侯亦娶后族,故无妾媵,习以为常。妇人多幸,生逢今世,举朝略是无妾,天下殆皆一
妻。"《颜氏家训》卷1《治家》则述:"邺下风俗,专以妇持门户,争讼曲直,造请逢迎,车乘填
街衢,绮罗盈府寺,代子求官,为夫诉屈。此乃恒、代之遗风乎?"

③ 赵超《汉魏南北朝墓志汇编》(天津古籍出版社,2008年)第123页《魏故宫御作女尚书冯女
郎墓志》述志主西河介人,家没奚官,"女郎时年五岁,随母配宫……年十一,蒙简为宫学生,
博达坟典,手不释卷,聪颖洞鉴,朋中独冠。十五蒙授宫内御作女尚书,干涉王务,贞廉两存,
称范女功,名烈俱备"。此书所收北魏宫女墓志提到"宫学"及"宫内御作"者尚有数例,不赘
举。是北魏内廷亦立宫学,选女童肄习坟典,成年后使之管领宫作,则依理亦须熟习御作工
艺流程。前面所述唐代官婢入宫习业之制当即从北朝这类制度发展而来。

效百姓"的"福田经变",上有一黑衣妇从后扶抱一裸体患者欹枕其胸前,黑衣妇侧有一浅红衣男子在旁协助,患者左侧有一黑衣男子持勺为其服药,右后侧有一跪坐浅红衣女子持臼捣药。此图之右,则为扶抱患者的夫妇拱送已戴上幞头的持勺男和捣药女骑马离去。①

2. 隋开皇四年所建302窟:其顶人字披西坡下端绘有同一主题的"福田经变",②上有一裸体患者卧于席上,两侧各有一红衣男子以双手持定患者左、右手肘,患者肩部左侧有一黑衣男子为之诊疗,患者足后下侧有一跪坐的红衣女子作煎药状。

3. 盛唐第217窟:其南壁所绘"法华经变"的下端,③有一贵妇坐于堂内,目视其右侧一妇所抱小儿,堂外有一侍女正引一持杖戴幞头的红衣男医趋向堂前,④男医侧后有一双手捧盒的白衣女子亦步亦趋。

以上图像中的涉医女子,以往或视为"家属""侍女",但其中的捣药、煎药及捧盒女子,画中示其角色与确为家属、侍女者显然不同,⑤尤其296窟图右与医者一并骑马离开的女子,及217窟在持杖医者侧后亦步亦趋的持盒白衣女子,其为医者助手的身份呼之欲出,可断其必为当时所认女医形象。需

---

① 段文杰、樊锦诗主编:《中国敦煌壁画全集》第三册《敦煌北周》,图版133"福田经变(二九六窟)"。辽宁美术出版社、天津人民美术出版社,2006年。此册前有樊锦诗所撰题为《北周时期的敦煌壁画艺术》的代序,文中附有此图的线描摹本。

② 段文杰、清白音、樊锦诗主编:《中国敦煌壁画全集》第四册《敦煌隋代》,图版12"救治病人(三〇二窟)",此册前有段文杰所撰题为《融合中西成一家——莫高窟隋代壁画研究》的代序,文中即附有此图并作简述。

③ 段文杰、清白音、樊锦诗主编:《中国敦煌壁画全集》第六册《敦煌盛唐》,图版19"法华经变(二一七窟南壁)",此册前有史苇湘所撰题为《汗尘迷净土,梦幻寄丹青——论敦煌莫高窟盛唐壁画》的代序,其中述217窟壁画最具代表性时,以文字描述了这幅图像。此"法华经变"今已定名为"佛顶尊胜陀罗尼经变"。又,有些敦煌壁画的黑色本为红色,因氧化而转黑,但以上数图皆并存红色、浅红和黑色。

④ 此医者持杖形象,亦可见于初唐321窟南壁"宝雨经变"(今已定名为"十轮经变")中部左侧"送医服药"图所绘屋内左侧的戴幞头持杖男医。见段文杰、樊锦诗主编《中国敦煌壁画全集》第五册《敦煌初唐》图版101"宝雨经变局部(三二一窟)"。

⑤ 黄明兰《洛阳北魏世俗石刻线画集》(人民美术出版社,1987年)所收有不少侍女形象,郑岩《魏晋南北朝壁画墓研究(增订版)》(文物出版社,2016年)有不少图版为东西魏以来侍女形象。其共同点是仆从身份清晰,与墓主、宾客之类迥然有别,部分显贵及高士身侧侍女手捧之物或与养生求仙相关,但其形象明显与女医无关。

要指出的是,莫高窟北凉、北魏以来诸窟壁画表现的佛经故事,虽有怀胎分娩、盲人复明之类的题材,却要么是渲染其事神异而未有医者出现,要么是虽有医者而无女医图像。① 故上列数图,至少应可表明周隋至盛唐女医流行于民间的状态,从官方制度每与民间之事互动的角度,再结合当时医署教习之制的兴旺,当可将之视为女医之制始于周隋确有一定社会基础的证明。由此再据北周武帝始以软脚幞头为百官"常冠"之事,②并据北周296窟所绘骑马女性医者与盛唐217窟所绘持杖红衣男医皆戴幞头的形象,③则可进一步推想两者或皆为官身,然则北周以来官府已有女医似非毫无证据可言。

综上诸种事态,大致可以认为女医之制或始于北周,并在隋定《医疾令》时附入令篇,置于医署生徒教习诸条之后,唐初以来当又有所调整,即为今见《天圣令·医疾令》所存唐令"女医"条的模样。由于《天圣令》各篇之末所存唐令皆标明"右令不行",故"女医"等条唐末以来应已隳废,④宋仁宗时修令遂将之摒出新令,⑤至于其后嫔妃宫女即便仍有女医为之服务,也只是

① 如段文杰、樊锦诗主编《中国敦煌壁画全集》第三册图版109"遇见病人",为北周第290窟人字顶西披中部所绘释迦牟尼为太子时"遇见病人"之图,上有一裸体患者欹几侧卧,其右有一医者作察状,患者头部后侧有一老妇拱手而立。其中即未出现女医图像。樊锦诗、马世长《莫高窟第290窟的佛传故事画》一文,附有此图照片(图版十)及线描摹本(插图六)。《敦煌研究》创刊号,1983年。
② 《周书》卷6《武帝纪》宣政元年三月甲戌"初服常冠,以皂纱,加簪而不施缨导,其制若今折角巾也"。一般认为此即幞头所起。参孙机《从幞头到头巾》,收入所著《中国古舆服论丛(增订本)》,上海古籍出版社,2013年。
③ 唐永泰公主墓及新城长公主墓壁画中,其侍从女官有些即戴幞头。见《唐永泰公主墓发掘简报》,《文物》1964年第1期;《唐昭陵新城长公主墓发掘简报》,《考古与文物》1997年第3期。
④ 唐代王建《王司马集》卷8《宫词一百首》,其中第八十四首为:"御厨不食索时新,每见花开即苦春,白日卧多娇似病,隔帘教唤女医人。"似唐后期仍有"女医"为宫人服务。
⑤ 范仲淹《范文正公集·政府奏议》卷下《奏乞在京并诸道医学教授生徒》有曰:"我祖宗朝置天下医学博士,亦其意也,即未曾教授生徒。今京师生人百万,医者千数,率多道听,不经师授,其误伤人命者,日日有之。臣欲乞出自圣意,特降敕命,委宣徽院选能讲说医书三五人为医师,于武成王庙讲说《素问》《难经》等文字,召京城习医生徒听学,并教脉候及修合药饵。其针、灸亦别立科教授,经三年后方可选试高等者入翰林院,充学生祗应。"可见宋初虽有医学博士,亦如他官并无职事,天圣定令后其医学部分一时仍具文而已。

一种并不纳入法定教习体制的余绪而已。①

（附图）莫高窟 296 窟（北周）"福田经变"摹本

（原文发表于《魏晋南北朝隋唐史资料》第三十七辑，上海古籍出版社，
2018 年，有改动。）

---

① 关于宋以来女医之况，参梁其姿《前近代中国的女性医疗从业者》，收入《台湾学者中国史研
究论丛》李贞德、梁其姿主编之《妇女与社会》卷，中国大百科全书出版社，2005 年。

女性书写

列女传书写传统的成立与递变

——女性传记书写对证

劉静贞 *

谁可以进入历史,就像历史有没有真相一样,是个迄今都没有标准答案的问题。虽然随着社会文化认知的变化,似乎已经没有人不能进入历史,但什么人、凭什么、又是如何进入历史,仍然是个令历史学者不能停止思考的难题。相对于当代研究者必须思索女性能否/如何进入历史,在过往历史资料中可以得见的女性当如何认知、重写,则是古代史研究者的烦恼。而相对于完全不曾被录入历史的人群,①在《列女传》中留下身影的女性,究竟能让我们看见什么样的过去,则是又一层待面对与思索的难题。

多年前我曾因为参与通识教育研究项目,执行过"以传统中国文化为本的通识教育内涵之研究:《列女传》课程的通识内涵与教学设计"专题研究计划,并发表了《历史的重读与再现——古代经典〈列女传〉的通识意涵》《刘向〈列女传〉的性别意识》两篇论文。② 不过,随着高教生态与自身研究兴趣的变化,原本为通识教育所作的教学设计,已从大学部的"列女传现代解读",调整为研究所的"列女传与历史书写",而再回头检视当年的写作,既有是或不是之处,亦有当时尚未能细致把握者。

---

* 此处尊重作者本人意愿,姓名使用繁体字,后文林欣儀、衣若蘭同此。

① Eric J. Wolf(艾立克·沃尔夫)曾就人们如何拥有历史,被认为没有历史的人们何以未进入历史展开讨论。氏著《欧洲与没有历史的人》(*Europe and the People Without History*),贾士蘅译,麦田出版社,2013 年。

② 前者发表在《通识教育季刊》第 4 卷第 3 期,1997 年 9 月,第 111—126 页;后文则见于《东吴历史学报》1999 年第 5 期,第 1—30 页。

　　对比当时,无论是妇女史的人物研究或是《列女传》的相关讨论都已有大幅增长,单以刘向《列女传》的研究而言,举凡书籍本身的编撰、版本、流传,以及内容所包含的社会政治思想(如用贤、节俭、反对后宫乱政、民本、德政、君臣关系、王霸)、妇女伦理观(如三纲五常、三从四德、贞顺节义、色与德、伦理原则、刘向的理想),还有史学价值(如为女性立传、史料的丰富性、真实性、不足、缺陷)、文学成就(如文体性质、结构故事的方式、语言特征、引诗方式、小说化的女性人物形象),乃至社会教化与影响,皆有篇章。①

　　本文仍将关心的重点,放在女性历史曾被如何书写,又当如何解读的问题上。讨论重点有二,一是从如何掌握《列女传》作为历史资料文本的时代属性着眼,即由刘向所处的时代与知识体系,检视其采用"传"体书写女性的用意,以求为解读其笔下女性所提供的历史现象寻找较为稳当的立足点。另一方面则比较刘向《列女传》与正史《列女传》的类目安排,思考个别人物故事在全局结构中的位置,以求更清楚、适当地认识《列女传》书写女性的意图与所安排的历史位置,以及如何由此理解其被书写与被归属的时空情境。

一、传与传记——词语的选用及
其知识体系的时代归属

　　现代女性研究学者曾对于研究中"妇""女""妇女"或是"女性"等字词的使用有所讨论,而这不只是字眼的争议;因为名称的选择,其实隐含了研究议题与方法论的思考。主张使用"女性"一词的学者认为,"妇女"一词出于"婚姻是女人的全部"这样的概念,是以婚姻把女人一分为二,所以"妇女"意指女人在家庭亲属关系中的位置。"妇"在家时为"女"(男人的女人,父亲的女儿),女人结婚后则称为"妇人"。但女人真实的社会位置不一定只在家庭亲属关系中,她可以有"性"(sex, sexuality)和"性质"(femininity)。在这样的考虑下,具有性别概念的妇女研究,自然应该放弃"妇女"的称谓,才能将女人完整地表现出来。否则纵使将妇女作为历史研究的主题,也只是既有政治史、

_____

① 郑先彬:《刘向〈列女传颂图〉研究》,凤凰出版社,2013 年,第 1—12 页。

社会史、经济史、文化史……研究对象或主题的延伸,无所谓女性的历史。①

　　透过学者的讨论,我们了解到未嫁称"女"、已嫁曰"妇"这样的语词定义,发源固然很早,但成为一种确切的知识——至少在字书中对这两字作明确分别,已到明代。② 因此,若以此直接论说刘向以及范晔等正史《列女传》编者群之以"女"名篇,其实是失焦的。因为无论是在词语的选用,还是故事的选编上,这样的分别与认知可能都不存在,但这仍提醒我们,他们也是在某种性别意识或概念下写出他们笔下的女性。这样的意识或概念自然与其当时的书写情境攸关,也就是与他们所处的时代与所习知的知识概念有关。③

　　不过,这里所拟处理的不是《列女传》作者们的性别意识,而是他们所用的"传"体,在女性历史研究上宜如何对待的问题。

　　钱穆曾批评宋人袁枢"纪事本末体"的写作,只管突发事项,只载动与乱,不载安与定,使读者只知有"变",而不知有"常"。更严重的是,袁枢只写事情之表面,与相关人物的作为,读者不但无法读到历史的核心,也无法理解无事可写的人物之重要。而钱穆以之对比的,即是司马迁借本纪以年系

① 牟正蕴:《解构"妇女":旧词新论》,《近代中国妇女史研究》第 6 期,1998 年 8 月,第 119—139 页。成令方:《女性主义历史的挑战:概念和理论——二十年来英美女性历史学者关注的议题》,《近代中国妇女史研究》第 1 期,1993 年 6 月,第 217 页注文。Tani E. Barlow(白露), "Politics and Protocols of Funü: (Un)Making National Woman," in *Engendering China: Women, Culture, and the State*. ed. Christina K. Gilmartin et al. Cambridge: Harvard University Press, 1994, pp. 337–359.李志生也曾讨论中国古代语境中的"妇女"一词,见《中国古代妇女史研究入门》,北京大学出版社,2014 年,第 1—3 页。从性别的角度思考历史上的女性可以如何被研究,Joan Scott 曾从权力关系着眼,提出性别分类的分析概念,且具有极大的影响力[见"Gender: A Useful Category of Historical Analysis," *The American Historical Review*, Vol. 91, No. 5. (Dec., 1986), pp. 1053–1075]。但这也引发了妇女史与性别史的路线之争,美国学界的论争概况,见俞彦娟《从妇女史和性别史的争议谈美国妇女史研究之发展》,《近代中国妇女史研究》第 9 期,2001 年 8 月,第 207—234 页。

② 牟正蕴:《解构"妇女":旧词新论》,《近代中国妇女史研究》第 6 期,1998 年 8 月,第 119—139 页。

③ 关于刘向的性别理念,见刘静贞《刘向〈列女传〉的性别意识》,《东吴历史学报》1999 年第 5期。相对于《列"女"传》,《艺文类聚》《太平广记》等类书则习以"妇人"名其类目。但检视其中所编选的故事内容,无论是在"列女传"还是"妇人部"中,都既有已婚的妇人,也有未嫁之女性。换言之,无论是史籍还是类书的编者,他们当时选用"列女传""妇人部"之名,恐怕都不曾十分在意记录对象婚嫁与否的身份变化。唯其异同之间原委,尚待追究。

事,借列传以人系事的"纪传体"叙事体例。①

《史记》"列传"以人系事,读来确实有人有事,但司马迁究竟是想写人还是想写事,历来对此各有分说。司马迁在《太史公自序》中说:"扶义俶傥,不令己失时,立功名于天下,作七十列传。"《索隐》称:"列传者,谓叙列人臣之事迹,令可传于后世,故曰列传。"《正义》则说:"其人行迹可序列,故云列传。"

逯耀东根据刘知幾"传"以释"纪"的说法,论证司马迁以"传"为名的本义,是承自《春秋》之"传"的传统。他认为,史迁是沿袭比事属词的旧法,再以此为基础稍作转变,成为依人述事的列传。同时他也指出,校整图书的叙录亦是《史记》"列传"的来源之一,即将著作的叙录寓于著述者个人的行事之中。因此,虽然其篇目多以人名、爵称或官职为标题,但因为"列传"与"本纪"之间存在着"经""传"阐释的关系,故"列传"终究是为说明并分析本纪所载之历史大端,重点实在事而不在人。即使如《魏其武安侯列传》刻画人物性格比较突出,但其书写本意仍是为说明《外戚世家》在汉武帝时代的延续。②

逯耀东之所以特别强调《史记》"列传"以人系事的特质,论说其并非个人独立的传记,其实是为了与魏晋的"别传"有所分别。不过,他虽然一再强调"列传"重在说明个人对其生存时代的贡献,个人已融于事中,很难见其鲜明的性格;③唯为配合皇帝一人统治政治社会格局而有的纪传体,既然采取了以"人"系事的书写原则,那么,以人物行迹为叙事基底的"列传",纵然是以标志时代动向为目标,只想说明个人对其生存时代的贡献,但多少还是连缀起相关众人的生命律动。司马迁的好文笔,既为那些无事可写的人留下

① 钱穆:《中国史学名著》(二),三民文库,1974 年,第 241—248 页。
② 见逯耀东《抑郁与超越——司马迁与汉武帝时代》,东大图书公司,2007 年,《"通古今之变"的"今"之开端》《〈匈奴列传〉的次第问题》《列传与本纪的关系》等各篇讨论,第 119—184、219—269,309—347 页。杜希德(Denis Twichett)曾讨论过列传的书写问题,但着重于传记文类的角度,见《中国传记的几个问题》,《中国历史人物论集》(*Confucian Personality*),正中书局,1973 年,"中研院"中美人文社会科学合作委员会编译,第 28—45 页。
③ 逯耀东:《抑郁与超越——司马迁与汉武帝时代》之《列传与本纪的关系》,第 338 页。

了身影,也写出了不同人物特有的个性。只是,这里所存留的个人生命历程,必须是符合书写者所关怀的"大历史"发展法则,或是在彼所着重的重要事件框架之内,才有被纳入的可能。

由此而论,司马迁发明的纪传之"传"虽然以人物为其书写主轴,但与今日习知的"传记",在书写目的与重心的设定上,其实有着根本性的差异。唯无论如何,诚如赵翼所言,原本非专记一人事迹,记事立论以解经之"传"(commentary),因为司马迁而渐次成了专记一人为一传的"传记"(biography)。①

身处西汉晚期的刘向,以列女"传"名篇,也应该放在这样的时代脉络与知识体系中观察,才能真正把握《列女传》所欲传递的知识讯息。刘向其人及其学术成就,学者探究已多。大抵而言,刘向的撰述乃是基于对王朝政局的关心,以及为宣扬王教所当践履的儒家政治道德。但也正是这种着眼于现实需要、以儒家为宗的问学态度,影响了他处理历史的方式,即其著作所欲铺陈者,重在是否合于义理,而非合于事实。他所寄望于篇章者,是要借着可用的"历史事实"证明六经蕴含的"真理",并用这些"历史的"教训作为法则,以维持汉室的政治稳定。②

这样看来,刘向《列女传》的确不宜毫无疑义地直接划入历史记录的范畴。而除了从刘向自身学问走向考察,《汉书·艺文志》《隋书·经籍志》收录《列女传》的类别位置变化,也提醒我们,自汉至唐,人们对于"传"作为书写体裁的看法,着实有别。因为"传"体在知识体系中的归属,从诸子略的儒家转换到了史部的杂传项下。

《汉书·艺文志》卷30录有"儒五十三家,八百三十六篇",其中即有"刘向所序六十七篇。《新序》《说苑》《世说》《列女传颂图》也"。什么样的知识当归属于儒家,就《汉书·艺文志》的编者看来,正是欲有助于政治教化者,

①　赵翼:《廿二史札记》卷1《列传》,乐天出版社,1971年。司马迁所创"纪传史体",如何令原来"随举一事"以解经的"经传",渐次发展成为"包举一生"以录人物的"史传",参考阮芝生《试论司马迁所说的"通古今之变"》,《中国史学史论文选集》,华世出版社,1980年,第三册,第185—223页。

②　刘静贞:《刘向〈列女传〉的性别意识》,《东吴历史学报》1999年第5期,第3—10页。

所谓：

> 儒家者流，盖出于司徒之官，**助人君顺阴阳、明教化者也**。游文于六经之中，留意于仁义之际，祖述尧舜，宪章文武，宗师仲尼，以重其言，于道最为高。孔子曰："如有所誉，其有所试。"唐虞之隆，殷周之盛，仲尼之业，已试之效者也。然惑者既失精微，而辟者又随时抑扬，违离道本，苟以哗众取宠。后进循之，是以五经乖析，儒学衰，此辟儒之患。（第 1728 页，黑体字为笔者所加，下同）

这样的阐述，正与《汉书·楚元王传附刘向传》中所述刘向撰作《列女传》的意图、宗旨乃至表现方式两相符应。所谓：

> 向睹俗弥奢淫，而赵卫之属起微贱，逾礼制。向以为**王教**由内及外，自近者始。**故采取《诗》《书》所载贤妃贞妇，兴国显家可法则，及孽嬖乱亡者**，序次为《列女传》，凡八篇，**以戒天子**。（第 1957—1958 页）

刘向采取《诗》《书》中所载人事，序次成篇，以戒天子，正是孔子所说："如有所誉，其有所试。"即以具体的人事表现，显扬"道本"，证明王道教化之效验。

不过，经过魏晋南北朝政治社会文化的更迭，《隋书·经籍志》的编者提出了经、史、子、集的四部分类，而且将各家《列女传》移至史部的杂传项下，显示其对于这类书籍的文体性质，已有了不同的认识：

> 古之史官，必**广其所记**，非独人君之举。……故自公卿诸侯，至于群士，善恶之迹，毕集史职。……是以穷居侧陋之士，言行必达，皆有**史传**。自史官旷绝，其道废坏。……司马迁、班固撰而成之，股肱辅弼之臣，扶义俶傥之士，**皆有记录**。而操行高洁，不涉于世者，《史记》独传夷齐，《汉书》但述杨王孙之俦，**其余皆略而不说**。又汉时阮仓作《列仙图》，**刘向典校经籍，始作《列仙》《列士》《列女》诸传，皆因其志尚，率尔而作**，不在正史。后汉光武，始诏南阳，撰作风俗，故沛、三辅有耆旧节士之序，鲁、庐江有名德先贤之赞，郡国之书，由是而作。魏文帝又作《列异》，以序鬼物奇怪之事，嵇康作《高士传》，以叙圣贤之风，因其事类，相继而作者甚众，名目转广，而又杂以虚诞怪妄之说。**推其本原，盖亦史官之末事**

也。……**今取其见存,部而类之,谓之杂传**。(卷 33,第 981—982 页)

在《隋书·经籍志》的编者眼中,杂传的撰写本原乃是出于史官的"广其所记",后来因为《史记》《汉书》等正史所记有限,略而不说,才有了杂以虚诞怪妄之说,人物、鬼怪皆录写的"杂传"。刘向所作的《列女传》,便是与列仙、列士一起放在这样的认知脉络中被理解。至于原本在《汉书·艺文志》中与《列女传颂图》并列的《说苑》《新序》则仍然留在儒家项下,归属于子部。①

从文本解读的角度来看,即使是史书,也有立场、意图等多重面向需要解读分析,以求掌握书写间可能造成的偏重甚或扭曲。刘向以"传"名篇,看似以女性人物故事所组成,但从刘向身为读者所处的时代知识体系,以及其学问的肌理考察,厘清其著述的原始意图是解经还是著史,的确有助于把握并定位其所叙事的重心与意义。因为这些故事虽然来自现实历史的遗迹,但经过刘向的书写,所勾勒的,都是刘向对历史发展的期待。② 所以,其中讲述的并不是女性真实生活的直接呈现,而是在刘向改编下,为实现其教化理想所制作的历史教材,至于其所欲"戒天子",所欲宣扬的,正是"居内·从人"的性别伦理原则。

二、目录的分类架构——个案与
全局的结构关系

从表面看,刘向《列女传》一书意在"罗列女行",故全书再分为《母仪》《贤明》《仁智》《贞顺》《节义》《辩通》《孽嬖》等七篇;但若深入探问故事内容与分类架构,真正受到刘向所肯定的女性,乃是能恪守从属地位、善尽辅佐职分之人。其关键处,则在于她们的谏净是否能够为男性所接纳,并且能

---

① 逯耀东认为,"杂传的杂字有隋志子部杂家类'杂者,兼儒墨之道,通众家之意'的倾向"。故他以此说明魏晋史学渐渐脱离儒家的范围,而"通众家之意",并收兼取。见《魏晋史学的思想与社会基础》,收入《勒马长城》,时报出版公司,1977 年,第 164 页。

② 下见隆雄在详细讨论《列女传》各篇与其出典的关系后,宣称《列女传》本来就是刘向借历史事实,发抒己见的创作之书。见氏著《刘向列女传の研究》,东海大学出版社,1989 年,第二章《列女传の特质》,第 42—97 页。

否在故事的结尾处有一个完美的结局。因此,即使全书析分为七类,但这只意味着女性的"志尚"表现,被承认存在着或成或败的多样情况,却并不意味着其间无分高下,具备同受肯定、尊重的多元价值。

位居全书之首的《母仪》《贤明》两篇,所记载的,乃是其子、其夫能够接受母、妻规戒而有所成就的男性之母、妻。若是遇上《仁智传》中扶不起的"阿斗"(刘备之子刘禅)们,《贞顺传》《节义传》中短命早夭、不孝无义、无可言化的男性们,贤明有智的女性虽然再三提醒规戒,却不能使之明白事理、人情之轻重;那么,这些女性的"志尚"虽明,也只能或仅求自保,或以身殉节,但却无法完满有效地完成社会所安排的角色职分。

目录次第的分类安排显示了其间成就的高下,而对女性的这番评断,其实决定于其相关男性的成败。女性之间的再分类判准,不在于女性本身之智、愚、优、劣,而是取决于她对相关男性所能发挥的帮助程度,至于其基本原理,即在于儒家社会为女性设定的"居内·从人"之性别伦理。①

这些被分别入类的人物故事,既是为标明刘向的政治社会秩序理念而写,为了适当呈现义理的需要,刘向自然不惜改写人物原本的生命故事,以求符应大义。卷4《贞顺传·齐杞梁妻》的故事就是一个明显的例子。这个故事脱本于《左传》并《礼记·檀弓》。但刘向笔下的杞梁妻,既非春秋时代知礼守家的贵族之妻,她的哀哭亦非起自对夫妻之情的不舍,更不是任情绪倾泄的放纵。《列女传》中的杞梁妻,之所以哭崩城垣,哀尽投水,乃是刘向为展现其社会理想而做的安排,借以表现杞梁妻对既有夫妻关系的执着(贞顺),以及因丧夫不再有机会执行自身社会职分的失落。刘向借杞梁妻之口,说出了他对于女性个人在家庭与夫妻关系间所处位置的认知和理想。所谓:

> 夫妇人必有所倚者也,父在则倚父,夫在则倚夫,子在则倚子。今吾上则无父,中则无夫,下则无子,内无所依以见吾诚;外无所依以立吾节,吾岂能更二哉!亦死而已!

---

① 刘静贞:《刘向〈列女传〉的性别意识》,《东吴历史学报》1999年第5期,第3—10页。

刘向所描说的杞梁妻其人其事,脱离了真实人物本身所存处的春秋时代之贵族生活,而被置入他自己身处习知的战国秦汉以下的小家庭格局中。他所希望维护甚且发扬的性别伦理,是能维持既有人际关系,并得以维持整体社会秩序的性别伦理。①

换言之,阅读刘向《列女传》,若能将个别的人物故事放入全局分类架构中加以考虑,则目录所显示的类别理念,不但有助于厘清刘向的书写意图,梳理出人物所被置入的时空位置与相关情境;同时也提醒我们,必须将人物还原至其本应归属的时代现实中,重建其可能处遇的真实生活,从而给予适当的历史定位。如此,方不致因拘泥于故事中的人事辨证与章句正误,陷入史事真伪的困境而致徒劳。②

另一方面,透过刘向《列女传》的分类架构,我们也得以重新思考正史《列女传》与非《列女传》篇章中的女性,当如何从其被书写与被摆放的位置,寻找解读的方向。首先要看的,自是没有“列女传”亦无女性单独立传的《史记》。

其实《史记》中并非没有女性,章学诚从这些女性被摆放的位置,提出了他的解释:

> 不著列女,非不著也,巴清叙于货殖,文君附著相如,唐山之入艺文,缇萦之见刑志,或节或孝,或学或文,磊落相望。③

章学诚这样的说法有其前提,即司马迁所创纪传体,既是在皇帝一人专制的“本纪”之下,用“列传”概括尽编户齐民制度中的各色人物;则特殊的个别人物固然独立为传,至于气味相投、境遇相同、心思相通的人们即或立合传,或

---

① 刘静贞:《依违于私情与公义之间——孟姜女故事流转探析》,收入熊秉真主编《欲掩弥彰:中国历史文化中的“私”与“情”——公义篇》,汉学研究中心,2003 年,第 84—92 页。
② 刘知几曾从史事存真的角度批评刘向对年代的处理“殊为乖刺”,且“广陈虚事,多构伪辞”“故为异说,以惑后来”。见《史通通释》卷 18《杂说》下,浦起龙释,里仁书局,1993 年,第 516—517 页。擅长考据、校证的清代学者如顾广圻、王照圆、梁端、萧道管等人则分别作了考证、补注、校注、集注的工作。见下见隆雄《刘向列女传の研究》,《序论篇》第一章第七节《清代における刘向〈列女传〉の研究》,第 34—37 页。
③ 章学诚:《文史通义》卷 7《外篇二·永清县志列女列传序例》,台湾商务印书馆,国学基本丛书,1968 年,册三,第 71—72 页。

成类传。在这样的人物分类概念中,女性原本就可各因其特色,而各托于其类,既非一类可容,自不必单设一类。这样的处理原则亦见于《汉书》。

问题是,章学诚虽为司马迁和班固找到不必以"性别"为分类,不设"列女传"的理由,但他将此归因为"马、班法简,尚存《左(传)》《(战)国(策)》余风,不屑屑为区分类别"。却又批评李延寿写《南史》不立"列女","以萧矫妻羊以下,杂次孝义之篇,遂使一卷之中,男女无所区别,又非别有取义,是直谓之缪乱而已"①。亦可见"性别"在章学诚心中,仍是史传编写人物的重要分类标准,并且是比其他分类更为重要的基础分类准则。是以史传的人物之间,还是必须先设立男女"性别"的大分类,然后再及其他。

如前所言,历史研究者曾经期望,要让资料自己说话。问题是,所有的资料都背负着作者自身的目的。司马迁采纪传体例编写《史记》,已有其所欲呼应的政治社会结构,但是在他之后,同样采取纪传体例的不同作者,对于历史发展法则或是人物评价标准,并不见得与他一致。和《史记》一样,未设"列女传"的《汉书》,其择取人物系事的准则便与《史记》有异。班固曾批评司马迁"论大道先黄老而后六经,序游侠则退处士而进奸雄,述货殖则崇势利而羞贱贫"。至于《汉书·古今人表》将历史人物分为圣人、仁人、智人……,自上上、上中……至下下列为九等,基本上是依其对儒家道德规范实践的程度。② 不过,在范晔眼中,班固《汉书》对历史人物的评论,亦大有问题,他指斥班固:"任情无例,不可甲乙辨,后赞于理近无所得。"③

这样看来,出现在不同史书中的"列女传"记述,是否能以同一思考脉络来进行解读,也必须慎重。

在纪传体正史中,以性别为人物分类思考,第一个设立《列女传》的是《后汉书》的作者范晔。他在《列女传序》中表示,"《诗》《书》之言女德尚矣,若夫贤妃助国君之政,哲妇隆家人之道,高士弘清淳之风,贞女亮明白之节,则其徽美未殊也,而世典咸漏焉"。所以"自中兴以后,综其成事,述为列女

---

① 章学诚:《文史通义》卷7《外篇二·永清县志列女列传序例》,第72页。
② 逯耀东:《抑郁与超越——司马迁与汉武帝时代》附录二《汉晋间史学思想变迁的痕迹——以列传与别传为范围所作的讨论》,第460—468页。
③ 范晔:《狱中与诸甥侄书》,《后汉书》,中华书局,2012年,书末附录,第1—2页。

篇"。但"如马、邓、梁后别见前纪,梁嫕、李姬各附家传"。①

所谓"世典咸漏",似乎意指创立正史体裁的司马迁与继其作史的班固在《史记》《汉书》中都忽略了有关"列女"的记述。但其实,除了新增"列女",《后汉书》中还多了"党锢""宦者""文苑""独行""方术""逸民"等类传。这些类传的出现,即便不是范晔的创见,仍显示了范晔对于时代动向的把握。② 诚如学者所见,"党锢""宦者""独行""逸民"皆可称是东汉一代之大事,而"文苑""方术"则让文人、学者、异能者各得其类。③ 如此一来,"列女"之立传,固可释为以敦风教,但是否尚有性别相关概念夹杂其中呢?

更当措意的是,《后汉书》中并非除《列女传》外即别无女性,范晔既已声称:"如马、邓、梁后别见前纪,梁嫕、李姬各附家传",是否正是要提醒他的读者,以类传形式出现的《列女传》,其实有着其所从之"类"所被标榜的某种性质。列女立传,看似让传中的女性有其独立的场域,然传既以"女"为共名,即是因性别而被分类,其所被强调或被赋予的社会特质,也就被贴上了性别的标签。细读传中女性,范晔所谓"掇次才行尤高秀者,不必专在一操而已",并不是无所认定的"才行""高秀"。所谓"贤妃助国君之政,哲妇隆家人之道"已经提示:其所标举的正是古代父系父权社会秩序中,女性当"居内·从人"且望有所"助"的期许。至于与"高士弘清淳之风"相对应的"贞女亮明白之节",更让我们看到,在以性别为分类的基本原则下,"高士"与"贞女"各有其在群体社会中应持守的行为准则。

仔细检视《后汉书·列女传》的内容,可以发现,范晔虽然宣称"不必专

① 《后汉书·列女传》卷84,第2781页。
② 逯耀东认为自东汉末年开始,历史人物传记的类型,已有扩大的现象,故这些类传并非范晔个人卓越的创见。(同前62页注②)蓝文征则认为这些类传的设立,"揆诸当代史实,最得体要"。见《范蔚宗的史学》,收于杜维运、黄进兴编《中国史学史论文选集》(一),华世出版社,1979年,第307页。汪荣祖也认为这并"非徒增名目,实因世变情异"。见《史传通说》,联经出版事业公司,1988年,第129页。谷川道雄则曾借着"党锢""宦者""独行""逸民"等类传提示东汉帝国崩解前的局势及人物动向。见《世界帝国的形成:后汉—隋·唐》,耿立群译,稻乡出版社,1998年,第24—35页。
③ 蓝文征:《范蔚宗的史学》,收于杜维运、黄进兴编《中国史学史论文选集》(一),第307页。

在一操"，可是其中记述的女性人物行止，基本上并未超脱刘向《列女传》除"孽嬖"之外的六种分类。事实上，其基本理念正与刘向《列女传》"居内·从人"的性别伦理原则相呼应。只是其中固然有成功谏夫循行正道，称得上"贤明"的女性，但在遭逢事端之际，只能以舍弃性命保全贞节、维护义理的人数显然远高过其他。①

其中，看似以自身文才入传，却因为再嫁而引人争议的蔡文姬，②是值得仔细检视的例子。玩味传文，主角蔡琰其实是以董祀妻而非女文学家蔡琰的身份出场。范晔描述了她"博学有才辩，又妙于音律"的个人特质，也交代了她嫁给董祀前的际遇。传文的重心则在于董祀犯法当死，蔡琰"音辞清辩"，说动曹操，免了董祀之罪，由此再引出她忆诵亡父蔡邕书文之事，并录其所写悲愤诗。由此看来，能解救丈夫于危难，或许才是范晔选她入传的理由。而她的"博学有才辩"正是得以解救危局的关键能力。只是，范晔既明言她"博学有才辩"，篇末两篇悲愤诗的文字又实在令人印象深刻，也无怪读者获得的是蔡琰另一重的形象。但我们也不能不承认，这正是范晔书写历史的高明之处，他借着勾勒人物才情，解释历史之所以被推动的力量渊源，而人物作为历史行动者的主体属性(subjecthood)遂得以由此而展现。③

蔡琰的故事引动了一个女性史研究上常被提起的课题，也就是妇德与才

---

① 《后汉书·列女传》是依时间排序，但细数全传十七名女性（袁隗妻马伦传末所附其妹马芝计入），助夫有成、符合贤明之义的只有最前面录入的三人，其余求父尸、报父仇、悼亲作赋的孝女四人，以文才辞辩见长者二人，感动前妻之子的继母一人，至于因坚守贞节自杀、见杀者则有七人。

② 历来的批评、讨论可见衣若兰《〈后汉书〉的书写女性：兼论传统中国女性史之建构》，《暨大学报》第4卷第1期，2000年3月，第30页。

③ 范晔对于人物特质的掌握，确有独到之处。我曾就前、后《汉书》中的王昭君相关纪事做过比较：对比班固只对王昭君生命中与汉匈政治外交脉络相牵系的那一部分有兴趣，可谓有事无人的书写方式；范晔则尝试说明王昭君历经何种作为甚至心境转折，方能有如此身份、地位，以见证这段汉匈的历史过程。在范晔笔下，王昭君虽因"积悲怨，乃请掖庭令求行"，却能在临辞大会上刻意妆扮，"丰容靓饰"，且更以"顾影徘徊"之姿，"竦动左右"。这些描画，展现了昭君在关键时刻善用自身仅有资源，颇具机心的应变能力，也解释了她在汉匈交涉史上何以得有如此分量。详见刘静贞《历史记述与历史论述——前后〈汉书〉中的王昭君故事辨析》，收入《中国妇女史读本》，北京大学出版社，2011年，第48—62页。

性的关系。① 要想厘清这个问题,所要面对的,不只是《后汉书·列女传》中妇女所存处的东汉政治社会,更是她们所被记录,也就是范晔所处身的时代氛围,以及范晔个人的识见。学者曾经论说:作为汉帝国指导思想的儒家道德规范,随着汉王朝的覆灭而受到质疑,个人意识则随着追求自然任情的玄学发展而觉醒。② 但无论是政府还是家族,都还是需要肯定某些伦理法规,以期能维持一定的社会秩序。这样的矛盾正显现在范晔既重视个人才行,又强调性别伦理原则的书写双面性上。这与同属魏晋时期作品的《世说新语》写作手法极其类似。《世说新语》对于女性的书写描摹,既着眼于传统妇女观的德、言、容、功,也因为人物的赏析品鉴由实用趋于审美,而特重风神才辩。③

其实,若是再回头看看刘向《列女传》的目录分类方式,是以“居内·从人”性别伦理为原则,以能否“佐助”相关男性有成以论高下,则对刘向、范晔而言,后世争议不休的“女子无才便是德”之说,恐怕并不在他们的思考中。至少,不是他们评价女性的主要准则。因为必须是既有“志尚”又有“能力”,可以辅佐男性完成志业的女性,才能完满地进入《母仪》《贤明》二传。至于空有“志尚”,却无力应付的女性,就只能在《仁智》《贞顺》《节义》诸篇中留名。从这样的角度着眼,能说动曹操,救下董祀的蔡琰,才是真正“才行尤高秀”者。对于范晔而言,自是不可能如刘知幾所设想的那样,舍弃成功救夫的蔡琰而取毁形不嫁的徐淑。④

---

① 刘咏聪曾经讨论过这个问题,见《“女子无才便是德”说的文化涵义》,收入《女性与历史——中国传统观念新探》,台湾商务印书馆,1995 年,第 89—103 页;又见于《中国传统才德观及清代前期女性才德论》《清代前期关于女性应否有“才”之讨论》二文,皆收入《德、才、色、权:论中国古代女性》,麦田出版社,1998 年。

② 逯耀东:《魏晋玄学与个人意识醒觉的关系》,《魏晋史学的思想与社会基础》,东大图书公司,2000 年,第 153—172 页。

③ 梅家玲:《依违于妇德与才性之间:〈世说新语·贤媛篇〉的女性风貌》,《〈世说新语〉的语言与叙事》,里仁书局,2004 年,第 251—293 页。钱南秀:《“列女”与“贤媛”:中国妇女传记书写的两种传统》,收入《重读中国女性生命故事》,五南图书出版公司,2011 年,第 83—106 页。

④ 就刘知幾看来,范晔舍徐淑而写蔡琰,殊为不当:因为“秦嘉妻徐氏,动合礼仪,言成规矩,毁形不嫁,哀恸伤生,此则才德兼美者也。董祀妻蔡氏,载诞胡子,受辱虏廷,文词有余,节概不足,此则言行相乖者也。至蔚宗《后汉》,传标列女,徐淑不齿,而蔡琰见书。欲使彤管所载,将安准的?”《史通释》卷 8《人物》,第 238 页。

透过历史书写认识过去,所能掌握到的,究竟是被书写者的时代,还是作者的时代,实在是一个必须随时谨记、不断反省的事情。阅读历史的目的原本是想了解前者的事实状况,但却常被后者的想法所牵引。与《世说新语·贤媛篇》记录同一时代,但成书已在该时代之后,由唐人所编写的《晋书·列女传》,便曾利用叙述方式的改变,或是加入其他史料的方式,调整了原有的女性形象,以求符合其性别意识,使之具备入史的条件。于是,原本追随魏晋时风、颇重个人意识的"贤媛",成了符合唐代史官"具宣闺范,有裨阴训"立传需求的"列女"。① 而其所秉持的性别伦理原则,仍然是要求女性必须能善尽辅佐之责又甘居从属地位。

与此同时,另一个早已浮现并愈演愈烈的书写现象,便是"烈女"人数比的不断增加。至少《北史》《隋书》两书的作者已不能不着意说明,在他们笔下之所以多记贞烈之行,乃是因为"妇人之德",在于"温柔",非温柔无以成其仁,然而真正外显,得以"立节垂名"者,仍然是赖其有"贞烈"之行。②

为了解释自过去继承到的这种历史书写方式,《金史·列女传序》的作者从很实际的角度表示,女子原本"以无非无仪为贤","若乃嫠居寡处,患难颠沛,是皆妇人之不幸也"。但是也唯有这些遇到不幸,"卓然能自树立,有烈丈夫之风"的女性,才有入史的机会。③ 面对这样的事实,《辽史》作者虽然说"天下而有烈女之名,非幸也"。因此,"与其得烈女,不若得贤女"。④ 但其实,早在《旧唐书》中,就已经承认女性"窈窕之操,不其'贤'乎"的实际表现,也包括"临白刃而慷慨,誓丹衷而激发,粉身不顾,视死如归"的节烈之行。⑤

刘向《列女传》曾经使用的女性分类方式,再次有助于我们从另一个角度来思考这样的历史变化。前文已说明,最受刘向看重、置放全书之首的

① 杨雅琄:《从"贤媛"到"列女":以叙述观点理论探究〈晋书·列女传〉之性别意识》,《高雄师大学报》2006 年第 21 期,第 49—63 页。

② 《北史》卷 91,中华书局,1974 年,第 2994 页;《隋书》卷 80,中华书局,1973 年,第 1797 页。

③ 《金史》卷 130,中华书局,1975 年,第 2797—2798 页。

④ 《辽史》卷 170,中华书局,1974 年,第 1421 页。

⑤ 《旧唐书》卷 193,中华书局,1975 年,第 5138 页。

《母仪》《贤明》类女性，其成就乃是建立在相关男性的成败上。至于各部正史《列女传》的记载，固然也从此着眼，但无论是守身还是尽节，无论是孝亲还是抚孤，都渐渐倾向直接由女性本身行止着眼。《金史·列女传序》作者"以无非无仪为贤"的认知与主张，出自《诗经·小雅·斯干》。既然女性只要处理好中馈之事（"唯酒食是议"），不被鼓励积极学习、参与各种事务；那么，她们自然只有在遭遇不幸时，始能因激烈的抗拒才被看见。

自刘向发端的《列女传》，其以性别为人物分类的思考，既是在中国传统社会既有的秩序理念中产生，也持续地影响着社会以这样的性别意识要求个人。不过，女性原本被期待以母、妻身份成功协助男性的从属者角色，却在正史列女传的书写方式递变中，被转换至以女性自身行止为凭的主体位置。只是，在"以顺为正"，"居内·从人"的社会期待下，这样的主体位置，并不表示女性在社会组成关系中已被承认具有主体性。烈女们看似做出自我的选择，但未必具备、也未被期待具备主体当有的自主性。

结　语

本文试图从刘向《列女传》采"传"体书写的角度切入，就"传体"知识的归属变化，佐证刘向撰述所具有的政治教化意图，以及其书与今日传记历史的距离；同时，也由其目录安排的分类架构，思考其中人物故事的解读取径，并借此考察正史《列女传》中女性故事书写重心与表现重点的移转。

考察刘向《列女传》书写意图的原始情境，固然有助于所记述内容的解读，更重要的是，这提醒了身处今日的研究者，该书在不断为人传抄、诵读、作注、写疏过程中，其知识性质与分类归属并非一成不变。不同的读者与抄注者在其各自的时代氛围中阅读着同样的文字，却在深思或不思间，各有所见，各有所得。于是，采传体形式书写的《列女传》，不但在书籍分类中，由助人君统治教化的诸子略儒家项下，移转到了广其所记的史部杂传类；就连书籍设定的读者，也由刘向原本期有所戒的"天子"，渐次转变成待教化的"女性"。而全书的篇卷结构，则从八篇（一说七篇）厘为十五卷，直至宋仁宗嘉祐（1056—1063）年间，方才因馆阁编校事业的进行与王回等民间学者的努力,依颂义复原,重新编定其书为八篇。

也因此,欲借助前人对《列女传》的认识与定位,以理解其中人物故事,其实必须先把握这些读者兼编次者的时代与知识体系。对于重新编校《列女传》为今貌的宋人而言,《列女传》归入史部虽已是不争的事实,但是其编次者如曾巩、王回对于《列女传》一书的书写目的与知识性质的认知其实是相当不同的。好古的王回相信历史记录可以垂家国之戒,有直谅多闻之益,即使是女子,也当在历史上留下身影。也因为他颇介意历史记录原貌之存留,故努力还原刘向著作的篇卷结构之本来面貌,还将非刘向原作之故事检出,别成一篇号《续列女传》。曾巩则很清楚刘向的述作本意在"列古女善恶所以致兴亡者,以戒天子"。他对刘向著书的期待与批评,是从经学的角度出发;对他而言,"史"之所以作,"将以是非得失兴坏理乱之故而为法戒,则必得其所托,而后能传于久"。这与刘知幾和清代学者关注年代乖剌、故事人物失实的史学角度颇为不同。曾巩所措意的乃是文本所夹带的教化目的能否经由正确的知识表达完成,而这又与他期望君子当以身化的女教理想相呼应。①

明清的《列女传》刊本几乎均承接自宋本,虽然传刻之间亦各有面貌,但基本篇卷格局一致。而这也就是今日所得见、本文据以分析的《列女传》文本。唯这是否确为刘向所著原貌,在考古资料问世之前,似乎很难有确切的答案。本文以此文本之目录分类为讨论基础,一方面是基于对宋人把握刘向原作能力的信任,另一方面也是综合考虑了文本回置于其书写空间的连锁关系,并与其后正史《列女传》书写传统相连接后,所作的选择。但这毕竟是在缺乏直接资料的情况下,借书写脉络建立的论证。

历史的讨论的确需要资料,因为对读者而言的"合于理",不见得"合于历史"。后世学者指证刘向《列女传》的各种错误,部分即缘于刘向有其所想切合之"理"。而正史《列女传》的作者们调整了刘向、范晔所建立的书写传统,也是因为他们各自有其所想切合之"理"。

---

① 刘静贞:《宋本〈列女传〉的编校及其时代——文本、知识、性别》,《唐宋女性与社会》上册,上海辞书出版社,2003 年,第 30—35 页。

　　但若允许从不同层次考虑，那么，所有过去的遗留都有可能提供某种回头窥视过去的机会。问题端只在于我们如何认识并解明资料的性质，看透它所携带讯息所能指涉（signifier/signified）的范围，并由此解读出其中所隐藏的过去。刘向《列女传》所构建的系统性记录方式，因为带有明显的书写意图，看似比较容易读出作者所代表的社会评价概念，也比较容易爬梳出他笔下所描说的社会情状，在当时是被刻意经营期许或遭禁制舍弃。但其实，"历史书写"本身原本就有其作为社会活动之一环的现实性，因此"历史书写"自然有其受到社会现实影响而产生的"选择性"，甚至因此而带有某种社会期待，从而造成某种扭曲。

　　刘向借"志尚"形成的性别分类概念，虽是他个人的书写，但也是时代社会的产物。而接续其后的正史《列女传》，对于女性社会位置、行为的思考固然有其相通之处，但编者们与其所记述的个别人物仍各有其不同的处事态度或是方式。唯当一个个的故事被置入作者或编辑群所欲陈说的理路之中，故事本身既有的意趣不见得就被完全消解。那么故事中为引带正向思考所作的安排，究竟能在读者阅读时发挥多少效果？这些经过编者书写处理、变造的文本与新知识体系，读者又会以什么样的态度去面对？《列女传》的读者们在刘向所建立的基础上营造自己所认同的新知识体系，并带引新读者，正是这不断变化的动态过程，让我们看见了一个书写传统的成立与递变。

妇女史研究的材料与方法问题探析

铁爱花

过去女性问题的研究者往往认为,传统社会的女性是"缺席"的,或者说传统社会不关注女性。① 事实上,无论是从考古发掘,还是从文献记载来看,人们对于女性问题的关注,几乎是与人类社会的发展同步并行的。就文献记载来看,对女性问题的记载几乎涵盖所有文献,从《周易》中的阴阳秩序,《诗经》中的两性描写,到刘向《列女传》,班昭《女诫》以及历代正史、文集、笔记、小说、墓志碑文、诗歌、图像等,可以说,伴随人类社会的发展,人们始终在寻找一种"理想"的,适合人类自身生存与发展的两性秩序。如美国学者罗伯特·麦克艾文(Mcelvaine, R. S.)在《夏娃的种子:重读两性对抗的历史》中所言:"离开了对性别差异的认识,历史就不可能得到理解。"②社会性别秩序的建构与维系始终没有离开过人类的关注视野。

中国妇女史研究,经历了 20 世纪初由辛亥革命和新文化运动引发的妇女解放的启蒙运动与拓荒研究、20 世纪 50 至 70 年代前后由于特定历史因素而导致的凝滞时期、20 世纪 80 年代至今的蓬勃发展等不同阶段。在传统与现代转换、西方与东方对话的多重格局中,21 世纪以来中国妇女史研究的阵容、课题的广度与深度、研究成果的数量与质量,都有根本性提升,成绩斐

---

① 如李小江《女性/性别的学术问题》一书的序言便以"从女人的历史性'缺席'谈起",认为"女人却因为性别被判为'人'的异类,终身背负着她的性别强加于她的命运,退归家庭,成为私和隐私,在社会上在历史中消失了"(李小江:《女性/性别的学术问题》,山东人民出版社,2005 年,第 1 页)。

② [美]罗伯特·麦克艾文(Mcelvaine, R. S.)著,王祖哲译《夏娃的种子:重读两性对抗的历史》,上海人民出版社,2005 年,第 13 页。

然。但是,研究中还存在一些值得注意的问题,表现较突出的,一是材料,二是方法。对这两个问题的认识与处理如何,在某种意义上成为 21 世纪妇女史研究能否寻找到新的学术生长点,真正向纵深拓展的关键。

一、史料发掘与议题开拓

"史料"是认识历史最重要的媒介,妇女史的研究要想真正有所拓展与深入,首先要靠史料来说话。梁启超在《中国历史研究法》中说:"史学较诸他种科学,其搜集资料与选择资料实最劳而最难。"①就中国古代妇女史研究而言,尤其如此。古代妇女史研究的一个很大困难来自史料。一方面是史料的搜集整理。历史上与女性问题相关的资料极其分散、碎化,搜集整理不易,成为制约妇女史研究的突出问题。因此,拓宽史料搜集范围,进行扎实的史料整理工作,在此基础上开拓妇女史研究的空间,就显得非常必要。早在 21 世纪初,郭松义先生即强调"深化妇女史及社会性别史的研究,既要加强理论方面的探讨,更要扎实地钻研史料,并把这两者结合起来,一步一个脚印地向前走"②。至今看来,依然深具指导意义。另一方面是史料的解读使用。诚如学者所论,"任何史料都是有局限的,对于像妇女史这样新兴的学科尤其是如此,所以在研究中,尽量开拓史料收集的范围是必要的,而以各种不同史料来互相参照,并对史料进行重新审视与解读,就比在传统史学的研究中更形重要"③。中国古代正史、方志的列女传及墓志碑铭中,女性资料相对集中,但其书写者多为男性,往往站在男性立场上书写在他们看来符合儒家伦理教化的女性美德,这就给研究者辨析、使用资料带来困难,需要研究者进行细致深入的发掘和解读。

就宋代女性问题研究为例,材料往往能带动议题。在史料的运用上,起初研究者们多关注那些有关宋代妇女的相对集中的材料,如《宋史》的后妃

① 梁启超:《中国历史研究法》,上海古籍出版社,1998 年,第 41 页。
② 郭松义:《开展性别史研究需要做大量基础性工作》,《历史研究》2002 年第 6 期,第 143 页。
③ 定宜庄:《妇女史与社会性别史研究的史料问题》,《历史研究》2002 年第 6 期,第 153 页。

传、列女传,《宋刑统》《名公书判清明集》《东京梦华录》等等。随着学术研究不断推进、学术议题不断拓展,学界更加重视对史料的深入发掘与开拓,例如正史、政书、儒家经典、文集、笔记、墓志、碑刻、小说、诗歌、法典、家训、官箴、方志、类书、考古资料、绘画资料等受到了前所未有的重视。随着史料发掘的拓展,一些问题的讨论也深入到新的层次。例如在中国传统社会,儒家历来强调男女之别,重视内外区隔,"女正位乎内,男正位乎外"①成为古代社会男女两性在职事分工与空间区隔上的重要理论依据,女性的生活重心也主要被限定在家内。在传统文化发展成熟的宋代,晁补之曾说:"生男自有四方志,女子那知出门事。"②陆游称:"士生始堕地,弧矢志四方,岂若彼妇女,龊龊藏闺房。"③都感慨女性囿于闺闱的生活状态。长期以来,学界亦从不同角度对宋代女性在"家内"或"闺闱"之内的生活,或与家庭生产生活相关密切的经济等活动进行了深入探讨,④而对宋代女性在家外移动空间中的

---

① 王弼注,孔颖达疏《周易正义》卷 4,(清) 阮元校刻《十三经注疏》,中华书局,1980 年,第 50 页。

② 晁补之:《芳仪怨》,北京大学古文献研究所编《全宋诗》第 19 册,北京大学出版社,1995 年,第 12805 页。

③ 陆游著,钱仲联校注:《剑南诗稿校注》卷 11《鹅湖夜坐书怀》,上海古籍出版社,1985 年,第 916 页。

④ 相关研究成果,如刘静贞《女无外事?——墓志碑铭中所见之北宋士大夫社会秩序理念》(《宋史研究集》第 25 辑,台湾编译馆,1995 年,第 95—141 页)、《不举子:宋人的生育问题》(稻香出版社,1998 年);邓小南《"内外"之际与"秩序"格局:兼谈宋代士大夫对于〈周易·家人〉的阐发》(载邓小南主编《唐宋女性与社会》,上海辞书出版社,2003 年,第 97—124 页)、《宋代士人家族中的妇女——以苏州为例》(《国学研究》第 5 卷,北京大学出版社,1998 年)、《从考古发掘资料看唐宋时期女性在门户内外的活动——以唐代吐鲁番、宋代白沙墓葬的发掘资料为例》(载李小江等《历史、史学与性别》,江苏人民出版社,2002 年);张邦炜《婚姻与社会(宋代)》(四川人民出版社,1989 年)、《宋代婚姻家族史论》(人民出版社,2003 年);柳立言《浅谈宋代妇女的守节与再嫁》(《新史学》第 2 卷第 4 期,1991 年);陶晋生《北宋士族:家族·婚姻·生活》("中研院"历史语言研究所,2001 年);游惠远《宋代民妇的角色与地位》(新文丰出版股份有限公司,1998 年);[美] 伊沛霞(Patricia Ebrey) 著,胡志宏译《内闱:宋代的婚姻和妇女生活》(江苏人民出版社,2004 年);[日] 柳田节子《宋代女子の继承权》(《法政史学》1990 年第 42 卷)、《宋代妇女的离婚、再嫁与义绝》(田余庆主编《庆祝邓广铭教授九十华诞论文集》,河北教育出版社,1997 年,第 290—297 页);[日] 大泽正昭著,刘馨珺译《南宋的裁判与妇女财产权》(《大陆杂志》第 101 卷第 4 期,2000 年);[美] 白凯(Kathryn Bernhardt)《中国的妇女与财产:960—1949 年》(上海书店出版社,2003 年);铁爱花《宋代士人阶层女性研究》(人民出版社,2011 年)等。

活动关注不足。事实上，通过文献史料的深入发掘就会发现，宋代各阶层女性走出闺阃，投身家外空间的行旅活动很普遍。① 宋代女性闺阃之外的行旅活动，其资料分散于浩如烟海的宋代正史、文集、笔记、方志、诗歌、墓志、碑刻等各种文献中，若不能下大力气广泛深入地发掘资料，是难以发现问题、展开研究的。

　　同时不同类型的文献材料还具有不同的特点，须进行精耕细作的整理、辨析和利用。如在正史中没有普通女性传记的前提下，女性的墓志资料从某种意义上填补了女性无传的空白。墓志资料对于女性研究者的意义，无异于男性传记对于研究男性人物的价值。许多传记资料的来源本身就有很大一部分取材于墓志，故在女性资料相对缺乏的传统社会，女性墓志资料的价值，无疑是弥足珍贵的。当然，墓志书写者对死者多有溢美之词，而且大多站在男性的立场上书写他们看来符合儒家伦理道德的妇人美德，以起到道德教化的目的，使得墓志中所书写的女性大多具备柔顺、孝谨、贤慈、仁爱的形象，但由于墓志同时具有某种程度的写实功能，墓志的取材一般源自死者亲属所提供的行状，或书写者本身即为女性至亲，如丈夫、父亲或儿子，因而他们在记载中，还是为我们保留了许多其他史料难以取代的珍贵资料，倘若我们将关注的焦点从书写者所赋予的女性"美德"移向其中有限的事件的描述，则其利用价值依然是不可忽视的。

　　此外，若将女性墓志的书写者与国家正史传记的书写者作一比较，我们可以看出，他们同为掌握文字传播功能的士人，但事实上，书写正史的士大

---

① 铁爱花、曾维刚：《旅者与精魅：宋人行旅中情色精魅故事论析——以〈夷坚志〉为中心的探讨》(《中国史研究》2012 年第 1 期，第 139—154 页)；铁爱花：《宋人行旅中情色诈骗问题探析》(《社会科学战线》2013 年第 7 期，第 112—118 页)、《宋代女性行旅风险问题探析——以女性行旅遇劫为中心》(《浙江学刊》2015 年第 1 期，第 58—66 页)、《宋代女性行旅风险问题续探》(《浙江学刊》2016 年第 4 期，第 39—50 页)、《生计流动：一种宋代女性行旅活动的历史考察》(《苏州大学学报》2018 年第 3 期，第 176—183 页)、《随亲宦游：一种宋代女性行旅活动的制度与实践考察》(《社会科学战线》2019 年第 6 期，第 83—91 页)等文，探讨宋人行旅中可能遇到的情色问题以及宋代女性的行旅风险、生计流动、随亲宦游等问题，发现宋代社会流动性大，女性是行旅活动中不容忽视的社会群体，从一定角度反映宋代女性行旅活动的广泛性与普遍性。

夫要受到国家力量的监控,而女性墓志的书写者,可以有更多的自由与可发挥的空间,从这一角度来看,墓志中的女性资料无疑成为我们了解当时社会女性生活的重要史料。故研究古代女性问题,在资料取材上,女性墓志资料的重要性不言而喻。当然,正史与方志中的列女传及墓志碑铭中的女性资料虽相对集中,较易收集,但其局限性也很明显。正史与方志中的列女传重在树立贞节烈女等典范形象,以教化世人;女性资料相对集中的墓志碑铭又往往流于溢美,隐恶扬善。因此研究者在使用此类材料时,须认真辨析,有所取舍。此外,研究者应能设身处地,对传统女性所处的环境、所受的背景,真正"具了解之同情",方可发掘出更多有价值的信息,深化我们对相关问题的认识与研究。

除正史、方志、文集、墓志资料之外,还需广泛关注儒家经典、法典、笔记、诗词文、类书、石刻、出土文献等多种资料,并要注意其各自不同的特点。

儒家经典是传统思想史的宝库,也是研究古代女性问题不可忽视的资料。比如《易经》有六十四卦卦体,《乾》卦与《坤》卦由纯阳和纯阴组成,其他卦体则由阳爻与阴爻混合而成,蕴含着丰富的阴阳变易思想。战国时成书的《易传》,即开始据《易经》中的变化法则诠释男女、君臣等相对的关系。汉儒进一步以阴阳学说阐释男尊女卑的性别秩序,女性在理论上的"阴卑"地位,也因之奠定。魏晋南北朝至隋唐,因礼法松弛,胡风浸染,汉代所形成的阳尊阴卑、男尊女卑的学说受到一定冲击,明确以阴阳学说诠释性别秩序的言论虽不甚普遍,但它仍在根本上影响着社会的性别秩序格局。宋代儒学复兴,以阴阳学说重解《周易》等儒家经典,成为宋儒建构性别秩序的理论依据。这些都对后世的性别观念产生了深远影响。故考察传统社会女性问题,尤其是传统社会性别秩序问题,必须从源头入手,下大力气发掘与利用儒家经典。

中国古代律令法典多有散佚,但就存世者来看,仍是妇女史研究的重要资料。如唐代法典有律、令、格、式四种,今传世者仅《唐律疏议》和《唐六典》,余皆亡佚。至宋代,统治者认为律不足以周事情,故更为敕、令、格、式,现存法典主要有宋初基本依唐律而修的《宋刑统》,南宋宁宗时修《庆元条法事类》(残本)。近年学者发现了《天一阁藏明钞本天圣令》,是又一部珍贵的宋代法律文献。在上述法律文献中,与女性相关的资料也较丰富,具有独特的价值。如根据不同时期法律文本的差异观察女性财产权益、人身权益、社会地位等的演变,就是一个较为直接和可靠的视角。此类文献资料,还待充分发掘利用。

中国古代笔记小说数量庞大,资料丰富,也颇有特色。有的如南宋周密《齐东野语》,在记载资料时即有一种史家的关怀;有的如洪迈《夷坚志》,在记载奇闻异事以资消遣的同时,又有明显的诚世意图;有的如周必大《泛舟游山录》,则记载了自己携妻子家人远行的经历见闻。各种笔记小说,或取材史籍,或道听途说,或亲身经历,从不同层面涉及女性社会生活的资料较为丰富,值得妇女史研究者系统地研读利用。

诗、词、文别集和全集中,保存有不少有价值的女性资料,值得女性问题研究者重视和发掘。如一些诗、词、文作品本身即为女性完成,为我们保留了传统社会的女性声音。男性文人创作的诗词文作品,有不少反映社会性别观念,也有不少专门描写女性生产生活的作品,值得妇女史研究者系统深入发掘。

一些类书也有不可忽视的价值。如宋代陈元靓编成的民间类书《事林广记》,其中即有关于民间婚俗、女性生活的资料。而像清代前期官方编成的《古今图书集成》,共有六大编,编下设典,如《明伦汇编》中就有《宫闱典》《家范典》等,有丰富的女性资料。不过由于是二手资料,存在一些错误,使用时需加考辨甄别。但也有不少资料原书已佚,因而弥足珍贵。

现已整理出版的各种石刻文献,是补传统正史、文集不足的重要资料。其中有不少新见的女性墓志铭,还有一些女性的题壁刻石,反映了女性走出家外,在更加广泛的社会空间活动的印迹,能丰富我们对女性生活的认识。

陆续发掘的出土文献,是丰富妇女史研究的又一珍贵资料。如1951年宿白主持发掘的河南禹县白沙镇三座北宋雕砖壁画墓,是20世纪下半叶最受关注的考古活动之一,发掘成果和结论编成《白沙宋墓》一书,1957年由文物出版社出版。其中“妇人启门”的壁画典型地反映出门户对男女两性生活空间的区隔。在考古发掘的河南温县西关等地宋墓中也有关于妇人启门的壁画。这些对于认识传统社会男外女内的性别秩序格局具有重要意义。

可见在中国古代妇女史研究中,材料取径若过窄,就会使资料本已"先天不足"的女性研究更难深入。这不仅仅是论证单薄的问题。因为不少研究议题即有赖于资料的启发而产生,所以资料取径会制约妇女史研究课题涉及的广度与深度。当然,随着新史学的兴起,尤其是后现代理论兴起以来,对史料的可信度的质疑,为学界带来了疑古与批判精神,同时也促使历史研究更加谨慎与科学,这无疑是可取的。

二、方法理论与研究路径

(一) 传统实证研究的方法

对中国古代妇女史的研究者来说,传统实证分析的方法无论如何不能摒弃,是我们必须秉承的方法。同时要突破妇女史研究方法单一、视野狭窄的瓶颈,还应在历史实证研究的基础上,借鉴其他学科的理论方法。笔者以为,应坚持历史学为本位,多学科综合研究的路径。

(二)"社会性别"(Gender)研究的方法

在研究的分析范畴方面,妇女史最重要的成就是把社会性别概念引入历史研究之中,并把它用作历史分析的一个基本范畴。[1] 20 世纪 70 年代,美国人类学者盖尔·卢宾(Gayle Rubin)提出社会性别的理论。所谓社会性别(Gender),与生物性别(Sex)相区别,这种区别的内涵在于强调影响男女两性发展的非生物因素(即社会和文化因素)的重要性,重申了法国学者西蒙娜·德·波伏娃(Simone de Beauvoir)著名的格言:女人不是天生的,而是塑造的。经许多学者发挥和运用,社会性别已成为妇女史研究中使用最普遍的理论。[2] 这一理论分析视角,对认识传统社会男女两性权力关系、群体

---

① 裔昭印:《妇女史对历史学的贡献》,《史学理论研究》2004 年第 3 期。

② 该理论最早由美国人类学者盖尔·卢宾(Gayle Rubin)提出,后经许多学者加以发挥和运用,已成为妇女史研究中使用最普遍的理论。如今这一理论也成为历史学、文学、社会学、哲学乃至法学等学科的研究者共同使用的理论分析工具。有关社会性别理论的论著非常丰富,如鲍晓兰主编《西方女性主义研究评介》,生活·读书·新知三联书店,1995 年;李银河主编《妇女:最漫长的革命:当代西方女权主义理论精选》,生活·读书·新知三 (转下页)

特征、角色定位、活动场域及社会职责等一系列问题都有很大帮助。不过，若过于强调男女两性的二元对立，也必然存在不足，我们还应看到两性关系中趋向和谐的因素。并且，在一些学者的研究中，社会性别的运用有时显得理解浅层化，使用泛滥化。尤其是一些研究者在尚未理清历史上女性活动面貌的情况下，一味地以此解构历史，结果导致"只破不立"，未免失之草率。

（三）多学科交叉研究的方法

21世纪以来，越来越多的研究者认识到，妇女史的研究要向纵深拓展，不仅需要史料的发掘，还需要研究视角、方法和理路的创新。[①] 保守与封闭无益于学科发展与建设，多学科交叉研究已成为妇女史研究拓展的一条重要途径。

如马克思的经济与阶级分析理论及其相应的妇女观对妇女理论的发展做出了重大贡献。马克思认为私有制的出现，阶级的产生，是妇女受压迫的重要根源，这对我们深刻认识历史上和现实社会中女性的处境、地位、命运及其根源具有深刻指导意义。

（接上页）联书店，1997年；王政、杜芳琴主编《社会性别研究选译》，生活·读书·新知三联书店，1998年；［英］坎迪达·马奇（Candida March）等著，社会性别意识资源小组译《社会性别分析框架指南》，香港乐施会，2000年；李小江等主编《批判与重建》，生活·读书·新知三联书店，2000年；［美］史蒂文·塞德曼（Steve Seidman）编，吴世雄等译《后现代转向：社会理论的新视角》，辽宁教育出版社，2001年；杜芳琴《妇女学和妇女史的本土探索——社会性别视角和跨学科视野》，天津人民出版社，2002年；［美］梅里·E.威斯纳-汉克斯（Merry E. Wiesner-Hanks）著，何开松译《历史中的性别》，东方出版社，2003年；李宏图、王加丰选编《表象的叙述——新社会文化史》，上海三联书店，2003年；李银河《女性主义》，山东人民出版社，2005年等，均有关于社会性别理论的介绍或阐释。《新史学》《台大历史学报》《历史研究》《史学理论研究》《世界历史》《妇女研究论丛》等刊物上，均刊登过有关性别理论的阐释或介绍的文章。

① 如2001年在北京大学召开的"唐宋妇女与历史学"国际学术研讨会上，学者们呼吁妇女史的研究应该运用"跨学科的研究方法"（邓小南：《唐宋女性与社会》前言，上海辞书出版社，2003年，第6页）。2002年大连大学性别研究中心召开的"历史、史学与性别"圆桌座谈会中，"多学科的交流与沟通"也成为这次会议的一个特点（李小江等：《历史、史学与性别》前言，江苏人民出版社，2002年，第2页）。上海师范大学2016、2017、2018、2019年连续多年召开不同领域中外妇女史研究者参加的学术会议，笔者皆有参加，体会到学界对多学科交叉研究的重视。

又如社会学中最早由美国社会学家爱德华·罗斯(Edward Alsworth Ross)提出的"社会控制"理论,也值得重视。在20世纪之初出版的《社会控制》一书中,罗斯讨论了社会控制的依据、手段以及体系,并指出:"我试图确定我们所看到的所有关于我们的秩序,在多大程度上起因于从外部对男人和妇女所施加的影响。"①剑桥大学文化史教授彼得·伯克(Peter Burke)对罗斯的概念作了进一步阐释,认为如果有一种社会共识,社会有一个中心,我们就可以把社会控制界定为贯彻社会对规范的共识。② 可见,这一理论有助于促使我们考察传统国家、社会以及家庭等各个层面,如何对男女两性进行相应的约束和规范。

社会分层是社会学中的基本概念。正如美国社会学家索罗金(Sorokin,P. A.)所说,"要研究和理解群体现象,不能忽视作为其基本特征的分层结构","所谓社会分层是一个特定总体演变为等级上差别的群体。它起源于社会成员在权力、财产、责任及社会价值等方面的不平等分配"。③ 社会分层对于认识社会系统具有重要价值,它既显示了社会稳定性的原因,又表现出社会内在紧张或社会变革的原因。实际上,在社会分层得以接受的范围内,它表示的是一种既定的秩序,并意图使该秩序长期化。④ 社会分层是研究和理解社会群体的重要理论工具,我们在研究古代社会女性群体时,不能忽视社会分层的影响。就妇女史的研究而言,倘若仅仅依靠社会性别理论,便很容易忽视不同阶层女性之间的差异性。事实上,在社会总体的性别权力秩序的架构中,不同阶层女性的生活环境、生活方式、人生体验等都会有所差异,社会对不同阶层女性的价值期许与评判也会有所不同。故我们在研究传统社会女性群体时,有必要对其进行分层研究,从而更为深入系统地把握同一时代不同阶层女性的生活实态。

---

① [美]爱德华·罗斯(Edward Alsworth Ross)著,秦志勇、毛永政译:《社会控制·序言》,华夏出版社,1989年,第1页。

② [英]彼得·伯克(Peter Burke)著,姚朋等译:《历史学与社会理论》,上海人民出版社,2001年,第102页。

③ 刘玉安主编:《西方社会学史》,山东大学出版社,1993年,第290页。

④ [法]让·卡泽纳弗(Jean Cazeneuve)著,杨捷译:《社会学十大概念》,上海人民出版社,2003年,第122页。

　　社会流动是社会学中的又一基本概念。在社会学中,社会流动分为横向流动与纵向流动两种。横向流动,即从一种地位向同水平的另一种地位移动的可能性,有时也指迁移运动的可能性,这时人们并不特别关心社会等级的变化;纵向流动,即在等级的不同阶梯上上升或下降的可能性,即阶层变迁。① 有效利用社会流动理论分析女性的纵向与横向社会流动,或可激发有关女性社会流动议题的研究。

　　再如法学中的"法文化"的理论。"法文化"概念,最初由美国学者格雷·多西(Gray Lonkford Dorsey)提出,他认为法律不能简单归结为解决纠纷的手段和技术,而是组织和维护人类合作诸事例中安排秩序的方面,是文化的一部分,可以体现价值,传达意义。这对我们深入理解传统社会国家法律与女性相关的部分之于女性的意义,认识国家法律与传统社会女性地位、家庭及社会生活的关系不无裨益。

　　总之,在妇女史的研究中,材料是砖瓦,方法是框架,材料和方法相互关联,相互生发。就中国古代妇女史研究而言,只要研究者秉持一种深切的社会和时代关怀,材料与方法并重,不断发掘富有研究价值的课题,妇女史的研究必然会不断拓展和深化。

　　附记:本文于 2019 年 9 月 21 日,在南开大学召开的"第三届南开中古社会史工作坊:中古中国的女性与社会"上宣读,得到与会诸位先生指正,谨致谢忱。

---

① [法]让·卡泽纳弗(Jean Cazeneuve)著,杨捷译:《社会学十大概念》,上海人民出版社,2003 年,第 176 页。

女 性 生 活

社会性别视野中的敦煌女人社

姚 平

前言: 问题的切入

中古时期反映女性团体的文书共有十五份,其中两份出于东魏,五份出于北齐,一份出于吐鲁番,七份出于敦煌。在这十五份文书中,四份是社约。① 高世瑜最先在《唐代妇女》(1988 年版)一书中提出,敦煌文书中的两份女人社社条(S.527,P.3489)反映了下层民间妇女的独立地位和社交活动。② 宁可和郝春文也早在 1990 年就发表专题论文讨论中古时期的女人社。③ 之后,不少学者对中古时期的女人社做过研究。比如,郝春文认为,从思想文化层面来说,女人社不过是在家庭中处于强势地位的女性对男性结社行为的模仿。④ 孟宪实在《试论敦煌的妇女结社》一文中对敦煌妇女结社的功能进行了探讨。他指出,就结社的具体功能而言,女人结社和其他结社看不出"任何差异"。而且,虽然女性可以单独结社并开展经济活动,但相对当时的男性而言,她们的经济能力和条件都是有限的。⑤ 在过去三十多年的讨论中,学者们对敦煌女人社的活动和功能的看法基本一致,即丧葬

① 见郝春文《中古时期社邑研究》,上海古籍出版社,2019 年,第 256—257 页。
② 高世瑜:《唐代妇女》,三秦出版社,1988 年,第 135 页。
③ 宁可、郝春文:《北朝至隋唐五代间的女人结社》,《北京师范学院学报》1990 年第 5 期,第 16—19 页。
④ 郝春文:《中古时期社邑研究》,第 268 页。
⑤ 见孟宪实《敦煌民间结社研究》,北京大学出版社,2009 年,第 284—303 页。

互助和上香燃灯。最近,高奕睿(Imre Galambos)在《敦煌社司转贴》(She Association Circulars from Dunhuang)一文中也特别强调了女人社比其他同时期的民间结社更为接近佛教团体的特点。[①] 不过,学者们对敦煌女人社成员的身份以及女性结社的意义的看法尚有分歧。本文旨在通过对敦煌女人社社条中社人名字的分析以及这些文本与其他敦煌吐鲁番文书的比较来探讨两个与这些分歧相关的问题:一、谁是签名画押的女人社成员? 二、如何评价女人社成员? 我希望,对女人社成员的探讨能使我们对中古时期敦煌地区的社会性别制度有更进一步的了解。

敦煌女人社社条

关于敦煌女人社成员身份,学者们根据有社人名单的两份社条(S.527,P.3489)做出种种推测,或认为她们是下层妇女[②],或认为是妾[③]、年轻女性[④]、已婚育女性[⑤],或认为是 "家中有较高地位、或实际掌握家中经济大权、或属于独立承户的女性"[⑥]。这些推测的依据有二:其一,S.527 署名中有未冠姓氏者,应当不是妻、母身份的女性,而 P.3489 有 "吴家女"之名,显然是一位未婚的社人。其二,社条要求社人出资,因此,参与者应当有一定经济管理权。孟宪实在《敦煌民间结社研究》一书中指出,吐鲁番出土的女人结社文书《众阿婆等社条》(67TAM741/7, 1/8, 1/10, 1/11)中的社人均署名 "某某阿婆","就是各以其子为坐标的表达"。这个观点非常有启发性。敦煌女人社的社人身份表达是否也是以男性为坐标呢? 让我们先来看看在 S.527 和 P.3489 中这些女性的名字表达方式。

---

① 高奕睿(Imre Galambos):《敦煌社司转贴》(She Association Circulars from Dunhuang),收于 Antje Richter 编,History of Chinese Epistolary Culture, Brill 出版社,2015 年,第 853—877 页。
② 高世瑜:《唐代妇女》,第 135 页。
③ 杨森:《晚唐五代两件〈女人社〉文书札记》,《敦煌研究》1998 年第 1 期,第 73 页。
④ 孟宪实:《敦煌民间结社研究》,第 295 页。
⑤ 同上。
⑥ 郝春文:《中古时期社邑研究》,第 270 页。

S.527《显德六年(959)正月三日女人社社条》①全文如下：

显德六年己未岁正月三日女人社因滋(兹)新岁初来,各发好意,再
立条件。盖闻至城(诚)立社,有条有格。夫邑仪(义)者,父母生其身,
朋友长期(其)值(志),遇危则相扶,难则相救,与朋友交,言如信。结交朋
友,世语相续,大者若姊,小者若妹,让语先登。立条件与(已)后,山
河为誓,中(终)不相违。一、社内荣凶逐吉亲痛之名,便于社格人各
油壹合,白面壹斤,粟壹斗,便须驱驱济造食饭及酒者。若本身死
亡者,仰众社盖白躭拽,便送赠例,同前一般,其主人看待,不谏(拣)厚
薄轻重,亦无罚责。一、社内正月建福一日,人各税粟壹斗、灯油壹盏,
脱塔印砂。一则报　君王恩泰,二乃以(与)父母作福,或有社内不谏(拣)大小,
无格在席上喧拳,不听上人言教者,便仰众社就门罚醴醿一筵,
众社破用。若要出社之者,各人快(决)杖叁棒后,罚醴局席一筵,的无
免者。社人名目诣实如后。

社官尼功德进

社长侯富子

录事印定磨柴家娘

社老女子

社人张家富子

社人涡子

社人李延德

社人吴富子

社人段子

社人富胜

社人意定

社人善富

社人烧阿朵

---

① 宁可、郝春文:《敦煌社邑文书辑校》7,江苏古籍出版社,1997年,第23—26页。标点略有
改动。

社人富连

社人住连

右通前件条流，一一丁宁，如水如鱼，

不得道说事(是)非，更不于(如)愿者，山河

为誓，日月证知。恐人无信，故勒此条，

用后记耳。

P.3489《戊辰年(968?)正月廿四日裧坊巷女人社社条》①全文如下：

戊辰年正月二十四日裧坊巷女人团座商仪(议)立条。合社商量为定。各自荣生死者，纳面一斗，须得齐同，不得怠慢。或若怠慢者，捉二人后到，罚壹角。全不来者，罚半瓮，众团破除。一、或有大人颠言道(倒)仪，罚醴醿筵。小人不听上人，罚羯羊壹口、酒壹瓮。一、或有凶事荣亲者，告保(报)录事，行文放帖，各自兢兢，一一指实，记录人名目：

录事孔阇梨　　虞候安阇梨　　社人连真　　社人恩子　　社人福子

社人吴家女　　社人连保　　　社人富连　　　社人胜子　　社人员泰

社人子富　　　社人员意

右入社条件，在后不承文帖及出社者，罚醴醿筵

此外，敦煌文书中还有《丙申年四月廿日博望坊巷女人社社条稿》(北新882)，但未列有社人名字，故郝春文、孟宪实等认为是草稿。② 其全文如下：

---

① 宁可、郝春文：《敦煌社邑文书辑校》8，第27—28页。

② 录文最早出于黄霞《北图藏敦煌"女人社"规约一件》(《文献》1996年第4期，第263—266页)。此后，郝春文命名为《博望坊巷女人社社条稿》(《〈敦煌社邑文书辑校〉补遗(一)》，载《首都师范大学学报》1999年第4期，第23—28页)，余欣命名为《丙申年四月廿日博望坊巷女人社社条稿》(《唐宋敦煌妇女结社研究——一件女人社社条文书考释为中心》，东京都立大学人文学部《人文学报》325号，2002年，第177—200页)。孟宪实认同余说，但认为或可命名为《丙申年四月廿日博望坊巷燃灯女人社社条稿》(《敦煌民间结社研究》，第292页注2)。此文录文采自孟宪实2009年书作(第292页)。在最近出版的《敦煌遗书文化》(Dunhuang Manuscript Culture)一书中，高奕睿在总结上述学者观点的基础上进一步提出，社邑文书中不列姓名者当是学生的抄写练习。见 Imre Galambos, Dunhuang Manuscript Culture (Berlin: De Gruyter Academic Publishing, 2020)，第199页。

丙申年四月廿日,博望坊巷女人因为上窟燃灯,众坐商仪。

[逐年上窟一日]一齐同发心,限三年。[愿满。上窟,逐载上一日,须要

济济锵锵,接礼歌欢,上下和睦]愿满。每年上窟所要

[税聚]物色代,[看临将决]录事帖行,众社齐来,停登税聚。

[过去桥梁二万九]自从立条已后,便须齐齐锵锵,接

礼歌欢,上和下睦,识大敬小。三年满后,任自取散。不许

录事三官把勒。众社商量,各发好意,不坏先言,

抹破旧条,再立条。日往月来,此言不改。今聚集

得一十三人,自列名目已后。

延德、富连和阿朵是女性吗?

　　敦煌文献所见人名是近年来敦煌研究中的热点之一。从山本达郎、土肥义和《敦煌吐鲁番社会经济史料(二)籍帐》等诸多敦煌文书中所记载的人名来看,很多敦煌居民是昭武九姓后裔,这一点在学界已基本达成共识。① 高奕睿则进一步指出,这些粟特后裔的汉文名字有一个从取其(粟特)音到取其意的转变过程,归义军时期人名中的"延""富"等字就是取其意(尤其是汉文字中的褒义字)的典型。② 此外,高启安、沙梅真等学者还对敦煌人名的取意及性别有详尽探讨。③ 这些研究对本文深有启发。

　　笔者认为,从 S.527 和 P.3489 中的人名来看,除了 S.527 中的社官尼功德进、录事印定磨柴家娘、社老女子及 P.3489 中的社人吴家女外,其他名字与池田温《中国古代籍帐研究》《中国古代写本识语集录》,山本达郎、土肥义和《敦煌吐鲁番社会经济史料(二)籍帐》,宁可、郝春文《敦煌社邑文书辑

① 参见张广达《唐代六胡州等地的昭武九姓》(《北京大学学报》1986 年第 2 期,第 71—82 页)、蔡鸿生《唐代九姓胡与突厥文化》(中华书局,1998 年)、荣新江《敦煌学十八讲》(北京大学出版社,2001 年,第 211—212 页)。

② 详见 Galambos, *Dunhuang Manuscript Culture*,第 220—247 页。

③ 见高启安《唐宋时期敦煌人名探析》,《敦煌研究》1997 年第 4 期,第 121—128 页;沙梅真《敦煌吐鲁番文书中的人名研究》,西北师范大学 2007 年硕士学位论文。

校》以及沙知《敦煌契约文书辑校》所载中古时期敦煌地区的女性名字似有极大差别，而与这些文书中的男性名字又十分接近。比如在这两篇社条所记载的 24 个人名中，①有九人的名字带"子"字。正如高启安指出的，敦煌户籍、契约、僧尼名单中带"子"字的人名在男性中的比例要远高于在女性中的比例。② 此外，"延德""富连"和"阿朵"见于其他文书，都可以确定是男性。如 P.3441（背）《公元 947 年前后三月十三日社司筵席转贴》③以及 P.3364《某寺麺油破历》④都有与 S.527 同名同姓的"李延德"。P.3441（背）全文如下：

> 社司转贴　　　　右缘李住儿筵席，　　　　　　人各麦壹斗，
> 粟壹䵮，于主人家送纳。　幸请诸公等，帖至，限今月十三日于灵修寺门前
> 取齐。捉二人后到，罚酒壹角；全不来者，罚酒半瓮。
> 其帖立[递]相分付，不德[得]停滞；如有滞帖者，准条
> 科罚。帖周却付本司，用凭告罚。
> 　　　　三月十三日录事帖
> 社长石　　社官邓　　安忠盈　　翟再温　　尹安三　　阴留德
> 阴喻子　　康付子　　宋进子　　李延德　　张三子　　宋闰子
> 高闰成　　阴海员　　邓全庆　　刘畈汉

从帖中"诸公"一词以及所列人名来看，李延德当是男性。

　　"富"与"连"两字在男性名字中频繁出现，"富连"一名在其他文书中也出现过，如 P.3636《公元 997 年前后？社司罚物历》⑤中即有男性的"令狐富连"。而"富""连"两字在女性名字中不多见，因此"富连"在 S.527 和 P.3489 两个社条中同是女性名字的可能性极小。S.527 中有社人"烧阿朵"，此"烧"姓在敦煌文献中绝无仅有，或是错字？但"阿朵"见于他文，如 P.5032《戊午年（958）社司转贴》中有"魏阿朵"。此帖也是发给社司"诸公"的，因此这

---

① 不包括 S.527 中的社官尼功德进以及 P.3489 中的录事孔阇梨、虞候安阇梨。
② 高启安：《唐宋时期敦煌人名探析》，《敦煌研究》1997 年第 4 期，第 127 页。
③ 宁可、郝春文：《敦煌社邑文书辑校》68，第 164—165 页。
④ 见宁可、郝春文《敦煌社邑文书辑校》对 P.3441 的讨论，第 165—166 页。
⑤ 宁可、郝春文：《敦煌社邑文书辑校》253，第 499 页。

个"麹阿朵"当是男性。①

综上所述,S.527 中的李延德、富连,P.3489 中的富连、阿朵很有可能是男性名字。

社人恩子是寺院养女吗?

S.527 中"社人恩子"是学者讨论的热点,蒲成中《非奴婢而是被收养人:敦煌文书中"恩子"的身份》一文对此有详细介绍。② 蒲文提出,敦煌文书中无姓的"恩子"以女性为多,当是寺院养女的意思。而 S.527 中"社人恩子"证明了寺院收养的男女性都有加入社团、参加社会活动的权利。③ 蒲文提到《吐蕃末年(839)四月纥骨萨部落百姓吴琼岳便粟契》中的保人吴琼岳之子 ——"恩子"是唯一一个可以确定是有姓的男性恩子。④ 但蒲文并没有断言其他文献中带姓的 26 个"恩子"是否都是女性,而是指出,凡文献中有"某恩子"者都曾经是某寺院的"恩子",而用回了自己的姓,很可能已经脱离了原来的"恩子"身份。⑤

然而,细读这些有"某恩子"署名的文书,我们发现,这些恩子参与社团的其他成员绝大多数是男性。而 S.527 中的社人大多只具名,不具姓,因此,"社人恩子"是"某恩子"的可能性很大。也就是说,这位"社人恩子"未必是女性。

籍帐文书和社邑文书中如何记录女性名字?

在籍帐文书中未婚女性多记以名,而母亲和妻子大多只记以姓,记录

① 宁可、郝春文:《敦煌社邑文书辑校》166,第 334 页。

② 蒲成中:《非奴婢而是被收养人:敦煌文书中"恩子"的身份》,《上海师范大学学报》2017 年第 5 期,第 144—152 页。

③ 同上,第 146 页。

④ 同上,第 148 页。此便粟契文书收于池田温著,龚泽铣译《中国古代籍帐研究》,中华书局,2007 年,第 406 页。

⑤ 蒲成中:《非奴婢而是被收养人:敦煌文书中"恩子"的身份》,《上海师范大学学报》2017 年第 5 期,第 148 页。

名的母亲和妻子只是极少数。也有不少文书在已婚女性姓前加"阿"字，如《唐大中四年(850)十月沙州令狐进达申请户口牒》(S.6235B) 中的令狐进达妻阿张、令狐嘉兴妻阿苏、令狐兴晟妻阿张、令狐清々妻阿李等。① 又如《唐沙州户口簿(9 世纪后半)》(S.4710) 记录了五个家族，所有已婚女性均以"阿+姓"的形式称呼，其中人口最众的刘再荣一家共有二十九人，他们是：

妻阿令狐　男海盈　新妇阿王　孙男犬犬　孙女福惠　男胡儿　女尼钵钵
女纵娘　女称心　妹尼觉意花　妹胜娇　女尼□娘　女吴娘　弟再安
新妇阿樊　侄男文显　侄男文集　侄男善子　侄尼金吾　侄尼鹰鹰
侄女富娘　侄尼瘦瘦　女住娘　侄男伯丑　侄僧明明　侄男升升
侄男力力　侄男千千　新妇阿氾②

此外，在契约文书和社邑文书中，大多数女性的称呼也是以与当事人或社员的关系来表达的。P.3102V《公元 945 年前后(?)七月一日社司付社麵历》③就是一个很好的例证：

七月一日社内有麵知(支)付与人居(具)录如后：

石通子妻将[麵]叁斤,保岳阿娘一秤,
石通子妻将麵叁斤,万子迓妻将麵壹秤,石庆住妻将
麵壹秤,王海润将麵壹秤,王录事将麵壹秤,
王流子妻将麵贰斤,王二婆将麵壹秤半,是自家秤。
李庆子将麵壹秤,万诠妻将麵壹斤(押)。

这篇文书中的王海润、王录事、李庆子的性别难以判断，其他则都是女性，而除了王二婆未能确定之外，她们都是以妻和母(保岳阿娘)的身份表达的。高启安在《唐宋时期敦煌人名探析》一文中即已指出，中世纪敦煌地区的妇

① 池田温著,龚泽铣译:《中国古代籍帐研究》,第 422 页。
② *Tun-huang and Turfan Documents Concerning Social and Economic History II Census Registers* XCIV, 第 104(171) 页。
③ 宁可、郝春文:《敦煌社邑文书辑校》247,第 487—489 页。

女少有"正式"名字,文书所记载的大量妇女名字"大部分是乳名,有些甚至不登记她们的名字,而只以妻、母等称谓代替"①。显然,S.527 及 P.3489 直称女性社员名字与当时的籍帐文书和社邑文书格式不相符合。

当然,我们也可以假设直称女性社员大名是这些女性自我意识的体现,它反映了当时女性的独立地位。然而在敦煌文书之外的唯一一份现存女性结社社约——吐鲁番文书《众阿婆等社条》②中,没有一个社员是以本名称呼的。这篇文书全文如下:

□□□□□婆名

□□□□阿婆弟(第)一□

□□□□阿婆弟(第)二□

□□□□阿婆弟(第)三

□□□□□婆弟(第)四

□□□□阿婆弟(第)五

□□□□阿婆弟(第)六

□□□□阿婆弟(第)七

□□□□阿婆弟(第)八

□□□□□婆弟(第)九

□□□□□□弟(第)十

□□□□□□弟(第)十一

□□□□□□□[弟](第)十二□□

□□□□阿婆□[十三]□

□□□□□□弟(第)十四□□

□□[住]儿 阿婆弟(第)十五□□

□猫猫阿婆弟(第)十六□

□□猫阿婆弟(第)十七□

□汉得阿婆弟(第)十八□

① 高启安:《唐宋时期敦煌人名探析》,《敦煌研究》1997 年第 4 期,第 128 页。

② 宁可、郝春文:《敦煌社邑文书辑校》19,第 60—62 页。

□弥举阿婆弟(第)十九

□守怀阿婆弟(第)廿

□□晖阿婆弟(第)廿一

□□欢阿婆弟(第)廿二

□□□□阿婆弟(第)廿三

□[丰]仁[阿][婆]弟(第)廿四

□□□[阿]□[弟](第)廿五

□□举阿[婆][弟](第)廿六

□□□□□月别斋日,共众人斋(后缺)

合众阿婆等至[五][月]内,各出大麦[贰](后缺)

[至]十月内各与秋贰斗(后缺)

众阿婆等中有身亡[者](后缺)

麦壹斗,出饼五个。众中廿(后缺)

在外众人[食]□□众人中有人(后缺)

违(?)教者,别[银]钱壹文入众[人](后缺)。

"阿婆"即是母亲,显然,在这篇社条中,没有一位女性社人是以真名的身份签押的。

此外,在 P.3489 中,除了录事孔阇梨及虞候安阇梨外,唯一具姓不具名的是"社人吴家女"。为什么以未婚女性身份入社要隐去真名,而为妻为母者入社反而要彰显名字呢? 如果这些社员在籍帐、契约及种种社邑文书中以姓或某某人妻出现,而唯独在社条中以真名出现,社条的读者何从得知这些社员的身份? 我的推测是,这些名字很有可能是女性社员的丈夫的名字。也就是说,与吐鲁番文书《众阿婆等社条》中的阿婆们相同,敦煌女人社的社人身份表达也是以男性为坐标的。

敦煌文书常见男女性名字

总体来说,S.527 和 P.3489 文书的名字与中古时期敦煌地区的男性名字很相像,而与当时的常见女性名字则有很大的差别。高启安①与沙梅真②均提出,敦煌地区男性的命名方式主要体现宗教文化、宗教信仰或地域特征和时代特色等。其男性人名常见字多带有中国传统儒家文化特色,如信、忠、仁、智、孝、义、理、礼、贤、廉、节、文、君、德等,而且不少家族还按字辈排行取名,而女性名字则以"娘""妙"等最常见。在敦煌文献中,可以确认男性名字的最佳来源是差科中的名字,天宝时期《唐炖煌郡炖煌县差科簿》③(P.3559)列出了63个男性,他们是:

> 曹英峻、曹加琬、孟业成、孟光嗣、孟庭宾、唐怀贞、唐思敬、唐延嗣、李光庭、李光仙、索思礼、曹大方、瞿英奇、瞿日晟、瞿日升、瞿英秀、董守忠、董游仙、罗察、吕英俊、屈思忠、屈庭晖、屈思祚、屈思楚、屈近德、屈思言、张思恧、张仙鹤、张休日、杨钦俊、杨鹤子、杨楚俊、杨钦贞、杨钦芝、邓崇秀、邓崇英、邓孚、氾贤光、李庆仙、康忠义、康嗣庆、康伏帝伫、康胡子、曹家礼、曹成金、安玄俊、安玄靖、安玄忠、安待忠、安大忠、曹崇宾、曹希光、曹希盛、曹希光、张承恩、张孝感、张忠孝、张忠璟、康庭玉、张神定、张神山、段法近、张元嵩

这份文书显示,高启安与沙梅真所总结的敦煌地区男性的命名方式是可信的。

可以确认女性名字的最佳来源当是尼籍中女尼的俗名。P.1029《唐年次未详[9世纪后半](c.865—875)沙州诸寺尼籍》中就记载了264位女尼的俗名,她们的年龄从14岁至75岁不等,因此,很可能包括曾有过婚姻的女性。她们是:

> 张嫂々、王他蒙、张娲娃、曹宠真、张端端、李娇々、阴桂兰、宋能々、张丑丑、李绵子、张娲娃、张善娘、王绵々、瞿娃子、张太珪、曹娲娃、马物物、马优柔、张女女、康司曼、邓端端、张太娘、孔纵纵、张阎子、张要々、杨

---

① 高启安:《唐宋时期敦煌人名探析》,《敦煌研究》1997年第4期,第121—128页。
② 沙梅真:《敦煌吐鲁番文书中的人名研究》,西北师范大学2007年硕士学位论文。
③ *Tun-huang and Turfan Documents Concerning Social and Economic History II Census Registers* (A) *Introduction and Texts*, 115–116.

八娘、吴阎子、氾严娘、姚公子、张媚媚、姚担娘、卫定子、张要々、马品々、李判判、张娇娘、张娇娘、唐胜娘、吴能子、阎再再、张顺子、索丑子、张忧谈、张担娘、吴宠子、阴偏娘、索媚子、索曼殊、马段娘、曹判々、史屯屯、张阎子、王娇娇、阴女女、安女子、曹含含、史喜子、唐太真、齐品子、氾媚子、索漱々、吴公圭、索胜娘、索绵绵、李意气、氾娇娇、王饶盐、张观音、吴品子、王妹妹、阴含子、唐绵々、冯云子、王偏子、石买々、宋蛮々、董用用、阎宜々、阎意娘、李心心、马女女、阎招君、朱胜娇、窦含含、窦心、董太真、曹逍遥、王娲娃、孟端端、梁钵蒙、冯娲娃、董最々、唐威娘、石住住、宋威威、程圆子、吕宠宠、目功德娘、张逍遥、薛钵钵、王太真、邓银银、张更娇、吴严严、吴威威、唐观音、刘吴吴、翟福福、郭含娇、令狐盐盐、陈偏偏、吴龙女、张颜子、阴诏娘、鄣餬餬、张盐盐、杜媚媚、吴娇娇、吴娇娇、宋意气、索胜娇、阴婀娜、齐足娘、索绵々、邓蒙蒙、窦闇闇、张小娘、王含娇、张解妙（妙解）、杨娘子、李威威、王漱涑、马丑婢、翟莲花、阴胜々、里留留、朱端端、冯闇々、张丑々、令狐昤昽、张小满、阎严娘、董最最、李多娇、郭胜胜、王娇蛮、氾悉曼、武丑丑、安判判、张宠真、张纵纵、赵娇娇、张金圆、张威儒、阎足娘、索婀娜、张诏诏、贺悉曼、刘端严、张（名字空缺）、唐在在、吕意々、张判判、阎娇娇、张丑丑、吴娇娇、氾闇闇、张胜娇、齐多子、张钵々、齐蒙々、王严娘、氾娇々、阴闇子、齐曼々、刘娘子、唐威娘、氾胜娇、杨女女、李喜娘、张曼々、张龙女、张团团、赵威德、赵升々、赵眼眼、吴归归、宋昂儿、吴福福、阴钵钵、翟足娘、索绵々、唐胜威、氾钵々、张意气、田威娘、张晓晓、王福满、董闇闇、吴圭娘、王悉曼、王满满、王娘君（君娘）、阴招信、索优柔、吴足々、李昤昽、辛丑々、价端々、李丑々、张蒙々、何鄣鄣、张诏々、张丑女、阴心娘、李诏々、张德娘、氾娇々、唐判娘、胡奭娘、梁含含、张胜因、索伯媚、索钵蒙、沙太平娘、翟足娘、阴蒙蒙、郑银子、索福福、氾威威、王胜如、索开开、史心心、康严々、张美子、张六六、张那那、罗六六、米媚子、王太太、康团子、吴娇子、张蛮子、曹意气、冯桂娘、索太太、尹屯屯、尹喜喜、宋要子、冯严子、康福子、宋奭子、董胜君、赵曼陏、索频々、梁心心、康含娘、康娇々、郭闇々、郭含々、郭眼々、苏再々、樊胜子、张英娘从这份尼籍来看,敦煌地区女性名字除了丑名和叠字特别突出外,其他用字与中原地区墓志所反映出的女性名字基本相同,以体现性别身份的"娘"字最多见,亦有不少形容女性温柔娇美的用字,如"娇""媚"等。而 S.527 及 P.3489 中的大部分社人名字与这些女性名字在风格上差异很大。

　　杨森在《晚唐五代两件〈女人社〉文书札记》一文中提出,古代妾只写名不写姓,因此,这些女人社社人的身份当是小妻、妾。但他也提到"或许社人中同姓氏只写名"①。社人中同姓氏只写名的现象确实可以在其他文书中找到。如在 P.4987《戊子年(988)七月安三阿父身亡转贴》②的十七个人名中,只有一人是冠姓(氾富达)的。宁可、郝春文指出,"氾富达"见于 P.5032《甲申年二月廿日渠人转贴》,该文献中还有六人与本件中的无姓氏者同名,他们是"张愿昌、张定德、张丑憨、张丑奴、张勿成、张再德",故而推测"本件略写姓氏的人均姓张"。③"至于本贴中姓张的社人为何略姓而仅书其名,盖因这个名为'兄弟社'的社邑以张姓为主,外姓甚少,张姓社人的姓,完全可以省略,这也是'兄弟社'列名的惯例。"④以此推测,S.527 成员中不列姓者很可能是因为同姓,而不是因为她们的小妻、妾或婢女身份。另一个可能是,这些社人同巷同里,相互熟悉,故不必列姓。

　　根据上述分析,我们推测,S.527 中的张家富子、涡子、李延德、吴富子、段子、富胜、意定、善富、烧阿朵、富连、住连以及 P.3489 中的连真、恩子、福子、连保、富连、胜子、员泰子富、员意应该是男性,他们的身份很可能是女人社成员身份的坐标——丈夫。

如何理解"女人社"中的"女人"一词?

　　敦煌女人社社条中的"女人"一词是表达性别还是表达身份? 虽然"女

---

① 杨森:《晚唐五代两件〈女人社〉文书札记》,《敦煌研究》1998 年第 1 期,第 73 页。
② 宁可、郝春文:《敦煌社邑文书辑校》44,第 119—121 页。
③ 宁可、郝春文:《敦煌社邑文书辑校》44,第 119 页。
④ 宁可、郝春文:《敦煌社邑文书辑校》44,第 121 页。

人"一词在敦煌文书中不多见,但 P.4001《女人及丈夫手书样文》①一文似乎表明此词的意义未必仅限于性别。全文如下:

> 女人及丈夫手书一道　　押

> 窃闻夫妇前缘不同树者,易结婚亲数年,不累②如猫鼠相诤,家中不肯贞顺,x[夷]相各各别意。思量六亲情欢,要二夫妻立此之前对问,相看如禽兽之累,更便相逐不得。今见父娘诸卷属等,以各自当投取散意,逐欢便得开之门,今日统?欢,及便得离别如云,遂合散诸,再与清明晓眼,后更不得侵㑥逐情,今对六亲放者,皆生欢喜,立此文书者,押

> 指节为凭　　押

此文是敦煌离婚书样文之一,敦煌离婚样文多以"放妻书"为题,而此文则以"女人"与"丈夫"相对,是否暗示"女人"即是妻子的意思?如果这个说法成立的话,那么女人社也有可能就是"妻子社"的意思,所以社人名以丈夫的名字列之。也许正因如此,唯一一位未成婚的社人被记为"吴家女"。

"女人"一词还出现在 P.4635《公元 945 年前后(?)社家女人便麵油历》中。这篇文书是社人的女性家属借贷麵油的记录。这些女人的称呼也都是以男性家属为坐标。前半部分大多是丑子娘、莹保娘、董婆、穆家女、不荆妻之类的女性称呼,而后面的记录是男女参半,不知男性所借麵油是否都是由这些男性的女眷来提取的?无论如何,此文书标题中的"社家女人"一词似乎在提醒我们,在社邑文书和契约文书中,"女人"一词并不一定是性别标志,它不是相对"男性"而言的,它不是"女性"。狭义上,它是婚姻角色的标志,广义上,它是家庭角色的标志,社会意义上,它是父权制度的标志。

女人社成员的地位及中古敦煌的社会性别关系

敦煌女人社社条是否能揭示中古时期敦煌地区的社会性别关系?学

---

① 沙知:《敦煌契约文书辑校》,江苏古籍出版社,1998 年,第 491 页。标点略有改动。
② "累"或为"类"字。

者们已经提出,虽然这些社条反映了敦煌地区女性可以独立结社的现象,但与其他同类社邑团体相比,女人社的特点是其短期性、局限性以及经济资源的匮乏,①它似乎更接近于宗教团体。② 如果本文对女人社社员名字的解释可以成立的话,那么,我们可以进一步推论,女人社事实上反映了中古时期敦煌社会中的父家长制以及男尊女卑性别观的普遍性。从女性社员的身份标示以男性及家庭角色为准则来看,女性在家庭中所处的地位是从属性的。

事实上,中古女性在家庭中的从属地位在敦煌文书中多有体现。高蜀慧曾以敦煌文献为主要史料全面考察了中古女性在为人女、为人妻、为人母三个阶段中的家庭地位。③ 她指出,从敦煌蒙书(尤其是《崔氏夫人训女文》)来看,敦煌民间女性教育遵循"三从四德""事夫主义"和"贤妻良母"的传统女教宗旨,所传扬的女德亦以"孝""顺""柔""敬"为重,忽略了女性的独立人格和思想。诸多敦煌文献反映出,中古敦煌地区普遍实行聘娶婚,自主权在男方,而女性在婚姻决定权上也基本处于从属地位,以父母之命、媒妁之言为准则。而且,从帐籍资料来看,女性在丈夫去世后多选择守寡,再嫁者亦以收继婚为主。此外,从社邑文献来看,当时女性在家庭事务管理权上几乎都居于男性之后。而敦煌文献中的各类遗书又反映出,中古时期为人女一般多无家产继承权,守寡后再婚不得带走前夫家产。④ 高蜀慧提出,敦煌文献所反映的妇女家庭地位,仍是不脱"男尊女卑"的基调,而为人妻更是女性家庭角色三阶段中地位最低的。⑤

敦煌文献还反映出,以"男尊女卑"为宗旨的中古社会性别制度也深受

---

① 孟宪实:《敦煌民间结社研究》,第 127、295 页。
② 高奕睿:《敦煌社司转贴》,收入 Antje Richter 编, *History of Chinese Epistolary Culture*,第 853—877 页。
③ 高蜀慧:《从敦煌文献看唐五代妇女家庭地位》,台湾云林科技大学 2005 年硕士学位论文,第 137—139 页。
④ 但敦煌文献中有寡母获得家产继管权的例证,反映了中古敦煌社会中为人母之地位高于为人妻和为人女。同上,第 102—104 页。此外,女性可以拥有私产。同上,第 115 页。
⑤ 同上,第 140 页。

早期佛教中性别歧视的极大影响。① 比如在池田温《中国古代写本识语集录》所收录的 5 至 10 世纪的 131 份唐代的祈福题识中,101 份的题者是男性(其中 13 份是以男子为首的其家族或团体),而题者是女性的只有 26 份。② 而在 10 世纪的一百多份此类写经题识中,只有 3 份的题者是女性。此外,这些祈福题识似乎还反映出另一个性别差异:男性的祈福对象包括所有性别的家属亲戚,而女性题者的祈福对象却很少包括男性。当然,这些写经题识数量太少,并不具备统计学意义,但它们所反映出的性别差异似乎在提示我们去关注佛教性别观与中古社会性别观的互动性。③

综上所述,本文通过对敦煌女人社社条中人名的探讨来考虑中古时期敦煌地区的社会性别制度,笔者认为,如果女人社成员的身份表达是以男性为坐标的话,那么,这些社条无疑进一步证明了中古敦煌社会父家长制的主导地位。

---

① 有关早期佛教中的性别歧视对中古社会的极大影响,参见刘淑芬《中古的佛教与社会》,上海古籍出版社,2008 年,第 57 页。

② 此外,还有 4 份写经题者是夫妇。

③ Ping Yao, "Rethinking Sutra Copying:A Gender Perspective." "Making Connections Contemporary Approaches to the Tang Dynasty" 会议论文,2016 年 11 月 11—12 日,Sarasota, Florida。

情感史视角下的唐代妇妒

李志生

情感史家认为,情感是形塑历史文化的重要因素,其与理智具有同等的重要性。过去的历史研究多注意人类的理智面,而较忽视情感面。[①] 本文即在情感史的这一认知下,探讨唐代妇妒对形塑历史的重要意义。

引　言

唐太宗赐任瓌美女而为正妻柳氏所妒的故事,使柳氏成了历史上最臭名昭著的妒妇,而这一故事,也被视为妒妇"吃醋"的典型。对于此事,《朝野佥载》记:

> 初,兵部尚书任瓌敕赐宫女二,皆国色。妻妒,烂二女头发秃尽。太宗闻之,令上官赍金壶瓶酒赐之,云:"饮之立死。瓌三品,合置姬媵。尔后不妒,不须饮;若妒,即饮之。"柳氏拜敕讫,曰:"妾与瓌结发夫妻,俱出微贱,[②]更相辅翼,遂致荣官。瓌今多内嬖,诚不如死。"饮尽而卧,然实非鸩也,至半夜睡醒。帝谓瓌曰:"其性如此,朕亦当畏之。"因诏二

---

① 参见 Barbara H. Rosenwein, " Worrying about emotions in history," in *The American Historical Review*, Vol. 107, No. 3 (June 2002), pp. 821 – 845; Susan J. Matt & Peter N. Stearns, *Doing Emotions History*, Urbana: University of Illinois Press, 2014, "Introduction," p.2.

② 按《元和姓纂》《旧唐书》,任瓌望出庐江,庐州合肥人,伯蛮奴为陈镇东大将军、梁信侯,父七宝仕陈为定远太守,早孤。见(唐)林宝《元和姓纂》卷5,岑仲勉校记,中华书局,1994年,第745页;《旧唐书》卷59《任瓌传》,中华书局,1975年,第2322页。

女令别宅安置。①

依此记载,柳氏的妇妒,并非出自因门第高贵而对体面的维护,其全然来自情感的自然表露。②

所谓嫉妒,康德的解释是:"嫉妒(拉丁文:liver)是忍着痛苦去看到别人的幸福的一种倾向……(它)是一种间接的、怀有恶意的想法,也就是说是一种不满,认为别人的幸福会使本身的幸福相形见绌,因为我们懂得在衡量幸福时,不是根据它的价值,而只是在把它和别人的幸福互相比较的过程中做了估量,并且进一步把这种估量形象地表达出来。"③这种情感两性均可生发,但在中国古代,嫉妒的主要指向是为妇女,如《说文解字》对"妒"的解释就是:"妇妒夫也。从女,户声。"④《毛诗》疏也认为:"妇德无厌,志不可满,凡有情欲,莫不妒忌。"⑤而"妒妇"一词,也早在《战国策》中就已出现。⑥

随之,妒妇也成了中国古代妇女中的一类特定人群。所谓"妒妇",其大体指:阻挠丈夫纳妾嫖妓或与姬妾争宠的正妻,她们在妒之心理下,经常使用极端手段对待夫婿或姬妾。儒家社会以"三从"定义女子身份,但妒妇却打破了中国传统定义女子个人身份的方式,以之取代了她们的社会或家内身份。

妇妒或有源自天性的生物学成分,但它更多体现的,则是情感史家雷迪(William Reddy)所畅言的历史要素——人感受到的所有情感,实际上都是

---

① (唐)张鹭:《朝野佥载》卷3,赵守俨点校,中华书局,1979年,第59页。另一"吃醋"的妇妒之事见《隋唐嘉话》,但男女主人公被置换为房玄龄和夫人卢氏。见(唐)刘𫗧《隋唐嘉话》中,程毅中点校,中华书局,1979年,第26页。对于此事的两见,胡应麟认为:"若此事则余直以卢有妒声,好事遂因璎妇嫁名房妻耳。"《少室山房笔丛》卷18《史书占毕·杂篇下》,中华书局,1958年,第236页。

② 在中国中古社会,确实可见许多妇妒源于妻门高贵、维护家门体面,李贞德对北魏兰陵公主一案的分析,就对此多有论议。参见氏著《公主之死:你所不知道的中国法律史》,生活·读书·新知三联书店,2008年。

③ 见[奥]赫·舍克《嫉妒论》,王祖望、张田英译,社科文献出版社,1988年,第164页。

④ (汉)许慎:《说文解字》12下女部,中华书局,1963年,第263页上。

⑤ 《毛诗正义》卷1《国风·周南》,《十三经注疏》本,中华书局,1980年,第273页中。

⑥ (汉)刘向集录:《战国策》卷20"秦攻赵于长平",上海古籍出版社,1985年,第693页。

训练的结果，①而这种训练又主要来自习俗与规章的教化与约束。② 关于中国古代的妇妒，有学者就指出："在同一大背景下，历代妇妒风气仍有盛衰起伏的差异。制约妒风消长的关键在于礼法教化是否昌盛。一般处于政局动荡、名教颓废的乱世，男子肆无忌惮纵情声伎随意立废，女子行为也罕受约束，妒风多盛。少数民族入居地区，女性地位较高的遗俗也助长了妇妒的风气。"③但在礼法教化中，是否有针对情感的规范？ 除了基于门第的"妇制夫"式的妇妒，是否也存在夫妾真情实感下的正妻之妒？ 抑或有姬妾对正妻的妇妒？ 另外，唐代的妇妒有何种时代特征？ 其最突出的妇妒特点为何？当然，最重要的还是，唐代妇妒对形塑历史产生了怎样的影响？④

一、儒家礼教对夫妻妾情的规范

对于中国古代社会的情感，美国学者波特认为，"（中国社会）没有一种把社会结构建立在情绪纽带之上的文化思想"；"情感不被认为具有创造、保

① 参见［英］威廉·雷迪《感情研究指南：情感史的框架》，周娜译，华东师范大学出版社，2020年。特别是《序言》第 4 页。

② 参见 Peter N. Stearns, *Jealousy: The Evolution of an emotion in American History*, New York：New York University Press, 1989, pp.1‑20。斯特恩斯（Peter N. Stearns）对美国妒嫉史的研究显示，嫉妒在美国各时期的变化，都受限于制约妒的文化标准和制度的变化，而这些标准或制度又与情感经验并非对等。

③ 曹大为：《中国古代的妇妒》，《北京师范大学学报》1990 年第 4 期，第 56 页。

④ 对中国古代妇妒的研究不胜枚举，如曹大为《中国古代的妇妒》；Wu Yenna, *The Chinese Virago: A Literary Theme*, Cambridge, Mass.：Harvard University, 1995；章义和、陈春雷《贞节史》，上海文艺出版社，1999 年，第 265—277 页；陈宝良《正侧之别：明代家庭生活伦理中之妻妾关系》，《中国史研究》2008 年第 3 期，第 123—144 页。对唐代妇妒的研究主要有：牛志平《唐代妒妇述论》，《人文杂志》1987 年第 3 期，第 92—97 页；高世瑜《唐代妇女》，三秦出版社，1988 年，第 155—158 页；段塔丽《唐代妇女地位研究》，人民出版社，2000 年，第 130—134 页；大泽正昭《"妒妇"、"悍妻"以及"惧内"——唐宋变革期的婚姻与家庭之变化》，载邓小南主编《唐宋女性与社会》，上海辞书出版社，2003 年，第 829—848 页；陈万良《唐代"妒妇"现象研究》，鲁东大学 2008 年硕士学位论文。但从情感史角度对唐代妇妒进行研究，目前则尚未见到。大泽正昭文强调研究的出发点为"心态问题""妻子心态"，并对妒妇的悍妒历史及成因，做了初步梳理，因此，其文与情感史研究的理路较为接近。

持、伤害或摧毁社会关系的能力"。① 波特对前者的论述相对准确,而后者则
可商榷。②

在儒家礼教中,夫妻情确实不被提倡。按,儒家社会的"夫妻",并非现
代法律意义上的一夫一妻,而为一夫一妻多妾(媵)。在多配偶的婚姻中,夫
与正妻的关系,只是婚姻关系的一个构成部分,故所谓"夫妻情",其涵盖的
实是夫妻情、夫妾情及妻妾情。

儒家礼教重秩序,强调"五伦"——父子有亲,夫妇有别,长幼有序,君臣
有义,朋友有信,推尚"五教"——父义、母慈、兄友、弟恭、子孝,视家族人伦
为治国、平天下的先决。在这种人伦体系与礼教思想中,夫妻的亲密情显然
不具位置,它既非治国的前提,也非婚姻关系成立的基础或首要条件,且其
还须服从于居其上的父子、君臣之纲,礼所谓,"子甚宜其妻,父母不说,出。
子不宜其妻,父母曰:是善事我。子行夫妇之礼焉,没身不衰"③,昭示的正
是此义。

当然,儒家礼教是承认情之存在的,"何谓人情? 喜、怒、哀、惧、爱、恶、
欲,七者弗学而能"④。但情须节制,应"乐而不淫"⑤。情当约之以礼,"发乎
情,止乎礼"⑥。夫妻情更须礼的节制,《礼记》即言:"妾虽老,年未满五十,
必与五日之御。……妻不在,妾御莫敢当夕。"⑦从心理学层面上讲,同房是
建立男女亲密关系的重要途径,"由于双方以身相许,鸾凤和鸣,男欢女悦,
从而产生一种人与人之间的信任感"⑧。夫妾同房过密,必将导致对妻的忽
视,儒家因而对其提前予以约禁。

---

① Sulamith Heins Potter, "The cultural construction of emotion in rural Chinese social life,"
　Ethos Vol. 16, No. 2 (Jun., 1988), pp.185 – 186.
② 李海燕就以明末清初的"情教"和20世纪上半叶中国人爱情的变化,对这一观点进行了解
　构。参见氏著《心灵革命》,修佳明译,北京大学出版社,2018年。
③《礼记注疏》卷27《内则》,《十三经注疏》本,第1463页上。
④《礼记正义》卷22《礼运》,《十三经注疏》本,第1422页下。
⑤《论语注疏》卷3《八修》,《十三经注疏》本,第2468页上。
⑥《毛诗正义》卷1《国风·周南》,《十三经注疏》本,第272页上。
⑦《礼记注疏》卷28《内则》,《十三经注疏》本,第1468页下—1469页上。
⑧ 柏桦:《夫妻心理学》,西苑出版社,1999年,第3—4页。

对妻妾而言，一方如对夫情寻求独占时，必将生发矛盾，"二女虽复同居，其志终不相得，志不相得，则变必生矣"①。因此，礼教又特别强调妻无妒、妾事上。妻于妾而言，是为女君，"依礼，妾之身份低于妻，不得与夫齐体，故妾称夫为君，称妻为女君"②。故"妾之事女君，与妇之事舅姑等"③，此意在"尊嫡，绝妒嫉之原"④。对妻，礼教则严妒，因妻妒必致家败："妒妻不难破家，乱臣不难破国。一妻擅夫，众妻皆乱；一臣专君，群臣皆蔽。"⑤妻与夫齐体、妻为妾女君，故妻对妾之妒更易实践，也因此，礼教一贯对妻妒予以约束，如《大戴礼记》有"七去"，其一便是"妒去"⑥，至唐律，更将"七出"纳入法律之中。

总之，儒家礼教并不强调夫妻亲密之情的建立，其更强调的，一是避免妻妒而致胤嗣无继、家庭失和；二是避免夫妾情密，而致家庭秩序混乱。

二、唐代妇妒诸问题再讨论

唐代妇妒的研究成果不胜枚举，总括其内容，主要关注点如下：一、唐代妒风的流行程度、范围、影响的阶层；二、妒妇争取的目标和手段；三、惧内男子对妇妒的幽默自嘲；四、唐代妒风盛行的原因。对于这些问题，本文拟再作讨论，以就教于诸位方家。

关于唐代妇妒之风是否为史上最盛，陈东原认为，"妒的发达，以晋及南北朝为最盛……惟唐及五代，却有几个很奇的妒的故事"⑦；牛志平则认为，"唐代妒妇……成为妒性极盛的典型"⑧。其实，两晋到隋唐五代均是妒风盛行，只不过各具特点而已。

---

① 《周易正义》卷 5《下经夬传》，《十三经注疏》本，第 60 页下。
② 陈鹏：《中国婚姻史稿》，中华书局，1990 年，第 715 页。
③ 《仪礼注疏》卷 31《丧服》，《十三经注疏》本，第 1109 页中。
④ （汉）班固等：《白虎通》卷 4 上《嫁娶》，中华书局，1985 年，第 266 页。
⑤ （唐）马总：《意林》，收入《笔记小说大观》第 1 册，江苏广陵古籍刻印社，1983 年，第 188 页上。
⑥ （清）王聘珍撰，王文锦点校：《大戴礼记解诂》，中华书局，1983 年，第 255 页。
⑦ 陈东原：《中国妇女生活史》，商务印书馆，2017 年，第 96 页。
⑧ 牛志平：《唐代妇妒述论》，《人文杂志》1987 年第 3 期，第 97 页。

关于"风气",《现代汉语词典》的定义是:"社会上或某个集团中流行的爱好或习惯。"①从现有材料看,南北朝时期的妇妒,主要流行于中上层,但南、北两地妇妒争取的目标略呈差异。

北朝的妇妒是为争得一夫一妻,其一如北魏宗室元孝友所说:

> 将相多尚公主,王侯亦娶后族,故无妾媵,习以为常。妇人多幸,生逢今世,举朝略是无妾,天下殆皆一妻。……凡今之人,通无准节。父母嫁女,则教之以妒;姑姊逢迎,必相劝以忌。持制夫为妇德,以能妒为女工。自云不受人欺,畏他笑我。王公犹自一心,已下何敢二意。②

北朝的妇妒一般源自妻门高贵、为维护家门的体面,但其妒意的表达昭彰。

南朝的妇妒表现,则是一夫一妻多妾制下的妇制夫或妻虐妾,梁人张缵的《妒妇赋》,就综括了其时妒妇令人发指的表现:"忽有逆其妒鳞,犯其忌制,赴汤蹈火,嗔目攘袂,或弃产而焚家,或投儿而害婿。"③故有鉴于"宋世诸主,莫不严妒"的现实,宋明帝"每疾之。湖熟令袁慆妻以妒忌赐死,使近臣虞通之撰《妒妇记》"④,以警妒妇。⑤

对比历史上、特别是南北朝时期的妇妒,唐代妇妒的表达方式、争取的目标,实并无特殊之处,其仅是杂糅了前朝各类妇妒的行为表现而已:有为争取一夫一妻而悍妒者,如上举任瓌妻,再有隋文帝独孤皇后,她在婚初,即与夫杨坚"誓无异生之子"⑥,婚后更是严宫妾之进。当然,更多的还是一妻

---

① 中国社科院语言研究所词典编辑室编:《现代汉语词典》(第 5 版),商务印书馆,2005 年,第 408 页。

② (北齐)魏收:《魏书》卷 18《临淮王附曾孙孝友传》,中华书局,1974 年,第 423 页。

③ (唐)欧阳询:《艺文类聚》卷 35《人部·妒》,汪绍楹校,上海古籍出版社,1982 年,第 616 页。

④ 《宋书》卷 41《后妃传》,中华书局,1974 年,第 1290 页。

⑤ 大泽正昭认为,宋明帝令编《妒妇记》非为教训或惩戒妒妇,只是他喜欢搜集这类故事(《"妒妇"、"悍妻"以及"惧内"——唐宋变革期的婚姻与家庭之变化》,载《唐宋女性与社会》,第 836 页)。这一结论值得商榷。按,《妒妇记》已佚,目前仅存佚文十则(七则见鲁迅《古小说钩沉》,收入《鲁迅全集》第 8 卷,人民文学出版社,1973 年,第 475—478 页;三则见田喜梅《虞通之〈妒记〉研究》,山东大学 2009 年硕士学位论文,第 22 页),仅以佚文推测写作目的,稍显单薄;即使此书完全以记事为主,其中也可蕴含女教目的,也可像刘向《列女传》的体裁而寓教于事。

⑥ 《隋书》卷 36《独孤皇后传》,中华书局,1973 年,第 1108 页。

多妾下的悍妒,见如下事例:

> 唐宜城公主驸马裴巽有外宠一人,公主遣阉人执之,截其耳鼻,剥其阴皮漫驸马面上,并截其发,令厅上判事,集僚吏共观之。①

> 房孺复妻崔氏,性忌,左右婢不得浓妆高髻,月给胭脂一豆、粉一钱。有一婢新买,妆稍佳,崔怒曰:"汝好妆耶? 我为汝妆。"乃令刻其眉,以青填之,烧锁梁,灼其两眼角,皮随手焦卷,以朱傅之。及痂脱,瘢如妆焉。②

> 蜀青石镇陈洪裕妻丁氏,因妒忌,打杀婢金卮,潜于本家埋瘗。③

而武则天为夺嫡,对王皇后、萧淑妃的残忍迫害,更是将政治斗争与抒发妒意结合在了一起:"武后……令人杖庶人及萧氏各一百,截去手足,投于酒瓮中,曰:'令此二妪骨醉!'"④这一如吕后对戚夫人的所为:"太后遂断戚夫人手足,去眼,辉耳,饮暗药,使居厕中,命曰'人彘'。"⑤对于武则天的做法,《旧唐书》明确指其妇妒:"武后夺嫡之谋也,振喉绝襁褓之儿,菹醢碎椒涂之骨,其不道也甚矣,亦奸人妒妇之恒态也。"⑥

关于唐代妇妒流行的范围,牛志平认为,"妒妇多出现在上层统治阶级中,上自皇室,下至士大夫之家,妇人妒忌之事屡见不鲜,而庶民百姓家中则极其少见"⑦。大泽正昭则提出,由于唐代妇妒的史料多为笔记小说而非正史,故其显示的是妇妒的"下移","史料记录重心转移的背景,恐怕是与史官之价值观的变化有关。记录于正史的史料选取标准提高,'妒妇'的具体行为被断定不值得加载正史中。这个结果可以说是'妒妇'评价下滑,反过来

---

① 《朝野佥载·补辑》,第 177 页。
② (唐) 段成式:《酉阳杂俎》卷 8《黥》,方南生点校,中华书局,1981 年,第 78 页。
③ (宋) 李昉等编:《太平广记》卷 130《金卮》,中华书局,1961 年,第 924 页。
④ 《旧唐书》卷 51《后妃传上·高宗废后王氏》,第 2170 页。
⑤ 《史记》卷 9《吕太后本纪》,中华书局,1959 年,第 397 页。
⑥ 《旧唐书》卷 6《则天皇后本纪》"史臣曰",第 133 页。
⑦ 牛志平:《唐代妇妒述论》,《人文杂志》1987 年第 3 期,第 95 页。

说,也表示'妒妇'问题不再局限于一部分的官僚或知识阶层,而扩及于其他的阶层"①。在此先不讨论正史,留待下文,只考察大泽先生以笔记小说衡量妇妒范围的讨论,是否有商讨余地。

　　首先,从唐代笔记小说记载的妇妒内容看,其人物主体依然是皇室、"官僚或知识阶层"。其次,以记录的载体——笔记小说而言,其对妒妇的记载确实不少,且像《朝野佥载》《酉阳杂俎》等,更有多条史料,这确可被视作唐代妇妒记载的特点,但以之作为唐代妇妒"下移"的证据,则可商榷。因从作为文学体裁的笔记小说的发展来看,魏晋南北朝时,其体例虽已相当成熟,但数量并不及唐朝,②唐代笔记小说的大量出现,正如高彦休《唐阙史序》所言:"自武德、贞观而后,吮笔为小说、小录、稗史、野史、杂录、杂纪者多矣。贞元、大历已前,捃拾无遗事。"③笔记小说数量少,自然方方面面的内容就少,故笔记小说中记载妒妇的多少,不应成为衡量妒风扩散的标尺。

　　唐时妇妒的盛行,又导致了惧内之风的出现。关于唐时惧内盛行的阶层,牛志平认为,"在唐代,惧内之风忒盛,几乎成为上层社会男子中流行的通病"④;而郎瑞萍、叶会昌则认为,"唐代上至深宫内苑、豪门世家,下至民间普通百姓之家,士大夫惧内可谓一代世风,无处不有"⑤。笔者以为,唐代的惧内主要是妻妒的产物,故惧内与妇妒的流行阶层应属叠加,因唐代纳妾者主要为士大夫及富人以上阶层,百姓纳妾较少,故惧内的流行,当在士大夫及富人以上阶层。

　　面对妒妻,唐代一些男子颇感无奈,其表现方式之一就是自嘲,而闻者亦以玩笑听之,对此,《玉泉子》就载有一个典型案例:

　　　　李相福妻裴氏,性妒忌,姬侍甚多,福未尝敢属意。镇滑台日,有以

① 大泽正昭:《"妒妇"、"悍妻"以及"惧内"——唐宋变革期的婚姻与家庭之变化》,载《唐宋女性与社会》,第839页。
② 相关讨论参见刘叶秋《历代笔记概述》第二章、第三章,北京出版社,2003年,第12—92页。
③ (唐)高彦休:《唐阙史》,阳羡生校点,收入《唐五代笔记小说大观》,上海古籍出版社,2000年,第1327页。
④ 牛志平:《说唐代"惧内"之风》,《史学月刊》1988年第2期,第38页。
⑤ 郎瑞萍、叶会昌:《浅论唐代惧内之风》,《河北北方学院学报》2010年第2期,第5页。

女奴献之者,福欲私之而未果。一日,乘间言于妻曰:"某官已至节度使矣,然所指使者,不过老仆,夫人待某,无乃薄乎!"裴曰:"然,不能知公意所属何人?"福即指所献之女奴也。裴许诺,尔后不过执衣侍膳,未尝一得缱绻。福又嘱妻之左右曰:"设夫人沐发,必遽来报我。"既而果有以夫人沐发来告者。福即伪言腹痛,且召其女奴。既往,左右以裴方沐不可遽已,即白以所疾。裴以为信然,遽出发盆中,跣问福所苦。福既绐以疾为言,即若不可忍状。裴极忧之,由是以药投儿溺中进之。明日,监军使及从事悉来候问,福即具以事告之,因笑曰:"一事无成,固当其分;所苦者,虚咽一瓯溺耳。"闻者莫不大笑之。①

以妇妒而论,此故事可说明如下诸问题:一、显示了妇妒下的夫妻情感,追求感情专一的妒妇,其或有悍妒之举,但对夫婿之情乃是由衷,此也即常言所说,爱之欲深,伤之欲切。二、李福并不以妒妻和惧内为异,而以玩笑的口吻,将其和盘托于同僚和部下面前。三、同僚和部下亦不以李福的遭遇为异,也将其视为笑话。而这些也足以反映唐人对惧内的接受度。

对于惧内笑话背后的意涵,大泽正昭指出,"笑话的背后所看到的是惧内男子自嘲的无奈,甚至可以说是一种轻视"②。而实际上,唐人对惧内的谐谑,只是魏晋风度的遗绪和唐代整体风气的缩影。

幽默、诙谐是魏晋风度的一种体现,在这种风气的影响下,魏晋南北朝人笔下的妒妇故事,多具讥嘲、幽默之特点,如《妒记》中的两则故事:

> 丞相曹夫人性甚忌,禁制丞相不得有侍御,乃至左右小人亦被检简,时有妍妙,皆加诮责。王公不能久堪,乃密营别馆,众妾罗列,男女成行。……曹氏闻,惊鄂大患,命车驾,将黄门及婢二十人,持食刀,自出寻讨。王公亦遽命驾,飞辔出门,犹患牛迟,乃以左手攀车兰,右手捉麈尾,以柄助御者打牛,狼狈奔驰,劣得先至。蔡司徒闻之,乃故诣王公,谓曰:"朝廷欲加公九锡,公知不?"王谓信然,自叙谦志。蔡曰:"不

---

① (唐)阙名:《玉泉子》,阳羡生校点,收入《唐五代笔记小说大观》,第1426—1427页。
② 大泽正昭:《"妒妇"、"悍妻"以及"惧内"——唐宋变革期的婚姻与家庭之变化》,载《唐宋女性与社会》,第841—842页。

闻余物,唯闻有短辕犊车,长柄麈尾。"王大愧。①

　　谢太傅刘夫人,不令公有别房,公既深好声乐,复遂颇欲立妓妾,兄子外生等,微达此旨,共问讯刘夫人,因方便,称《关雎》《螽斯》,有不忌之德。夫人知以讽己,乃问:"谁撰此诗?"答云:"周公。"夫人曰:"周公是男子,相为尔,若使周姥撰诗,当无此也。"②

对于《妒记》的这种描写风格,有学人指出:"虞通之书写下的妒妇身影……多以一种讥嘲或调侃的方式加以描述。能如此以较宽容的态度对待妒妇,自然与魏晋六朝的时代风气有关,毕竟六朝人饶有风致,连妒妇都写得妒情可哂。"③唐代妒妇故事反映的惧内男子的自嘲、无奈及他人的轻视,在魏晋南北朝时期的妒妇故事中,也都同样可以看到。

　　唐人继承了这种谐谑风气,唐时的朝野普遍流行嘲谑谐戏,如"太宗尝宴近臣,令嘲谑以为乐"④;武则天亦喜闻谐谑事,曾问郎中张元一,"在外有何可笑事?"⑤懿宗也对艺人李可及的戏言"大悦","意极欢,宠锡甚厚"。⑥ 因此,唐代笔记中包括妇妒故事在内的诙谐内容,只是唐代社会风气的一种体现及对此风的记载。⑦

　　关于唐代妒风盛行的原因,学人多有总结,如"'胡风'盛行、国力强盛、女性社会地位高、门第婚姻和政治婚流行、三教并立、妇女悖反的贞节观念、'妒妇'不易被休弃等时代因素"⑧。但不论原因如何,我们看到,唐人对妒妇的宽容度都相对较高,故从后妃到公主,从高官到士人家庭,都可看到妇妒的存在。面对妾婢,这些妒妇的妒意表达直白,而男人也不以妻妒与惧内

---

① 徐震堮:《世说新语校笺》卷下《轻诋》刘孝标注引《妒记》,中华书局,1984 年,第 444 页。
② (唐) 欧阳询:《艺文类聚》卷 35《人部·妒》引《妒记》,汪绍楹校,第 614—615 页。
③ 田喜梅:《虞通之〈妒记〉研究》,山东大学 2009 年硕士学位论文,第 40 页。
④ (唐) 刘肃:《大唐新语》卷 13《谐谑》,中华书局,1984 年,第 188 页。
⑤《朝野佥载》卷 4,第 87 页。
⑥《唐阙史》卷下"李可及戏三教",收入《唐五代笔记小说大观》,第 1351 页。
⑦ 参见严杰《唐五代笔记考论》上篇《唐代笔记的娱乐性》,中华书局,2009 年,第 32—36 页。
⑧ 陈万良:《唐代"妒妇"现象研究》,鲁东大学 2008 年硕士学位论文,第 1 页。

为异,对于妻妒,有人甚至总括出了惧内的阶段与原因:"中宗朝,御史大夫
裴谈……妻悍妒,谈畏之如严君。尝谓人:'妻有可畏者三:少妙之时,视之
如生菩萨。及男女满前,视之如九子魔母,安有人不畏九子母耶?及五十、
六十,薄施妆粉,或黑,视之如鸠盘荼,安有人不畏鸠盘荼?'"①

　　总体看来,与前朝相比,唐代的妇妒及妇妒书写并无太多特殊之处,只
是汇集了前朝的各种目标、手段、应对方式、书写特点而已。

三、情感史下的唐代夫妾情与妇妒

　　虽然学界对唐代妇妒的研究已相当充分,但基于情感史的研究,我们还
应特别关注妇妒一词掩盖下的夫妾的真情实感,以及其复杂的存在状态。

　　一般以为,男子纳妾是基于情色,正妻悍妒,则是因夫"移情别恋"或对
妾的感情投入过大,这无疑破坏了夫妻妾的三角感情平衡,正妻的妒悍是对
此的反抗。但研读唐代史料,以真情实感为基础的夫妾关系,是多有存在
的,如宪宗朝宰相李绛的次子李顼与妾章四娘就是一例。李顼先纳章四娘
为妾,再娶卢氏为妻,卢氏婚后,身体迅速转衰,六年后去世,终年十九岁。
在这一夫妻妾关系中,李顼与妾章四娘的情感,无疑更为亲近与密切,这从
卢夫人和章四娘的墓志书写就可看到。卢夫人的墓志为其娘家叔伯卢商所
撰,而章四娘的墓志则出自李顼之手,"更重要的是,志中有句如'顼主章氏
十有二载,至于情义,两心莫辩。衔涕编录,万不纪一',十足是恋人的口
吻"。陈弱水对卢夫人的夭逝提出过疑问:"卢氏的婚姻可能并不美满,她所
谓的身体长期不佳,到后来归返本家,是不是都跟无法与丈夫建立紧密的关
系有关?"②答案应当是肯定的。卢氏在进入李顼家时,章四娘已在夫家六
年,与其夫已建立了深厚感情,卢氏的嫁入,反而更像第三者。

　　再有一例,即杜佑与妻梁氏、妾李氏的关系。杜佑,望出杜氏襄阳房,远

① (唐)孟棨:《本事诗·嘲戏》,李学颖校点,收入《唐五代笔记小说大观》,第1253页。
② 陈弱水:《唐代的一夫多妻合葬与夫妻关系——从景云二年〈杨府君夫人韦氏墓志铭〉谈
　　起》,收入氏著《隐蔽的光景:唐代的妇女文化与家庭生活》,广西师范大学出版社,2009年,
　　第253页。

祖是以"结交接物,恭而有礼,问无所隐,诲人不倦,敏于事而慎于言"①的杜预;他勤学且学识渊博,"佑性勤而无倦,虽位极将相,手不释卷;质明视事,接对宾客,夜则灯下读书,孜孜不怠。与宾佐谈论,人惮其辩而伏其博,设有疑误,亦能质正"②;他为官六十年,官至德宗朝使相。因着这样的出身和家世,杜佑对礼法格外重视,其巨著《通典》二百卷,而礼典即占全书篇幅的一半。但就是这样一位集婚宦、才华于一身的礼教之人,却在妻妾问题上,做出了严重违礼之事:"(佑)始终言行,无所玷缺,唯在淮南时,妻梁氏亡后,升嬖妾李氏为正室,封密国夫人,亲族子弟言之不从,时论非之。"③杜佑的以妾为妻,不但为家人、时论所诟病,也违背了唐律"以妾……为妻……徒一年半"④。今天,这位李氏嬖妾的墓志尚存,它也为杜佑亲撰。从墓志看,杜佑对李氏同样一往情深:"抚存悼往,哀恸何言。音容宛在,目前缅想,遂为陈迹。诚世事已过,如梦幻皆空。然岂越常情,难胜沉痛。庄周放达,实则未能。奉倩伤神,亦将不可。衔悲叙事,聊写素怀。"⑤关于杜佑对李氏的深情,陈尚君分析了杜佑以李氏为妻的努力,"以杜佑之家族背景、道德素养和政事能力,不为礼俗所宥,坚定执着地为爱妾争取名分,实在是很特别的行为"⑥。

在杜佑的夫妻妾关系中,除杜佑对李氏的深情外,李氏对正妻梁氏的妒嫉,也同样值得关注。史载,"淮南节度杜佑先婚梁氏女,梁卒,策嬖姬李氏为正嫡。有敕封邑为国夫人。膺密劝请让追封亡妻梁氏,佑请膺为表略云:'以妾为妻,鲁史所禁。'又云:'岂伊身贱之时,妻同勤苦;宦达之后,妾享荣封'云云。梁氏遂得追封,李亦受命,时议美焉。其后终为李氏所怒"⑦。梁

---

① 《晋书》卷34《杜预传》,中华书局,1974年,第1031页。
② 《旧唐书》卷147《杜佑传》,第3983页。
③ 《旧唐书》卷147《杜佑传》,第3983页。
④ (唐)长孙无忌等:《唐律疏议》卷13《户婚律》"诸以妻为妾"条及疏议,刘俊文点校,中华书局,1983年,第256—257页。
⑤ 李氏墓志及对其封国夫人问题的分析,参见王连龙《跋唐杜佑妻李氏墓志》,《中国国家博物馆馆刊》2012年第10期,第59—60页。
⑥ 陈尚君:《杜佑以妾为妻之真相》,《文史》2012年第3辑,第276页。
⑦ (唐)冯翊:《桂苑丛谈》引《史遗》,《丛书集成初编》本,上海商务印书馆,1939年,第11页。此条又见《类说》卷27所引《史遗》。

氏虽已亡故,但李氏对杜佑亦为之寻封却极为妒恨。

综此,对于李顼与章四娘、杜佑与李氏的亲密关系,我们已不能确知卢夫人、梁夫人是否产生过妒嫉,甚或出现过悍妒之举;但我们可以确定的是,两对夫妾无疑存在着亲密关系,且杜佑嬖姬李氏,还确曾对亡妻梁氏产生过嫉妒。所以,在类似李顼、杜佑与妻、妾的婚姻或情感中,即便出现了妻妾间的对立,其也远非妒妇一词所能涵盖。

唐代男子的婚龄普遍较大,但在婚前,许多人已与妾、婢等组成了事实婚姻,霍小玉的一句话就颇能说明此类情形:"妾年始十八,君才二十有二,迨君壮室之秋,犹有八岁,一生欢爱,愿毕此期,然后妙选高门,以谐秦晋,亦未为晚。"①在这种情况下,夫妾业已形成的感情,有时并不因正妻的"介入"而结束。如此,唐代的一些男子为爱妾,宁愿选择"不婚",其最著名者就是乔知之。乔知之"父师望,尚高祖女庐陵公主"②,"有婢碧玉姝艳,能歌舞,有文章,知之特幸,为之不婚"③。乔知之与碧玉情坚意笃,在武承嗣横刀夺爱后,乔知之寄诗于碧玉,"百年离恨在高楼,一代容颜为君尽",碧玉"得诗,饮泣不食三日,投井而死"。④

在夫妻妾的三角(或多角)关系中,出现夫妾感情倾斜,其并非唐朝所独有;而夫妾感情笃厚,也并不必然导致妇妒的出现,妻的不妒、妾的甘居下位,都会化解此类矛盾。关于妾的居下,元稹在《葬安氏志》中就谈道:"大都女子由人者也,虽妻人之家,常自不得舒释。况不得为人之妻者,则又闺衽不得专妒于其夫,使令不得专命于其下,外己子不得以尊卑长幼之序加于人,疑似逼侧,以居其身,其常也。"⑤而妻的不妒,更可化解家中的根本矛盾,像韩夫人"见贞吉如不及,闻妒忌如怨偶。先是:公有内宠,谋其广

---

① 《太平广记》卷487《霍小玉传》,第4008页。

② 《旧唐书》卷190中《文苑中》,第5012页。

③ 《太平广记》卷267《武承嗣》,第2096页。关于碧玉的身份,《太平广记》卷267、274《武延嗣》(第2158页)、《旧唐书·乔知之传》载为婢;《资治通鉴》记为"美妾"。《资治通鉴》卷206则天后神功元年(697)六月条,中华书局,1956年,第6518页。据此推测,乔知之初买碧玉为侍婢,后因碧玉色美、艺精,而对其极尽宠爱,将其放良为妾。

④ 《太平广记》卷267《武承嗣》,第2096页。

⑤ (唐)元稹:《元稹集》卷58,冀勤点校,中华书局,1982年,第614—615页。

嗣。夫人施惠及下,宜尔子孙,求思贤□,而无愠色"①;再如房夫人,"先时(夫)师正有男有女,及夫人归,爱抚若己出,有幼者留其母,长之育之,懿慈仁如是"②。

笔者在此对真情实感的强调——无论是夫与妻或夫与妾,都只在提示妇妒问题的复杂性。其实,妇妒并不仅仅是正妻"敢于向夫权社会发出的一种挑战"③,它或许掩盖了作为"人"的真实情感,虽然这种真情实感,是建立在一男(一夫)与多女(一妻多妾)的不平等婚姻制度基础之上的。

四、唐代礼律对妇妒的约束

唐代妇妒之风盛行,而"妒妻不难破家",所以,唐代的礼、律都对之予以约束。

唐律对妇妒的约束主要表现在两方面,一是承袭汉律,④将"七出"纳入律条:"七出者,依令:'一无子,二淫泆,三不事舅姑,四口舌,五盗窃,六妒忌,七恶疾。'"⑤二是严格妻妾婢、特别是妻妾的等级关系,贯彻"尊嫡,绝妒嫉之原"⑥的礼教宗旨,其见如下律条:

> 妻者,传家事,承祭祀,既具六礼,取则二仪。
>
> 妻者齐也,秦晋为匹,妾通卖买,等数相悬。婢乃贱流,本非俦类。
>
> 诸以妻为妾,以婢为妻者,徒二年。以妾及客女为妻,以婢为妾者,

---

① 周绍良、赵超主编:《唐代墓志汇编续集》天宝001《大唐濮阳郡临濮县令元有邻夫人韩氏墓志》,上海古籍出版社,2001年,第582页。

② 周绍良主编:《唐代墓志汇编》长庆011《大唐洛阳县尉王师正故夫人河南房氏墓志铭并序》,上海古籍出版社,1992年,第2066页。

③ 段塔丽:《唐代妇女地位研究》,第134页。

④ "七出"入律,至少起于汉代,对此,程树德言:"七弃三不去之文,皆载于汉令,今不可考矣。"(《九朝律考》卷1《汉律考·律令杂考上》,中华书局,1963年,第115页)。

⑤ 《唐律疏议》卷14《户婚律》"妻无七出而出之"条疏议,第267页。唐律规定的"七出",另有"三不去"和五十岁以上无子不得出之的前提(第268页)。

⑥ 《白虎通》卷4上《嫁娶》,第266页。

徒一年半。各还正之。①

　　但同籍良口以上，合有财分者，并皆为"主"。……其媵及妾，在令不合分财，并非奴婢之主。②

在唐律中，妻与夫齐体，身份最受保护；因妻之身份的严肃性，故妻亡，不得以妾及放良之婢为继室；媵妾虽为夫之配偶，但并不具"主"之身份，故在丧服礼中，妾为妻服，妻不为妾服，妾为夫之长子服，而夫之长子不为妾服。③

为保护妻妾婢的等级关系，唐律对其之间的互犯，也给出了相应的等级性惩处：

　　若妻殴伤杀妾，与夫殴伤杀妻同。……过失杀者，各勿论。（诸殴伤妻者，减凡人二等；死者，以凡人论。）④

　　媵及妾犯者，各加一等。加者，加入于死。

　　若妾犯妻者，与夫同。媵犯妻者，减妾一等。（诸妻殴夫，徒一年；若殴伤重者，加凡斗伤三等；须夫告，乃坐。死者，斩。）

　　妾犯媵者，加凡人一等。杀者，各斩。⑤

在唐律中，婢不具独立人格，"奴婢贱人，律比畜产"⑥，故男主人与宠婢的性关系，并不被视为合法，男、女主人与宠婢，仅是良贱或主人与财产的关系。而《唐律疏议》对良贱殴杀的惩处为：奴婢殴伤良人，加良人互殴两等，"若奴婢殴良人折跌支体及瞎其一目者，绞；死者，各斩"⑦；良人杀奴婢，"诸奴婢有罪，其主不请官司而杀者，杖一百。无罪而杀者，徒一年"⑧。

---

① 《唐律疏议》卷13《户婚律》"诸以妻为妾"条及疏议，第256—257页。
② 《唐律疏议》卷17《贼盗律》"部曲奴婢谋杀主"条疏议，第328页。
③ 见《大唐开元礼》卷132《凶礼·五服制度》，民族出版社，2000年，第621页。
④ 《唐律疏议》卷22《斗讼律》"杀伤妻妾"条及疏议，第409—410页。
⑤ 《唐律疏议》卷22《斗讼律》"妻殴詈夫"条及疏议，第410—411页。
⑥ 《唐律疏议》卷6《名例律》"官户部曲官私奴婢有犯"条疏议，第132页。
⑦ 《唐律疏议》卷22《斗讼律》"部曲奴婢良人相殴"条，第404页。
⑧ 《唐律疏议》卷22《斗讼律》"主杀有罪奴婢"条，第406页。

在唐代实态中,妒妇对妾婢的虐杀并不鲜见,女道士鱼玄机杀婢绿翘就是一例。鱼玄机疑侍婢绿翘与其熟客有染,"裸而笞百数",绿翘被酷虐致死。① 案发,鱼玄机"竟以杀侍婢为京兆尹温璋杀之"②。但在大多数情况下,妒妇的悍举未必会受到惩处,其因如下:一、女主人与侍婢之间系家内纠纷,或并不为外人所知;二、唐律并无主人对宠婢虐待的处罚性规定;三、即使虐婢致死而为外人所知,也未必能系之于法,其例如房孺复继妻杀侍儿。史载,房妻"妒甚,一夕杖杀孺复侍儿二人,埋之雪中。观察使闻之,诏发使鞫案有实",而结果也仅是"孺复坐贬连州司马,仍令与崔氏离异"。③

有鉴于此,唐人又以如下两手段对妇妒进行约束。一是借助佛教的因果报应思想,其见如下故事:濮阳范略"先幸一婢,(妻)任以刀截其耳鼻……任有娠,诞一女,无耳鼻";"广州化蒙县丞胡亮从都督周仁轨讨獠,得一首领妾,幸之……妻贺氏乃烧钉烙其双目,妾遂自缢死。后贺氏有娠,产一蛇,两目无睛"。④ 二是以下考罢官,来强调夫对妒妻的约束。如"唐贞观中,桂阳令阮嵩妻阎氏极妒。嵩在厅会客饮,召女奴歌,阎披发跣足袒臂,拔刀至席,诸客惊散。嵩伏床下,女奴狼狈而奔"。对此,刺史崔邈颇为不满,并将之写入了阮嵩的考词:"妇强夫弱,内刚外柔。一妻不能禁止,百姓如何整肃? 妻既礼教不修,夫又精神何在?"因此,将阮嵩定为"考下,省符解见任"。⑤ 与崔邈相同的看法,也见唐人于义方的《黑心符》:"一妻不能御,一家从可知。以之卿诸侯,一国从可知。以之相天子,天下从可知。盖夫夫妇妇而天下正,正家而天下定矣。"⑥所谓"御妻"关乎天下的思想,是为唐代士人的基本看法。但类似阮嵩因妻妒大闹官府,而被考下并解官的情况,在唐代却并不多见。

---

① (唐)皇甫枚:《三水小牍》卷下,收入《唐五代笔记小说大观》,第 1195—1196 页。
② (五代)孙光宪:《北梦琐言》卷 9,中华书局,2002 年,第 194 页。从上引《唐律》看,温璋对鱼玄机的惩处明显过重,故有学人提出控诉其谋杀为伪造,此故事也为编造。参见贾晋华《重读鱼玄机》,《华文文学》2016 年第 1 期,第 34 页。
③《旧唐书》卷 111《房琯附子孺复传》,第 3325 页。
④《朝野佥载》卷 2,第 42—43 页。
⑤《朝野佥载》卷 4,第 91 页。
⑥ (宋)陶谷、吴淑:《清异录》卷上《女行》,孔一校点,上海古籍出版社,2012 年,第 20 页。

　　唐前期时,后妃、公主的妇妒常见。而至玄宗时,有鉴于武则天妇妒产生的恶果,始对后妃的妇妒予以管束。首先,王皇后的妇妒,成为她被废的诱因。① 史载,王皇后"无子"②,而"惠妃武氏有专房之宠,将夺嫡,王皇后性妒,稍不能平。玄宗乃废后为庶人"③。其次,将生妒的杨贵妃两次发遣出宫。天宝五载(746)七月,"妃以妒悍不逊,上怒,命送归兄铦之第"④;天宝九载(750)二月,"太真妃常因妒媚,有语侵上,上怒甚,召高力士以辎軿送还其家"⑤。

　　对于封建统治而言,法律惩处只是终极手段,"礼禁未然之前,法施已然之后"⑥,对妇妒的约束,主要还在日常的教化,其包括了礼别嫡庶、"七出"与不妒之德等的宣教。除此之外,学者们还强调女教的作用,"历代女教读本都把劝导女子宽容去妒列为重要内容"⑦。但在唐代,女教书对妇妒的教化作用,则需作进一步评估。

　　目前流传于世的唐代女教书仅两种,即《女孝经》和《女论语》。关于妇妒,《女孝经》将其视为妇恶之最,而《女论语》则对其只字未提,最关键的是,这两部女教书在唐代的流传并不广。

　　关于《女孝经》,此书成于开元二十六年(738)后不久,郑氏撰书的原因,是夫之女侄被册为永王妃,此书是为教导永王妃而作。⑧ 对于妇妒,郑氏以"妒忌"为妇恶之首,"五刑之属三千,而罪莫大于妒忌","七出之状,标其首焉"。⑨ 按

① 关于王皇后被废的原因,史界一般以为其干政所致。参见黄永年《说唐玄宗防微杜渐的两项新措施》,载氏著《黄永年文史论文集》第二册,中华书局,2015 年,第 132—144 页;李文才《试论唐玄宗的后宫政策及其承继——〈太平广记〉卷 224"杨贵妃"条引〈定命录〉书后》,《北华大学学报》2007 年第 2 期,第 78—84 页。

② 《旧唐书》卷 51《后妃传上·玄宗废后王氏》,第 2177 页。

③ 《大唐新语》卷 11《惩戒》,第 172 页。王皇后被废当然不仅在妒,但这一举措无疑向世人透露了玄宗对妒的看法。

④ 《资治通鉴》卷 215 唐玄宗天宝五载秋七月条,第 6873 页。

⑤ (唐)郑綮:《开天传信记》,丁如明校点,收入《唐五代笔记小说大观》,第 1230 页。

⑥ 《史记》卷 130《太史公自序》,第 3298 页。

⑦ 曹大为:《中国古代的妇妒》,《北京师范大学学报》1990 年第 4 期,第 58 页。

⑧ 参见李志生《唐代郑氏〈女孝经〉探析——社会性别视角下的唐代女孝观》,载袁行霈主编《国学研究》第 29 卷,2012 年,第 258—265 页。

⑨ (唐)郑氏:《女孝经·五刑章》,中华书局,1991 年,第 14 页。

《唐律》，"妒忌"并非"七出"之首，郑氏以之为首，足见她对妇妒的态度，而这其实也是她对永王妃的特别提示。在唐代，王妃身处的是多妾媵家庭，"凡亲王孺人二人……媵十人"①。而这也仅是制度规定，实态中，高祖子元吉更是"诸妾数百人"②；嗣雍王守礼也是"多宠嬖，子六十余人"③。因嫔妾众多，在王妃之类的上层人家，妃或正妻的不妒，更是至为重要，故郑氏在《女孝经》中，对此予以了特别关注和强调。

关于《女论语》，此书成于贞元四年（788），它是宋氏姐妹入宫前所作。关于妇妒，此书只字未提，其仅在《事夫章》中强调，"夫刚妻柔，恩爱相因"④。关于《女论语》作者的民间身份，高世瑜分析了其中的意义："它是第一部针对民间劳动妇女的女教著作，首开教化下层民间妇女之端，也开创了以通俗韵文讲述仪礼规则的女教著述新形式。这些正显示了中古以后女教逐渐下移和平民化的端倪。"⑤《女论语》作于民间、未提及妇妒，此或因唐代下层纳妾较少、妇妒非其关注重点所致。⑥

关于下层纳妾较少，据陈丽萍的统计，在敦煌户籍计账所载的 125 个家庭中，仅 3 户有妾；依吐鲁番资料辑录的 40 个家庭中，有妾媵的也只有 4 个。⑦ 而这些有妾的男子，除身份不明者外，其他多有官之背景，如吐鲁番有妾的孟海仁，其身份为县史，⑧而史为唐代县中的低级官员；⑨再如敦煌有妾

① （唐）李林甫等：《大唐六典》卷 2 尚书吏部司封郎中员外郎条，广池千九郎训点，内田智雄补订，广池学园事业部，1973 年，第 42 页上—下。

② 《新唐书》卷 79《高祖子巢剌王传》，中华书局，1975 年，第 3545 页。

③ 《新唐书》卷 81《章怀太子传附子守礼》，第 3592 页。

④ （唐）宋氏姐妹：《女论语·学作章》，收入秦淮寓客编《绿窗女史》卷 1《闺阁部·懿范》，天一出版社，1985 年。

⑤ 高世瑜：《宋氏姐妹与〈女论语〉论析——兼及古代女教的平民化趋势》，载《唐宋女性与社会》，第 150 页。

⑥ 陈鹏认为，唐代高官的后房之盛也稍逊于前代。见氏著《中国婚姻史稿》，第 702 页。

⑦ 见陈丽萍《理想、女性、习俗——唐宋时期敦煌地区婚姻家庭生活的研究》，首都师范大学 2007 年博士学位论文，第 22—24 页，附表《唐代吐鲁番地区婚姻家庭生活资料表》第 1—9 页。

⑧ 唐长孺主编：《吐鲁番出土文书（图版本）》贰《唐西州高沙弥等户家口籍》，文物出版社，1996 年，第 10 页。

⑨ 参见《大唐六典》卷 30 诸州县官，第 529—531 页。

的程什柱,其身份为翊卫,①依唐令,"四品孙、职事五品子孙、三品曾孙、若勋官三品有封者及国公之子",才有资格补翊卫。②

关于有妾者的身份,唐代笔记小说记载的妇妒故事,也可进一步印证敦煌吐鲁番文书的记载。《朝野佥载》卷2载有七则妇妒故事,其男主人公分别是"濮阳范略""广州化蒙县丞胡亮""梁仁裕为骁卫将军""荆州枝江县……丞张景先""兵部尚书任瓌""桂阳令阮嵩""唐宜城公主驸马裴巽"③。《太平广记》卷272《妒妇》也集有八则故事,其男主人公分别是:"兵部尚书任瓌"、"司空"房玄龄、台州刺史④房孺复、"舒州军卒"李廷璧、"张褐尚书典晋州"、"以功勋继领名郡"的王蜀吴宗文、"蜀有功臣忘其名"、"秦骑将石某"⑤。综括《朝野佥载》和《太平广记》两书的十五则故事,只有"濮阳范略"的身份不明,李廷璧"舒州军卒"的身份也偏低,但从他"二十年应举,方于蜀中策名"看,其亦属家境殷实的士人。

综合《女孝经》和《女论语》两部女教书及唐代笔记小说、敦煌吐鲁番文书等材料,在此回应大泽正昭的结论——"'妒妇'问题不再局限于一部分的官僚或知识阶层,而扩及于其他的阶层":因唐代下层纳妾者较少,故在此阶层中,妇妒并未形成风气,唐代妇妒蔓延的范围,大体还是以"官僚或知识阶层"为主,但也波及富商或上层庶民家庭,这些人是具有纳妾经济实力的。

另外,从《女孝经》和《女论语》的流传和刊刻看,它们在唐代的影响很小,故对其时妇妒的约束也微乎其微。《女论语》从成书至宋元时期,其刊印和流传都不甚明了,诸家书目中也鲜有踪迹,今见《女论语》皆为明清刻本。⑥ 而《女孝经》在唐朝的传抄也不广,至五代、北宋之交,方有石恪的《女

---

① [日]池田温:《中国古代籍帐研究》,东京大学东洋文化研究所,1979年,第202页。
② 《唐六典》卷5兵部郎中员外郎之职条,第117页。
③ 见《朝野佥载》,第42—43、59、91、177页。
④ 《太平广记》不载房孺复官职,此据《旧唐书》卷111房孺复本传记载(第3325页)。
⑤ 《太平广记》卷272《妒妇》,第2145—2148页。
⑥ 参见王丹妮、李志生《明清时期〈女论语〉版本考述》,《山东女子学院学报》2018年第2期,第46—55页。

孝经图》出现,宋时,多位画家的《女孝经图》分章书写了相应章节的文字。在中国古代,一般认为左图右史的方式更利于教化妇孺,其一如明人李东阳所说:"夫画之为用亦浅矣,及其至或可以感善创恶,出于言语文字之外,而施之妇女、童孺,尤宜使其据事指物,因辞以达意。"①虽然以画兴教浅显直白,但《女孝经图》的出现,却已在五代宋初了,而与唐无涉。

结语　情感史下的唐代妇妒角色与形塑历史的作用

从本质上讲,妇妒是一种情感,但其又非单纯之情感,它有其语境化与历史化的过程,唐代的妇妒就是如此。

(一) 中国历史进程中的唐代妇妒

从妇妒的历史进程看,无论是唐代妇妒与儒家情感体系的疏离,还是致妒因素和妒悍手段,都并无新意。儒家强调的情感建立在一夫一妻多妾制基础上,而一些唐代妒妇追求的却是一夫一妻制,这无疑是儒家体系下的一种全新情感诉求,但这种诉求并非缘起于唐朝,它仅是承袭了北朝以来的习俗而已。关于妒妇的分类,有学者将其归为三类,即要求对方专一的情爱型、出于谋求或捍卫自身权势地位而展开的争宠夺嫡的争夺型、对丈夫纳妾和寻花问柳惩治防范的反叛型。② 综观唐代的妒妇,虽然史载"大历以前,士大夫妻多妒悍者"③,但妇妒的类型,也无外如上三类,唐代妒妇只是杂糅了前朝各种致妒因素、妒悍手段而已。

(二) 唐代妇妒的历史化

如上所说,唐代妇妒最值得关注的并非其特点,而是它的历史化,也即在不同时期,唐代妇妒扮演的不同角色。

在中国近代语境下,唐代妇妒被视为妇女反抗男权的体现,如陈东原《中国古代妇女生活史》对唐代妇妒的定位就是如此:"上一章所说的《颜氏

---

① (明) 李东阳:《怀麓堂集》卷73《〈女孝经图〉跋》,上海古籍出版社,1991年,第772页。
② 曹大为:《中国古代的妇妒》,《北京师范大学学报》1990年第4期,第56页。
③ 《酉阳杂俎》卷8《黥》,第79页。

家训》对于后娶的观念,及这两章妒的现象,都不是女子天性恶劣之故,而是被摧残的女性所演。"①陈书受"五四"新文化运动影响,希望通过揭露历史上压迫妇女的种种弊端,来唤醒社会、教育社会:"我现在燃着明犀,照在这一块大压石上,请大家看明白这三千年的历史,究竟是怎样一个妖魔古怪,然后便知道新生活的趋向了!"②在妇女解放这一宏大主题下,妇妒被赋予了父权压迫和反抗的标签。而结合中国历史上唯一的女皇帝武则天、妇女贞节观念淡薄、女子盛穿袒装、男装等,唐代妇妒又被赋予了最大程度的反抗意义。

在社会性别理论下,妇妒则是妇女主观能动性的体现,有学者对宋代妇妒的分析就是如此:"夫妻关系中男主女次的观念只是一种理想的模型,其中也存在更多的可能性,如贤明的劝导者和类似'河东狮'的彪悍妻子,都是妇女发挥主观能动性的体现。"③依据这一看法,唐代的妇妒无疑更具主体性与能动性。

但在前近代人眼中,妇妒扮演的角色却与此迥异,它既被视为败家的恶德,更被看作误国的缘由。败家的恶德,其重要的面向便是,"'吃醋'这一坦率的简单动议,实际上标志着家庭正从一个联姻的领域转变为一个感情与性欲的领域"④,情欲吞噬了秩序,其严重违背了儒家齐家为治国前提的理念。而误国的妇妒,更是统治者必须汲取的殷鉴。

(三)唐代妇妒对历史的塑造

除了妇妒的历史化,以情感史视角观察,唐代妇妒对形塑历史也有着重要意义,隋文帝独孤皇后的悍妒,就对历史进程产生了至关重要的影响。

《隋书》中,对独孤皇后的妇妒多有记载。如她因臣子的妒妻之言,而令大臣离绝其妾:"士文从父妹为齐氏嫔,有色,齐灭之后,赐薛国公长孙览为妾。览妻郑氏性妒,潜谮之于文献后,后令览离绝"⑤;她因妒而未使妃嫔之位

---

① 陈东原:《中国妇女生活史》,第98页。

② 陈东原:《中国妇女生活史》,第18页。

③ 褚艳红:《变动的视角:20世纪60年代以来美国的中国妇女史研究》,上海社会科学院出版社,2015年,第131页。

④ [美]李海燕:《心灵革命》,第215页。

⑤ 《隋书》卷74《酷吏传·库狄士文》,第1693页。

尽归汉魏前制,"怀嫉妒之心,虚嫔妾之位,不设三妃,防其上逼。自嫔以下,置六十员。加又抑损服章,降其品秩";她因妒而使"后宫罕得进御";她妒杀得幸宫女,"后……性尤妒忌,后宫莫敢进御。尉迟迥女孙有美色,先在宫中。上于仁寿宫见而悦之,因此得幸。后伺上听朝,阴杀之";她的妇妒,更导致了重臣高颎被黜、太子被废:

> 初,后以高颎是父之家客,甚见亲礼。至是,闻颎谓己为一妇人,因此衔恨。又以颎夫人死,其妾生男,益不善之,渐加谮毁,上亦每事唯后言是用。后见诸王及朝士有妾孕者,必劝上斥之。时皇太子多内宠,妃元氏暴薨,后意太子爱妾云氏害之。由是讽上黜高颎,竟废太子立晋王广,皆后之谋也。

而晋王杨广成为太子,则是导致隋朝走向灭亡的关键。对独孤皇后因妒而导致的严重政治恶果,史臣魏徵予以了严厉抨击:"文献德异鸤鸠,心非均一,擅宠移嫡,倾覆宗社,惜哉!"①而《隋书》中建构的独孤皇后的妒妇形象,也为后人所接受,赵翼在《廿二史札记》中,就专列"隋独孤后妒及臣子"条,并称"古来宫闱之妒,莫有过于隋独孤后者"②。

在唐朝、特别是初唐的意识形态中,史学占有重要位置,唐初修成的以《隋书》为主的五代史,其意即在以史为鉴。而独孤皇后妇妒产生的恶劣影响,更成为魏徵主修《隋书》时探讨的重点话题。可以说,《隋书》是对妇妒误国所作的一次总清算,它希望其所建构的独孤皇后的妒妇形象,能够成为唐代乃至后代后妃的史镜。

中国历史上变化着的妇妒角色,显示了情感的社会化历程,妇妒为社会所塑造,也塑造着社会;政治历程中的情感,也成了历史转向的重要力量,所以,历史研究不应仅"专注硬邦邦的、理性的东西"③。

---

① 《隋书》卷36《后妃传·独孤皇后》,第1106—1113页。对独孤皇后于开皇一朝政治的作用、对《隋书》建构独孤皇后形象原因的分析,参见王光照《隋文献独孤皇后与开皇世政治》,《中国史研究》1998年第4期,第73—85页。

② (清) 赵翼著、王树民校证:《廿二史札记校证》卷15,中华书局,1984年,第334页。

③ 参见 Barbara H. Rosenwein, "Worrying about emotions in history," in *The American Historical Review* Vol. 107, No. 3 (June 2002), pp. 821 - 845。

女性与宠物:《簪花仕女图》
中的拂菻狗*

王永平

　　人类很早以来就有饲养宠物的历史,尤其是妇女儿童与宠物的关系更加密切。唐代传世名作周昉的《簪花仕女图》中,就在画面的不同位置分别绘有两只宠物犬——"拂菻狗"。这是一种从西方传来的小型宠物犬,其形象在多幅唐代画作中皆有表现,大都与妇女儿童的生活有关。在唐代的诗文笔记小说中,也有许多描写这种宠物犬的作品,几乎都关涉妇幼生活。因此,研究女性与宠物的关系具有重要的意义。以往学界对"拂菻狗"的研究以美国学者薛爱华(Edward H. Schafer,又译作谢弗)和中国学者蔡鸿生的相关论述较有价值。[①] 笔者试图在前人已有成果的基础之上,兹根据相关文献记载和传世图像资料以及考古资料,对"拂菻狗"的东传及其对唐人、特别是女性休闲娱乐生活的影响进行深入的探讨,以期对丝绸之路上的物种传播问题提供一个有价值的例证。

一、《簪花仕女图》及其他唐代图像
资料中的"拂菻犬"

　　《簪花仕女图》是中唐著名画家周昉的杰作,绢本设色,现藏于辽宁省博

＊ 本文为国家社科基金项目"全球史视野下汉唐丝绸之路多元文明互动中的殊文异俗外来风研究(项目编号:17BZS007)"的系列成果之一。

① [美] 谢弗:《唐代的外来文明》(原名《撒马尔罕的金桃——唐代的舶来品研究》,英文名:*The Golden Peaches of Samarkand, A Study of Tang Exotics*),吴玉贵译,中国社会科学出版社,1995年,第162—164页;蔡鸿生:《哈巴狗源流》,载氏著《唐代九姓胡与突厥文化》,中华书局,1998年,第211—220页。

物馆。画中描绘了几位盛装贵族妇女在春天赏花游玩的情景。其中画有两只黑白相间的卷毛小狗,分别出现在画作的左右两部分(见图1)。

图1 唐·周昉《簪花仕女图》,现藏于辽宁省博物馆

整幅画可分为采花、赏花、漫步、戏犬四个场面。右起第一人身着朱红色长裙,外披紫色纱罩衫,头插牡丹花,右手轻挑纱衫,左手执一拂尘,侧身转首,正在逗弄一只摇尾吐舌扑跳而来的小狗。她对面的贵妇,肩披白色轻纱,身穿印有大团花图案的罗裙,右手正在挑起肩头的轻纱,左手从纱袖中伸出,好像在招呼眼前的小狗,与戏犬贵妇相互呼应(见图2)。

图2 《簪花仕女图》局部(一)

左后方不远处有一执长柄扇的侍女。侍女右前方是一位髻插荷花、身披白花格子纱的贵妇,右手拈花,略向上举,目光注视着手里的花枝,好似若

有所思。不远处是一位身材娇小、身着朱红披风、外套紫色纱衫的贵妇,好似正在漫步的样子。最左端是一段假山石,其上有一株盛开的玉兰花,一位髻插芍药花,身着白地彩色云鹤图案、裙摆为红地大团印花图案的长裙,肩披浅紫色纱衫的贵妇正立在花旁,右手捏着一只刚刚扑来的蝴蝶,上身微微后倾,回头注视着从远处跑来的小狗和白鹤(见图3)。

图3　《簪花仕女图》局部(二)

整幅画构思精巧,全卷首尾呼应,人物和动物左右对称而又不失变化,尤其是向两边仕女奔跑扑跳而去的小狗使整个画面显得非常生动。

唐代还有一幅佚名《宫乐图》,为绢本设色,现藏台北故宫博物院。据考证,该图绘于晚唐。画中也绘有一只毛茸茸的小狗。

该画描绘了十名体态丰腴、衣着华丽的仕女围着长案、饮酒(或曰品茗)作乐的情景。画中人物或奏乐,或旁听,或啜饮,或顾盼,气氛闲适。从仕女的着装、椎髻、花冠、发式来看,应是中晚唐贵族妇女的生活写照。案上陈设碗、盘等精美器具,案下蜷卧着一只黑白相间的卷毛小狗(见图4、5)。此小狗与《簪花仕女图》中描绘的小狗形象也很相似。

图 4　《宫乐图》,现藏台北故宫博物院

图 5　《宫乐图》局部

　　类似的小狗形象也发现于新疆吐鲁番阿斯塔那唐墓出土的图像中。
1972 年,在新疆吐鲁番阿斯塔那 187 号唐墓中出土了一幅绢本设色《双童
图》,现藏于新疆维吾尔自治区博物馆。图中描绘了两个正在草地上追逐嬉

图 6　《双童图》,吐鲁番阿斯塔那 187 号唐墓出土,现藏新疆维吾尔自治区博物馆

戏的儿童,均袒露上身,身着背带晕裥长裤,足穿红鞋。左边一童右手高举做放飞状,左手怀抱一只黑白相间的卷毛小狗,这种小狗就是"拂菻犬";右边童子则凝眉注目,仿佛发现了什么正在招呼着同伴,神情急切不安。双童肥胖健壮,形象生动,十分逗人喜爱,整幅画童趣盎然(见图 6、7、8)。

　　新疆吐鲁番地区正是唐初"拂菻狗"初传唐朝的高昌古国所在地。贞观十四年(640),唐太宗用武力统一了高昌,将其地设置为西州(领高昌、柳中、交河、蒲昌、天山五县。

图 7　《双童图》局部(一)

治高昌,在今吐鲁番东南高昌故城,即哈拉和卓古城),并于交河(今吐鲁番以西雅尔和卓交河故城)设安西都护府。阿斯塔那 187 号唐墓为高昌世

图 8　《双童图》局部(二)

家著姓张氏家族墓葬,是一座夫妇合葬墓,从墓志残存有武周新字来看,墓主张氏应是卒于武则天时期,生前为安西都护府的官员,曾被授予勋官上柱国,但同时还出土有天宝三载(744)的文书,说明其妻应卒于此后。论者从《双童图》及同时出土的《围棋仕女图》的画风来看,有盛唐之风,应该是属于开元前后的作品。①

高昌作为古代丝绸之路中段上的交通要冲,在东西方文明的交流中向来充当着中转站的重要角色,“时西戎诸国来朝贡者,皆途经高昌”。唐初,高昌曾数次来贡,“西域诸国所有动静,辄以奏闻”。② 在唐朝统一高昌以后,这里更是成为唐朝与西方进行直接接触与交流的前哨站。在我国境内多处地区曾发现过拜占庭金币及其仿制品,其中以新疆地区最多,而在新疆又以吐鲁番居首,③这说明古代高昌与包括拜占庭在内的西域各国的贸易往来非常兴盛。

《簪花仕女图》和《宫乐图》中的小狗形象与阿斯塔那出土的《双童图》中的“拂菻狗”形象相似,因此也可以断定是属于“拂菻狗”。

此外,从考古发现中,还有一些描绘“拂菻狗”形象的壁画。如 1992 年在陕西省宝鸡市岐山县枣林乡郑家村发掘的元师奖墓甬道东西两壁各绘有一幅童子戏犬图。其一为男童戏犬图,“一男童上着襦,下着条纹裤。双手执一根绳子,绳子另一端系一黑白相间的小花狗,狗作跑步状”(见图9)。其二为花狗扑童图,“一黑白相间的小花狗向一童扑去,男童上着宽襦,下着条纹裤,足蹬长靴,前额顶部一小撮头发,回首顾盼,惊慌地向一长者扑去,长

① 金维诺、卫边:《唐代西州墓中的绢画》,《文物》1975 年第 10 期。
② 《旧唐书》卷 198《西戎·高昌传》,中华书局,1975 年,第 5294 页。
③ 张绪山:《我国境内发现的拜占庭金币及其相关问题》,载彭小瑜、张绪山主编《西学研究》第 1 辑,商务印书馆,2003 年。

者……屈膝弯腰伸出双手去接抱小男童"。该墓主下葬于唐高宗垂拱二年
(686)。① 画中的小花狗与阿斯塔那187号唐墓出土的《双童图》中的拂菻狗
形象十分相似,甚至连牵狗的丝绳也很接近,男童的形象也非常类似。

图9　元师奖墓童子戏拂菻狗图

　　1987年发掘的陕西长安韦曲镇南里王村的韦浩墓,墓主是唐中宗韦后
之弟,在该墓后室北壁发现,在两个侍女之间有一只黑白相间的小花狗,这
也是拂菻狗的形象(见图10)。该墓主葬于唐中宗景龙二年(708)。②

　　2012年,在洛阳市西工区苗北村发掘了一座五代时期的墓葬,在墓
室的第六幅壁画内展现了一只充满生活气息的小狗形象。在这幅壁画
中有四位女子站立在椅子后面,一女手持琵琶,桌子后面另站立一女子,
其右侧一黑色(黑白相间色)小狗正扭头仰视这名女子。小狗四肢短小,
体型肥胖,体毛黑色,腹下及四肢内侧为白色,嘴尖,脖子上系红色丝带
(见图11)。③

---

① 宝鸡市考古队:《岐山郑家村唐元师奖墓清理简报》,《考古与文物》1994年第5期。

② 陕西考古研究所:《陕西新出土唐墓壁画》,重庆出版社,1998年,第98页。

③ 商春芳:《"拂菻狗"在中国唐代的流传——从洛阳壁画墓中出现的宠物狗谈起》,《文物鉴
　定与鉴赏》2016年第5期。

图 10　长安韦浩墓后室北壁拂菻狗

图 11　洛阳市西工区苗北村五代
壁画墓中的拂菻狗

　　自从唐初高昌进献"拂菻狗"，从此中国开始有了这种小型宠物犬之后，唐代文献中虽然对其多有记载，但有关它的外貌特征却描述甚少。薛爱华曾经感叹："这种小动物的外貌如何，我们尚一无所知。"①所幸的是有考古出土的《双童图》和传世名作《簪花仕女图》《宫乐图》以及一些考古出土的壁画中真实地保留了它的形象，这才使得这种鲜为人知的"拂菻狗"的真面目得以大白于天下。从这几幅唐代图像及壁画资料中可以看出，这种狗体型较小，面部尖尖，全身绒毛微卷，毛色黑白相间，性格温顺驯服，聪明伶俐，特别惹人喜爱，因此一经传入中国就成为宫廷贵族、妇女儿童们珍爱的宠物。

　　此外，《续仙传》还记载过道士马湘画"猼子"事：马湘，字自然，好云游，曾与道士王延叟同行，"时方春，见一家好蕬菜，求之不能得，仍闻恶言。命延叟取纸笔，……湘画一白鹭，以水噀之，飞入菜畦中啄菜。其主赶起，又飞下再三。湘又画一猼子，走赶捉白鹭，共践其菜，一时碎尽止。其主见道士嬉笑，曾求菜致此，虑复为他术，遂来哀乞。湘曰：'非求菜也，故相戏耳。'于是呼鹭及犬，皆飞走投入湘怀中"②。马湘生活于中晚唐时期，卒于宣宗大中十年（856）。这则故事虽然带有浓厚的传奇色彩，但从马湘招呼猼子投入怀中的情节来看，他画猼子应该是有一定的生活经验的，这也从另一个方面说明这种唐初从拜占庭传来的小狗，到晚唐时期已经广为人所熟知。

二、唐三彩中的"拂菻狗"

　　唐代不但在画作中表现"拂菻狗"，而且还出土有一些表现拂菻狗的三彩俑。如在洛阳出土过一件三彩小狗，作回头张望状，其毛色为黑白相间，明显为拂菻狗（见图12）。③

　　据《河南文化史》载：在河南巩义曾发现过规模较大的唐三彩遗址，考

---

① ［美］谢弗：《唐代的外来文明》，吴玉贵译，第163页。
② 《太平广记》卷33《马自然》条引，中华书局，1961年，第1册，第211—212页。
③ 周立、高虎：《中国洛阳出土唐三彩全集》（下），大象出版社，2007年。

图12　洛阳出土的三彩拂菻狗

古工作者在此采集到小狮子狗、小拂菻狗等各种三彩小动物。①

现藏于日本美秀博物馆(Miho Museum)的一件唐三彩女童立俑的脚下匍匐着一只白色拂菻狗(见图13)。②从女俑服饰看应是中晚唐时期的作品。

日本京都国立博物馆藏唐代彩绘抱犬女立俑,怀抱的也是一只小型宠物狗,应该也是拂菻狗(见图14)。③

由此可见,"拂菻狗"传入中国以后,受到贵族妇女和儿童们的广泛喜爱,成为陪伴他们消遣、玩耍的最佳宠物。

图13　美秀博物馆藏唐
　　　三彩女童拂菻狗

图14　日本京都国立博物馆藏
　　　唐代彩绘抱犬女立俑

① 申畅、申少春主编:《河南文化史》,中州古籍出版社,2002年,第504—505页。
② 洛阳市地方史志办公室编:《图说洛阳丝绸之路》,大象出版社,2007年,第182页。
③ 晏新志:《日本所见中国文物札记》,《陕西历史博物馆馆刊》第7辑,第309页。

三、"拂菻狗"的东传路线

"拂菻狗"东传中国始于唐初,据《旧唐书》卷198《西戎·高昌传》记载:

> (武德)七年(624),(麴)文泰又献狗雄雌各一,高六寸,长尺余,性甚慧,能曳马衔烛,云本出拂菻国。中国有拂菻狗,自此始也。①

拂菻,即东罗马帝国,又称拜占庭帝国,②地处丝绸之路的西端。高昌为西域古国,位于新疆吐鲁番盆地,是古代丝绸之路上的交通要冲。这种由高昌王麴文泰贡献给唐王朝的"拂菻狗",原本出自拜占庭。

"拂菻狗"传入唐朝后,又名"猧(wō)子",是一种专供人赏玩的宠物小狗。唐人段成式在《酉阳杂俎》中记载的一则故事,提到了一种"康国猧子":

> 上(唐玄宗)夏日尝与亲王棋,令贺怀智独弹琵琶,贵妃立于局前观之。上数枰子将输,贵妃放康国猧子于坐侧。猧子乃上局,局子乱,上大悦。③

这就是历史上著名的"猧子乱局"的故事。此事在五代王仁裕《开元天宝遗事》和宋人乐史《杨太真外传》中都有描写。④ 此"康国猧子"就是"拂菻狗"。

康国,又名萨末鞬,亦名飒秣建,北魏时称悉万斤,⑤位于今乌兹别克斯坦的撒马尔罕(Samarkand),为古代粟特人建立的昭武九姓国(康、安、曹、

---

① 《旧唐书》卷198《西戎·高昌传》,第5294页。同样的记载还见于王文锦等点校《通典》卷191《边防典·西戎·车师附高昌》,中华书局,1988年,第5205页;《册府元龟》卷970《外臣部·朝贡三》,中华书局,1960年,第12册,第11397页上栏。

② 关于拂菻名称的由来请参阅张绪山《"拂菻"名称语源研究述评》,《历史研究》2009年第5期。

③ (唐)段成式著,方南生点校:《酉阳杂俎》卷1《忠志》,中华书局,1981年,第3页。

④ (五代)王仁裕撰,曾贻芬点校:《开元天宝遗事》卷下《猧子乱局》,中华书局,2006年,第53页;(宋)乐史撰:《杨太真外传》卷下,载丁如明辑校《开元天宝遗事十种》,上海古籍出版社,1985年,第144页。

⑤ 《新唐书》卷221下《西域下·康国传》,中华书局,1975年,第6243页。

石、米、何、火寻、戊地、史）之一。蔡鸿生说："唐代九姓胡诸城邦，扼东西交通大道的要冲。这里是中国、印度、波斯和拜占庭四大文明汇聚之处，占有重要的国际地位。"①在这些国家中，又以康国的势力最为强大，诸国皆听命于它。玄奘西行求法，曾路过此国，说："凡诸胡国，此为其中，进止威仪，近远取则。其王豪勇，邻国听命。"②康国是昭武九姓之中心，丝绸之路西段上的重要城邦国家，向来有中亚的十字路口之称，地理位置十分重要。早在公元前4世纪，马其顿的亚历山大大帝曾攻陷此城，当时称为"马拉坎达"（Maracanda），为粟特人的首都。③ 之后，这里曾成为中亚希腊化的重要地区之一。④ 粟特人特别善于经商，据唐人韦节《西番记》云："康国人并善贾，男年五岁则令学书，少解则遣学贾，以得利多为善。"⑤他们利用地处欧亚大陆上交通枢纽的有利条件，积极从事商贸活动，西到波斯、拜占庭，东到中国，南达印度，东北至蒙古草原，"利之所在，无所不到"⑥。其都城撒马尔罕为中世纪中亚地区的贩运中心，"异方宝货，多聚此国"⑦。粟特人作为沟通东西方的商业民族，他们将中国的丝绸贩卖到波斯、拜占庭，又将波斯、拜占庭的宝货转运到中国。粟特人为了更加便利地贩运丝绸，曾借助突厥人的势力，试图说服波斯，进行自由贸易，遭到拒绝，转而寻求与拜占庭之间建立友好关系，并最终促成此事。据拜占庭史家弥南德的《希腊史残卷》10,1记载：

> 查士丁皇帝（即查士丁二世，Justin Ⅱ,565—578 年在位）在位第四年初，突厥使团抵达拜占庭。随着突厥势力日益强大，原为嚈哒臣属、

---

① 蔡鸿生：《九姓胡的贡表和贡品》，载氏著《唐代九姓胡与突厥文化》，第 69 页。

② （唐）玄奘、辩机原著，季羡林等校注：《大唐西域记校注》卷 1，中华书局，2000 年，上册，第 87—88 页。

③ ［古希腊］阿瑞安著：《亚历山大远征记》卷 4，李活译，商务印书馆，1979 年，第 136—144 页。

④ ［英］弗兰克·威廉·沃尔班克著：《希腊化世界》，陈恒、茹倩译，上海人民出版社，2009 年，第 111—131 页。

⑤ 《通典》卷 193《边防典·西戎·康居》引，第 5256 页。

⑥ 《旧唐书》卷 198《西戎·康国传》，第 5310 页。

⑦ （唐）玄奘、辩机原著，季羡林等校注：《大唐西域记校注》卷 1，上册，第 87 页。直至明初，这里依然保持着中介贸易的传统，据《西域番国志》"撒马儿罕"条载："城内人烟俱多，街巷纵横，店肆稠密，西南番客多聚于此。货物虽众，皆非其本地所产，多自诸番至者。"（明）陈诚著，周连宽点校：《西域番国志》，中华书局，2000 年，第 81 页。

现转归突厥统治的粟特人，请求突厥王派遣一个使团到波斯，要求波斯
人准许粟特人在波斯境内通行，将生丝卖给米底人。西扎布鲁
（Sizabulus，西突厥室点密可汗，当时突厥在位的为木杆可汗）同意这一
请求，派出以马尼亚克（Maniakh）为首的粟特使团前往波斯，拜见波斯
王（萨珊王朝的库思老一世，531—579 年在位），请求准许粟特人在波斯
自由贩卖生丝。波斯王对此要求极为不快。……粟特首领马尼亚克趁
机向西扎布鲁进言，建议他为突厥利益计而与罗马人建立友好关系，将
生丝销售给他们，因为罗马人对生丝的消费多于他国。马尼亚克又说，
他本人非常愿意随突厥使者一同前往罗马帝国，以促成罗马人和突厥
人建立友好关系。西扎布鲁赞同这一建议，遣马尼亚克及其他一些人
作为使者，携带珍贵生丝并国书前往罗马帝国，拜见罗马皇帝，传达问
候和致意。马尼亚克携突厥王信函，一路长途跋涉，翻越崇山峻岭，跨
过平原、草地、沼泽和河流，穿过高加索山，最后到达拜占庭。他进入拜
占庭宫殿，拜见皇帝，一切依礼节行事。……如此，突厥人成了罗马人
的朋友，与我国建立了友好关系。①

由此可见，粟特人为了自己的商业利益，在突厥汗国与拜占庭帝国的交往当
中，扮演了非常重要的角色。与此同时，来自拜占庭的物品也在粟特地区受
到崇尚。② 因此，在九姓粟特胡人进献给唐王朝的贡品中包含有拜占庭物
品，也就完全可以理解了。如开元七年（719）二月，在安国王笃萨波提进献
的物品中就特别强调有"波斯骡二、佛菻绣氍毹（qúshū）一"③。据蔡鸿生统

---

① ［英］裕尔撰，［法］考迪埃修订：《东域纪程录丛——古代中国闻见录》，张绪山译，中华书局，
　2008 年，附录Ⅷ《弥南德〈希腊史残卷〉所记突厥和拜占庭帝国的交往》，第 167—170 页。

② 林英：《唐代拂菻丛说》，中华书局，2006 年，第 85 页。

③ 《册府元龟》卷 999《外臣部·请求》，第 12 册，第 11722 页下栏。又据《新唐书》卷 221 下《西
　域传下》载为东安国，时间为开元二十二年（734）："开元十四年（726），其王笃萨波提遣弟阿
　悉烂达婆耽发黎来朝，纳马豹。后八年，献波斯骡二，拂菻绣氍毹（毯）一，郁金香、石蜜等，
　其妻可敦献柘辟大氍毹（毯）二、绣氍毹（毯）一。"氍毹为古代西域的一种著名毛毡，工艺水
　平以拜占庭（即"大秦""拂菻"）最为驰名。《三国志》卷 30 注引《魏略·西戎传》大秦纪事
　云："织成氍毹、毾𣰝（dēng）、罽帐之属皆好，其色又鲜于海东诸国所作也。"所谓"拂菻绣氍
　毹"，据蔡鸿生讲，意在强调它是拜占庭名产，并非布哈拉当地土货。

计,在唐代九姓胡中,康国的入贡次数最多。所以康国从拜占庭引进"拂菻狗",并传入中国就一点也不奇怪。史载开元十二年(724)四月,"康国王乌勒遣使献侏儒一人,马、狗各二"①。康国进献的这两只狗,在"猧子乱局"之前,大概和唐初高昌所进献的那样,也是雌、雄两只"拂菻狗"。看来杨贵妃用来搅局的那只"康国猧子",显然就是从拜占庭经康国转手进献而来的。

通过以上考察可以看出,在远距离的物种传播过程中,往往是通过间接转手或接力型传递的方式来实现的。由此也可以大致描绘出"拂菻狗"从拜占庭到唐朝东传的路径,即:从地处丝绸之路最西端的拜占庭传到中亚粟特地区的康国,再翻越葱岭到达吐鲁番盆地的高昌,最后抵达丝路的最东端唐朝。

四、"拂菻狗"源流:罗马贵妇狗

狗,又称"犬",是人类最早驯养的动物之一,与马、牛、羊、猪、鸡合称为"六畜"。狗与人类的生活密切相关,被广泛应用于狩猎、放牧、军用、玩赏、看家护院甚至祭祀等许多方面,因此被称为"人类最忠实的朋友"。

"拂菻狗"来自西方,又称"罗马犬"。这里是人类最早驯养狗的地区之一,早在古希腊、罗马时代,社会上就养狗成风。公元前350年前后的希腊,亚里士多德在《动物志》中就曾说过:"狗的种类十分众多",他特别提到了三种驯化的狗:拉科尼亚犬、摩洛细亚犬和鬣狗。他还说:"有些动物伶俐、可爱而且擅作媚态,如狗。"②虽然他只是泛泛而言,但这些描述非常符合宠物狗的特征。他还在《论动物的生成》中提到一种"印度狗",说:"印度狗就是狗与野生的狗状动物杂交的产物。"③这种"印度狗"显然是通过丝绸之路从印度传播到欧洲的,可见狗作为一个重要的物种很早以前就开始了传播与

---

① 《册府元龟》卷971《外臣部·朝贡四》,第12册,第11407页上栏。
② 〔古希腊〕亚里士多德:《动物志》,颜一译,苗力田主编《亚里士多德全集》(第四卷),中国人民大学出版社,1996年,第10、232、245、314页。
③ 〔古希腊〕亚里士多德:《论动物的生成》,崔延强译,苗力田主编《亚里士多德全集》(第五卷),中国人民大学出版社,1997年,第289页。

交流的历程。

在古罗马，著名政治家、学者加图大约在公元前 160 年完成的《农业志》中，就提到了养狗问题。[①] 后来，著名学者瓦罗又于公元前 36 年写成《论农业》一书，在其第二卷《家畜》中专门用一章的篇幅论述养狗技术，包括体型、品种、购买、饲养、繁殖、挑选（年龄、健康状况、头数）等 9 个方面的内容，他说：养狗必须养适当年龄的狗，外形必须漂亮，要像狮子那样，颜色最好是白的。他还注意到："良种犬也是以产区为名的，如拉科尼亚、伊皮鲁斯、撒伦提尼等等"，"养几条品种优良、敏捷灵活的狗比养许多平平常常的狗还好"。[②] 这说明古罗马人已经积累了丰富的养狗经验。

"拂菻狗"作为古希腊、罗马时代的宠物狗，也有着悠久的历史。有人认为它就是典型的古代马耳他种犬，即古典时代的叭儿狗。[③]

马耳他犬，又称马（玛）尔济斯犬（Maltese Dog），是欧洲最古老的小型玩赏犬之一，据说原产于地中海的马耳他岛，故名。马尔济斯犬体型娇小可爱，全身披着丝状白色长毛，气质优雅高贵，性格温顺，活泼好动，感情较为丰富，极通人性，非常依恋主人，尤其是对儿童特别友好，因此成为深受妇女儿童们喜爱的玩赏犬。

马尔济斯犬距今至少已有 3 000 年以上的历史，据说在公元前 13 世纪的埃及古墓中，就发现有近似此犬的雕像。[④] 在考古发掘中出土的古希腊和罗马时代的陶器和壁画中，也绘有马尔济斯犬的形象，此犬曾经是希腊妓女和罗马主妇们十分珍爱的玩赏犬。[⑤] 早期作家约翰凯修斯曾说：马尔济斯犬"在古埃及、希腊和罗马时代就已经是贵妇的宠物，古罗马人还曾经把它放在袖子里带它去出门。它与主人分享同一辆车、同一张床，食量很小，真

---

① ［古罗马］M.P.加图：《农业志》，马雪香、王阁森译，商务印书馆，1986 年，第 57 页。

② ［古罗马］M.T.瓦罗：《论农业》，王家绶译，商务印书馆，1981 年，第 136—140 页。

③ V. W. F. Collier, *Dogs of China and Japan in Nature and Art*, New York：Frederick A.Stokes Company，1921，p.143.

④ 熊前、关键：《马尔济斯犬》，《养犬》2008 年第 4 期。

⑤ Otto Keller, *Die antike Tierwelt*（The ancient animal world），Leipzig：W. Engelmann，1909，Vol. I，p.94.

是令人愉快的宠物"①。1 世纪时的拉丁语诗人 Strabin 曾赞扬其为"主妇
所喜爱的伴侣",所以它又有"罗马女士狗"和"罗马贵妇狗"之称。马尔济
斯犬也深受贵族们的喜爱,据说罗马派驻马耳他岛的总督曾经收留过一只
流浪的马尔济斯犬"伊萨",诗人曾赞美它说:"伊萨比克土鲁斯的麻雀更
活泼,伊萨的吻比斑鸠更纯洁,伊萨比少女更美丽,伊萨比印度的宝石更珍
贵。"②马尔济斯犬随着罗马军队的远征和商人们的长途贸易而开始向外
传播。到中世纪时,不但在欧洲宫廷和贵族家中经常能见到这种模样可爱
的宠物,他们往往怀抱着这种华贵的名犬以显示排场,基督徒则把它视作
幸福的象征,③而且还通过丝绸之路远传到中亚的康国、高昌和东亚的唐朝
等地。

五、唐代诗文中的妇女与"猧子"

"拂菻狗",又称"猧(wō)子",或矮(wō)子、猚(wá)子,也称猧儿。据
蔡鸿生研究:"猧子是天外来客,其故乡在东罗马,即拜占庭帝国,唐代称为
'大秦'或'拂菻'。"④"猧子"自从传入中国以后,就受到宫廷贵族和妇女儿
童的宠爱。不但画家们喜欢在自己的作品里表现它的形象,而且在唐代的
诗词文赋、小说变文中也多有描写。

唐代诗词中对猧子有很多描写。如贞元进士王涯《宫词》第十三首曰:

　　白雪猧儿拂地行,惯眠红毯不曾惊。深宫更有何人到,只晓金阶吠
晚萤。⑤

这首诗描写了后宫妃嫔豢养的一只雪白的猧子,除了在地上轻轻地走动,就

---

① 《百度文库·马尔济斯犬》(http://wenku.baidu.com/view/6e95f7c5bb4cf7ec4afed0ad.html)。
② 《追溯古老的马尔济斯犬的血统渊源》(http://bbs.goumin.com/thread - 518553 - 1 - 1.
　 html)。
③ 《马尔济斯犬之来历》(http://www.petyoo.com/bbs/thread - 65418 - 1 - 1.html)。
④ 蔡鸿生:《哈巴狗源流》,载氏著《唐代九姓胡与突厥文化》,第 211—220 页。
⑤ 《全唐诗》卷 346,中华书局,1960 年,第 11 册,第 3878 页。

是最爱卧眠在红色的地毯上。在这几乎无人到来的静静深宫里，整日睡眠的小狗，丝毫也不会受到惊扰。只有到了夜深人静的时候，小狗才会对着飞来飞去的萤火虫扑叫。可以说诗人将这只白色猧子温顺、可爱、顽皮的娇惯之态表现得异常生动传神。

中唐著名诗人元稹有一首艳诗《梦游春七十韵》，据说是为了追忆早年他与崔莺莺的恋爱经历而作的，其中有"鹦鹉饥乱鸣，娇狌睡犹怒"句，①是他在回忆这段恋情时提到的一个细节。这一意象还出现在他另外一首怀念往事的《春晓》诗中："半欲天明半未明，醉闻花气睡闻莺。狌儿撼起钟声动，二十年前晓寺情。"②这只反复出现在他诗作中的"狌儿"，曾给他留下深刻印象，很可能实有其物，就是莺莺身边的宠物犬。③"娇狌"原作"娇娃"，据陈寅恪先生考证："'娇娃'即'猲（xiāo）狌'之伪。此种短喙小犬，乃今俗称'哈叭狗'者，原为闺阁中玩品。……在玄宗时为宫禁珍贵希有之物品，非民间所能窥见。今则社会地位如双文（即莺莺）者，在贞元间亦得畜用之。唐代文化之流布，与时代先后及社会阶层之关系，于此可见一斑矣。"④

蜀中才女薛涛似曾与元稹有过一段恋情，她曾作有十首绝句《十离诗》，其中第一首为《犬离主》曰：

> 驯扰朱门四五年，毛香足净主人怜。无端咬著亲情客，不得红丝毯上眠。⑤

---

① （唐）元稹著，冀勤点校：《元稹集》外集卷1，中华书局，1982年，下册，第635页。

② （唐）元稹著，冀勤点校：《元稹集》外集卷1，下册，第642页。

③ 许金花：《惊绪竟何如？梦丝不成絇——元稹爱情婚姻复杂心态别论》，《福建论坛》2009年第6期。

④ 陈寅恪：《元白诗笺证稿》，生活·读书·新知三联书店，2001年，第94—95页。陈寅恪先生在1954年作的一首七律《无题》诗中有"猧子吠声情可悯"句，自注曰："《太真外传》有康国猧子之记载，即今外人所谓'北京狗'，吾国人则呼之为'哈巴狗'。元微之《梦游春》诗'娇娃睡犹怒'与《春晓》绝句之'狌儿撼起钟声动'皆指此物，《梦游春》之'娃'乃'狌'字之误，浅人所妄改者也。"见《陈寅恪诗集》，生活·读书·新知三联书店，2001年，第109页。

⑤ （唐）薛涛撰，张蓬舟笺：《薛涛诗笺》，人民文学出版社，1983年，第15页。

这首诗借猧子遭主人遗弃之意来宣泄自己被贬逐的哀伤。① 这只受到主人百般爱怜的小狗,已经驯服地在豪门有四五年了,只因一时无端咬着亲近的人,就再也不得在红丝毯上卧眠了。从"毛香足净"句来看,这种小狗比较爱干净,主人对它的饲养护理也十分精心,应该经常给它洗澡净足,定期梳理修剪身上的长毛,大概还会喷洒来自西域的香水。

元和进士李廓作有《长安少年行》诗曰:"小妇教鹦鹉,头边唤醉醒。犬娇眠玉簟,鹰掣撼金铃。"②这只能够在光滑似玉的精美竹席上卧眠的"娇犬",显然非同凡犬,只能是猧子之类的珍贵宠物犬。

唐末进士路德延的《孩儿诗五十韵》,据说是他在河中节度使朱友谦幕中做掌书记时,为讥刺朱友谦而作的一首长诗,他也因此而致祸。诗开头几句曰:

> 情态任天然,桃红两颊鲜。乍行人共看,初语客多怜。臂膊肥如瓠,肌肤软胜绵。长头才覆额,分角渐垂肩。散诞无尘虑,逍遥占地仙。排衙朱榻上,喝道画堂前。合调歌《杨柳》,齐声踏《采莲》。走堤冲细雨,奔巷趁轻烟。嫩竹乘为马,新蒲掉(折)作鞭。莺雏金锁系,猧子彩丝牵。……③

这首诗描写了当时儿童玩的许多游戏,其中就有用彩绳牵系的猧子。这段

---

① 《全唐诗》卷803薛涛《十离诗》题自注曰:"元微之使蜀,严司空遣涛往事,因事获怒,远之,涛作《十离诗》以献,遂复善焉。"第23册,第9043页。(五代)王定保撰,黄寿成点校:《唐摭言》卷12《酒失》载:"元相公在浙东时,宾府有薛书记,饮酒醉后,因争令掷注子,击伤相公犬子,遂出幕。醒来乃作《十离诗》,上献府主。"三秦出版社,2011年,第197页。(后蜀)何光远:《鉴诫录》卷10《蜀才妇》条载:"蜀出才妇。薛涛者,容姿既丽,才调尤佳。言谑之间,立有酬对。大凡营妓,比无校书之称。韦公南康(即韦皋)镇成都日,欲奏之而罢,至今呼之。……涛每承连帅宠念,或相唱和,出入车舆,诗达四方。中朝一应衔命,使车每届蜀,求见涛者甚众。而涛性亦狂逸,所有见遗金帛,往往上纳。韦公既知,且怒,于是不许从官。涛乃呈《十离诗》,情意感人,遂复召宠。"据王仲镛考证:"所献者当为韦皋也。"见(宋)计有功撰,王仲镛校笺《唐诗纪事校笺》卷49《薛书记》,中华书局,2007年,第6册,第1670—1672页。

② 《全唐诗》卷479,第14册,第5456页。

③ 《太平广记》卷175《路德延》,第4册,第1305页。《全唐诗》卷719作《小儿诗》,第21册,第8255页。

对童子形象的描述简直与吐鲁番唐墓出土《双童图》中的童子形象完全吻合。《双童图》中的童子也是情态天然，两颊桃红，发初覆额，臂膊如瓠，肌肤软绵，胖乎乎一副逗人喜爱的模样。尤其是童子怀中的那只猧子也拖着一条系绳，活脱脱就是路诗再现的图像版。

南唐进士成彦雄作有一首《寒夜吟》诗，其中也描写过一只可爱的猧子。诗曰：

> 洞房脉脉寒宵永，烛影香消金凤冷。猧儿睡魇唤不醒，满窗扑落银蟾影。[①]

这首诗讲的是在一个漫长的寒夜里，一对新婚夫妻在洞房里脉脉相对，红烛已灭，唯有烛影，熏香早已燃尽，金凤熏炉也已冷却。忽然一只梦魇中的猧儿，满窗扑落着月亮的影子，怎么叫也叫不醒它。

唐代还有一首佚名诗人填写的《醉公子》词曰：

> 门外猧儿吠，知是萧郎至。刬（chǎn）袜下芳阶，冤家今夜醉。
>
> 扶得入罗帏，不肯脱罗衣，醉则从他醉，犹胜独眠时。[②]

这首词表现了一位热切期待年轻公子到来的荡妇或者是妓女。[③] 门外的猧儿一叫起来，就知道是自己的情人到了，高兴得连袜子都顾不上穿，就光着脚出去迎接。今夜冤家又喝醉了！赶快把他搀扶进罗丝纱帐，可他又不肯脱衣服，就歪歪斜斜地倒在床上。醉就由他醉去罢，也比独自孤眠要好得多。在此处猧儿吠叫成了这对情人相会的一个重要细节。

在敦煌曲子词《云谣集杂曲子》中有一首《倾杯乐》词曰：

> 窈窕逶迤（wēiyí），貌超倾国应难比。浑身挂绮罗装束，未省从天得知。脸如花自然多娇媚。翠柳画娥眉，横波如同秋水。裙生石榴，血染罗衫子。　　观艳质语软言轻，玉钗坠素绾乌云髻。年二八久镇香闺，爱引猧儿鹦鹉戏。十指如玉如葱，银苏体雪透罗裳里。堪媲与公子

---

① 《全唐诗》卷 759，第 22 册，第 8628 页。

② 曾昭岷等编著：《全唐五代词》正编卷 3，中华书局，1999 年，上册，第 793 页。

③ ［美］谢弗：《唐代的外来文明》，吴玉贵译，第 164 页。

王孙,五陵年少风流婿。①

这首词描写了一位尚未出阁的二八佳人,天生丽质,貌美如花,眉如翠柳,眼似秋波,窈窕娇媚,倾国倾城。平时最爱逗弄猧儿和戏耍鹦鹉,显然是一位出身于官宦之家的千金小姐。

另在敦煌文书中还有许多散见于各卷的曲子词,其中有一首《鱼歌子》词曰:

> 绣帘前,美人睡,厅前猧子频频吠。雅奴卜(白),玉郎至,扶下骅骝沉醉。 出屏帏,正云起(鬓),莺啼湿尽相思被。共别人,好说我不是,得莫辜天负地。②

这首词的意境与前述佚名《鱼歌子》有点相似,都有美人盼归、猧子频吠、玉(萧)郎沉醉等意象,但这首词还表现了情人间感情出现裂痕的生活情景。大约是这对情人在感情上出了问题,玉郎对美人早已冷淡,美人久等玉郎未归,已经先睡,悲伤的泪水打湿了"相思被"。这时厅前传来猧子的不断叫唤,丫鬟跑来告诉小姐说:"玉郎回来了。"只见喝得酩酊大醉的玉郎被人从骅骝马上搀扶而下,这时美人才懒洋洋地从帏帐中走出,她一边整理着云鬓,一边忍不住幽怨地埋怨沉醉而归的玉郎,辜负了自己往日对他的好,还经常亏心地向别人诉说自己的不是。在这里词人截取了猧子频吠这样一个细节,真实地反映了这对冤家生活的一个场景。

在敦煌变文中也经常提到猧子。如《维摩碎金》中说:"紫云楼下按歌曲,皇帝帘前排毂(shū)□。于(玉)鉴洗妆呈素面。青聪抠(晴窗耀)日弄红鹦。猧儿乱趁生人咬,奴子频捻野鸽惊。"③五代后唐明宗《长兴四年(933)中兴殿应圣节讲经文》曰:"可憎猧子色茸茸,抬举何劳喂饲浓。点眼怜伊图守护,谁知反吠主人公。"④这两条描写的都是宫廷豢养的猧子。《父母恩重经讲经文》(一)有:"捉蝴蝶,趁猧子,弄土拥泥向街里";"五五相随骑

---

① 曾昭岷等编著:《全唐五代词》正编卷4,下册,第813页。
② 曾昭岷等编著:《全唐五代词》正编卷4,下册,第939页。
③ 潘重规:《敦煌变文集新书》卷2,文津出版社,1994年,第386—387页。
④ 王重民等编:《敦煌变文集》卷5,人民出版社,1957年,下册,第424页。

竹马,三三结伴趁猧子。"①描写的则是儿童玩追赶猧子的游戏。

　　敦煌位于丝绸之路东段的终点,是古代中国通往西域、中亚和欧洲的咽喉重镇。从高昌入玉门关到敦煌,是进入中原王朝的必经之地。当年高昌王麴文泰进献"拂菻狗"的使团就是经由这里,最后到达唐都长安的。在这么多敦煌文献中出现猧子的形象,说明敦煌人对来自拜占庭的这种"拂菻狗"并不陌生。

　　猧子在唐人笔记小说中也有描写。据《玄怪录》载:"洺州(治今河北永年)刺史卢顼(xū)表姨常畜一猧子,名花子,每加念焉。一旦而失,为人所毙。……骸在履信坊街之北墙,委粪之中。"②履信坊在东都洛阳,坊内多王公贵族之宅,③卢顼表姨家应该也是权贵之家,所以才畜有这种珍稀的猧子以为宠物。

　　唐人还有以"矮子"为小名者。如刑部侍郎李建,出身于门阀士族,曾客居于荆州之石首(今湖北石首),其小字即矮子。④ 在很早以来,中国民间乡土社会就有给孩子取贱名好养活之说,如"阿猫""阿狗""大臭""二丑""三楞""铁蛋""石头"之类。"矮子"虽然只是当时的豪门富室才有可能豢养的一种宠物狗,但它毕竟是一种畜生动物,所以也是贱名。另外,"矮子"的形象又比较可爱,取其为贱名,也是为了表达长辈对孩子的疼爱之情。

　　通过以上论述可见,"拂菻狗"自唐初传入中国以后,或经繁殖,或再输入,已经扩散到许多地方,如西州(今新疆吐鲁番)、敦煌、扶风(今陕西宝鸡)、长安、洛阳、蒲州(今山西永济)、益州(今四川成都)、荆州(今湖北江陵)、金陵(今江苏南京,为五代时南唐都城)等地,成为宫廷权贵、富室豪门之家豢养的宠物,深受贵妇、妓女和儿童的喜爱。

① 张涌泉、黄征校注:《敦煌变文校注》卷5,中华书局,1997年,第974页。
② (唐)牛僧孺,程毅中点校:《玄怪录》补遗,中华书局,2006年,第136页。《太平广记》卷386《卢顼表姨》条引,第8册,第3082页。
③ 杨鸿年:《隋唐两京坊里谱》,上海古籍出版社,1999年,第400—411页。
④ (唐)白居易著,朱金城笺校:《白居易集笺校》卷41《有唐善人墓碑》曰:"及长,居荆州之石首。"上海古籍出版社,1988年,第5册,第2677页。《新唐书》卷182《李建传》曰:"逊弟建,字直,与俱客居荆州。"第16册,第5004页。《旧唐书》卷155《李逊传》则曰:李逊与兄造、弟建"世寓于荆州之石首"。第13册,第4123页。

余　论

很早以来,中国就有驯养狗的历史,并且积累了丰富的培育优良狗种的经验。如传说中五帝时期的高辛氏帝喾,"有畜狗,其毛五采,名曰盘瓠"①。西周时期有重工、彻止、□黄、南□、来白等名品犬,②春秋战国时期有殷虞、晋獒、楚茹黄、韩卢、宋鹊等优良狗品种。③ 秦汉时期,茂陵少年李亨好养良狗,皆为之取佳名,有修毫、釐睫、白望、青曹之名;杨万年有猛犬,名青驳,卖之百金。④ 魏晋南北朝时期,有青鹯(zhān)、白雀、飞龙、虎子、猲(xiē)獢(xiāo)等,⑤都是优质犬品。

在长期驯养狗的过程中,中国也引进和输入了许多外来的优良犬种,改良和丰富了本土的犬种。如商初,汤王曾命伊尹为四方献令,接受了来自南蛮百濮贡献来的"短狗"⑥,这种身材矮小的短狗可能就是被当作玩赏犬来饲养的。周初,西方之国曾来贡狗,据《古文尚书·周书·旅獒》载:"惟克商,遂通道于九夷八蛮,西旅厎贡厥獒。"⑦即周武王伐纣克商,建立周朝,四夷皆来贡献方物致贺。"西旅献獒",从此成为开国致贺及归诚之典故。周穆王时,位于朝鲜半岛的鹯(zhān,同鸇)韩之人一次就贡献经过训练的良种犬七千只。⑧ 汉魏时人贾岱宗作有《大狗赋》曰:"帝曰畴咨,迸在朔易,越彼西旅,大犬是获。"魏晋时人傅玄《走狗赋》也曰:"统黔喙(即黑嘴)于秋方(即西方),居太素之内寓。谅韩卢其不抗,岂晋獒之能御。既乃济卢泉,涉流

---

① 《后汉书》卷86《南蛮西南夷传》,中华书局,1965年,第10册,第2829页。
② 佚名撰,(晋)郭璞注,王根林校点:《穆天子传》卷1、2,见《汉魏六朝笔记小说大观》,上海古籍出版社,1999年,第9页。
③ 《太平御览》卷904《兽部·狗上》引《广雅》,中华书局,1960年,第4册,第4008页上栏。
④ (汉)刘歆撰,(晋)葛洪集,王根林校点:《西京杂记》卷4《鹰犬起名》,见《汉魏六朝笔记小说大观》,第106页。
⑤ (唐)徐坚撰,韩放等校点:《初学记》卷29《兽部·狗》引周处《风土记》,京华出版社,2000年,下册,第539页。
⑥ 《太平御览》卷491《四夷部·南蛮》引《周书·王令》,第4册,3508页下栏。
⑦ 江灏、钱宗武译注:《今古文尚书全译》(修订版),贵州人民出版社,2009年,第193页。
⑧ 佚名撰,(晋)郭璞注,王根林校点:《穆天子传》卷2,见《汉魏六朝笔记小说大观》,第13页。

沙,逾三光,跨大河。希代来贡,作珍皇家。"①此二赋都用了"西旅献獒"典故,借以说明魏晋两朝受禅,皆受西国贡犬之贺。这种超过传统名犬韩卢、晋獒的外来犬种,对改良中土犬的品质产生了很大的影响。所以外来犬一经引进,就迅速受到人们的宠爱。

北齐皇室非常喜欢畜养一种从西域引进的波斯犬,这种犬身上带有斑点,身材高大,凶猛残忍,甚至能够噬而食人,据《北齐书·南阳王绰传》载:"绰始十余岁,留守晋阳。爱波斯狗,尉破胡谏之,欻(xū)然斫(zhuó)杀数狗,狼藉在地,破胡惊走,不敢复言。后为司徒、冀州刺史。好裸人,使踞为兽状,纵犬噬而食之。……有妇人抱儿在路,走避入草,绰夺其儿饲波斯狗。妇人号哭,绰怒,又纵狗使食,狗不食,涂以儿血,乃食焉。"②如此残暴凶恶的行径,已经超出了正常人最起码的道德底线。后主高纬的爱好也很荒唐,他给自己豢养的波斯犬加官晋爵,享受俸禄,据《三国典略》载:"齐高纬以波斯狗为赤虎仪同、逍遥郡君,常于马上设蹬蓐以抱之。"③这些波斯犬被饲以粱肉,待遇优厚。1971 年,在山东益都(今青州市)傅家发现了一批北齐线刻画像石,④据郑岩和姜伯勤研究,此组画像石实与祆教内容及入华粟特人美术有关。⑤ 其中在第九石送葬图中刻画有一犬,郑岩发现,这种情形不独在傅家画像石中出现,而且在日本 Miho 博物馆收藏、据传是出自山西北齐墓中的石棺床围屏上的画像中也有表现,其中有一幅描绘了具有典型祆教特征的丧礼场面,画面中也刻有一犬,另外在山西太原南郊发现的隋代虞弘墓出土的石棺图像中也多见犬的形象,这应是粟特人养犬食尸

---

① (唐)徐坚撰,韩放等校点:《初学记》卷29《兽部·狗》,下册,第540页。

② 《北齐书》卷12《武成十二王·南阳王绰传》,中华书局,1972 年,第 1 册,第 159—160 页。

③ 《太平御览》卷 904《兽部·狗上》引,第 4 册,第 4010 页上栏。

④ 夏名采:《益都北齐石室墓线刻画像》,《文物》1985 年第 10 期;《青州傅家北齐线刻画像补遗》,《文物》2001 年第 5 期。

⑤ 郑岩:《青州傅家北齐画像石与入华祆教美术》,见氏著《魏晋南北朝壁画墓研究》第八章,文物出版社,2002 年,第 236—284 页;姜伯勤:《青州傅家北齐画像石祆教图像的象征意义——与粟特壁画的比较研究》,见氏著《中国祆教艺术史研究》第五章,生活·读书·新知三联书店,2004 年,第 63—76 页。

遗俗的反映。① 这种食尸犬就是随入华粟特人来到内地的那种凶猛食人的波斯犬(见图15、16)。

直到唐代,人们对这种外来犬也并不陌生,并称之为"骏犬"或"良犬",据《唐会要》载:"(波斯)又多骏犬,今所谓波斯犬也。"②看来这种高大威猛的波斯犬给中古时期的中国人留下了深刻的印象。

图15 山东青州傅家送葬图
　　　(郑岩绘)

图16 Miho博物馆藏石棺床上的
　　　丧礼图(郑岩绘)

唐代还有一些国家和地区也不断地进献良狗异犬。如武周万岁通天二年(697)四月,昭武九姓之一安国献来一只"两头犬"③,这是一种发育畸形的犬,本身并没有什么特别之处,但古人却认为它很奇特,所以才会将其作

① 郑岩:《青州傅家北齐画像石与入华祆教美术》,见氏著《魏晋南北朝壁画墓研究》第八章,第236—284页。粟特人的葬俗与汉人有很大的不同,据《通典》卷193《边防典·康居》引韦节《西蕃记》叙康国风俗云:"国城外别有二百余户,专知丧事。别筑一院,院内养狗,每有人死,即往取尸,置此院内,令狗食之,肉尽收骸骨,埋瘗无棺椁。" 第5册,第5256页。
② 《唐会要》卷100《波斯国》,上海古籍出版社,1991年,下册,第2118页。《通典》卷193《边防典·波斯》曰:其土"多良犬"。第5册,第5270页。
③ 《册府元龟》卷970《外臣部·朝贡三》,第12册,第11403页上栏。

为珍稀异物贡献而来。开元九年（721）六月，龟兹王白孝节献马及狗。龟兹也是连接东西方文明的西域重镇，扼守丝绸之路北道中段之咽喉，是古印度、波斯、拜占庭及中国四大文明的交汇之处，白孝节所献之狗是否像高昌王麴文泰所献之"拂菻狗"一样，不得而知，但肯定也是属于珍稀优良狗种。开元二十二年（734），新罗王也献来"小马两匹，狗三头"①。这三头狗肯定也是良种狗。

　　综上可见，中国从域外输入的良狗以西域为主，其中又以波斯犬和拂菻狗最为著名。波斯犬身形高大、性格凶猛，适合用于狩猎；②拂菻狗则以其体型娇小、性格温顺，成为唐人尤其是妇女儿童珍爱的宠物犬。从唐代传世图像资料及史籍记载来看，拂菻狗是一种尖嘴丝毛犬类，毛色以黑白相间的花色为主，所以唐人昵称其为"花子"，但也有白色品种。从西方流传至今的马尔济斯犬，则主要是以纯白为主。那么唐代的"白雪猧子"到底是正宗马尔济斯犬拂菻狗，还是其异种，抑或马尔济斯犬在数千年的流传过程中发生了变异？这倒是一个很有意思的问题。不过，拂菻狗通过丝绸之路传到粟特（康国、安国等地）和高昌（也许还有龟兹）、再转输入中原的过程中，或许已经过再繁殖（甚至杂交）而发生了某种变异也是完全有可能的。

---

① 《册府元龟》卷 971《外臣部·朝贡四》，第 12 册，第 11406 页下栏、11409 页下栏。
② 拙作：《波斯狗东传：从伊朗到中国——兼论粟特人在丝绸之路物种传播中的贡献》，《唐史论丛》第 23 辑，三秦出版社，2016 年，第 32—60 页。

唐代墓志与女性佛教研究再思考*

李晓敏

一

唐代墓志中展现了众多女性的形象以及她们的生活空间和景象,其对于女性研究的价值是不言而喻的。① 而佛教信仰在唐代女性生活中具有无可代替的独特性。众所周知,唐代女性的生活展现出与前代后代都有所不同的风采,那么佛教是不是为其增添光彩的那个因素呢? 佛教在唐代社会生活中的影响力如此深远和细致入微,那些深藏于历史光影中的女人们也席卷其中,而且还被男性历史记录者认可和记录。固然从墓志的记载数量来看,②信佛女性的数量的确不少,而且如果考虑到墓志的记载方式和书写者,就应体会到在这个数字的背后,还有非常大的一个群体,她们也是浸润在佛教生活中,只不过也许由于她们的表现不是那么鲜明突出,而没有留下记载。

本文探讨的主要是唐代在家女性的佛教信仰,或者比丘尼出家之前如出家原因之类,总之不包括她们进入尼寺后的出家生活。关于这个话题,研究者甚多,成果丰富。众多的研究成果涉及唐代女性佛教信仰的各个角度

* 本文为国家社科基金项目"唐代墓志中的佛教史料整理汇编"(14BZJ016)的阶段性成果。

① 张艳:《唐代女性墓志的书写研究》,安徽大学 2017 年硕士学位论文。统计出《唐代墓志汇编》及《唐代墓志汇编续集》所收录唐代墓志 5 171 方中,专门为女性撰写的墓志有 1 283 方。

② 按照严耀中的统计,在《唐代墓志汇编》及《唐代墓志汇编续集》中,明确表明墓主或与墓主相关的妇女中信仰佛教的女性共有 235 例(主要为在家信佛者,不包括出家为尼者),《全唐文》中除去和《唐代墓志汇编》以及《续集》中重复的,其中收录的妇女信佛的墓志祭文共有 31 例。

和层面,勾勒出那个时代那个社会中女性群体的信仰生活实态。研究的重点放在了以下几个方面:女性的佛教信仰方式;佛教信仰对于女性生活方式的影响;家庭对于女性佛教信仰的影响;寡居女性的佛教信仰;女性信仰佛教与社会对于女性的舆论要求、与女教的关系……在这些研究中,有的方面充实而深入,有的方面还在简单描述,无论怎样的研究都让人感受到,要想全面生动地描绘出这一历史画面是非常难的。当然这也是历史的难题,而对于女性生活来说,就更加不易。

不妨先梳理一下一个女性在那个时代与佛教的相遇和相识,究竟是一个什么样的过程和经历。

二

首先是社会文化大背景的给予。

佛教传入中国后,到了隋唐时代,究竟是一个什么样的景象? 也就是说,一个女性她面对的生活的大环境是什么样的? 佛教对于整个社会各阶层人们各方面生活的渗透,使得人的生活和生命体验在各个角度都不可避免地会感受到佛教的存在。女性也浸润其间,即使她们受到礼教的束缚,不能像男性那样自由走出家门参与社会活动,却也一定会受到佛教文化的影响。因为这是一个文化氛围,周围有很多这样的宗教活动,即使不是信徒,也会感觉到很时尚、很热闹,甚至很贴心,很温暖。

女性面对的除了社会,更重要的是家庭。当然家庭也是在社会中的。

在墓志中看到的每一个女性以及站在她们背后的更多的女性,她们都是在自己的家庭中成长,这是一个特定的环境,她们的成长就要吸收这个环境所携带的文化基因。如果这是一个佛教氛围很浓厚的家庭,那么她的成长中当然会受到佛教文化潜移默化的熏陶,甚至是刻意的要求。而且女性对于家庭的向心力远比男性要强,女性比起男性更易受到家庭的影响。① 这

---

① 焦杰:《从唐墓志看唐代妇女与佛教的关系》,《陕西师范大学学报》2000 年第 1 期。栗志亮:《唐代女子教育研究:以〈唐代墓志汇编〉为考察中心》,福建师范大学 2010 年硕士学位论文。

种居家的信仰在某种程度上说也是一种家庭教育,①而代际的传承也会导致唐代女性的奉佛具有家族性的特点。②

然而,女性在这个家庭和社会的大小环境中受到的影响是一个慢慢展开的过程,这个过程是如何发生的呢？ 她们是通过什么渠道接触到佛教的呢？ 这种细节史料并不多,墓志中展示的更多是已经形成的结果。

而无论社会还是家庭,能够给予女性这样一个习得过程的根本原因是文化的交融。严耀中对佛教戒律与中国社会的调和与统一有非常深入的研究。③ 佛教找到了和传统儒家文化对于女性的要求和规范相契合甚至是相辅相成的结合点,得到了社会的普遍认同,尤其是男性的认同。这种认可在墓志书写中可以很鲜明地看到,然而,接纳和认同还不够,还有社会期许,因此墓志书写中也会看到书写者对于女性奉佛的赞美。

这是一个从接受到内化的过程,是一个文化价值观的问题。我们在什么样的文化中成长,知道什么是好的,什么是不好的,什么是应该做的,什么是不应该做的,然后努力去成为一个社会所接纳和赞赏的人,这就是我们的价值观。而某些佛教戒律就内化为女性自我约束的价值观。

对于女性而言,一方面潜移默化受到社会和家庭的影响,这当然是不自觉的行为,佛教思想中的一些观念和儒学无意或刻意的一致,使社会舆论和男性社会也鼓励她们投身佛教；另一方面,女性通过佛教活动也的确为自己的精神找到了一个不同往日的出口。这样的说法更加显示出女性的主动性。也有学者认为佛儒融合后加深了对女性思想的束缚。佛教的信仰只是为儒学精神的注入打开了新的大门。④ 由于佛教教义和观念的影响,唐代女性的价值观念也得以重构,同样对她们的言行有着约束和导向作用。⑤

---

① 栗志亮:《唐代女子教育研究：以〈唐代墓志汇编〉为考察中心》,把唐代女子居家信宗教的这种教育称之为唐代女子家庭释教教育。

② 闫苏苏:《唐代女性与佛教信仰的几个问题研究——以唐墓志为中心》,陕西师范大学 2018 年硕士学位论文。

③ 严耀中:《佛教戒律与中国社会》,上海古籍出版社,2007 年。

④ 钟雨桓:《唐代墓志铭中的德妇研究》,江西师范大学 2017 年硕士学位论文。

⑤ 张雪:《唐代仕宦阶层女性教育研究》,南京师范大学 2016 年硕士学位论文。

这就是说,当教义和社会对于女性的要求相统一时,无论是女性的言行还是墓志的书写都表现出了追求和期许。无论是墓志书写者也就是社会舆论的刻意发挥,还是女性思想的真实反映,无论是表还是里,都可以看到这种精神统一的表现。无论是社会期许还是女性的实际信仰表现,都得到了舆论的认可。反过来,当女性将这种信仰的约束内化为自己的生活理念后,又会反作用于家庭环境。如山东士族女性家风在佛教影响下的强化和改变。①

从佛教的教义理论来看,传入中国的佛教在主动和被动地不断进行调整,将佛学伦理与儒家道德相比附就是重要的方式。如佛教理论对于男尊女卑观念的进一步强化,用禁欲的贞洁观念对寡居女性进行鼓励,还通过种种因果报应的佛教故事对人产生震慑力……其实都是对父权制的强化和对女性的进一步约束。②　而从另一个角度来看,佛教的出现客观上也为女性展开了新的生活空间,"众生平等"的思想,是否也在一定程度上能激励女性勇敢地摆脱传统礼教羁绊,追求个性自由和解放。③

以上这些其实是唐代女性佛教信仰的第一个层面,那就是内在的认同,就是她们的生命以及生活中面对的究竟是怎样一个文化的氛围,这是她们转向佛教的根本。那么这些佛教的内容对于她们的生活究竟有什么样的影响呢? 这就是第二个层面,外在的表现。这种外在的表现包括她们信仰佛教的一些行为和对她们个人及家庭社会生活的一些影响。

三

前面谈到了社会文化的大背景,佛教与儒家礼教之间的融合,然而如果没有一个生活的契机,也仍然有很多女性不会投身佛教。所以,究竟是什么样的生活节点、生命体验让一个女性觉得"我需要"佛教、佛教能够给我心灵的平静、能够让我心情舒畅愉悦呢? 当然墓志中对于信佛原因的描述还是

---

① 路学军:《儒佛兼修与唐代山东士族女性的家风演进》,《首都师范大学学报》2009 年第5 期。

② 张菁:《唐代女性形象研究》,甘肃人民出版社,2007 年。

③ 孙红:《唐代妇女教育研究》,上海师范大学 2008 年硕士学位论文。

比较多的,就墓志文字而言,原因大约有以下几种:第一,家庭影响。家庭影响往往是代际的,在在室女群体中体现得更为明显。第二,生活磨难。亲人离殇是最主要的因素,丧亲、丧子、丧夫,然后是生病,或是遭遇动乱和灾害等。第三,祈求长寿安康。这一点和在造像题记中看到的大量祈求平安的祈愿是一致的。这些原因中有主动,也有被动,如有些女性就会按照家长的要求出家,当然也有被动与主动之间的转化。历史的微妙之处,往往难以记录。

在所有的信佛女性中最受关注的就是数量最多的寡居女性,多数研究者都对此有所探讨。① 很多年轻守寡、寡居十几年甚至几十年的女子,她们大多数承担着侍奉公婆、抚养儿女、主持家务的重任,也有的选择回本家生活。为了与清心寡欲、不御铅华的社会舆论要求相一致,为了填补生活和心灵的空白,许多女性选择了佛教作为精神依赖。寡居女性由于精神上的需求,更容易受到佛教的吸引,而佛教理论也能够给这个女性群体提供精神支持,而这种精神支持和儒家礼教的目的又是一致的,如佛教的禁欲主张、苦海、来生等理论。多数女性在丈夫去世后投身佛教,这不仅仅是个人的需求,也是社会舆论的推动,在墓志书写中看到的大量鼓励赞美的话语皆出于此。而寡母的信仰又使得传统的寡母抚孤行为呈现出新的特征,起到了重要的家庭教育示范作用,其子女难免受到母亲的影响。② 这种家庭的影响究竟是怎样形成的,关于这一点的研究可以更加细化和深入。

想想《京华烟云》中曾先生对于曼娘这个年轻寡居儿媳的担心和忧虑吧!对于曼娘来说,远离红尘的佛教生活不也是自己发自内心很好的选择吗?这种画面固然是林语堂的描述,可是当我们翻阅一篇篇唐代墓志的时候,这种场景仿佛就在眼前,比比皆是——

> 曼娘越来越相信佛教。虽然她在生活上要什么有什么,自己的屋子里却仍然保持简单朴素。她再没去动过自己的首饰珠宝。桌子上只

---

① 路学军:《佛学援入与唐代女性的寡居生活:以墓志为中心》,《山西师大学报》2009 年第 5 期;张国刚:《唐代寡居妇女的生活世界》,《安徽师范大学学报》2007 年第 3 期;李晓敏:《唐代寡居女性生活探微——以墓志为基础》,《内蒙古大学学报》2007 年第 5 期;齐淑珍:《从墓志看唐代寡母的佛教信仰》,《中共济南市委党校学报》2013 年第 5 期。

② 齐淑珍:《从墓志看唐代寡母的佛教信仰》,《中共济南市委党校学报》2013 年第 5 期。

留着银的蜡烛台,和照过她新婚之夜的洋油灯。不久之后,为了亡夫的灵,她开始吃长斋,绣佛像。她虽然住在富贵人家的宅第之中,仿佛她已经立誓做尼姑。院子里一片清静,远离红尘中的烦嚣。石榴花依然红似火,仍然有鱼池,有石头凳子,有种在花盆里的花。

在探讨寡居女性的佛教信仰时,人们大多将眼光放在丈夫去世后她们的"寂寥和痛苦",即生活压力和精神压力上,看到她们为了寻求解脱而付出。这种看法是否过于绝对,是否过于脸谱化呢? 在墓志书写中看不到的那些呢? 对于每一个具体的女性来说,她们有不同的个性,面对的是看似相同实则各自不同的生活,因此就需要更加了解寡居的女性特别是仕宦家庭的寡母,她们在生活中的角色究竟是怎样的? 生活究竟是怎样的? 佛教给了她们宁静的心境的同时,也给了她们更广阔的生活空间,特别是在自己能够掌握家庭经济的时候。① 在造像记的研究中,笔者曾经探讨过一个寡居女性叫傅二娘,她在丈夫去世后转而投身佛教,突出的表现是先后两次捐助大量钱财来给寺院造塔,显示出了很强的经济实力和自主性。在这里她展示出了寡居女性的另一面。应该说,即使佛教教义与儒家传统再一致,女性的寡居生活还是会因为佛教的介入而增色不少。②

四

关于信仰方式和生活方式的影响和改变,是过去学者们较多关注和着力的地方,可以说研究者甚多,成果丰富。③ 唐代女性在生活中采取什么方

① 焦杰:《从唐墓志看唐代妇女与佛教的关系》,《陕西师范大学学报》2000 年第 1 期;李晓敏:《角色、空间、情感与信仰——唐代世俗女性的佛教信仰》,《女性考古与女性遗产(第二辑)》,江苏人民出版社,2020 年。

② 路学军:《佛学援入与唐代女性的寡居生活:以墓志为中心》,《山西师大学报》2009 年第5期。

③ 严耀中:《墓志祭文中的唐代妇女佛教信仰》,《唐宋女性与社会》,上海辞书出版社,2003；姚平:《唐代的社会与性别文化》,北京大学出版社,2018 年;焦杰:《从唐墓志看唐代妇女与佛教的关系》,《陕西师范大学学报》2000 年第 1 期;苏士梅:《唐墓志与唐代妇女研究》,陕西师范大学出版社,2000 年;李晓慧:《唐代妇女的佛道信仰》,曲阜师范大学 2011 年硕士学位论文。

式来表达信仰,以及佛教信仰对她们的日常生活产生什么样的影响,这两者之间往往是相关相连的,也是一个互相促进的关系。在探讨具体的表现之前首先要做的就是信仰群体的分层。唐代女性信仰佛教有不同的层次,不同的层次就会有不同的信仰方式,对她们生活的影响也会不同。

　　墓志中也记录了很多种女性信仰佛教的方式,这种方式的不同在很大程度上取决于她们文化背景的不同和信仰层次的差异。选择出家为尼应该被认为是最高端的行为,她们出家后在寺院的佛教生活不在我们的讨论范围内,然而她们的成长环境和出家的原因与契机与其他钟情佛教的女性还是一致的。其次还有优婆夷,这一群体往往表现出非常虔诚的信仰模式,她们有自己的法号、皈依高僧、研读佛经、探究佛法……当然在墓志中表现出这样深入信仰的其实是少数,诵经念佛和戒荤吃斋仍然是大多数女性的信仰常态。在墓志所见 235 位信仰佛教的女子中,仅仅发现三位曾在佛教生活中研究佛家义理。这也从一个侧面反映出,在唐代,大部分女性对于佛教的了解只在诵读和信仰的层面。研读佛经的过程同时也是一种女性文化上的教育行为。[1] 这些女性可能也是把佛教当作一种文化来看待和学习的。[2] 而其他并没有皈依佛法的是大多数女性,但是她们在生活中有很多与佛教有关的生活内容,如烧香拜佛、诵经吃斋、做法事、写经造像,等等,这和在其他史料中看到的女性的佛教信仰内容大体是一致的。

　　如在造像记中可以看到一大批这样的女性,她们或参与社邑组织,或与家人一起,或者单独作为,加入写经造像等各种佛事活动中。笔记小说中则展现了很多烧香拜佛吃素笃信佛教神奇效应的女性。而墓志中所描绘的与以上两个群体就身份地位、信仰模式来说有重合也有很大差异。墓志中展现出来的女性有很多是这样的:她们有一定的文化基础,甚至能够研读佛经、体会佛理,对于佛教十分投入。这种描写当然与墓志所涉及的群体——中上层官僚家庭的女性有直接的关系。她们可能会成为优婆夷、皈依高僧,

---

① 张婷:《从墓志见唐代女性的文化教育》,厦门大学 2017 年硕士学位论文。
② 栗志亮:《唐代女子教育研究:以〈唐代墓志汇编〉为考察中心》,福建师范大学 2010 年硕士学位论文。

她们会以读佛经甚至研究佛教义理为精神寄托,她们甚至选择不与丈夫合葬。但是她们的信仰目标更加指向家庭,在家族、亲人遇到困厄和危难的时候,她们和撰写墓志者都相信,自己的归心佛教能够带给家人幸福安康。在这一点上,无论哪个层次和群体都是一致的。

在信仰表现中,起佛教色彩的名字或名号,是其中非常有意思的表现方式。① 而在所有的研究中,最受人关注的是丧葬的问题。有些信佛的女性会要求不与俗同的安葬方式如火葬、不合葬、薄葬等,在安葬的地点上也会有所选择,如葬在寺院、葬在龙门等。② 唐代这种安葬的区域主要有长安终南山、河南宝山、洛阳的龙门和邙山等地。③ 这种选择不仅是女性受到佛教的影响而做出的选择,也使得传统的丧葬观发生了变化。④ 在墓志的记载中,这一要求虽然有违礼法,使得孩子们左右为难,但大多数情况下,她们的亲人还是实现了她们人生的最后一个愿望。墓志这样的书写证明他们还是接受和认可了这一点。

五

想要探讨一个唐代的女性在遇到佛教时的过程非常难。如何感受这样一个慢慢发生的事情呢? 如果试图发现墓志中的女性个体,尽可能勾勒出清晰的画面和动态的发展,那么女性的自我认识,特别是女性个人的体验、行为与社会舆论、价值观两者之间的彼此影响互相推动是不容忽视的。唐代妇女崇佛对社会风尚、生死观念和丧葬观念产生了很大的影响。⑤ 对于"孝道"观的影响更是鲜明,唐代女性在佛教孝道转型过程中自始至终扮演着不可或缺的角色。佛教已经成为构建唐代社会性别观的重要组成部分。

---

① 焦杰:《谈唐代妇女名字的特点》,《中国史研究》2001 年第 3 期;李婷:《修梵行愿:隋代女子名号中的佛教色彩——以墓志资料为基本素材》,《乾陵文化研究》,2017 年。
② 赵淑梅:《龙门出土的一组唐代女性墓志研究》,《中原文物》2017 年第 4 期。
③ 刘淑芬:《中古的佛教与社会》,上海古籍出版社,2008 年,第 301 页。
④ 宋国彩:《墓志所见晚唐人信仰研究》,山东大学 2012 年硕士学位论文。
⑤ 苏士梅:《从墓志看佛教对唐代妇女生活的影响》,《史学月刊》2003 年第 5 期。

姚平对此有非常深入的探讨。①

就时代而论,佛教自两汉时传入中国,在一段时间里,佛教只是在小范围的社会上层群体中比较流行,那这种信仰是什么时候走入女性生活视野的呢? 至少在墓志中看到,北朝的贵族女性已经非常狂热地投入到佛教信仰中来,而同时造像题记也反映出下层女性对于结社、造像等佛事活动的热衷。② 而北魏时期开始出现的比丘尼墓志,也象征着佛教与中原文化的结合。佛教本身葬后铭记的标志是塔铭,直至佛教在北朝时期受到中原当地丧葬习俗的影响,才将墓志碑铭也纳入了佛教葬铭体系。③

唐代女性佛教信仰当然是在北朝佛教发展以及南北朝佛教融合后产生的全面佛教热潮大背景之下的,同时也是在佛教世俗化的过程中产生的。佛教的世俗化不仅仅表现在佛教教义、理论和信仰方式上,同时还有重要的一面,就是普通人对于佛教信仰的生活化和内在化,等到了宋代,佛教已经完全变成了中国的佛教、民众的佛教,此时女性对于佛教更加坦然和自然,她们能够较自觉地将佛教行为与儒家礼教的要求结合起来,更好地完成宋代士人对她们角色的要求。④

就区域而言,目前仅看到对山东士族女性的专门研究,⑤而其他区域女性的佛教信仰有没有特殊之处,还值得继续探讨。还有值得探讨的就是女性佛教信仰与道教信仰的问题。女性在面对这两种信仰的时候,会有什么样的抉择? 社会舆论对于这种不同的选择会有什么不同的看法?

需要更加细化和深层展现的历史画面实在太多,墓志中却并没有那么多的信息可供探究,这也是每一个研究唐代女性的研究者的苦恼和迈不过去的坎儿——那就是墓志书写的问题,即我们面对的究竟是怎样的历史

---

① 姚平:《唐代的社会与性别文化》,第 238、167 页。
② 黄蕾:《北朝女性墓志研究》,福建师范大学 2007 年硕士学位论文;王亚楠:《北朝墓志与女性的佛教信仰》,郑州大学 2019 年硕士学位论文。
③ 司晓洁:《北朝女性墓志考古学研究》,郑州大学 2018 年博士学位论文。
④ 秦艳:《从墓志看宋代女性的佛教信仰》,武汉大学 2006 年硕士学位论文。
⑤ 路学军:《儒佛兼修与唐代山东士族女性的家风演进》,《首都师范大学学报》2009 年第5 期。

记录？

　　绝大多数唐代女性墓志都是男性书写的,因此体现了男性对女性的价值判断和对女性的要求,同时也是当时主流社会价值观的态度和观点。① 这一点毋庸置疑。墓志中展现的是一种"理想化的女性生命过程",让人们看到了女性人生中各个时期的不同角色扮演。特别是到了唐代后期,很多亲属为女性撰写的墓志更加具有情感,描写更加细节化,她们的生活场景也会在字里行间浮现出来。而佛教对她们生活的影响是非常鲜明的。在墓志展现这个完美、全面的女性生命过程时,佛教被认为是女性德行的精神来源之一。②

　　有种看法认为女教与佛理的吻合是墓志书写者的"努力修饰",是男性撰写者在"刻意强调佛教与儒教的结合",最终使得奉佛行为"回归到礼教方向"。③ 似乎对男性社会有一种无奈的感觉,但是实际上可能未必,或者只是揣测而已。

　　在墓志撰写者眼里,佛教带给女性的不是新的理念和新的价值观,佛教和儒家礼教所要塑造的是同一种女性,这种统一恰恰说明了在佛教中国化的过程中,不同文化之间的互动和交融是多么深入和细微,而这个深入细微的过程的确是难以描述的。这就又回到了开头讲起的社会文化大背景。文化规范、约束、塑造了女性的生活,而女性的生活同时也成就了彼时的社会与文化。当高僧大德、文人雅士在字斟句酌地钻研探究深奥的佛理的时候,他们不会想到,这些貌似随波逐流、把佛教当作在心理上解决现实问题的工具的唐代女性,同样是文化的塑造和推动者,或者进一步说,在真正的社会文化传续中,女人们很重要。

余音: 从生命体验到追寻历史

　　从 2003 年博士毕业来到高校工作至今,当然没有意外的话还会继续进

① 张艳:《唐代女性墓志的书写研究》,安徽大学 2017 年硕士学位论文。
② 姚平:《唐代的社会与性别文化》,第 144 页。
③ 马静:《唐代女性道德形象的塑造——以女教经典和女性墓志为中心》,《西夏研究》2017 年第 4 期。

行下去,十几年来,在经历教学、科研工作的欢喜与悲哀中逐渐成长成熟,在匆忙穿梭于历史探索讲解和一家老小吃喝拉撒的无尽家务中走过来,有时候感受到的是电光火石一样的历史穿越,身为一个走过了不惑,渐知天命的女性,我深刻地感受到女性在这个世界上的艰难不易与精彩充实,不管是过去还是现在。而世界对她们的了解却又往往是那么表面化、刻板教条甚至充满了偏见。历史上的那些女人们,她们究竟有着什么样的喜怒哀乐,她们如何度过自己的一生,她们如何面对一天天的鸡毛蒜皮,她们的小欢喜和黯然伤神都是在哪一刻发生的? 她们的内心深处是如何体会生命的赐予和不堪的? 百年千年后,当我们成为历史,成为未来人们观看的风景,他们会看到什么呢? 作为一个在大事上粗枝大叶,在小事上敏感细腻的人,成为母亲之后,我更多关注了人的成长和变化。在人生的道路上,每一步看似无厘头的操作,都有其深入内里的细微的缘由和联系,人真的很复杂,而女人是最复杂的。也许是几千年来的文化已经渗透到基因当中了,思、言、行不一似乎是女人的特点,这大概是因为我们从来没有被鼓励坦诚吧。当我翻看一篇篇唐代墓志,从过去看到女性史料的欣喜,逐渐感受到无奈。在字里行间记录的究竟是女人的哪一面? 究竟是不是真实的她? 文字背后的精彩人生究竟是什么?

中国中古的佛教与医疗：以产孕
为主的研究回顾与展望

林欣仪

一、前　言

　　人们对身体和性别的感知深受历史与文化影响，而身体与性别的课题当中又以胎产生育最为核心。怀胎与生产，在其具高致死率的古代社会，不仅攸关家族与社会存续，围绕着产育活动而生的身体感知、性别关系和生命经验更延伸至其他领域，或成为性别分工与社会角色的依据，或构成亲属与社会的组织基础，或投射为理解宇宙创生的宗教与神话，更常以譬喻和象征参与和建构日常行动。①

　　佛教常言生为苦本，"苦谛"为四圣谛之一，而"生苦"又名列苦谛之首。然而，佛经亦常描绘诸如佛陀和高僧等悟道圣者诞生或莲花托胎化生的美好场景。究竟佛教如何看待生命起源的产孕和诞生时刻？佛教作为文化提供的资源选项，历史中的个体如何取用或改造其中的资源，在信仰与实践的过程中以之对应生苦、追求解脱成圣的重生，乃至形塑自我的身体观、生命

---

① Joan Scott, "Gender: A Useful Category of Historical Analysis," *The American Historical Review* 91.5 (Dec 1986): 1053 – 1075, esp. pp. 1067 – 1070; Pierre Bourdieu, Richard Nice trans., *The Logic of Practice* (Stanford: Stanford University Press, 1990), pp. 200 – 227; Victor W. Turner, *The Ritual Process: Structure and Anti-Structure* (Chicago: Aldine Publishing Company, 1969), Ch.1 and Ch.2.

观与世界观?[①] 佛教对欲望、生命、性别和身体的看法,又如何经由一连串胎产和育儿的论述与实践传递给其听众或信徒?

身体与性别史的成果已指出,人们对身体的感知和管理经常受到历史上不同"专家"团体的论述影响。[②] 这些专家群体古今或异,但宗教和医疗两大领域一直是生产相关论述,提供定义、"解方"或意义的主要来源。过往研究也发现,在前现代社会,宗教与医疗两者界线模糊,彼此密不可分。然而,尽管目前对于宗教如何影响性别与身体观已有不少讨论,宗教如何经由身心疗愈的过程传递教义、病因观和身体观,虽在诸如道教与医疗或基督教医疗等领域中已有若干研究,[③]但在中国佛教的领域里,相关探讨仍为数不

---

① 康儒博(Robert F. Campany)在反思宗教此一概念时主张,与其将宗教视为一种具有固定边界和定义的实体,不如将之视为文化"工具箱"(cultural repertoires)中的资源选项,提供个体在处理应对日常生活各种问题的参照。参见 Robert F. Campany, "On the very idea of Religions," *History of Religions* 42.4 (2003.5): 287–319。

② 自米歇尔·福柯(Michel Foucault)以来的许多身体和性别研究学者对此已多有论证。当代的医疗史家和医疗人类学者如 Emily Martin 指出当代关于生殖与产孕的论述深受工业生产和效率的隐喻修辞所渗透;Barbara Duden 对 19 世纪一名德国医生诊疗记录笔下女性病患的研究则让人看到,专家团体与"病者"自身对身体或疾患的感知之间若即若离的张力。Annemarie Mol 则以荷兰一所大学医院的调查为例,指出即使在一个看似具有高度同质观点和标准化操作模式的医疗机构内部,其中对疾病和身体的感知、呈现和管理仍旧依违徘徊在多种专业群体的不同声音和观点之间。疾病和身体的样貌并非固定不变,而是透过拼凑起这些不同声音才能浮现出一个相对完整的样貌。以上研究,参见 Emily Martin, *The Woman in the Body: A Cultural Analysis of Reproduction* (Boston: Beacon Press, 2001, first published in 1987), Ch.3; Barbara Duden, Thomas Dunlap trans., *The Woman beneath the Skin: A Doctor's Patients in Eighteen-Century Germany* (Cambridge, Mass: Harvard University Press, 1991, first published in 1987 in German); Annemarie Mol, *The Body Multiple: Ontology in Medical Practice* (NC: Duke University Press, 2003)。此方面的中文研究成果可参见李贞德编《性别、身体与医疗》(联经出版公司,2008 年)。

③ 道教与医疗方面,特别在中国中古时期,代表性的成果可参见林富士《中国中古时期的宗教与医疗》(联经出版公司,2008 年);基督教医疗方面,特别是在其传教过程中对殖民地带来的各种关于疾病、身体、性别认识、妇女职业或角色上的改变,相关研究例如 Hardiman, David (ed.), *Healing Bodies, Saving Souls: Medical Missions in Asia and Africa* (Amsterdam: Rodopi, 2006);傅大为《亚细亚的新身体——性别、医疗与近代台湾》(群学出版社,2005 年);李贞德《从师母到女宣——孙理莲在战后台湾的医疗传道经验》,《新史学》16.2 (2005.6): 95—151;王秀云《不就男医: 清末民初的传道医学中的性别身体政治》,《"中研院"近代史研究所集刊》59(2008 年): 29—66。

多。而在这些有限的研究中，处理中古时期的又更属稀少、亟待开展。目前可见一些关于佛教、产孕与医疗的论文或专书，或者是将横跨不同地域和时代的佛教视为一个整体，对经典当中关于产孕医疗的部分进行文献梳理；或者是聚焦在明清以降具有深远影响的《血盆经》及其仪式信仰，乃至其背后所反映的产孕污秽观；又或者是从文献比较的角度来讨论汉、梵、藏文佛典当中涉及胞胎论述的段落。然而，从历史变迁的史学视角来对特定时空进行相关课题的深入探讨，实有必要。近年，开始有零星研究特别着墨于中国中古时期的佛教胞胎论与产孕医疗，而此类研究在课题与方法上经常与前述研究密不可分、互有对话。因此，本篇回顾之作，为求抛砖引玉，特以中国中古时期的佛教和产孕医疗为题，然因此一课题本身实受其他佛教地域传统和不同历史时期的相关研究所启发，因此讨论过程中不能免于追本溯源、兼而述及同一课题在其他时空的相关作品。以下，便将回顾分为三个子题，分别就佛教、产孕与医疗三者之关系、佛教文献当中的胞胎论述，以及佛教经典和实践所提供产孕处置和疗愈资源等进行评述，最后一节则希望透过这些研究展望未来可供进一步探索的课题。

二、佛教、产孕与医疗

在佛教研究当中，与产孕议题相关且影响也最深远的议题，当属体现在《血盆经》及其仪式与信仰中的产孕污秽观。① 过去，相关讨论多集中在此经及其仪式在明清时期与当代的应用与影响。例如早期埃米莉·马丁（Emily Martin Ahern）、盖西曼（Gary Seaman）和桑高仁（Steven Sangren）等人利用当代田野调查的资料或经典文本的解读指出，产孕污秽的信仰来自女性对父系社会中男性团体和结盟构成的挑战，体现女性作为外来者对父系家族

---

① 以《血盆经》为基础的"血盆忏"和其中的产孕污秽观，在今日中国台湾和港澳地区、中国大陆、日本及东南亚仍很普及。相关忏仪也衍生出佛、道和民间宗教的多种版本。在一些小说如《金瓶梅》和地方仪式剧如目连戏中，我们都可以看到这部经和此类观念一再地重复与传播。《血盆经》不仅谴责女性在经期和生产时，以其污血触犯土地和河川，更告诫女性及其家人当为之延僧诵经修福，否则死后将因此落入血盆地狱中。

完整性的威胁,更隐微传达了对女性生育的身体跨越生死界线能力的敬畏。① 不过,这些学者并未进一步探讨此经出现的缘由和时代,或解释为何先有这样一部佛经,继而才有相似的道经出现,乃至于在明清之后此类经典于东亚普及盛行的原因。后续,多数学者例如管佩达(Beata Grant)、依维德(Wilt L. Idema)、费侠莉(Charlotte Furth)和一些中日学者如马建华、松冈秀明和前川亨等人的研究仍集中在明清时期和近现代,审视此经及仪式如何透过各类传播媒介如小说、戏剧、宝卷、法会等在中日广泛流行,甚至引发女性创作者构思相反情节挑战产孕污秽的观念。② 这些研究提供了许多不同时空和文本的个案,丰富我们对此经和产孕污秽观在不同时空如何变异、转化和渗透的了解,但并没有从根本上触及佛教教义本身如何看待产孕,亦未追溯中国中古时期以降此类观念和相关文本的历史演变和发展。目前,仅有法国学者苏鸣远(Michel Soymié)考证此经出现的可能最早年代,透过比对中日留存的几种现有版本,他指出此经最早可追溯至 10 世纪晚期的中国南方。③ 换言之,此经的盛行虽在明清以后,但其撰造和其中的观念,至少可溯自中古时期的佛教。

---

① Emily Martin Ahern, "The Power and Pollution of Chinese Women," in Margery Wolf and Roxane Witke ed., *Women in Chinese Society* (Stanford University Press, 1975), pp. 269 – 290; Gary Seaman, "The Sexual Politcs of Karmic Retribution," in Emily Martin and Hill Gates eds., *The Anthropology of Taiwanese Society* (Stanford: Stanford University Press, 1981), pp. 381 – 396; Steven Sangren, "Female Gender in Chinese Religious Symbols: Kuan Yin, Ma Tsu, and the Eternal Mother," *Signs* 9.1(Autumn 1983): 4 – 25.

② Beata Grant and Wilt L. Idema, *Escape from the Blood Pond Hell*. Seattle: University of Washington Press, 2011; Charlotte Furth, "Blood, Body and Gender: Medical Images of the Female Condition in China 1600 – 1850," *Chinese Science* 7 (Dec. 1986): 43 – 66; "Traditional Chinese Medicine and the Anthropology of Menstruation in Contemporary Taiwan," *Medical Anthropology Quaterly* 61.1 (March 1992): 27 –48;马建华:《莆仙戏与宋元南戏、明清传奇》(中国戏剧出版社,2004 年);松冈秀明:《我が国における〈血盆経〉信仰についての一考察》,《东京大学宗教学年报》6 (1989.3): 85 – 100;前川亨:《中国における〈血盆経〉類の諸相:中国・日本の〈血盆経〉信仰に関する比較研究のために》,《东洋文化研究所纪要》142(2003 年): 348 – 302。

③ 苏鸣远(Michel Soymié):《〈血盆経〉の资料的研究》,收入吉冈义丰等编修《道藏研究》(昭森社,1965 年),第 109—166 页。

　　那么,佛教对于产孕或是更根本上对于性别和身体的观点又是如何?传入中土后在中古时期的影响是什么? 事实上,佛教此类观念可说深受其修行传统影响,从戒律或四念处当中的不净观可以得见。戒律当中视女色情欲为大敌,连带女性作为以男性为主僧团的潜在情欲对象也备受戒慎防范。① 莉兹·威尔森(Liz Wilson)则指出,尽管初期佛教在教义上并未明言以男身或女身来观修不净,僧尼在观想修行时或以自身、或以冢间尸骨为对象。然而至1世纪初期大乘左右,此一修行逐渐以观想女身不净为大宗。此一改变或许是受到僧团以男性为主的影响,但也因男性僧侣留下较多文字描述相关经验之故。② 女身不净的佛教身体观影响深远,在汉代以后传译到汉地的净土经典和许多大乘经典中都可以看到相关陈述,往生净土或开悟成佛能否以女人之身实现,成了中古时期以后历代佛典论疏和宗派教义当中必须一再响应面对的重要课题。③

　　由观身不净或女身不净延伸而来的佛教身体观也体现在佛教的胞胎论述中。在许多描述佛陀降诞于摩耶夫人母胎的经典中都提到,佛陀弟子们曾质疑佛陀为何托胎于凡俗尘秽的女人身中。佛陀因此必须向弟子解释,他实际上并非直接处于尘秽母胎之中,而是有“天衣”包裹,因此“恶物不染”“所有不净,不能秽污”。④ 佛教对胞胎和产孕的看法固然受到不净观的修行传统影响,其中也涉及佛教对于印度医学当中对胞胎、产孕学说的援引和改造,以阐述其核心教义四圣谛当中的生苦之说。此部分笔者留待下节详述,并兼及佛教胞胎论述对中土胞胎和产孕观念的影响。此处,则先从佛教与医疗

---

① 李玉珍:《佛教譬喻(Avadana)文学中的男女美色与情欲——追求美丽的宗教意涵》,《新史学》10.4(1999.12):31-65。

② Liz Wilson, *Charming Cadavers: Horrific Figurations of the Feminine in Indian Buddhist Hagiographic Literature*(Chicago: University of Chicago Press, 1996), pp. 11-12 and 77-110.

③ 中国佛教在经典教义上的性别观,以及在实际上女性信徒的接收与响应,相关研究已多,研究回顾可参见李玉珍《中国妇女与佛教》,收入李贞德主编《中国史新论——性别史分册》(联经出版公司,2009年),第463—493页。

④ (隋)阇那崛多译:《佛本行集经》,收入《大正新修大藏经》第3册,第190号(大藏出版株式会社,1988年),第684c页。

方面的研究来探讨佛教对印度医学当中胞胎和产孕学说的继承与改造。

佛教与医疗的关联紧密。研究印度与佛教医学的肯尼斯·齐思克（Kenneth G. Zysk）指出，过往经常认为佛经当中的医学内容乃沿用承袭自印度阿育吠陀医典，然而他认为，佛教僧团成立之初在托钵游方的过程中经常有实际的医疗需求与反复实践与验证的经验，比对两者成立先后，佛教僧团医学反向影响阿育吠陀成立的情形同样存在。[①] 戴密微（Paul Demiéville）在其关于历史上佛教与医疗的著作中也提到，佛经当中随处可见大量医药譬喻，僧院教育当中亦以医方明为重要一环，不少佛菩萨的信仰和功德实践更承诺治愈疾病的效果。佛教传入中土后也可见大量僧人行医、施药，乃至汇集刊行药方的事例。[②] 易言之，僧团对于医疗的知识与实践并不陌生，甚至可说是日常修学的一部分。在这一脉络下，佛典当中也可见到与阿育吠陀医典内容重叠的胎产和育儿论述，然多经改造，或借胞胎不净之说来观修生苦，或提供符咒与仪式来济助产孕之厄；中古时期的僧传和文人笔记中亦不乏僧人协助俗家信众求子、救治难产的事迹。[③] 日本学者也很早注意到佛教和医疗的密切关联，在 20 世纪 60 至 70 年代间，如大日方大乘、福永胜美、服部敏郎、二本柳贤司等人就运用当代西方医学的分类概念如内科、外科、精神病、细菌学等来对佛典藏经当中涉及医疗和疾病的部分进行解说分析，其中也包含关于妇科、产科和小儿科等相关论述。[④] 不过，对于这些知识在

---

① Kenneth G. Zysk, *Asceticism and Healing in Ancient India: Medicine in the Buddhist Monastery* (Delhi: Motilal Banarsidass Publishers, 1991).

② Paul Demiéville, translated by Mark Tatz, *Buddhism and Healing: Demiéville's Article "Byō" from Hōbōgirin* (Lanham: University Press of America, 1985). 刘淑芬进一步发掘了佛教医疗在中国中古时期实践的丰富面貌，参见刘淑芬《从药方洞到惠民局——唐、宋时期僧人、国家和医疗的关系》，收入李建民编《从医疗看中国史》（联经出版公司，2008 年），第 145—202 页。

③ 此部分的相关研究详见下两节细述。

④ 大日方大乘：《仏教医学の研究》（风间书房，1965 年）；福永胜美：《仏教医学详说》（雄山阁，1972 年）；服部敏郎：《释迦の医学：仏教经典を中心とした》（黎明书房，1968 年）；二本柳贤司：《仏教医学概要》（法藏馆，1994 年）。佛典当中涉及医疗与疾病的内容，是否能够直接等同于当代西方医学概念下的各种分支学科？两者间相互模拟的基础为何？彼此是否存在论述动机与目的上的差异？佛教当中的医疗内容与其教法难以分割，仅抽取其中可模拟西方医学的部分来讨论是否可行？这些问题或许还需更细致论述。古尚行 （转下页）

历史情境中的流布和影响，则未在上述学者的考察范围内。①近年来，学界投入佛教与医疗的研究者日益众多，中国中古史的学者亦有其人，例如范家伟从疾病治疗、眼科医学和文化交流立论，②而刘淑芬从寺院戒律、仪礼和养生文化等面向，以及陈明从惯用语汇、僧人行医、药物贸易、官方政策等主题来讨论佛教医疗，③亦有如古尚行（Pierce Salguero）从翻译策略来检讨佛典医疗内容传译入华时与本土观念的折冲交融。④ 2017 年更有以佛教与医疗为专题的史料选译和研究导论之专书出版，汇集了近年欧美学界在此方面的成果与最新进展。在六十二篇选译的佛教医疗文献当中，中国方面者有十二篇，而关乎产孕者，则仅两篇，一篇属藏传佛教、一篇为日本佛教，汉传佛教则付之阙如，显见仍有待开发。⑤ 尽管目前为止，佛教与医疗研究的相关成果未必触及产孕医疗，中国佛教者更加少之又少，但相关领域的研究进展仍然深化了我们对佛教与医疗关系的理解，提供进一步探索佛教相关论述与疗愈实践对于产孕、身体、性别观之影响的绝佳起点。

三、佛教文献中的胞胎论述

　　在佛教与医疗的领域中，近十多年来出现了若干研究探索佛教不同地

（接上页）（Pierce Salguero）在一篇论文中曾对日本学者近数十年来关于佛教医学的研究成果和取径有完整的回顾与反思，见 Pierce Salguero，"Reexamining the Categories and Canons of Chinese Buddhist Healing," *Journal of Chinese Buddhist Studies* 28（2015）：35 - 66。

① 难波恒雄、小松かつ子编：《仏教医学の道を探る》（东方出版，2000 年）则是日本关于佛教与医疗研究当中唯一有大量篇幅探讨佛教医学在历史上实际影响的一本专著。

② 范家伟：《从脚气病论魏晋南北朝时期印度医学的传入》，《中华医史杂志》25.4（1995.7）：229—232；《唐宋时代眼内障与金针拨障法》，《汉学研究》22.2（2004.12）：271—297；《大医精诚——唐代国家、信仰与医学》（东大出版社，2007 年）。

③ 参本页注②，其他相关作品多收入刘淑芬《中古的佛教与社会》（上海古籍出版社，2008 年）；陈明《中古医疗与外来文化》（北京大学出版社，2013 年）。

④ Pierce Salguero，*Translating Buddhist Medicine in Medieval China*（Philadelphia：University of Pennsylvania Press，2014）.

⑤ Pierce Salguero ed.，*Buddhism and Medicine: An Anthology of Premodern Sources*（NY：Columbia University，2017）.其中属中国佛教与医疗的相关篇章为第 14、17、28、29、31、36、37、39、45、47、52、53 篇，关于产孕医疗者则为第 5 和 32 篇。

域与派别传统关于胎产的知识论述及其历史影响。这些成果梳理佛典涉及中阴受生、转生托胎、三十八周或四十二周怀胎、转胎、产后照护和育儿等相关内容,并考察此类论述在历史环境中的演变和实践情况,乃至于对汉地、西藏和日本医学的渗透,还有对一般人在病因观、身体观和生命观上的影响。如前所述,佛教医疗和阿育吠陀医典间存在不少重叠,在产孕论述上亦是如此。罗伯特·克利兹(Robert Kritzer)近年的一系列研究仔细地比对了佛教经典如《胞胎经》、论书如《阿毗达摩俱舍论》《大毗婆沙论》、戒律如《根本说一切有部毗奈耶杂事》等与阿育吠陀医典当中涉及胎产内容的部分。值得注意的是,这些佛经、论疏和戒律皆已在西晋至唐代之间传译至中土。克利兹发现,这些佛典中关于三十八周怀胎与胎儿逐周变化生长的叙述和阿育吠陀医典的内容高度相似。他也指出,佛教其实是在阿育吠陀胎产知识的基础上进行改造,将原来医典里以祈嗣繁衍为目的的胎产知识挪用为阐述胞胎不净、生为苦本的场景。这一点在描述三十八周母胎难产时尤为突出,其中提到妇人产处"内如粪厕,黑暗臭秽可恶,坑中有无量虫恒所居止,臭汁常流,精血腐烂,深可厌患,薄皮覆盖,恶业身疮",而助产者在母胎难产时须"于斯秽处推手令入,以利刀子脔割儿身片片抽出",由此类句子不难看出佛典作者欲以不净观强化僧人断欲修行的撰述动机。① 弗朗西斯·葛瑞(Frances Garrett)和艾咪·兰根伯格(Amy Langenberg)的研究则比较上述佛典的梵文与汉、藏译本,葛瑞着重于从此类胞胎论述中理解藏传佛教的生命观,及其在西藏医典和文学中的表现。② 兰根伯格则从性别的角度反

---

① Robert Kritzer, *Garbhākrāntisūtra: the Sūtra on Entry into the Womb* (Tokyo: The International Institute for Buddhist Studies of the International College for Postgraduate Buddhist Studies, 2014); "Life in the Womb: Conception and Gestation in Buddhist Scripture and Classical Indian Medical Literature," in Vanessa R. Sasson and Jane Marie Law ed., Imagining the Fetus: The Unborn in Myth, Religion, and Culture (New York: Oxford University Press, 2009); "Childbirth and the Mother's Body in the *Abhidharmakośabhāṣya* and Related Texts", 收入《インド哲学仏教思想論集: 神子上惠生教授頌寿記念論集》(永田文昌堂,2004 年),第 1085—1109 页。原文可见唐代义净译《根本说一切有部毗奈耶杂事》,收入《大正新修大藏经》第 24 册,第 1451 号,卷 11,第 256a - b 页。

② Frances Garrett, *Religion, Medicine and the Human Embryo in Tibet* (Routledge, 2008).

思了佛教胞胎论和产孕不净之说对于其女性观的建构。①

　　佛教胞胎论传入中土后，不仅在医学领域中可发现其踪迹，对于汉传佛教的孝道观也有不小影响。中国学者李勤璞很早就注意到藏传佛典当中普遍可见的胞胎和产孕内容，并借由出土写卷和中土医典中传世的《耆婆五藏论》来追溯考察佛教胎产知识传入后对汉医当中三十八周、四十二周或十月怀胎之说的影响。② 陈明则从几部主要的阿育吠陀医典如《妙闻本集》《遮罗迦本集》《八支心要方本集》等中的产孕内容来深入比对《耆婆五藏论》，亦从不同中土医典寻找印度胎儿七日一变或十月成胎之说的影响证据。③ 陈明亦曾比对佛道文献当中关于转胎的讨论，试图推敲佛典胞胎论在中土可能留下的痕迹。④

　　比起中印医学领域的相互交流，佛教的胞胎观在汉传佛教孝道论述的建立和演变过程中扮演着更为重要的角色。在过往的中国佛教研究中，学者虽已注意佛教对中古时期亲子关系的深远影响，特别是在如《盂兰盆经》和一系列相关变文当中所呈现出的母子情结。不过，这些论著皆未着墨于这些文献当中屡屡出现的胞胎叙述。它们更加关注佛教僧团如何借由强调自身在孝道实践中所扮演不可取代的媒介角色而得以在中土生根茁壮。⑤ 佛教以生苦和不净为基调的胞胎论述在传入中土后，除了提供僧人观修或是在医典留下些许痕迹以外，是否对一般人产生影响？ 朱隽琪（Jessey

---

① Amy Paris Langenberg, *Birth in Buddhism: The Suffering Fetus and Female Freedom* (London；New York：Routledge, 2017).

② 李勤璞：《〈耆婆五藏论〉妊娠学说的源流》，《中华医史杂志》27.3（1997 年）：170—174；《印度七日住胎论及其在汉医中的表现（上）》，《"中研院"历史语言研究所集刊》77.3（2006.9）：517—590；《印度七日住胎论及其在汉医中的表现（下）》，《"中研院"历史语言研究所集刊》77.4（2006.12）：729—790。

③ 陈明：《十月成胎与七日一变印度胎相学说的分类及其对我国的影响》，《国学研究》13（2004 年），第 167—216 页。

④ Ming Chen, "Zhuannüweinan/Turning Female to Male：An Indian Influence on Chinese Gynecology?" *Asian Medicine: Tradition and Modernity* 1.2（July 2005）：315 – 334.

⑤ Stephen F. Teiser, *The Ghost Festival in Medieval China*（Princeton：Princeton University Press, 1988）；Alan Cole, *Mothers and Sons in Chinese Buddhism*（Stanford：Stanford University Press, 1994）.

Choo)在其研究中注意到,在中唐五代后,佛教胞胎论述受到报恩经典和相关变文的广泛引用,然而在撷取、挪用的过程中,七日一变和胎儿三十八周逐渐变化的细节内容一步步受到简化。此外,由于变文多为僧侣向一般信众宣讲之用,预设听众不再是需要思维生苦、观修不净的僧人,这类变文和讲经文当中的佛教胞胎论述遂逐渐将经受生苦的主体由胎儿转变为母亲。佛教胞胎论述因此成了母亲怀胎辛劳受苦的明证,也间接暗示为人子女者须借由佛教仪式或功德实践为母亲追荐度亡的尽孝必要。① 在笔者的博士论文当中,则进一步发现,此类报恩经典和变文当中的胞胎描述也出现在南宋时建造的大足宝顶山石刻群报恩变相的图像中,而其表现一如变文,同样不再以胎儿为受苦主体,而是以简化后的内容来强化母亲产孕之苦和子女尽孝的重要。此外,在 14 世纪后于韩国流传的《佛说父母恩重胎骨经》和清代后至今流传于中国大陆及港台地区和新马的《佛说父母恩重难报经》则不同于唐宋时期既有的《恩重经》诸种版本,其内容虽同样以孝道为主旨,但包含了唐宋早期《恩重经》版本当中所没有的详尽胞胎变化描述,很可能是结合了讲经文内容纳入重制而成。②

四、经典论述与修行实践中的产孕处置

如果说佛教援引了阿育吠陀医典的产孕和胞胎知识,并以生苦教义来加以改造,使之成为观修不净的基础,那么除了胞胎论述外,佛典是否有其他援引自印度医典或自身提出能对产孕之苦加以处置因应的办法呢？ 历史当中有无僧俗应用此类资源的例子？

① Jessey J.C. Choo, "That 'Fatty Lump': Discourses on the Fetus, Fetal Development, and Filial Piety in China Before the Eleventh Century CE," *Nan Nü* 14.2 (Jan 2012): 177 – 221.

② Hsin-Yi Lin（林欣仪）, "Dealing with Childbirth in Medieval Chinese Buddhism: Discourses and Practices"（Ph.D. Dissertation, New York: Columbia University, 2017）, chapter 3.牧田谛亮在其《疑经研究》中收入了《佛说父母恩重难报经》全文,其中可见详细的胞胎变化描述,不过牧田谛亮当时并未注意到此经的部分内容与敦煌出土的《父母恩重讲经文》内容雷同,或以此讲经文为基础而撰成。参见牧田谛亮《疑经研究》(京都大学人文科学研究所,1976年),第 55—60 页。

　　过去研究菩萨信仰的学者已经注意到,观音、药师和地藏这三位菩萨在佛典中承诺对生产、病苦和亡者给予治疗和救渡,并各自提出了相关可行的功德实践如抄经、布施或进行持咒与仪式法会,在历史上更有信徒的灵验传记故事、本土撰述经典与图像流传,见证其疗病救苦的神迹,为其信仰推波助澜。① 在这三位菩萨中,又以药师和观音,特别是观音菩萨,与产孕的关联最为密切。梁丽玲曾梳理魏晋南北朝至隋唐时期的相关陀罗尼经咒、敦煌写本和祈愿文资料,指出除了早在4世纪《法华经》当中就有观音菩萨给予求子和产孕庇佑的许诺外,在4到8世纪间分别译出的经咒典籍如《请观音经》《灌顶经》《陀罗尼杂集》《陀罗尼集经》《佛说随求即得大自在陀罗尼神咒经》《千手千眼观世音菩萨广大圆满无碍大悲心陀罗尼经》等,其中皆有以观音或药师为祈愿对象的陀罗尼咒语。这些咒语提供从求子、怀胎到难产接生的护佑,而在敦煌出土的写本或印本当中就保留不少此类经咒。②

　　此外,敦煌写本当中亦有专供妇女于产前时举行难月法会的祈愿文,这些愿文的祈求对象也以药师和观音为主。③ 太史文(Stephen F. Teiser)指出,此类愿文当视之为搭配仪式法会进行的展演性文类(performative text),而愿文当中的大宗又为患文,可以想见借由仪式法会的进行,僧人念诵此类祈愿文,祷请神灵下凡济助病苦,仪式圆满和叙事完结的同时也完成了对患者的疗愈过程。④ 笔者于研究中也发现,产孕的祈愿文与患文格式和用语相

① Chün-Fang Yü, *Kuan-yin: The Chinese Transformation of Avalokiteśvara* (NY: Columbia University Press, 2001); Zhiru, *The Making of a Savior BodhisattvaDizang in Medieval China* (Honolulu: University of Hawai'i Press, 2007); Raoul Birnbaum, *The Healing Buddha* (Boulder: Shambhala Publications, 1979, 1989).

② 李翎:《敦煌印本救产难陀罗尼及其相关问题》,《敦煌研究》140(2013年):78—85。

③ 梁丽玲:《敦煌文献中的孕产习俗与佛教信仰》,《敦煌吐鲁番研究》第15卷(2015年),第395—408页。

④ 太史文(Stephen F. Teiser):《为亡者愿:敦煌仪式文类定义初探》,收入李丰楙、廖肇亨编《圣传与禅诗:中国文学与宗教论集》("中研院"中国文哲研究所,2007年),第248—307页;Stephen F. Teiser, "Ornamenting the Departed: Notes on the Language of Chinese Buddhist Ritual Texts," *Asia Major*, third series 22.1 (2009): 201 – 237; "The Literary Style of Dunhuang Healing Liturgies(患文),"《敦煌吐鲁番研究》第14卷(2015年),第355—377页。

同,愿文中亦直接以患者称呼产妇。① 由此类材料可见佛教透过菩萨信仰、经咒和法会仪式在产孕时刻提供的身心疗愈协助。另外,若进一步检视中古时期的僧传故事和笔记小说,其实也可以看到不少产家寻求善医僧人救治难产、解决不孕无子或调养各种孕中不适等诸般事例,而僧人应用的疗愈资源不仅包含从针灸、食补、调气到符咒等本土传统,也援引佛教因果业报和功德修福的观念、菩萨信仰和符咒或法会仪式等实践来加以解决。这些事例都说明佛教疗愈资源在中古时期应用于产孕,且经由此一途径传递其病因观和身体观的具体过程。②

　　除了上述资源,佛典和出土文献及图像材料当中也有不少关于怀胎、产后和育儿照护的资料。佛教当中除了有护产疗病的菩萨,受到佛陀感化而皈依的鬼神也有成为胎产与孩童保护神的例子。最有名者当属鬼子母。鬼子母本为吞吃他人孩童的夜叉,在日本佛教方面已有不少相关资料和研究,但在中土佛教中作为生育神祇的身影却相当模糊。历来对于鬼子母传入中土的时间及影响程度,众说纷纭,未有定论。近年,艺术史学者如谢明良从历代考古发掘的图像、辅以史料文献记载,梳理出鬼子母信仰在中亚考古的遗迹,以及从汉魏六朝到唐宋之际其信仰的实物证据和流变,推测至迟在 8 世纪后,在中土已确定有作为多产和生育之神的汉化鬼子母图像。③ 又如李翎在其新作《鬼子母研究：图像、经典与历史》当中也由此出发讨论佛教的送子传统与生育关怀,并从各地留下的石窟造像中追溯鬼子母信仰在中土

---

① Hsin-Yi Lin, "Dealing with Childbirth in Medieval Chinese Buddhism: Discourses and Practices"(Dissertation, NY: Columbia University, 2017), chapter 4.

② 此类事例的引述和探讨,在中国中古史学者如李贞德关于产孕医疗的一系列论文和专书研究和刘淑芬关于中古佛教医疗的研究中已经注意到,然若进一步翻检中古僧传和笔记小说可以发现更多丰富的相关事例。参见李贞德《女人的中国医疗史——汉唐之间的健康照顾与性别》(三民书局,2008 年);刘淑芬《从药方洞到惠民局——唐、宋时期僧人、国家和医疗的关系》,收入李建民编《从医疗看中国史》,第 145—202 页。笔者在博士论文第五章中集中讨论了中古僧传和笔记当中的此类事例,见 Hsin-Yi Lin, "Dealing with Childbirth in Medieval Chinese Buddhism: Discourses and Practices," chapter 5.

③ 谢明良：《鬼子母在中国——从考古资料探索其图像的起源与变迁》,《美术史研究集刊》27(2009.9)：107—140。

的流变和轨迹。① 另外,齐思克在其佛教与医疗的概论研究中也曾注意到佛典中有一部《迦叶仙人说医女人经》。该经汉文于北宋时由天竺僧人法贤(卒于 1001 年)译出,内容以迦叶仙人和耆域仙人的对话展开,提供孕妇怀胎逐月的不适征兆与照护药方。齐思克比对了本经与阿育吠陀三部医典,发现经文与《迦叶本集》内容多有重叠,认为两者间应有先后相承的关系。② 在产后和育儿照护方面,学者目前研究集中在一部北魏译出佛典《佛说护诸童子陀罗尼经》上。此经解释夫妇无子乃因“夜叉罗刹,常喜啖人胎”,并为产后父母指认十五种鬼神的名称与样貌,说明当婴孩受到十五鬼神骚扰惊吓时产生的诸般病症,最后提供陀罗尼咒语与供养仪式以驱除鬼神之害。③ 这些学者指出,《佛说护诸童子陀罗尼经》当中与胎产及育儿有关的十五鬼神不仅出现在其他佛典如《啰嚩拏说救疗小儿疾病经》和一些密教典籍中,也普遍存在于公元前 6 世纪至公元 7 世纪印度的许多阿育吠陀医典里。④ 目前研究也发现,提及十五鬼神的文献不仅只停留于佛典内部,其信仰应有某种程度的流传,在敦煌、于阗和日本高山寺所藏古写经当中都曾发现该经和十五鬼神的写本和图像,在房山石经和碛砂藏中所收佛典也包含此经在内。⑤ 敦煌著名的五代翟奉达为超度亡妻马氏而举行的

① 李翎:《鬼子母研究:图像、经典与历史》(上海书店出版社,2018 年)。

② Kenneth Zysk, *Asceticism and Healing in Ancient India*, p. 31, 67. Zysk 此处研究引用另一份较早研究,由其延伸而来,该研究见 P. C. Bagchi, “A Fragment of the KāśyapaSaṃhitās in Chinese,” *Indian Culture* 9 (1942 – 1943): 53 – 64。

③ (北魏) 菩提流支译:《佛说护诸童子陀罗尼经》,收入《大正新修大藏经》第 19 册,第 1028A 号。

④ Jean Filliozat, “La Kumāratantra de Rāvaṇa,” *Journal Asiatique* 226(1935): 1 – 66; P. C. Bagchi, “New materials for the Study of the Kumāra-tantra of Rāvaṇa,” *Indian Culture* vol. 7 (1941): 269 – 286; Kenneth Zysk, *Asceticism and Healing in Ancient India*, pp. 66 – 67; 陈明:《护诸童子:西域的 Bāla-grahā 图像及其童子方》,收入陈明《殊方异药:出土文书与西域医学》(北京大学出版社,2005 年),第 91—106 页,特别见第 94—95 页;《汉译密教文献中的生命吠陀辨析:以眼药方与童子方为例》(原文刊于 2006 年《古今论衡》),收入林富士主编《宗教与医疗》(联经出版公司,2011 年),第 263—287 页,特别见第 268—275 页;《丝路出土密教文献刍议》,《敦煌吐鲁番研究》第 15 卷(2015 年),第 473—496 页。

⑤ 陈明:《护诸童子:西域的 Bāla-grahā 图像及其童子方》,《殊方异药:出土文书与西域医学》,第 91—94、99 页;《揭啰诃与曜母鬼:丝绸之路的佛教女神形象及其传播》,收入余太山、李锦绣主编《丝瓷之路 V:古代中外关系史研究》(商务印书馆,2016 年),(转下页)

七七斋及其写经里,本经亦名列于第六七日所抄之经,显示马氏为人母的身份和子女祈愿其母亡后能给予庇佑的心愿。①这些现有研究说明,佛教在胎产和育儿方面提供的神灵和仪式医疗资源,不仅在印度内部和医学领域已有交流,更在中古时期辗转传入西域、汉地乃至日本,受到一定程度的应用。

五、研 究 展 望

由上述研究可见,佛教、产孕与医疗课题为我们对中国中古史的认识带来了几个不同面向的贡献。其一是可供深入理解中古时期宗教与医疗的交流,特别是佛教与阿育吠陀成立的关系,佛教在传播过程中对印度医学的改造、应用与进入中土后的转变,甚至是经由佛教传播的印度医学内容如胞胎论和产孕照养,是否对中土医学有任何影响。其二是不同宗教之间的交流,特别是佛道之间。我们在相关的出土文献中经常可以看到佛教在进行疗病时所用的咒语、符印、祈请愿文和神灵种类,其中佛教或密教与道教、民间信仰等多样元素高度混融。由于怀胎生产在唐代的致死率仍超过三分之一,②可以想见一般民众在面临生死交关之际必然会尽量地求助于各类可能资源,无论是本土医学或不同的宗教所能提供者。其三是对性别史、妇女史和身体史的认识,我们不仅能更加深入理解包含佛道在内的中国宗教里产孕不净观的渊源、脉络和历史流变,对于佛教如何经由仪式性医疗而逐渐渗

（接上页）第56—108页;李小荣:《敦煌密教文献论稿》(人民文学出版社,2003年),第4、36页;Roderich Whitfield and Anne Farrer, *Caves of the Thousand Buddhas: Chinese Art from the Silk Route* (London: British Museum Publications, 1990), pp. 88 – 91; H. W. Bailey, *Khotanese Texts*, vol.III. (Cambridge University Press, 1969), p. 135; 松元荣一:《敦煌画の研究》(东方文化学院,1937年),第763—769页;川村知行:《高山寺旧藏護諸童子经と十五鬼神图像》,《大和文華》95(1996年):1—19。

① 陈明:《护诸童子:西域的Bāla-grahā图像及其童子方》,《殊方异药:出土文书与西域医学》,第99—100页;Hsin-Yi Lin, "Dealing with Childbirth in Medieval Chinese Buddhism: Discourses and Practices," pp. 299 – 301。

② 姚平在唐代妇女墓志铭的研究中统计铭文当中提及唐代妇女因产孕而死者的比例高达38%。见姚平《唐代妇女的生命历程》(上海古籍出版社,2004年),第303—305页。

透其身体观与病因观也可以有更清楚的认识。

最后，笔者想就此一课题提出几个未来可供继续推进、探索的方向。首先是深入道教和医书内部产孕类的符咒传统或咒禁内容，并与佛教内的产孕符、咒、印进行对比，以明了三者在此一领域交流的程度。目前已有学者对佛教经典与敦煌写本所收之一般性疗病符咒和特定用于产孕的符咒作了广泛整理，也解析了其中一些符咒的意涵与功效，并发现某些符咒具有道符的特征，亦为唐宋医书所收录。[①] 然而，现有研究也发现，道藏内存有较之佛教更为丰富的产孕类符咒，但收录此类符咒的道经年代似乎相对甚晚。[②] 究竟佛、道（或密教与道教）两者当中此类传统孰先孰后？在历史上的发展情况为何？各自独有之特色或相互交融之情况如何？此一方向不仅有助于明了中古佛道交涉之一面，也能以产孕治疗为例观察隋唐以后咒禁医疗的内涵演变。

第二则是历史上的佛教与育儿文化。佛教信仰常由母子关系传递，然而具体形式与日常过程如何？以佛教方式进行胎教或照养孩童如何在既有的儒家胎教或童蒙教育中逐渐取得一席之地，甚或超越儒家的影响力？这些课题在过往中古史研究中已稍有涉及，但仍亟待全面研究。不少利用墓志铭研究女性佛教信仰的学者已指出，女性或有意识地以佛教进行胎教，或借由日常修行之身教，或因遗嘱要求特殊丧葬安排，而对子女信仰有潜移默化之效。[③] 母亲对子女的信仰影响，常自怀胎伊始即已展开。僧传当中高僧母亲或祈助于佛教而求子成功，或于怀胎分娩中梦见各种佛教象征物，或厌荤腥而茹素改变饮食习惯，此类胎产过程中的祥瑞征兆或身体感受在僧传作者笔下虽是作为未来高僧之胎儿对母体的影响，实际上却未尝不是母亲

---

① 陈于柱：《敦煌吐鲁番出土发病书整理研究》（科学出版社，2016 年）；高国藩：《敦煌符咒风俗》（东亚文化出版社，2005 年）；梁丽玲：《敦煌文献中的孕产习俗与佛教信仰》，《敦煌吐鲁番研究》第 15 卷（2015 年），第 395—408 页。

② 钟佩暖：《传统孕产民俗及文学作品之研究》，花莲教育大学民间文学研究所 2008 年博士学位论文。

③ 姚平：《唐代妇女的生命历程》；刘淑芬：《中古的佛教与社会》"丙、佛教与丧葬"，第 181—243 页；郑雅如：《理想人生的新向度——北朝隋代在家女性墓志中的信仰描述》，《早期中国史研究》10.1（2018.6）：1—90。

自胎孕时分起即以其信仰加诸子女之写照。① 此外,佛典如《护诸童子陀罗尼经》和《迦叶仙人说医女人经》多处提及对新生儿的照养。史书僧传中亦不乏僧尼收养、教导孩童的记载。未来,或许可以结合佛典、僧传、史书、笔记、碑铭、愿文、题记及敦煌童蒙文献等传世与出土文献梳理佛教在中古时期对胎教、育儿方式带来的影响。

第三,佛教除了对具体的身体生殖有其论述并提供各式医疗资源,在宋元以后的禅宗语录与密教典籍当中也可发现对胞胎论述的挪用与转化。禅师常以"长养圣胎"作为勉励修行、回归清净本源的象征修辞。密教典籍则将胞胎生长的五阶段("胎内五位")和人生自幼至老各阶段("胎外五位")拿来譬喻解脱道上的不同历程。② 道教内部也有类似对胞胎产孕论述的象征性挪用。例如在道教当中,洞穴以其形似母胎的意象经常成为修行场所和修炼后重获新生的象征。③ 上清经典认为俗世之人皆由女性而生,带有必死之"胎结",而"解结"之法,则需存想体内阴阳二元的身中神结合,重新炼化自身"内胎",以获新生。④ 未来,研究者或可进一步探索胞胎与产孕论述在禅宗语录和密教典籍中的呈现与转化,乃至于道教上清和往后内丹典籍当中的类似传统,以及佛道之间的关联。此外,在深受佛教医方明影响的藏医传统中,胞胎论述和相关的中阴受生也对形塑其生命观和身体观有

---

① 林韻柔:《中国中世における僧侣の出家因縁——高僧の伝記史料を中心として》,收入原田正俊编《日本古代中世の仏教と東アジア》(关西大学出版社,2014 年);Hsin-Yi Lin, "Dealing with Childbirth in Medieval Chinese Buddhism," chapter 2。

② Kevin Buckelew(吕凯文),"Pregnant Metaphor: Embryology, Embodiment, and the Ends of Figurative Imagery in Chinese Buddhism," *Harvard Journal of Asiatic Studies*, vol. 78. 2 (2018): 371 – 411.

③ 姜生:《论道教的洞穴信仰》,《文史哲》(2003.5): 55—63。此类象征亦可见于许多世界宗教以及日本密教和修验道的传统中,见 Mircea Eliade, Willard R. Trask trans., *Rites and Symbols of Initiation: The Mystery of Birth and Rebirth* (New York: Harper & Row, Publishers, 1958), pp. 47 – 60。

④ Gil Raz, "Birthing the Self: Metaphors and Transformation in Medieval Daoism," in Jinhua Jia, Xiaofei Kang, and Ping Yao eds., *Gendering Chinese Religion: Subject, Identity, and Body* (Albany: State University of New York, 2014), pp. 183 – 200.

关键影响,①然而这方面对于中土医学和宗教的影响似乎仍未明朗,或许是在中土医学当中留下痕迹不多,但也或许是相关研究仍亟待更多投入开展之故。

（本文原刊于《中国史学》［日本］第 29 卷［2019 年］。）

---

① 除了前面第三节所提到的相关研究外,对于藏传医学当中胞胎论述、生命与身体观进行完整全面的讨论,可以参见 Janet Gyatso, *Being Human in a Buddhist World: An Intellectual History of Medicine in Early Modern Tibet*（New York：Columbia University Press, 2016）。

女 性 政 治

巫术、性别与政治

——唐代女巫与政治[*]

焦 杰

原始部落中的女巫往往享有很高的威望。即便进入商周社会,女巫仍然活跃在社会政治生活中,拥有较高的社会地位。秦汉以后,女巫虽然被逐出了权力机构,但依然活跃于社会下层,且不断地尝试向上层社会发展。魏晋南北朝乃至隋唐以来,随着佛教的广泛传播,鬼神信仰弥漫,女巫仍然在民间信仰活动中发挥着重要作用。但在整个唐代,由于国之祭法"各有典礼,淫祀有禁"的传统,民间信仰被李唐王室视为淫祀而进行打压,加上僧尼道冠们为了吸引信众,在传播宗教的过程中吸收了中原本土的巫术,因此女巫的生存面临着严峻的挑战。关于唐代的女巫,学界至今少有涉及,除了首都师范大学的一篇硕士学位论文从交往对象、通神手段、社会职能、生存挑战等几个方面对唐代女巫进行了初步考察外,[①]其他如文镛盛《中国古代社会的巫觋》(华文出版社,1999 年)、王永平《论唐代民间淫祠与移风易俗》(《史学月刊》2000 年第 5 期)和《论唐代的"鬼道"》(《首都师范大学学报》2001 年第 6 期)、刘礼堂《唐代长江流域信巫鬼重淫祠习俗考》(《武汉大学学报》2001 年第 9 期)等偶有所涉及。这些研究虽然各有所见,不乏真知,但总体而言仍不够深入全面,尤其于唐代女巫与政治的关系落笔更少,因撰本文以抛砖引玉。

———————————

* 本文系 2019 年国家社科基金后期资助项目"中古妇女文化研究"(项目批准号:19FZSB047)的阶段性成果。

① 王晓玲:《试论女巫与唐代社会生活》,首都师范大学 2004 年硕士学位论文。

一、禁淫祀政策与唐代女巫的生存环境

韩国学者文镛盛说道："巫一般认为是母系制社会的象征,由于女性的感应优越于男性的原因,而在需要与神交通的性格上,感性敏感的女性在接神、降神的过程中,较容易成为巫觋。"①但由于男主外女主内的分工,以及女子出嫁从人的传统,在现实社会里,女子为巫是不务正业,往往被打入另类,受到歧视。王符引《诗经·陈风·东门之枌》诗曰:"'不绩其麻。女也婆娑',今多不修中馈,休其蚕织,而起学巫祝,鼓舞事神,以欺诬蔑细民,荧惑百姓。"②《毛诗》认为:"《东门之枌》,疾乱也。陈幽公淫荒,风化之所行,男女弃其旧业,亟会于道路,歌舞于市井尔。"③讽刺的对象男女都包括在内,而王符却只批评女性。显然尽管巫在上古时期男女皆有,而且在夏商周时代跻身于统治阶层,但是当巫觋队伍分化,"持有原来巫觋功能的群体,脱离官僚组织,渗透于民间里面"④之后的秦汉社会,女性为巫是不受欢迎的。

(一)唐代官僚阶层对女巫的态度

通过赛神酬神而求取钱财是巫觋们的主要谋生方式,但通常被"不语怪力乱神"的儒士斥之为"假时日鬼神者,欲利欺诈"⑤。在唐代,很多以儒士自居的官员都对巫风进行批评。比如中唐名相李德裕即直斥巫风之妄,建议朝廷加以剪除,《旧唐书》载道:"德裕壮年得位,锐于布政,凡旧俗之害民者,悉革其弊。江、岭之间信巫祝,惑鬼怪,有父母兄弟厉疾者,举室弃之而去。德裕欲变其风,择乡人之有识者,谕之以言,绳之以法,数年之间,弊风顿革。"⑥对于百姓迷信巫风甘愿倾其所有来讨好神的行为,唐代儒士们也斥

---

① [韩]文镛盛:《中国古代社会的巫觋》,华文出版社,1999年,第37页。

② (汉)王符著,(清)王继培笺,彭铎校正:《潜夫论笺校正》卷3《浮侈》,中华书局,1985年,第125页。

③ (汉)郑玄笺,(唐)孔颖达疏:《毛诗正义》卷7《陈风·东门之枌》,中华书局影印阮元十三经注疏本,1980年,第108页中。

④ [韩]文镛盛:《中国古代社会的巫觋》,华文出版社,1999年,第35页。

⑤ (宋)王溥:《唐会要》卷52《识量》,上海古籍出版社,2012年,第1055页。

⑥ (后晋)刘昫:《旧唐书》卷174《李德裕传》,中华书局,1975年,第4511页。

之为愚蠢。如"又有里人为邻巫所惑,而当有灾,宜谢神,乃杀家犊,酿酒,声鼓以祀。时官禁屠牛私酿,法甚峻,又当国忌,不合动乐。并犯三罪,为吏所擒。家长邻保,皆抵重罪,连及数十人,此乃攘灾适所以致灾也,其愚如此"①。

正因为如此,女巫在唐代被视为"巫鬼淫祀,诬惑良人者"②而遭到统治阶层的排斥与打击。一些不信鬼神的官员对巫风嗤之以鼻,有机会即实施打压的政策。武则天垂拱四年(688)六月,"江南道巡抚大使、冬官侍郎狄仁杰以吴、楚多淫祠,奏焚其一千七百余所,独留夏禹、吴太伯、季札、伍员四祠"③。在这场毁淫祀的活动中,大批的巫祝失去了职业依凭,里面肯定包括不少女巫。唐代宗时,马璘任邠宁节度使,恰逢大旱,久无降雨,"里巷为土龙聚巫以祷,璘曰:'旱由政不修。'即命撤之。明日雨,是岁大穰"④。一些官员甚至寻找借口驱逐或杀死女巫。中唐时的成都有个董姓女巫非常有名气,"洎相国崔郸来镇蜀,遽毁其庙,投土偶于江,仍判责事金天王董氏杖背,递出西界。今在贝州,李公婿卢生舍之于家,其灵歇矣"⑤。武宗会昌年间(841—846),晋阳有个御赐"天师"名号的郭姓女巫,受狄仁杰之后晋阳令狄惟谦所请做法求雨不成,惟谦遂曰:"左道女巫,妖惑日久,当须毙在此日,焉敢言归?"命令左右于神前将女巫鞭背二十下,投于漂水中淹死了。⑥ 如果女巫仗势跋扈,碰上眼里不容沙子的官员,后果则更为可怕。"帝(肃宗)尝不豫,……玙遣女巫乘传分祷天下名山大川",有一年轻貌美且妖淫的女巫,身边有数十名恶少相随,为非作歹,横行不轨。行至黄州,"刺史左震晨至馆请事,门镝不启。震怒,破镝入,取巫斩廷下,悉诛所从少年"。⑦

① (唐)赵璘:《因话录》卷6《羽部》,上海古籍出版社,1979年,第111页。
② (宋)王溥:《唐会要》卷10《明堂制度》,上海古籍出版社,2012年,第318页。
③ (宋)司马光:《资治通鉴》卷204"垂拱四年六月壬寅"条,中华书局,1956年,第6448—6449页。
④ (宋)欧阳修、宋祁:《新唐书》卷138《马璘传》,中华书局,1975年,第4618页。
⑤ (唐)段成式撰,方南生点校:《酉阳杂俎》续集卷2"支诺皋"中"相国李公固言"条,中华书局,1981年,第216页。
⑥ (宋)李昉:《太平广记》卷396"狄惟谦"条,中华书局,1961年,第3166—3167页。
⑦ (宋)欧阳修、宋祁:《新唐书》卷109《王玙传》,中华书局,1975年,第4108页。

（二）李唐皇室对女巫的态度

虽然有唐一代并没有明文规定取缔巫觋,但李唐皇室对待女巫的态度基本上也是采取压制的态度,除了个别的时代和个别的皇帝之外。据《唐六典》载,太卜署设"卜师二十人;(隋置,皇朝因之。)巫师十五人;(《周礼》有男巫、女巫,无数,其师中士。巫能制神之处,位次主者。隋太卜署有男巫十六人、女巫八人。)卜博士二人,从九品下;助教二人;(隋有太卜博士、助教,皇朝因之。)"①从文中的注可知,隋代巫师有男有女,而唐代则只有男巫了。李唐皇室设巫师,说明巫师对他们来说是有用处的,只设男巫而不设女巫,则说明他们对女巫是反感并且排斥的。在现实社会里,如果女巫老老实实地为人治病、赛神、醮神还可,若是以巫蛊行厌胜之法则要倒大霉了。《唐律疏议》载道:

> 议曰:妇人之法,例不独流,故犯流不配,留住,决杖、居作。造畜蛊毒,所在不容,摈之荒服,绝其根本,故虽妇人,亦须投窜,纵令嫁向中华,事发还从配遣,并依流配之法,三流俱役一年,纵使遇恩,不合原免。②

出于对女性的怜悯,唐代法律条文一般不对女性犯法者处以单独流放的惩罚,但对行蛊毒的女性则否。这条规定显示了唐朝政府对女巫的严厉态度。当然,高宗对女巫的态度与他对巫术的观念有关,因为他自己本身是个佛教徒,③对巫术极不感兴趣,因此他不但严禁女巫行蛊毒,而且对以巫术迷惑百姓的巫祝也经常实施打击,女巫自然不例外:

> 时有女巫蔡氏,以鬼道惑众,自云能令死者复生,市里以为神明,仁会验其假妄,奏请徙边。高宗曰:"若死者不活,便是妖妄;若死者得生,更是罪过。"竟依仁会所奏。④

女巫蔡氏大概掌握了一些幻术,所以自称能令死者复生,迷惑了很多百姓。

---

① （唐）李林甫等撰,陈仲夫点校:《唐六典》卷14《太常寺》,中华书局,2005年,第412页。
② （唐）长孙无忌:《唐律疏议》卷3《名例》,中华书局,1985年,第75页。
③ ［美］斯坦利·威斯坦因著,张煜译:《唐代佛教》,上海古籍出版社,2010年,第28—36页。
④ （后晋）刘昫:《旧唐书》卷185《田仁会传》,中华书局,1975年,第4794页。

疾恶如仇、不信邪的金吾将军田仁会经过勘查,发现蔡氏故弄玄虚、装神弄鬼,遂奏请皇帝将蔡氏徙边,高宗不但毫不迟疑地答应了,而且还亲自定了她的罪。

二、现实生活的需求与对女巫的欲罢还休

高国藩指出:"一个人的一生时间,不管是属于生老病死,衣食住行,春夏秋冬,都曾经受到巫术的控制或影响。巫术始终像一个人的影子一样,自觉或不自觉地渗入民众意识,难以摆脱。"①虽然唐代统治阶层对女巫的淫祀活动时加限制,必要时还给予打击,但是要想彻底摒弃女巫还真的比较困难,因为他们时不时地还需要女巫的法术。事实上,"在唐代国家祭祀与'淫祀'之间,还存在着一些中间层面,即为数众多的为地方政府所承认的祠祀,而不是完全是非此即彼那样的绝对和简单"②。所以在整个唐代,尽管女巫的形象并不看好,主流话语和朝廷政策对她们也非常不利,但她们还是有着很大的生存空间,并与上层社会发生着联系。

(一) 消病除灾需要女巫的法术

在日常生活中,唐人身体抱恙或自感不适,除了延医请药之外,也会请女巫来祷神禳解或指点吉凶。据《新唐书》记载:"帝(肃宗)尝不豫,太卜建言祟在山川。玙遣女巫乘传分祷天下名山大川,巫皆盛服,中人护领,所至干托州县,赂遗狼藉。"③武则天临朝称制时期,有个太学博士吴思玄得了疑难杂症,多番求医却不见好,听说"有巫者褚细儿言事如神,星下祈祷。思玄往就见"④,希望她能治好自己的病。有人根据巫觋的指点行事,以期达到却病的效果。德宗时昭义军节度使李抱真"久疾,好機祥,或令厌胜,为巫祝所惑,请降官爵以禳除之。是年,凡七上章让司空,复为检校左仆射"⑤。

---

① 高国藩:《中国民俗探微——敦煌巫术与巫术流变》自序,河海大学出版社,1993 年,第 5 页。
② 雷闻:《唐代地方祠祀的分层与运作》,《历史研究》2004 年第 2 期。
③ (宋) 欧阳修、宋祁:《新唐书》卷 109《王玙传》,中华书局,1975 年,第 4108 页。
④ (宋) 李昉:《太平广记》卷 104《吴思玄》,中华书局,1961 年,第 701 页。
⑤ (后晋) 刘昫:《旧唐书》卷 132《李抱真传》,中华书局,1975 年,第 3469 页。

又,《广异记》载道:

> 唐尚书苏颋,少时有人相之云:"当至尚书,位终二品。"后至尚书三品,病亟,呼巫觋视之,巫云:"公命尽,不可复起。"颋因复论相者之言,巫云:"公初实然,由作桂府时杀二人,今此二人地下诉公,所司减二年寿,以此不至二品。"颋凤莅桂州,有二吏诉县令,颋为令杀吏,乃嗟叹久之而死。[①]

苏颋年轻时有人给他相面,说他能做到二品大员,然而才官至三品就得了重病,大有不起之势。他感到疑惑,以为有什么于自己不利的物事存在,遂请巫觋来查看,结果巫师告诉他因为他早年枉杀了两个僚吏,所以减寿二年,再也不可能做到三品了。虽然李抱贞和苏颋所延请的巫觋和巫祝并没有明确提到性别,但女称巫、男称觋是种习惯说法,所谓病急乱投医,女巫至少也在他们延请的范围之内。

(二)公共事务有时也需要女巫施法

除了日常生活吉凶祸福需要女巫指点迷津外,朝野上下的一些公共事务,比如水旱之灾、疾疫流行等天灾人祸发生,每当国家正祀祈祷不灵时,中央政府和地方官员也会邀请女巫做法禳灾祈解。唐代宗大历八年(773),黎干重返京城担任京兆尹,"时大旱,干造土龙,自与巫觋对舞"[②]。虽然这次求雨活动没有成功,但是因为代宗比较喜欢巫术,黎干与巫觋并没有受到责备。

地方政府延请女巫作法也见于文献记载:

> 唐会昌中,北都晋阳令狄惟谦,仁杰之后。守官清恪,不畏强御。属邑境亢阳,自春徂夏,数百里田,皆耗瘯。祷于晋祠,略无其应。时有郭天师,暨(明抄本"暨"作"即")并州女巫,少攻符术,多行厌胜。监军使携至京国,因缘中贵,出入宫掖,遂赐天师号。旋归本土。金曰:"若得天师一至晋祠,则不足忧矣。"惟谦请于主帅,("主帅"原作"天师",

---

① (唐)载孚撰,方涛铭校:《广异记》"苏颋"条,《古小说丛刊》,中华书局,1992年,第34页。
② (宋)欧阳修、宋祁:《新唐书》卷145《黎干传》,中华书局,1975年,第4721页。

据明抄本改。)初甚难之。既而敦请,主帅遂亲往迓焉。巫者唯唯。乃
具车舆,列幡盖,惟谦躬为控马。既至祠所,盛设供帐,磬折庭中。①

文中的郭天师因缘际会,得皇帝加封天师称号,狄惟谦在晋祠求雨无征,遂
求助于民间淫祀。虽然女巫因为求雨不灵,加之态度倨傲,对狄惟谦不恭,
最终为狄惟谦所杀,却也说明官府有时也不得不利用女巫来达到某些目的。

(三)神道设教需要女巫的配合

虽然李唐王室的绝大多数成员都对巫觋采取压制的态度,但出于神道
设教的目的,不排除个别人对巫风偏爱有加。唐玄宗推崇道教,"好神仙事,
广修祠祭,靡神不祈。玙上言,请筑坛东郊祀青帝,天子入其言,擢太常博
士、侍御史,为祠祭使。玙专以祠解中帝意,有所禳祓,大抵类巫觋"②。受玄
宗的影响及王玙的蛊惑,后来的肃代二宗也都对巫术很感兴趣。"肃宗重阴
阳巫祝,擢王玙执政,大抵兴造工役,辄牵禁忌俗说。而黎幹以左道位京兆
尹,尝使禁工骈珠刺绣为乘舆服,举焚之以为禳襘。"③女巫在这时很是荣华
了一番。如前所叙肃宗身体不豫,王玙遣女巫着盛服乘传分别前往各地的
名山大川为肃宗祈祷祝福,为了防止地方政府不配合,肃宗特意命令中使监
理此事。女巫与中使勾结在一起,到处请托收取贿赂,造成了很坏的影响。

出于政治上的需要,作为最高统治者的皇帝有时候也会利用巫觋进行
造神的活动,为自己增添神秘色彩,巩固自己的权势。在造神过程中,具有
通神视鬼能力的女巫也凭借其得天独厚的条件参与其中。《开天传信记》
载道:

上将登封太山,……车驾次华阴,上见岳神数里迎谒。上问左右,
莫之见,遂召诸巫问神安在。独老巫阿马婆奏云:"三郎在路左,朱发紫
衣,迎候陛下。"上顾笑之,仍敕阿马婆,敕神先归。上至庙,见神橐鞬,
俯伏庭东南大柏树下。又召阿马婆问之,对如上见。上加敬礼,命阿马
婆致意,而旋降诏先诣岳,封为金天王。仍上自书制碑文以宠异之。其

---

① (宋)李昉:《太平广记》卷396"狄惟谦"条,中华书局,1961年,第3166页。
② (后晋)刘昫:《旧唐书》卷109《王玙传》,中华书局,1975年,第4107页。
③ (宋)欧阳修、宋祁:《新唐书》卷139《李泌传》,中华书局,1975年,第4638页。

　　碑高五十余尺,阔丈余,厚四五尺,天下碑莫比也。其阴刻扈从太子、王公以下官名氏。制作壮丽,镌琢精巧,无伦比焉。①

在唐代,受佛教思想的影响,本命神信仰很流行,唐玄宗欲以华山神作为自己的本命神,以加强自己的神秘性与权威性,于是策划封华山神为王,使其成为五岳之首。在这场封神策划中,玄宗与女巫阿马婆巧妙配合,上演了一出生动的双簧戏。华山神不但被封为金天王,而且在此之后便更广泛地成为女巫事奉的对象了。

三、唐代女巫自下而上的生存努力

　　女巫的社会与法律地位都比较低下,生存环境常因上层统治者的个人好恶而发生改变。因此要想获得一个比较好的生存环境必须想办法向上层社会渗透,以拓展更大的生存空间和获取更多的生活资源。尽管她们的交往对象比较广泛,几乎涵盖社会各个阶层,除了庶民百姓外,也包括皇帝、后妃和官僚贵族。② 不过,女巫本身属于社会下层群体,饱受歧视,又经常遭到禁绝和打压,她们是如何实现与上层社会的交往呢?

（一）利用女性身份之便向社会上层渗透

　　据史书记载,中宗时期有两个女巫经常出入宫禁,与皇室关系颇为密切:

　　　　初,秘书监郑普思纳其女于后宫,监察御史灵昌崔日用劾奏之,上不听。普思聚党于雍、岐二州,谋作乱。事觉,西京留守苏瓌收系,穷治之。普思妻第五氏以鬼道得幸于皇后,上敕瓌勿治。③

　　　　时上官昭容与其母郑氏及尚宫柴氏、贺娄氏树用亲党,广纳货赂,

---

① （唐）郑綮撰,吴企明点校:《开天传信记》,《唐宋史料笔记丛刊》本,中华书局,2012 年,第81 页。

② 王晓玲在她的硕士论文《试论女巫与唐代社会生活》中将女巫的交往对象分为四种: 第一是皇帝,第二是后妃,第三是官僚贵族,第四是庶民百姓。首都师范大学 2004 年硕士学位论文。

③ （宋）司马光:《资治通鉴》卷 208"神龙二年十一月"条,中华书局,1956 年,第 6607 页。

别降墨敕斜封授官,或出臧获屠贩之类,累居荣秩。又引女巫赵氏出入禁中,封为陇西夫人,势与上官氏为比。①

资料显示,第五氏与赵氏两位女巫颇得皇帝宠幸。赵氏以女巫的身份竟然受封为陇西夫人。郑普思聚众谋乱本是杀头之罪,但中宗特赦苏瓖予以免罪,虽然最后在众臣的谏诤下终将郑普思流放儋州。中宗赦免郑普思一则因为其女在后宫,二则因为第五氏是韦后的人。中宗封赵氏为郡夫人,并非与其有什么亲密关系,而是给上官昭容面子。第五氏和赵氏通过与韦后和上官昭容的交往实现了对上层社会渗透的目的,从而也改善了自己的生存环境。当然郑普思纳女于中宗的后宫也是原因之一。

同样,在大多数情况下,向官僚仕宦和士族阶层的渗透,女巫们也是通过与女性的交往而实现的。唐传奇小说《任氏传》记载狐女任氏与出身于京兆韦氏的韦崟相爱同居,而韦崟又看上了刁缅将军的宠奴张十五娘,为讨好韦崟,任氏决定实施妖术:

> 初任氏加宠奴以病,针饵莫减。其母与缅忧之方甚,将征诸巫。任氏密赂巫者,指其所居,使言从就为吉。及视疾,巫曰:"不利在家,宜出居东南某所,以取生气。"缅与其母详其地,则任氏之第在焉。缅遂请居。任氏谬辞以逼狭,勤请而后许。乃辇服玩,并其母偕送于任氏。至则疾愈。未数日,任氏密引崟以通之,经月乃孕。②

传奇中的任氏虽然以狐女的身份出现,但其"加宠奴以病"采取的却是巫蛊方式,这说明任氏本身就是一名女巫,只不过她不是专职的女巫。接着任氏又贿赂专职女巫依计行事,最终使韦崟诱奸了那个女奴。整个阴谋的实施全是通过女性——兼职女巫任氏—专职女巫—女奴之母而实现的。

又,《续玄怪录》载道:

> 弘农令女既笄,将适卢氏。卜吉之日,女巫有来者。李氏之母问曰:"小女今夕适人,卢郎常来,巫当熟见,其人官禄厚薄?"巫曰:"卢郎

① (后晋)刘昫:《旧唐书》卷51《中宗韦庶人传》,中华书局,1975年,第2173页。
② (宋)李昉:《太平广记》卷452"任氏"条,中华书局,1961年,第3695页。

非长而髯者乎?"曰:"然。""然则非夫人之子婿也。夫人子婿,中形且无髯。"夫人大惊曰:"吾女今夕适人,何以非卢生?"曰:"不知其他,卢非子婿之貌。"俄而卢纳采,夫人怒,援巫示之。巫曰:"事在今夕,安敢妄乎。即卢纳其身,非夫人之子婿也。"其家大怒,共逐焉。①

在这个记载中,从卜吉到纳采,女巫基本上参与了整个过程。从前后的对话来看,女巫与李氏之母很熟,是弘农令家的常客。但作为一家之长的弘农令并没有出现在这个场景里,显然女巫是李氏之母请来的,希望能从她这里得到关于女儿婚后的一些信息。而女巫之所以频频出入弘农令的家里与李氏之母爱好巫术有直接的关系。

女巫通过女性向上层社会渗透根本的原因是性别的优势。由于女性的活动空间较为狭隘,而上层社会的妇女囿于礼教也很少与外界交通,出于想了解外界的目的,或者想表达对家人的关心,行走江湖、身怀法术的女巫显然比其他人能更方便地满足她们的愿望,所以唐代上层社会的妇女多有与女巫交往者。诗人李愿有首《思妇》诗写道:"良人久不至,惟恨锦屏孤。憔悴衣宽日,空房问女巫。"②说的就是一位闺中少妇久思爱人不得,于是召女巫卜问消息的事情。而家人若身体不适,负责照顾家人生活的女主人也会召请女巫了解情况,如杜甫在为其姑所写的碑文里回忆其小时得病,姑姑对他极为照顾之事道:"甫昔卧病于我诸姑,姑之子又病,间女巫至曰:'处楹之东南隅者吉。'姑遂易子之地以安我,我是用存,而姑之子卒,后乃知之于走使。"③妇女对巫术的情有独钟,生活在武则天时代的张鷟曾有详细记载:"下里庸人,多信厌祷;小儿妇女,甚重符书。"④女性尤其是官宦和士族之家的女性与外界交通,总难免瓜田李下之嫌,为了避嫌,女巫当然是最合适的人选。

① (唐)李复言:《续玄怪录》卷 2"郑虢州騊夫人"条,《古体小说丛刊》,中华书局,2006 年,第 165 页。
② (清)彭定求:《全唐诗》卷 314,中华书局,1979 年,第 3536 页。
③ (唐)杜甫撰,王学泰校点:《杜工部集》卷 20《唐故万年县君京兆杜氏墓碑》,辽宁教育出版社,新世纪万有文库本,1997 年,第 413 页。
④ (唐)张鷟著,赵守俨点校:《朝野佥载》卷 3,《唐宋史料笔记丛刊》本,中华书局,1979 年,第 62 页。

至于身居深宫的后妃争风吃醋与利益之争,结交女巫更是常事,这在文献中多有记载。比如高宗时期,王皇后无子,萧淑妃、武昭仪步步紧逼,为了自保,她"密与母柳氏求巫祝厌胜"①。

（二）利用老年身份之便向社会上层渗透

除了通过与女性的互动向社会上层渗透外,女巫也会通过与男性的互动达到进入上层社会的目的。不过资料显示,直接与男性互动的女巫大多是上了年纪的女巫,年轻的女巫则相对少见。唐代的志怪小说《酉阳杂俎》载道:

> 相国李公固言,元和六年(811)下第,游蜀。遇一老姥,言:"郎君明年芙蓉镜下及第,后二纪拜相,当镇蜀土,某此时不复见郎君出将之荣也……"明年,果然状头及第。……及李公镇蜀日,卢氏外孙子九龄不语,忽弄笔砚。李戏曰:"尔竟不语,何用笔砚为?"忽曰:"但庇成都老姥爱女,何愁笔砚无用也?"李公惊悟,即遣使分诣诸巫。巫有董氏者,事金天神,即姥之女。言能语此儿,请祈华岳三郎。如其言,诘旦,儿忽能言。因是蜀人敬董如神,祈无不应。富积数百金,恃势用事,莫敢言者。②

在这个记载里,女巫董氏与时任四川节度使的李固言关系密切,在他的帮助下,董氏成为一名在当地很有声望的女巫,赚取了大量的钱财。而她能与李固言拉上关系,获得较多的社会资源,使其生活发生了很大的变化,完全归功于她的母亲——一个年长的女巫精心而持久的策划。

晚唐僖宗时期,割据江浙的义胜军节度使董昌以贡赋之功颇得朝廷依赖,先后官拜检校太尉、同中书门下平章事、陇西郡王,权势日盛。然而随着权势的增长,他的政治野心也开始膨胀,意欲背叛朝廷,自立为王,纠集了一批人为他出谋划策:

---

① (后晋)刘昫:《旧唐书》卷51《后妃传》,中华书局,1975年,第2170页。
② (唐)段成式撰,方南生点校:《酉阳杂俎》续集卷2"支诺皋"中"相国李公固言"条,中华书局,1981年,第215—216页。

　　昌得郡王,咤曰:"朝廷负我,吾奉金帛不赀,何惜越王不吾与? 吾
当自取之!"下厌其虐,乃劝为帝。近县举狂噪呼请,昌令曰:"时至,我
当应天顺人。"其属吴繇、秦昌裕、卢勤、朱瓒、董庠、李畅、薛辽与妖人应
智王温、巫韩媪皆赞之。①

在董昌妄自尊大的密谋筹划中,有两个具有所谓法术的人,一个是妖人应智
王温,一个是女巫韩媪,称其为媪,说明这个女巫年纪已长。董昌引进她的
目的与引进妖人王温一样,是想利用他们懂妖法、会施巫咒的法术为实现自
己的野心助一臂之力。虽然目前所见资料有限,但在"男外女内"的传统性
别制度约束下,老年妇女比年轻妇女更容易进入公共空间,女巫当然也不会
例外。

四、唐代朝野政治斗争中的女巫

　　在淫祀之风盛行的时代,女巫因其有通神视鬼、预言吉凶祸福的能力,
以及掌握符咒厌胜的法术而颇受世人尤其是一些具有政治野心的人的欢
迎。她们会主动或被动地介入政治活动中去,有的进入了权力阶层,掌握了
话语权,在政治活动中获得一定的利益。中宗时期,皇后韦氏和上官昭容为
了独揽朝中大权,与武三思等人结党营私、排除异己、卖官鬻爵,在她们的支
持下,"于是三思骄横用事,敬晖、王同皎相次夷灭,天下咸归咎于后"②。随
着地位的上升,韦氏对巫术更为沉醉,想利用巫术厌胜的方法消灭异己,于
是长安城中的老女巫阿来成为她的帮凶,为她施法术害人。史载"唐韦庶人
之全盛日,好厌祷,并将昏镜以照人,令其速乱,与崇仁坊邪俗师婆阿来专行
厌魅。平王诛之。后往往于殿上掘得巫蛊,皆逆韦之辈为之也"③。巫术成
为她们利用的工具。

① (宋)欧阳修、宋祁:《新唐书》卷225《董昌传》,中华书局,1975年,第6467页。
② (后晋)刘昫:《旧唐书》卷51《中宗韦庶人传》,中华书局,1975年,第2172页。
③ (唐)张鷟著,赵守俨点校:《朝野佥载》卷3,《唐宋史料笔记丛刊》本,中华书局,1979年,第
　　62页。

与韦后同时的上官婉儿也不甘落后,如前所述她与母亲郑氏及尚宫柴氏、贺娄氏等人结党营私、收纳贿赂,又引进女巫赵氏出入禁中为自己所用,并奏请中宗封其为陇西夫人一事,只是没有想到赵氏手腕也极高,竟然做到了"势与上官氏为比"。这些因缘际会而得以进入上层社会尤其是皇宫中的女巫,也会影响到朝廷人事变动。中宗时,"有巫赵挟鬼道出入禁掖,彦昭以姑事之。尝衣妇服,乘车与妻偕谒,其得宰相,巫力也"①。这里的赵氏就是通过上官婉儿而出入后宫的女巫,赵彦昭以同姓之便巴结赵氏,认其为姑,竟然混上了宰相的高位。当然,赵氏本身并无能力影响官员的任命,但她可以通过上官婉儿来影响朝廷的人事变动。

除了日常生活离不开巫觋之外,唐人的政治生活中也离不开巫觋。在官场倾轧和斗争中,有些人或为了自保,或为了打击政敌,或为了预测前程,无所不用其极,雇用女巫实施巫术也是常见的一种方法,尤其是一些奸诈狡猾、结党营私的权臣。代宗时,权臣元载担任了中书侍郎、同中书门下平章事,主持大政,然而其"性颇奸回,迹非正直。宠待逾分,早践钧衡。亮弼之功,未能经邦务成;挟邪之志,常以罔上面欺。阴托妖巫,夜行解祷,用图非望,庶逭典章"②。巫术成为他打击政敌、排斥异己的手段。

在地方的政治斗争中,也会出现女巫的身影。安禄山意欲起兵谋反,也利用女巫神化自己:"至大会,禄山踞重床,燎香,陈怪珍,胡人数百侍左右,引见诸贾,陈牺牲,女巫鼓舞于前以自神。"③有些女巫甚至会进入当权者的核心圈子,为其出谋划策。唐朝末年,皇权衰落,地方坐大,藩镇割据,互相攻伐,藩镇内部也是矛盾重重,政变时起。女巫凭借其预言吉凶的法术,往往成为地方军阀内部斗争的有力工具之一,有时候因机缘巧合,她们甚至能左右藩镇的赏罚大权。《新唐书》载道:

　　师铎既败,虑骈内应。有女巫王奉仙谓师铎曰:"扬州灾,有大人死,可以厌。"彦曰:"非高公邪?"命左右陈赏等往杀之。侍者白有贼,骈

① (宋)欧阳修、宋祁:《新唐书》卷123《赵彦昭传》,中华书局,1975年,第4377页。
② (后晋)刘昫:《旧唐书》卷118《元载传》,中华书局,1975年,第3412页。
③ (宋)欧阳修、宋祁:《新唐书》卷225《安禄山传》,中华书局,1975年,第6414页。

曰:"此必秦彦来。"正色须之。众入,骈骂曰:"军事有监军及诸将在,何遽尔?"众辟易,有奋而击骈者,曳廷下数之曰:"公负天子恩,陷人涂炭,罪多矣,尚何云?"骈未暇答,仰首如有所伺,即斩之。……彦屡败,军气摧丧,与师铎抱膝相视无它略,更问奉仙,赏罚轻重皆自出。①

毕师铎时任淮南都统,囚禁了节度使高骈,因为打了败仗,担心高骈乘机对自己不利,欲杀高骈取而代之,遂指使女巫王奉仙预言扬州将有大灾难,暗示说只有杀死高骈才可能免灾。于是在毕师铎的授意下,秦彦率领心腹将士杀死了高骈。在这个事件中,女巫成功地配合了毕师铎的计划。当然,女巫由此也得到了毕师铎的器重,后来,毕师铎与秦彦在军事上处境极为不利,无法可想,就向王奉仙请教,以致赏罚轻重都由王奉仙决定了。

当然,并不是所有的女巫在参预政治斗争中都能够获得自己需要的一切,有些时候她们可能为人所利用,成为政治斗争的牺牲品。曹州女巫李氏"自言通于鬼物,有病癞者,就疗多愈,流闻四方,病人自远而至,门多车骑。高祖闻之,诏赴京师。因往来艺家,谓艺妻孟氏曰:'妃骨相贵不可言,必当母仪天下。'孟笃信之,命密观艺,又曰:'妃之贵者,由于王;王贵色发矣,十日间当升大位。'孟氏由是遽劝反,孟及李皆坐斩"②。罗艺原本为隋将,割据幽、营二州,武德三年(620),奉表归国,封燕王,赐姓李氏。率兵灭刘黑闼,居功自傲,与太子建成关系密切,贞观元年(627)因谋反被杀。按:李女巫是被高祖召到京师的,应该与李唐皇室有较密切的往来,可她与罗艺妻子孟氏关系也很密切,又用相法鼓动孟氏劝罗艺谋反,促使罗艺决心谋反而被杀。从整个事件的过程来看,李氏在罗家的行为肯定是得到了高祖和太宗的授意,连修撰《旧唐书》的史臣都说:"罗艺归国立功,信妖言而为叛。"③不过,为了掩人耳目,作为帮凶的李氏也被灭口了。这些参加朝野政治斗争的女巫们,若不能激流勇退,或幸运地早死,最终都难逃一劫。如前文所提及的第五氏和赵氏,虽然文献没有相关记载,但其结局却是不难推测。

---

① (宋)欧阳修、宋祁:《新唐书》卷224《高骈传》,中华书局,1975年,第6402—6403页。
② (后晋)刘昫:《旧唐书》卷56《罗艺传》,中华书局,1975年,第2279页。
③ (后晋)刘昫:《旧唐书》卷56《罗艺传》,中华书局,1975年,第2283页。

另外,女巫自己言行的不检点也可能给她们带来灭顶之灾。肃代时期,由于皇帝推崇,女巫不但在京城很活跃,在地方上也很活跃,有些女巫通过某种渠道与皇室拉上关系,依恃皇帝的恩宠,连地方官府也不放在眼里:

> 乾元己亥,赞善大夫左振出为黄州刺史。……后一岁,黄人又歌曰:"吾乡有鬼巫,惑人人不知。天子正尊信,左公能杀之。"於戏!近年以来,以阴阳变怪将鬼神之道,罔上惑下,得尊重于当时者,日见斯人。黄之巫女,亦以妖妄得蒙恩泽,朝廷不敢问,州县惟其意。公忿而杀之,则彼可诛戮,岂独巫女? 如左公者,谁曰不可颂乎?[①]

根据文中的叙述,被左振杀死的女巫应该是一个很有名气的女巫,可能与朝廷有些关系,对她罔上惑下的行为,朝廷非常放任,州县的官员也唯唯诺诺,根本不敢管她。女巫在唐代社会既受打击排斥,又时常被尊崇利用,正说明了唐朝"统治者对于巫觋类人物的心理实际上是非常矛盾的,他们既祈望通过她们得到神鬼助佑,同时又深恐其危及自身权位,因而有着强烈的防范、戒备心理"[②]。

结　语

总而言之,唐代女巫是一个比较特殊的群体,她们游离于世俗社会之外,但又没有女冠、比丘尼那样合法的身份,她们的活动被视为淫祀而受到国家法律规章制度的禁止,但社会大众趋吉避凶、消灾除厄的心理,又给她们的存在提供了宽泛的土壤,使人欲罢还休,欲废而不止。这就出现了看似非常矛盾的现象:一方面是政策的打击,女巫的生存充满了荆棘、充满了凶险;另一方面是个人的偏好,女巫有机会进入社会上层,参预朝野的政治生活。一方面是女巫的被驱逐,不断被边缘化;另一方面却是女巫的被追捧,进入主流视野。女巫被驱逐被边缘化与其女性的身份有关,女巫成功地渗

① (唐)元结著,孙望校:《元次山集》卷7《左黄州表》,中华书局,1960年,第105—106页。
② 高世瑜:《中国妇女通史·隋唐五代卷》,杭州出版社,2010年,第138页。

透到社会上层也与其女性的身份有关。在一个不对女性开放的领域里,女巫们只能通过与上层社会女性的交往达到她们的目的,或者以一个老者的身份进入男性的群体,法术既是她们的筹码,也是她们的工具,但最终决定她们命运的依然是掌握公共权力的男性。

国之鸿宝：唐代和政公主的内外之际*

郭海文　远　阳

和政公主是唐肃宗的第三个女儿。《新唐书·诸帝公主》里有关她的信息主要有三点：第一，母亲为章敬太后。"生三岁，后崩，养于韦妃。"第二，兄长为代宗，"代宗初立，屡陈人间利病、国家盛衰事，天子乡纳"。第三，丈夫为柳潭，"玄宗至蜀后迁驸马都尉"。①

目前，学术界对和政公主的研究就一篇论文，即崔丽芳、瞿小娟的《唐代贤慧型公主形象分析——以和政公主为例》。② 该文只是简单地论述了和政公主贤妻良母的形象，并未对其形象的形成及塑造的原因进行深入探讨。

唐代宗曾称和政公主为"国之鸿宝"。之前名气及影响都远大于她的平阳公主、太平公主都未享有此誉，一个生长在安史之乱之际的和政公主凭什么享有其名呢？正史对和政公主的记载有限，故拙文通过考证大儒颜真卿撰写的《和政公主神道碑》，来探究和政公主"国之鸿宝"的来由。

《和政公主神道碑》分别收录在《颜真卿集》、《全唐文》卷 344（中华书局，1983 年，第 3490—3493 页）中。现以《颜真卿集》为"底本"，对《和政公主神道碑》进行校勘。

---

* 本文系国家社科基金后期资助项目（15FZS037）的阶段性成果。本论文在撰写过程中，得到中国台湾学者卢建荣教授的指点，在此表达诚挚的谢意。
① 欧阳修：《新唐书》卷 83《诸帝公主》，中华书局，1975 年，第 3660—3661 页。
② 崔丽芳、瞿小娟：《唐代贤慧型公主形象分析——以和政公主为例》，《安顺学院学报》2017年第 4 期，第 15—19 页。

和政公主神道碑（广德二年八月）①

《诗》美下降，《传》书筑馆。贵其中礼，载籍称焉。汉魏已还，寂寥罕嗣。以荡陵德，则维其常。皇唐勃兴，王道丕变。平阳起娘子之军于司竹，襄城行匹庶之礼于宋公，常乐纠匡复之师于武后，皆前古之所②有。其或生知礼乐，周旋法度。躬行妇道，以懋大伦。克顺天经，光昭懿烈。名言之所莫究，书记之所未闻。聚众美于一身，邻太虚而独立者，其唯和政公主乎？公主姓李氏，陇西成纪人。皇唐元宗至道大圣大明孝皇帝之孙，肃宗文明武德大圣大宣孝皇帝之第三③女。帝女之崇，于斯为盛。今天子之同母妹也，母曰章敬皇太后。后之在襁褓也，后父赠太尉吴君曰令珪，尝游官蜀中，使道士勾规占之。④惊起曰："此女贵不可言，是生二子，男为人君，女为公主，嫁于柳氏。"其后竟配肃宗，生今上及公主。神所命也，厥惟旧哉？

公主三岁而孤，即能孺慕，育于储妃韦氏，纯孝过人。幼而聪惠，长而韶敏。秾华秀整，令德芬馨。婉嫕发于天姿，肃雍形于鉴寐。奉今上以悌道，事韦妃如所生。繇是特为肃宗之所赏爱。至若左右图史，开示佛经，金石丝竹之音，缋画工巧之事，耳目之所闻见，心灵之所领略，莫不一览悬解，终身不忘。天宝九载春三月既望，封和政公主，降于河东柳潭，既笄之三载矣。潭，周太保敏之五代孙，皇蕲州刺史怀素之曾孙，赠秘书监岑之第四子。衣冠地胄，辉映当朝。初以美秀承家，中以名声华国。道胜而贵能下善，谦尊而休有烈光。士林伟之。解褐左内率府胄曹，转颖⑤王府户曹陈留郡司功参军。以人门第一，选尚公主，拜太子洗马。亦既好合，雅相敬贵。虽柳侯秉彝有度，能降帝女之心，而公主率履由衷，每抗古人之节。故宗族胥睦，不独亲其亲；先后大同，莫敢私

---

① 颜真卿撰、黄本骥编：《颜鲁公文集》卷8《和政公主神道碑》，清道光二十五年湘阴蒋环古香书阁重刊，第309—312页。

② 《全唐文》有一"未"字。

③ "三"，《全唐文》为"二"。

④ 《全唐文》有一"规"字。

⑤ "颖"，《全唐文》为"颍"。

其子。伯姒宏农杨氏，太真姊，务华采。公主服无金翠之饰，居有冰雪之容。每至朔月六参，朝天旅进，嫣然班叙之内，迥出神仙之表，亦非希企之所及也。臬凶羯乱常，潼关不守。元宗幸蜀，妃后骏奔。姊曰宁国公主，孀嫠屏居，谁或讦告？乃弃其三子，取其夫之乘以乘之。柳侯徒行，公主愧焉，下而同趋者日且百里。每臻坎险，必先济宁国，而后从之。柳侯辞，公主曰："我若先涉，脱有危急，不能俱全，则弃我姊①矣。"柳侯感叹，躬负薪之役。公主怡然，亲馈饩之事，竭力供侍。潭兄澄之妻，杨贵妃之姊②也。贵幸前朝，势倾天下。公主交无谄黩，思未绸缪。杨且云亡，以孤见托，马嵬之役，无噍类焉。感其一言，悉力营赡。男登服冕之位，女获乘龙之匹。出入存恤，过于己子。虽其密亲，罔或能辨。柳之亲昵，伯仲姑姊③，隐僾将迎，唯恐不至。纠逖疏属，抚循悖嫠。繇内及外，终始如一。孤穷满目，荣悴殊伦。居薄推厚，未尝懈倦。衣服饮食等，无有差互。或未周婴孩罔及。每至伏腊，祄祠蒸尝，必具礼衣花钗之饰，以躬中馈堂室之奠。岂无婢使，式燕孙谋？姿性纯俭，不以迄成。先圣休之，宝书清问。秋八月，元宗至蜀，仍旧邑而册公主，以潭为驸马都尉、银青光禄大夫、太仆卿。属狂将兴祸，称兵向阙，元宗亲御闉阇，临视诛讨。驸马率领家竖折冲张义童等斗于门中，公主及宁国彀弓迭进。驸马乘胜突刃，所向无前，斩馘擒生，殆逾五十。节使时宰，具以表闻。元宗自系诰示，先帝恩让莫当，策勋遂寝。今上之为元帅也，躬擐甲胄，率先将卒。举两京若拾遗，摧凶寇如振槁。劳旋方及，弩④藏其弢。公主贸迁有无，亿则屡中，(阙)赢优而数逾千万。惧不给，悉畀县官，论者难之。肃宗弥留，众皆迭侍，主独赡奉，不已于旁。帝有间，蠚而谓之曰："汝之纯孝，乃能至是！"遂赉庄一区。帝爱季女曰宝章⑤，公主因奏曰："八妹未有，请以赐之。"泣而谏焉，哀动左右。西陵迁窆，

---

① "姊"，《全唐文》为"姉"。
② "姊"，《全唐文》为"姉"。
③ "姊"，《全唐文》为"姉"。
④ "弩"，《全唐文》为"帑"。
⑤ "宝章"，《全唐文》为"宝真"。

上戒主曰："凡厥亲身之物，必诚必信，勿之悔焉。"主罄家有无，以邑入千万潜羡经费，上深感叹焉。上既宅亮阴，未忍临政。人之疾苦，事之得失，岂尝私谒，动必以闻。上敬异之，朝廷赖焉。广德元年冬，上既东幸，主志期扈跸。回兵充斥，咫尺不通，因至荆南。尉荐诸将，方隅载谧，职贡以修，主有力焉。上之在陕，忧主匮乏，乃命中使屡敕节度及转运使，随主所须，务必①肃给。主以国用空罄，退而叹曰："吾方竭家财以资战士，其能饕餮，首冒国经？"唯请名香数斤，赋于佛寺，为主祈福而已。王公戚属，相携而至者，蓝缕腻囊，襁负鳞次，竭其（阙）斧，亲自赡恤，聚而泣之，悲感行路。初次商於，顿于传置。群盗蝟②起，奄哗驿③亭。呼而犒之，晓以祸福。一言革面，愿比家人④。之死靡他，至今犹在。缅惟罔极，无所置哀。从母薛氏，遗孤数四，分宅居之，皆俾成立。莱、莘兄弟，尽列通班；二女有行，克配良士。主之慈忠，悉皆若是。亲临稼穑，躬俭节用，不惮烦缛，雅好组纫，驸马裳衣，必亲裁缄，爰及子女，罔衣绮纨，绽新皆成主手。每加训诲，蠢迪检押。广德二载（764）春二月，归于上都。诸主高会，议际夫党。觊其亲族，多旷周旋。咸以为时经百罹，粗略可也。主抗词曰："女之移天，遂成他族。怙贵长慠⑤，何以律人？上方理定，闻必不悦。"诸主蹴然，竞崇讨习。礼之降杀，亲之薄厚，翕然一变，职主之由。夏六月才生魄，属边候不谨，烽及京师，城中震惊，圜视无色。主既弥月，体未甚安，曰："事亟矣！其入言之。"驸马请间，主曰："吾业已行矣，驸马独无兄乎？"因乘檐子，直至寝殿，乃悉索阙遗，备陈利病以奏之，上欣然嘉纳。所言未究，傍或员来，因尔退归，迟明诞育，展转怊惆⑥，不能弭忘。时属炎暍，热疾有加，圣情忧轸，起坐失次，天医内官，相继旁午。彼苍不惠，以其月二十有五日辛卯，薨

---

① "必"，《全唐文》为"令"。
② "蝟"，《全唐文》为"猬"。
③ "驿"，《全唐文》为"译"。
④ "人"，《全唐文》为"矣"。
⑤ "慠"，《全唐文》为"傲"。
⑥ "惆"，《全唐文》为"怅"。

于常乐坊之私第，春秋三十有六。呜呼！皇上友爱天深，痛毒兼至，奄然一叫，声泪俱咽。哀动木石，岂伊人伦？涟涟孔怀，如失于臂。曰"余此妹，国之鸿宝。方期（阙）云如何瘅，祝降时丧，天实为之，胡宁忍予？"乃辍朝三日，命京兆尹监护丧事，一以官供，务从优厚。柳侯掐膺永悼，气索神伤。心苦而忽然忘生，泣尽而继之以血。况乎五男三女，或龀或孩，呼阿母而哭无常声，吁昊天而仁覆永绝。哺以滋旨，嗌而莫就，其为酷痛，曷愈于斯，以是思哀，哀可知矣！自朝及野，知与不知，闻之失声，罔不震悼。栈有青牛，素服辕辄，主之薨也，踣地哀鸣，仰天屑泪，三日不□。畜犹若是，臣仆可知。主之将薨，驭马先殒。捐馆之夕，见梦别墅，乘之周麾，偏劳愁遗，俾屏不逮。田客兼从数骑，久已云亡，众皆惊起，仿佛犹见。虽所凭则厚，而精气何多？主于驸马，大义敦肃，不特倪天之贵，每极家人之礼。驸马雅性夷简，恬于名利，愿究卫生之经，庶臻久视之道。主志深婉顺，始慕真宗，故于他时，并受法箓。尝谓之曰："《易》崇积善，《诗》贵起予。不以忠孝数事，迭相告勖者，则心有慊①焉。率而行之，曷尝废坠。又以为死生恒理，先后之间。若幸启手足，必当襚以道服，瘗我于支提。往来行言，时见存恤，则所怀足矣。子若不讳，我若没②身未亡，洒扫茔陇，出入宛羡，奉君周旋。"

噫嘻！于斯之时，以为谑浪，岂悟今者，皆符昔言！有司奉诏，将厚其礼，驸马疏陈，皆蒙允许。粤以秋八月十九日甲申，臮其男试太常少卿赐紫金鱼袋晟，鸿胪少卿晕，试秘书丞赐紫金鱼袋杲，试殿中丞昱，臮子，三女等，虔窆公主于万年县义丰之铜人原，从理命也。於乎！风咏歌衣，史称彤管，纤微之善，载籍犹称。况乎七叶帝女，分形归妹，贵能上下，忠以导躬，备③德言容功之④美，服女师母仪之训。订之绵古，孰与我京？昔马迁著《记》，谓之实录，有道见述，亦云无愧。某学于旧史，少识前载，历考长代跂彼（疑）之盛，未有如公主者焉。虽壸则家风，每

① "慊"，《全唐文》为"歉"。
② "没"，《全唐文》为"殁"。
③ 《全唐文》少一"备"字。
④ 《全唐文》有一"四"字。

抠如宾之敬;而勤崇垂懿,敢忘传信之辞。铭曰:

　　秩矣公主,元元之绪。圣皇之孙,肃宗之女。今上之妹,生人之矩。德言容功,义仁孝忠。温良恭俭,敬让宏通。率履弗越,高明有融。下嫁于柳,猗那自久。金石著明,琴瑟斯友。家道以正,人伦斯厚。凤凰于飞,梧桐是依。嗺嗺喈喈,福禄攸归。和乐既孺,德音莫违。麟之趾定,振振子姓。方绍母师,奄摧邦令。一人痛毒,九有违咏。诏葬于河①,铜人之阿。支提郁起,宰树谁过? 空余好合,来往滂沱②。

　　案:公主封号本作"和政",见《唐书·公主列传》。而何氏《语林》、赵氏《因话录》、江氏《笔录》皆误作"政和"。

拙文首先要对《和政公主神道碑》作认真考证,其次在考证的基础上,探究和政公主被称作"国之鸿宝"的缘由。

一、和政公主生平简考

《和政公主神道碑》中记载:"广德二载……夏六月才生魄……以其月二十有五日辛卯,薨于常乐坊之私第,春秋三十有六。"广德二载是764年,和政公主卒于36岁,可以推算出和政公主生于728年,即唐玄宗开元十六年。

(一) 家庭成员

1. 父亲:肃宗。《和政公主神道碑》记载:"公主姓李氏,陇西成纪人。皇唐元宗至道大圣大明孝皇帝之孙,肃宗文明武德大圣大宣孝皇帝之第三女。"可知公主为肃宗第三女。与《新唐书·诸帝公主》记载一致。

2. 母亲:章敬皇后。《和政公主神道碑》:"母曰章敬皇太后。"据《旧唐书》记载:"肃宗章敬皇后吴氏,坐父事没入掖庭。"③《新唐书》记载:"肃宗章敬皇后吴氏,濮州濮阳人。父令珪,以郫丞坐事死,故后幼入掖廷。"④两者记

---

① "河",《全唐文》为"何"。
② "沱",《全唐文》为"沲"。
③ 刘昫:《旧唐书》卷52《后妃下》,中华书局,1975年,第2187页。
④ 欧阳修:《新唐书》卷77《后妃传》,中华书局,1975年,第3499页。

载相差不大，至于吴令珪所犯何事，现已不可考。因吴氏"容止端丽，性多谦抑"，肃宗对她"宠遇益隆"，"生代宗皇帝"。① 可见，和政公主与代宗是同母兄妹。很可惜，吴氏"年十八薨"②，并未见到孩子"男（代宗）为人君，女（和政）为公主"的"神所命也"。

3. 养母：储妃韦氏。和政公主的亲生母亲去世后，"公主三岁而孤，即能孺慕，育于储妃韦氏，纯孝过人"。据《旧唐书》："肃宗韦妃。父元珪，兖州都督。肃宗为忠王时，纳为孺人，及升储位，为太子妃，生兖王僴、绛王佺、永和公主、永穆公主。"③然而，太子自古以来都是很危险的职业，"天宝中，宰相李林甫不利于太子，妃兄坚为刑部尚书，林甫罗织，起柳勣之狱，坚连坐得罪，兄弟并赐死"④。肃宗为了自保，"言与妃情义不睦，请离婚，玄宗慰抚之，听离"。"妃遂削发被尼服，居禁中佛舍。西京失守，妃亦陷贼。至德二年（757），薨于京城"。⑤ 母爱又一次远离了和政公主。

从和政公主母亲与养母的出身及经历来看，她们的不幸都与宫廷的政治斗争关系密切。

4. 驸马：柳潭。《新唐书》："下嫁柳潭。"⑥《和政公主神道碑》中记载："潭，周太保敏之五代孙，皇蕲州刺史怀素之曾孙，赠秘书监岑之第四子。"《大周故河东柳府君墓志并序》对其世系有详细记载："其子该、详、谟及孙庭玉、庭芝、庭筠、岑、崧等。"⑦柳潭之所以被选为驸马，除了"衣冠地胄，辉映当朝"外，还与柳潭自身的品德及才能有关，正如神道碑所说，"初以美秀承家，中以名声华国。道胜而贵能下善，谦尊而休有烈光。士林伟之。解褐左内率府胄曹，转颍王府户曹陈留郡司功参军。以人门第一，选尚公主，拜太子洗马"。

① 刘昫：《旧唐书》卷52《后妃下》，中华书局，1975年，第2186页。
② 欧阳修：《新唐书》卷77《后妃传》，中华书局，1975年，第3500页。
③ 刘昫：《旧唐书》卷52《后妃下》，中华书局，1975年，第2186页。
④ 刘昫：《旧唐书》卷52《后妃下》，中华书局，1975年，第2186页。
⑤ 刘昫：《旧唐书》卷52《后妃下》，中华书局，1975年，第2186页。
⑥ 欧阳修：《新唐书》卷83《诸帝公主》，中华书局，1975年，第3660—3661页。
⑦ 周绍良、赵超主编：《唐代墓志汇编续集》延载001《大周故河东柳府君墓志并序》，上海古籍出版社，2001年，第331—332页。

那么公主册封及结婚是何年何月呢？神道碑与正史记载有些出入：《神道碑》记载公主曾两次册封：一次是"天宝九载（750）春三月既望，封和政公主，降于河东柳潭，既笄之三载矣"。第二次是"秋八月，元宗至蜀，仍旧邑而册公主，以潭为驸马都尉、银青光禄大夫、太仆卿"。玄宗至蜀的具体时间是什么时候呢？据《玄宗本纪》："［天宝十五载（756）六月］甲午，将谋幸蜀，……己未。凌晨，自延秋门出，微雨沾湿，扈从惟宰相杨国忠、韦见素、内侍高力士及太子、亲王、妃主、皇孙已下多从之不及。"[1]可知公主再次册封的时间为756年秋八月。《新唐书》只有一处记载"从玄宗至蜀，始封，迁潭驸马都尉"[2]。与《神道碑》第二次记载一致，即756年公主册封。

到底哪种记载符合历史史实呢？《神道碑》记载，公主（728—764）享年36岁，共生有8个孩子。如果公主750年册封，彼时公主22岁，与"既笄之三载矣"基本吻合，[3]亦与《新唐书》"公主下嫁柳潭"[4]一致。从22岁结婚，到36岁去世，14年间，公主共生养8个孩子，比较符合常理。如果公主756年册封并结婚，彼时公主28岁。从28岁结婚，到36岁去世，8年时间，公主共生养8个孩子，于情于理都有点说不过去。综上，笔者认为神道碑所记录的较符合史实，即公主曾两次受封。第一次受封，和政公主与柳潭结婚；第二次受封，柳潭被授予驸马都尉、银青光禄大夫、太仆卿。

为什么公主会二次受封呢？750年公主第一次受封，此时玄宗是皇帝，而肃宗为太子。问题是，和政公主是玄宗的孙女，她能被册封为公主吗？按照唐代的制度，此时和政公主应被封为郡主才对。可惜史料有限。但是，即便是郡主，也不妨碍她出嫁。所以，公主第一次受封时，公主只是出嫁柳潭，柳潭并没有被授予驸马都尉。756年秋八月，公主第二次受封，在此之前"（七）月甲子，上即皇帝位于灵武"[5]。在这种情况下，和政"仍旧邑而册公

① 刘昫：《旧唐书》卷9《玄宗本纪》，中华书局，1975年，第232页。
② 欧阳修：《新唐书》卷83《诸帝公主》，中华书局，1975年，第3661页。
③《礼记·内则》："十有五而笄。"郑玄注："谓应年许嫁者，女子许嫁，笄而字之。其未许嫁，二十则笄。"阮元校刻《十三经注疏》本，中华书局，1991年，第1471页。公主15岁未嫁，那么20则笄，所谓"既笄之三载矣"，差不多就22—23岁了。
④ 欧阳修：《新唐书》卷83《诸帝公主》，中华书局，1975年，第3660页。
⑤ 刘昫：《旧唐书》卷10《肃宗本纪》，中华书局，1975年，第242页。

主，以潭为驸马都尉、银青光禄大夫、太仆卿"，也是合情合理。

公主结婚后，秉持为人妇之礼，"每至伏腊，祔祠蒸尝，必具礼衣花钗之饰，以躬中馈堂室之奠。岂无婢使，式燕孙谋？姿性纯俭，不以迂成。先圣休之，宝书清问"。这里面有公主的实际行为，亦有编写者的评价。

5. 子女。据《神道碑》，公主与驸马有五子三女，五子分别为"试太常少卿赐紫金鱼袋晟，鸿胪少卿晕，试秘书丞赐紫金鱼袋杲，试殿中丞昱"，及出生不久的孩子。三女不可考。和政公主去世时，这几个孩子"或龀或孩，呼阿母而哭无常声，吁昊天而仁覆永绝"。此后"代宗十四女义清公主，下嫁秘书少监柳杲"①。"德宗第十女宜都公主，下嫁殿中少监柳昱"②。

（二）死亡原因

据公主碑铭记载，"彼苍不惠，以其月二十有五日辛卯，薨于常乐坊之私第，春秋三十有六"。那么是什么原因导致了和政公主在大好年华去世？据《新唐书·诸帝公主》记载："广德时，吐蕃再入寇，主方妊，入语备边计，潭固止，主曰：'君独无兄乎？'入见内殿。翌日，免乳而薨。"③女人一生中最危险的时刻莫过于怀孕生子，《汉书·外戚传》孝宣许皇后条就有"妇人免乳大故，十死一生"④之说。何况还是在战争危险之际，公主还执意入宫，为兄长谋划。最终导致公主在 36 岁的时候，就撒手人寰。总之，战争与生育是导致公主早逝的主要原因。

公主生病后"天医内官，相继旁午"。此处的"天医"即指皇室的太医、御医。内官指太监、宦官。学者认为："唐代宫廷除尚药局、药藏局、太医署三大医疗机构外，还有尚食局的食医，翰林院的医术待诏，后宫的患坊，外国名医等，他们一起构成了唐代宫廷医疗体系，为最高统治阶级服务。"⑤此处给公主医治的应该是太医署的男医及起辅助作用的女医。首先，主治医生是男医。正如楼劲所说"太医署女医所习的安胎产难及疮肿、伤折、针灸科目，

① 欧阳修：《新唐书》卷 83《诸帝公主》，中华书局，1975 年，第 3663 页。
② 欧阳修：《新唐书》卷 83《诸帝公主》，中华书局，1975 年，第 3665 页。
③ 欧阳修：《新唐书》卷 83《诸帝公主》，中华书局，1975 年，第 3660—3661 页。
④ 刘昫：《汉书》卷 97《外戚上》，中华书局，1962 年，第 3966 页。
⑤ 赵芳军：《唐代宫廷医疗制度研究》，《河北经贸大学学报》2008 年第 3 期，第 91 页。

无妨看作制度设定的女医治疗范围,却不能理解为这些疾患包括孕妇的妊娠分娩多由女医负责,因为医、针生必亦教习安胎产难等知识技能,史籍中更多男医治疗皇后嫔妃等贵妇的实例"①。其次,起辅助作用的是女医。楼劲认为:"至于女医所习之所以不是别的而是这几个科目,应当也是其主要为嫔妃宫女服务的缘故。她们不仅不便出宫或需由男医入内医治,更重要的是,安胎产难和疮肿、伤折、针灸施治,每须切近接触其身体,即便特许御医为之诊疗,也须由女医充其助手,承担男医不宜的各种贴身服务。"②"白日卧多娇似病,隔帘教唤女医人"③可以说是宫人请女医治病的形象描写。敦煌壁画中亦有男医主治、女医协助的场面。正如有学者描述的"在隋开皇四年(584)建造的302窟,窟顶人字披下端的《福田经变》分上下两组,上组画一个女病人裸体卧席,病人家属在两旁各握其手,医生正对着病人诊断治疗。下组为一个羸瘦的裸体女病人,由家人扶着坐起,前面一个医生正在调剂中药,而病人身后的执药少女,静候病人服药"④。可见,不管是在宫廷还是民间,主治医生都是由男医担任,女医只是起辅助作用。所以在和政公主产难之时,应是由医术高超的男医和有经验的女医共同医治的,但仍然无力回天。

(三) 丧葬礼

和政公主去世后,"皇上友爱天深,痛毒兼至,恚然一叫,声泪俱咽。哀动木石,岂伊人伦? 涟涟孔怀,如失于臂。曰: '余此妹,国之鸿宝。方期(阙)云如何瘅,祝降时丧,天实为之,胡宁忍予?'"为了表达自己的哀痛之心,代宗为妹妹举行了一场隆重的丧葬礼。除了"辍朝三日,命京兆尹监护丧事,一以官供,务从优厚",代宗还为和政公主做了两件重要的事情:

其一,代宗请书法家颜真卿为和政公主撰写神道碑。"颜真卿字清臣,

---

① 楼劲:《释唐令"女医"条及其所蕴之社会性别观》,武汉大学中国三至九世纪研究所编《魏晋南北朝隋唐史资料》第三十七辑,上海古籍出版社,2018年,第107页。亦收入本论文集中。

② 楼劲:《释唐令"女医"条及其所蕴之社会性别观》,武汉大学中国三至九世纪研究所编《魏晋南北朝隋唐史资料》第三十七辑,上海古籍出版社,2018年,第107页。亦收入本论文集中。

③ 王健:《宫词一百首》第八四首,彭定求等编《全唐诗》卷302,中华书局,1960年,第3442页。

④ 汪雪义、梁永林、贾晓彤:《论敦煌壁画中的女医童与中国护士的萌芽》,《护理研究》2014年第5期上旬版,第1660页。

琅邪临沂人也。真卿少勤学业，有词藻，尤工书。"①颜真卿为公主撰写志文时，年五十六岁，"唐代宗广德二年甲辰（764）正月，除检校刑部尚书兼御史大夫，充朔方行营汾晋等六州宣慰使，后三日敕命前往。未行。留知省事。三月，晋封鲁郡开国公，食邑三千户"②。据《百官志》："凡爵九等：一曰王，食邑万户，正一品；……四曰开国郡公，食邑二千户，正二品。"③由此可知，颜真卿爵位为正二品。代宗请书法大家且官至二品的颜真卿为公主撰写墓志铭，体现了代宗对和政公主的兄妹情深。

其二，公主被埋在夫家祖茔。关于埋葬地，神道碑记载公主有两个遗愿。其一"瘗我于支提"，其二埋葬在万年县义丰之铜人原。前者是公主生前对驸马的一次嘱咐，有证有据。后者，是公主死后儿子们的所为，但又号称"从理命"也，所谓理命，即治命。谓人临终而神志清明时的遗命，与神志不清时的"乱命"相对。唐时避高宗李治之讳，改作"理命"。

公主有浓厚的佛教信仰，神道碑记载："至若左右图史，开示佛经，金石丝竹之音，缋画工巧之事，耳目之所闻见，心灵之所领略，莫不一览悬解，终身不忘。"所以公主想"瘗我于支提"也容易理解。正如有的专家所说"和政公主的安葬是依照其生前所愿以浮屠之法起塔而藏。这种埋葬形式源于其自身的佛教信仰以及肃代之时宫廷浓郁的佛教气氛的影响"④。这其实也是和政公主人格独立的一种显示："他们不愿意葬在先茔——表示切断家族的纽带，或是说他们不愿与配偶合葬——表示斩断男女情爱关系。"⑤然而实际上，与太宗的几个女儿陪葬在昭陵不同，和政公主并未陪葬在肃宗的建陵，（陪葬建陵的只有"尚父、汾阳王郭子仪"⑥）而是被葬在夫家祖茔。这种现象是公主自己在临终前修订了之前的"遗嘱"，还是其儿子擅作主张，更改了

---

① 刘昫：《旧唐书》卷78《颜真卿传》，中华书局，1975年，第3589页。

② 朱关田：《颜真卿年谱》，西泠印社出版社，2008年，第157—158页。

③ 欧阳修：《新唐书》卷46《百官一》，中华书局，1975年，第1188页。

④ 陈金华、孙英刚：《神圣空间：中古宗教中的空间因素》，复旦大学出版社，2014年，第154页。

⑤ 卢建荣：《北魏唐宋死亡文化史》，麦田出版社，2006年，第211页。

⑥ 王溥：《唐会要校笺》卷21《陪陵名位》，牛继清校证，三秦出版社，第356页。

母亲的遗愿？因资料有限,后人不得而知。但可看出"这是女性身体的不由自主,而任由文明体制所支配的一大转变"①。铜人原指的是灞河以东的黄土台塬,即今洪庆原(洪庆山森林公园)。柳氏家族的茔地在此。和政公主的儿子柳昱、儿媳宜都公主都埋在这里。公主到死,终于回归了柳家媳妇的角色。

二、和政公主被称为"国之鸿宝"的原因初探

和政公主用 36 年的时间走完了她的短暂人生。在这短短的 36 年里,她经历了生母去世的丧亲之痛、养母遭离弃的家庭之哀,也经历了安史之乱、边候不谨的黍离之悲。代宗之所以称她为"国之鸿宝",是因为在这个动荡的岁月中,这个宫闱中的女子,对外,能临危不惧,智勇双全。她拥有平阳公主、太平公主的胆识与谋略,是武则天时代男女平权的余绪,但她并不觊觎父兄的天下。对内,能和睦宗亲,悲悯世人,是《礼记·内则》的忠实执行者。颜真卿花了大量篇幅为她撰写神道碑,本身就有宣扬价值的传媒功能。

邓小南认为："内、外本来是一组空间概念,而它一旦与男、女对应起来,便涉及观念中对于内外的判别,彰显出了一层道德文化的含义。"②下面通过论证和政公主的内外之际,探讨"国之鸿宝"的真实含义。

(一)对外：和政公主在军事和经济上显示她过人的才华

1. 军事上：安史之乱展英姿,吐蕃之乱献谋略

和政公主一生经历了两次比较大的叛乱,一次是玄宗时期的安史之乱,另一次是代宗时期的吐蕃叛乱。在这两次叛乱中,和政公主与父兄同仇敌忾,共赴国难。这种行为本身就是对"内言不出,外言不入"③的反动。

(1)安史之乱,和政才露尖尖角

首先,和政公主选择随同祖父玄宗逃亡蜀地,是其政治智慧的体现。安

---

① 卢建荣：《北魏唐宋死亡文化史》,麦田出版社,2006 年,第 37 页。
② 邓小南：《"内外"之际与"秩序"格局：兼谈宋代士大夫对〈周易·家人〉的阐发》,邓小南主编《唐宋女性与社会》,上海辞书出版社,2003 年,第 98 页。
③《礼记正义》卷 27《内则》,阮元校刻《十三经注疏》本,中华书局,1991 年,第 1462 页。

史之乱是唐代玄宗末年至代宗初年（755 年 12 月 16 日至 763 年 2 月 17 日）由唐朝将领安禄山与史思明背叛唐朝后发动的战争。当时"逆胡窃号，剥乱中原。虽平嵩丘、填伊洛，不足以掩宫城之骸骨；决洪河，洒秦雍，不足以荡犬羊之羶臊"①。朝廷上下也是惊恐万分："上独与贵妃姊妹、皇子、妃、主、皇孙、杨国忠、韦见素、魏方进、陈玄礼及亲近宦官、宫人出延秋门，妃、主、皇孙之在外者，皆委之而去。"②

　　然而，在逃难的过程中，和政公主的祖父玄宗与父亲肃宗即当时的太子李亨是兵分两路的。安史之乱的亲历者元结就曾在《大唐中兴颂》中记载："天宝十四载（755），安禄山陷洛阳。明年陷长安，天子幸蜀，太子即位于灵武。"③正如黄永年所分析的，"李辅国当时已是东宫宦官的首脑，他之所以劝肃宗分兵自立，是袭当年高力士的故智，想通过拥立来窃取中枢政柄。张良娣则性'辩惠'，是武则天、韦后、太平公主式的政治人物，也想通过拥立来窃取权力。而肃宗在东宫初无其他亲信，此时亲随保护的唯有李、张，李、张的主意自然易于为肃宗接受，何况这个分兵自立的主意也确实对肃宗有利"④。而"玄宗之所以同意肃宗分兵，也不是认为他有把握利用朔方军以中兴唐室，而只是借此分散安禄山叛军的注意力，在长安西北牵制叛军使不至全力向南追逼，从而保障自己入蜀后的安全"⑤。所以说这次分兵不过是一场政治博弈，肃宗及其拥立者想自立，玄宗在无力反抗之下也只能答应，并顺势以肃宗一派牵制叛军，以求能减少入蜀路上的阻力。

　　此时，和政公主的兄长"从肃宗蒐兵灵武，以上（代宗）为天下兵马元帅"⑥。和政公主身为当时的太子李亨的女儿，为何没有跟随父兄走，而是跟

① 李白：《李太白全集》卷 26《为宋中丞请都金陵表》，王琦注，中华书局，2015 年，第 1413 页。
② 司马光：《资治通鉴》卷 218 肃宗至德元载五月条，中华书局，1975 年，第 6970—6971 页。
③ 王昶：《金石萃编》卷 96 元结撰、颜真卿书《大唐中兴颂》，江苏古籍出版社，1998 年，第 649 页。
④ 黄永年：《唐肃宗即位前的政治地位和肃代两朝中枢政局》，中国唐史研究会《唐史研究会论文集》，陕西人民出版社，1983 年，第 233 页。
⑤ 黄永年：《唐肃宗即位前的政治地位和肃代两朝中枢政局》，中国唐史研究会《唐史研究会论文集》，陕西人民出版社，1983 年，第 234 页。
⑥ 刘昫：《旧唐书》卷 11《代宗本纪》，中华书局，1975 年，第 267 页。

随玄宗逃往蜀地呢？里面也许有情感的因素,毕竟玄宗年迈体弱。也许也有政治的原因。玄宗与肃宗的矛盾日益加深,此时,兄长代宗已随肃宗"蒐兵灵武",吉凶未卜。和政公主留在玄宗身边,也许是为代宗另留一条路。后来,"肃宗弥留,众皆迭侍,主独赡奉,不已于旁。帝有间,盥而谓之曰：'汝之纯孝,乃能至是！'"依然可以看出公主的孝心以及为其兄长即位铺路。

其次,为保护玄宗,和政公主亲上战场,彰显其军事才能。公主跟随玄宗到达蜀地之后,又适逢蜀地守将郭千仞叛乱,"玄宗御玄英楼谕降之,不听"①,在这种情况下,"驸马率领家竖折冲张义童等斗于门中,公主及宁国彀弓迭进。驸马乘胜突刃,所向无前,斩馘擒生,殆逾五十。节使时宰,具以表闻。元宗自系诰示,先帝恳让莫当,策勋遂寝。今上之为元帅也,躬擐甲胄,率先将卒。举两京若拾遗,摧凶寇如振槁"。最终"六军兵马使陈玄礼、剑南节度使李峘讨诛之"②。在这场叛乱中,公主夫妇居功至伟。此时,公主 29 岁。公主为了保护玄宗不顾自身安危,与驸马亲上战场,起到了缓和父兄与祖父之间关系的作用,也为代宗最终接班挣得了一份政治资本。

(2) 吐蕃之乱,和政公主显神威

公主一生经历了两次吐蕃之乱。一次是广德元年,一次是广德二年。在这两次吐蕃之乱中,公主表现出惊人的胆魄与智谋,令男子汗颜。

第一次经历吐蕃之乱,公主临危不惧。安史之乱过后,平静了几年,战乱又起。"[代宗广德元年(763)]郭子仪数上言：'吐蕃、党项不可忽,宜早为之备。'"③果不其然,到了这一年"冬十月庚午朔,辛未,高晖引吐蕃犯京畿,寇奉天、武功、盩厔等县"④。代宗出逃陕州避难,"丙子,出幸陕州,官吏藏窜,六军逃散"⑤。而此时和政公主有孕在身,墓志记载："广德元年冬,上既东幸,主志期扈跸,回兵充斥,咫尺不通,因至荆南。尉荐诸将,方隅载谧,职贡以修,主有力焉。"结果在逃难的路上,屋漏偏逢连夜雨,他们竟"遇群盗",

① 欧阳修:《新唐书》卷 83《诸帝公主》,中华书局,1975 年,第 3661 页。
② 司马光:《资治通鉴》卷 219 肃宗至德二载七月条,中华书局,1956 年,第 7027 页。
③ 司马光:《资治通鉴》卷 222 代宗广德元年四月条,中华书局,1956 年,第 7143 页。
④ 刘昫:《旧唐书》卷 11《代宗本纪》,中华书局,1975 年,第 273 页。
⑤ 司马光:《资治通鉴》卷 223 代宗广德元年十月条,中华书局,1975 年,第 7151 页。

但"主谕以祸福，皆稽颡愿为奴"①，古有诸葛亮舌战群儒，唐玄奘十八天讲经论辩，任人问难，而无一人能辩倒，和政公主面对群盗"呼而犒之，晓以祸福。一言革面，愿比家人。之死靡他"。可见公主的口才与胆识不同于一般寻常女人，这样遇事不慌、沉着冷静对敌的和政公主才可称得上是大唐公主的典范。

第二次经历吐蕃之乱，建言献策。广德二年（764）春乙卯"吐蕃之入长安也"②。"夏六月才生魄。属边候不谨，烽及京师，城中震惊，阛视无色。主既弥月，体未甚安，曰：'事亟矣！其入言之。'驸马请间，主曰：'吾业已行矣，驸马独无兄乎？'因乘檐子，直至寝殿，乃悉索阙遗，备陈利病以奏之，上欣然嘉纳。所言未究，傍或员来，因尔退归，迟明诞育，展转怊惆，不能弭忘。"又因"时属炎暍"导致"热疾有加"，最终不治去世，"翌日，免乳而薨"。③

昔日平阳公主带领娘子军驻守关隘娘子关，为唐高祖的天下立下汗马功劳。如今和政公主不顾自身安危，以羸弱之身为她兄长的天下建言献策，且牺牲了自己年轻的生命。

2. 经济上：勤俭节省，一切为了父兄天下

《礼记·内则》："子妇无私货，无私畜，无私器，不敢私假，不敢私与。"④唐代公主却"在经济方面相对来说比较独立。一方面她们有自己的食封，另一方面，结婚时嫁妆也归自己所有，而不是归夫家"⑤。且唐代规定："凡外命妇之制，皇之姑，封大长公主，皇姊妹，封长公主，皇女，封公主，皆视正一品。"⑥而关于公主的食邑，唐代食封制度经历了一个发展变化的过程，

---

① 欧阳修：《新唐书》卷83《诸帝公主》，中华书局，1975年，第3661页。
② 司马光：《资治通鉴》卷223代宗广德二年正月条，中华书局，1956年，第7160页。广德二年（764）正月，尚书左仆射兼中书令、朔方节度使仆固怀恩叛唐。"仆固怀恩既不为朝廷所用，遂与河东都将李竭诚潜谋取太原；辛云京觉之，杀竭诚，乘城设备。怀恩使其子玚将兵攻之，云京出与战，玚大败而还，遂引兵围榆次。"司马光：《资治通鉴》卷223代宗广德二年正月条，中华书局，1975年，第7161页。
③ 欧阳修：《新唐书》卷83《诸帝公主》，中华书局，1975年，第3661页。
④ 《礼记正义》卷27《内则》，阮元校刻《十三经注疏》本，中华书局，1991年，第1463页。
⑤ 郭海文：《唐代公主的家庭生活》，《陕西师范大学学报》2011年第2期，第72页。
⑥ 刘昫：《旧唐书》卷43《职官二》，中华书局，1975年，第1821页。

封户也随之有变。唐代初年"公主三百户,长公主加三百户,有至六百户"①。高宗以后,以太平公主故,公主恃宠,不断逾越定制。玄宗即位,开始整肃食封,开元初年,重新确定封户数,"皇妹为公主者,食封一千户,中宗女亦同。其后,皇子封王者赐封二千户,皇女为公主者赐封五百户"②。但到了开元后期,咸宜公主得宠,"咸宜赐汤沐,以母惠妃封至一千户,诸皇女为公主者,例加至一千户。其封自开元已来,皆约以三千为限"③。所以和政公主在经济上应该比较宽裕,但是公主却"亲临稼穑,躬俭节用,不惮烦缛,雅好组纴,驸马裳衣,必亲裁紩,爱及子女,罔衣绮纨,绽新皆成主手"。因为"自兵兴,财用耗,主以贸易取奇赢千万澹军。及帝山陵,又进邑入千万"④。代宗心疼自己的妹妹,"忧主匮乏,乃命中使屡敕节度及转运使,随主所须,务必肃给"。但公主"唯请名香数斤,赋于佛寺,为主祈福而已"。与"禀性骄纵,立志矜奢。倾国府之资财,为第宇之雕饰"⑤的安乐公主相比,和政公主真对得起肃宗对她的赞美"汝之纯孝,乃能至是!"

总之,和政公主对外的表现既是对"女有内则,男有外傅,岂相滥哉?"⑥的反讽,也是武则天时期女权高涨的余绪。正如学者所说"女性参政的实施虽在713年太平公主之死告一段落,但女性参政文化的幽灵依旧在唐帝国帝都上空盘旋"⑦。然而,对女主政治有着沦肌浃髓之痛的玄宗,是绝对不允许穿着男装的女官们出现在他的朝堂上的。开元十二年(724)皇后王氏"居上畜虎狼之心,御下甚鹰鹯之迹;造起狱讼,朋扇朝廷;见无将之端,有可讳之恶",最后导致的结果是"可废为庶人,就别院安置"。⑧ 从此,玄宗再

---

① 刘昫:《旧唐书》卷107《玄宗诸子》,中华书局,1975年,第3267页。

② 刘昫:《旧唐书》卷107《玄宗诸子》,中华书局,1975年,第3267页。

③ 刘昫:《旧唐书》卷107《玄宗诸子》,中华书局,1975年,第3267页。

④ 欧阳修:《新唐书》卷83《诸帝公主》,中华书局,1975年,第3661页。

⑤ 西安市长安博物馆:《长安新出墓志·大唐故勃逆宫人志文并序》,文物出版社,2011年,第145页。

⑥ 欧阳修:《新唐书》卷122《魏元忠传》,中华书局,1975年,第4346页。

⑦ 卢建荣:《谁在制作上官婉儿——兼论后武则天时期(704—713)性别边界的动荡》,卢建荣《社会/文化史集刊23》,新高地文化事业有限公司,2019年,第148页。

⑧ 张九龄:《张九龄集校注》卷7《废王皇后制》,熊飞校注,中华书局,2008年,第516页。

未立过皇后。他的这种理念也影响到了肃宗和代宗。肃宗的张皇后在战争中同样表现得非常勇敢："张良娣性巧慧，能得上意，从上来朔方。时从兵单寡，良娣每寝，常居上前。上曰：'御寇非妇人所能。'良娣曰：'苍猝之际，妾以身当之，殿下可从后逸去。'至灵武，产子；三日起，缝战士衣。上止之，对曰：'此非妾自养之时。'上以是益怜之。"①但最后"太子监国。遂移后于别殿，幽崩"②。原因就是张皇后在风平浪静之后，"宠遇专房，与中官李辅国持权禁中，干预政事，请谒过当，帝颇不悦，无如之何"③。代宗之所以容忍和政公主"干政"，是因为太平公主、安乐公主、玄宗的王皇后、肃宗的张皇后都是想把父兄丈夫的天下变成她自己的，而和政公主是为了父兄的江山，不惜冒着"言外"的罪名，甚至搭上了自己的性命。也可以这么说，幸亏和政公主还没来得及享受胜利成果就去世了。如果和政公主没有早逝，而是要在战争结束后去分代宗的一杯羹，代宗还会用"国之鸿宝"赞誉她吗？

（二）对内：和政公主的"女治内事"显示其对传统女教的拓展

和政公主不仅在战争的前沿阵地表现出杰出的才能，在战争的后方，她同样表现得很出色。传统的女教重点强调女子对父母、公婆、丈夫的态度，而在公主神道碑里却选了公主善待姐妹、妯娌、从母、敌方妻子四件事。从而可看出公主的门内之治，是对传统女教的拓展。如同武则天时"为母服丧时期比照为父服丧时期这一议题的法制化行动"④。

1. 对待姊妹，情真意切。据《神道碑》记载：安史之乱爆发后，在逃难的人群当中，有孀居的宁国公主，大家都自身难保，只有和政公主，对宁国公主伸出援助之手。"乃弃其三子，取其夫之乘以乘之。……每臻坎险，必先济宁国，而后从之。柳侯辞，公主曰：'我若先涉，脱有危急，不能俱全，则弃我姊矣。'柳侯感叹，躬负薪之役。公主怡然，亲馈饩之事，竭力供侍"。不只是在战争中，日常的公主也能做到"友爱天深"，《神道碑》记载："肃宗弥留，众

---

① 司马光：《资治通鉴》卷218肃宗至德元载条，中华书局，1956年，第6983页。
② 刘昫：《旧唐书》卷52《后妃传》，中华书局，1975年，第2186页。
③ 刘昫：《旧唐书》卷52《后妃传》，中华书局，1975年，第2185页。
④ 卢建荣：《谁在制作上官婉儿——兼论后武则天时期（704—713）性别边界的动荡》，卢建荣《社会／文化史集刊23》，新高地文化事业有限公司，2019年，第145页。

皆迭侍,主独赡奉,不已于旁。帝有间,盡(悲伤)而谓之曰:'汝之纯孝,乃能至是!'遂赉庄一区。帝爱季女曰宝章,公主因奏曰:'八妹未有,请以赐之。'泣而谏焉,哀动左右。"

2. 对待姒娌,不卑不亢。《女诫·和叔妹》:"我臧否誉毁,一由叔妹,叔妹之心,复不可失也。夫嫂妹者,体敌而尊,恩疏而义亲。"①据《神道碑》记载,当时杨贵妃的姐姐秦国夫人嫁给了驸马的兄长柳澄,与和政公主是姒娌的关系。但在杨家得势时,"公主交无谄黩,思未绸缪"。安史之乱爆发后,"杨且云亡,以孤见托,马嵬之役,无噍类焉"。公主对柳澄的孩子,"悉力营赡。男登服冕之位,女获乘龙之匹。出入存恤,过于己子。虽其密亲,罔或能辨"。

3. 对待女性长辈,尽心尽力。碑铭记载:"从母薛氏,遗孤数四,分宅居之,皆俾成立。莱莘兄弟,尽列通班;二女有行,克配良士。""从母"用来指称母亲的姊妹,即姨母。因为公主的生母为吴氏,养母为韦氏,所以这里的从母薛氏应该指的是驸马柳谭的姨母,但因为驸马的父亲与母亲已不可考,所以"从母薛氏"也已不可考。在薛氏去世之后,留下两子两女四个孩子,公主对她们尽心抚养,两个男孩都入朝为官,两个女孩都嫁得良人。

4. 对待叛军妻子,恩威并施。"阿布思者,九姓首领也。开元初,为默啜所破,请降附。天宝元年朝京师,玄宗甚礼焉。布思美容貌,多才略,代为蕃首。禄山恃宠,布思不为之下。禄山因请为将,共讨契丹。虑见其害,乃率其部以叛。后为回鹘所破,禄山诱其部落降之,自是精兵无敌于天下"②。关于阿布思的叛乱,《旧唐书·玄宗纪》记载:天宝十一载(752)"三月,朔方节度副使、奉信王阿布思与安禄山同讨契丹,布思与禄山不协,乃率其部下叛归漠北。……(十三载)三月,北庭都护程千里生擒阿布思献于楼(勤政楼)下,斩之于朱雀街"③。唐律规定:"凡反逆相坐,没其家为官奴婢。"④肃宗

---

① 史仲文主编:《女儿规·女诫》,远方出版社,2006年,第42页。
② 封演撰:《封氏闻见记》,山东画报出版社,2004年,第357页。
③ 刘昫:《旧唐书》卷9《玄宗本纪》,中华书局,1975年,第225、228页。
④ 李林甫等撰:《唐六典》卷6《尚书刑部》,陈仲夫点校,中华书局,1992年,第193页。

时，"阿布思之妻隶掖廷，帝宴，使衣绿衣为倡"①。和政公主看到这一幕后，"谏曰：'布思诚逆人，妻不容近至尊；无罪，不可与群倡处。'帝为免出之"②。阿布思作为犯人，其妻不能完全信任，现在这么近距离地接近皇上，可以说是太大意。阿布思妻作为重臣之妻，现在被当作倡优供人玩笑，这不仁。从中可看出和政公主有着比较成熟的政治敏感性与慈悲情怀。

和政公主对待姐妹、妯娌、从母、叛军妻子的态度与西方女权主义者所提出的"姐妹情谊"（sisterhood）有异曲同工之妙。所谓姐妹情谊"描述的是妇女之间深层感情上的联系。从最广的意义上，它可以用来指所有妇女的共同性，即将所有妇女（不论差别）联结起来的那种共同感情。这种共同感情源于妇女在父权制社会被统治和被压迫的共同体验，以及妇女由于不是男人所遭受的负面描述的各种方式。从积极意义上讲，姐妹情谊可以被视作妇女之间的相互支持和相互关爱：相互支持建立了使妇女在日常生活中可以获得力量的一种特殊关系。这种相互的支持常常以亲属关系网为基础。这种相互的支持为妇女在父权制社会构筑自己的生活提供了一个基础（见德拉蒙德 Delamont，1980）"③。从公主对待女性亲属的态度可以看出她的善良，但其中也有这种姐妹情谊的因素。从而更加证明武则天时代女主政治对和政公主的影响。总之，和政公主对内的表现，表面看起来是传统教化的结果，但其实是对传统的突破，"这些些微女性声息，正代表着不甘雌伏的女性其能动性，意义格外重大"④。

小　结

和政公主突破了"内外之际"。作为宫闱女子，她口言外事；作为天姬之

① 欧阳修：《新唐书》卷 83《诸帝公主》，中华书局，1975 年，第 3661 页。
② 欧阳修：《新唐书》卷 83《诸帝公主》，中华书局，1975 年，第 3661 页。
③ ［美］谢丽斯·克拉马雷（Cheris Kramarae）、［澳］戴尔·斯彭德（Dale Spender）主编，"国际妇女百科全书"课题组译：《国际妇女百科全书（精选本）》，高等教育出版社，2007 年，第 179 页。
④ 卢建荣：《谁在制作上官婉儿——兼论后武则天时期（704—713）性别边界的动荡》，卢建荣《社会/文化史集刊23》，新高地文化事业有限公司，2019 年，第 147 页。

贵,她拓宽了亲和对象。她是武则天等女主政治的余绪,但又无可避免地受后玄宗时代的遏制。正应了学者所说"她们的所做所为,尽管仍然与她们的夫君、子弟之事业相联系,却明显地超出了'女教''女训'中对于她们的直接要求;而她们敢当危难的举措,显然又与她们所处的环境背景,所渐染的道德文化教养有关"①。所以,"国之鸿宝"就像是那冰冷的贞节牌坊,与其说是褒奖,还不如说是男权文化欺骗女性、绑架女性的一种阴谋。

---

① 邓小南:《"内外"之际与"秩序"格局:兼谈宋代士大夫对于〈周易·家人〉的阐发》,邓小南主编《唐宋女性与社会》,上海辞书出版社,2003 年,第 103 页。

播英声而无朽：唐代后妃的
形象建构与表达

蒋爱花　　胡楚意

中国古代官方史书对于女性的书写并没有着墨太多,却可以展现出多面的女性形象。有一些女性得到赞许并被视为值得效仿的榜样而流传后世,这体现出官方对女性形象的理想建构。

在唐代,官方记载、文学作品以及绘画、雕塑、诗歌中呈现出丰富多彩的女性形象,学界多从历史、文学、艺术等角度进行探讨。邓小南《六至八世纪的吐鲁番妇女：特别是她们在家庭以外的活动》利用墓志、绘画、出土文书、文物等材料,将目光放在下层妇女,分析了6—8世纪吐鲁番妇女在家庭之外的经济、法律和宗教等活动,从而勾勒出更为真实的女性形象。[1] 张菁《唐代女性形象研究》探讨了墓志、诗歌、笔记小说等资料中所表现的贤妇、贫妇、复仇妇、嬖宠、弱妇,指出贤妇具有守节贞烈、温顺谦和、勤俭持家、相夫教子等品德。[2] 李贞德《女人的中国医疗史——汉唐之间的健康照顾与性别》分析了汉唐时期乳母、女性医疗者与家庭中女性的健康照顾形象,并点明在照顾方面,史家对皇室妇女的要求与一般妇人有别。[3] 胡海桃《唐代女性理想人格研究——以两〈唐书〉为中心的考察》总结了《诗经》《列女传》与《女诫》中女性的理想人格,讨论了唐代女性身为女

---

[1] 邓小南：《六至八世纪的吐鲁番妇女：特别是她们在家庭以外的活动》,季羡林、饶宗颐、周一良主编《敦煌吐鲁番研究》第四卷,北京大学出版社,1999年,第215—237页。

[2] 张菁：《唐代女性形象研究》,甘肃人民出版社,2007年,第32页。

[3] 李贞德：《女人的中国医疗史——汉唐之间的健康照顾与性别》,三民书局,2008年,第316页。

儿、妻子、母亲时不同的理想人格。① 马静《唐代女性道德形象的塑造——以女教经典和女性墓志为中心》提出唐代社会期许的女性道德形象为德、孝、贤、仪，认为这两类材料所提倡的品格既有吻合之处，又存在一定的疏离。② 唐诗、传奇等文学作品中亦展现出丰富的女性形象。王滋源《杜甫诗中的妇女形象》对杜诗所展现的劳动妇女、贵族妇女和歌舞伎的形象进行解读。③ 阎来恩《论唐传奇中女性形象的升华》认为传奇表现出男性对妇女的尊崇，属于一种进步思想。④ 赵橙的《书写性别：唐人笔下的若干女性形象研究》从历史女性、现实女性、文学女性出发，研究不同文本下女性形象的塑造以及所体现的意志。⑤

　　唐代后妃作为上层女性中的特殊群体，其形象的塑造具有独特之处，不仅关涉外在的样貌，更反映了她们平时的修为以及官方观念。作为地下文本的墓志，因为埋藏空间的私密性，文字叙述难免有隐晦性，值得格外关注。本文拟结合两《唐书》及诏令等史料，从女性的形象塑造角度探究唐人心目中的理想后妃。需要说明的是，文中所指后妃限于诸帝即位后册立或追封的后妃，不包括广大宫人群体。不当之处，望识者正之。

一、著姓良家：后妃之出身

　　女子入宫为妃是"移天"的行为，从出身之家至宫廷侍奉，从自家女儿到他人妻妾的转变，并不代表与家族联系的割断。嫔妃显赫的家世既是她们自身的依凭，同时也受到皇室的重视。

① 胡海桃：《唐代女性理想人格研究——以两〈唐书〉为中心的考察》，中共中央党校 2013 年博士学位论文。
② 马静：《唐代女性道德形象的塑造——以女教经典和女性墓志为中心》，《西夏研究》2017 年第 4 期。
③ 王滋源：《杜甫诗中的妇女形象》，《武汉大学学报》1982 年第 5 期。
④ 阎来恩：《论唐传奇中女性形象的升华》，《吉林师范大学学报》2003 年第 3 期。
⑤ 赵橙：《书写性别：唐人笔下的若干女性形象研究》，华东师范大学 2018 年硕士学位论文。

唐太宗册封妃子时，无一例外地强调了她们的出身：无论是"门袭钟鼎、训彰礼则"①的杨婕妤，还是"门称著姓、训有义方"②的崔才人，抑或是"胄出鼎族、誉闻华阃"③与"禀训冠族、著美家声"④的萧才人和萧美人，其册文均体现了她们出自钟鸣鼎食之家，而非小门小户。当唐玄宗立王氏为后时，也提及王氏家世之盛——"冠盖盛门"⑤；对良娣董氏、杨氏和良媛武氏的册封中，同样强调三人"门袭钟鼎"⑥。至唐肃宗、唐代宗时期，对于受封嫔妃亦有"家承钟鼎"⑦"祥会鼎族"⑧的描述。宪宗时，郑才人获得了"山东令族、海内良家"⑨的称赞。

在后妃墓志中，对于家庭背景的描写往往上溯数代，较为细致。例如，《大唐故彭国太妃王氏墓志铭》载：

> 曾祖震，周上柱国、武安郡公，熊谷二州刺史、延安郡总管。绩宣万里，仁洽百城。祖祥，周上柱国、龙康郡公、殿中将军、骠骑大将军。名重一时，位隆五等。叶长公之儒雅，谐去病之英谋。父静，隋朝散大夫。职处清班，祉光遗庆，诞斯贞淑，类巫山之郁云；育此妍姿，若高唐之泄雨。⑩

王氏墓志详细叙述了曾祖、祖父和父亲的官职情况，不乏对王氏祖辈名声、地位以及风度、气质的赞美。有的墓志用近一半的篇幅来夸耀父祖的事迹，这既是唐代墓志的撰写习惯，也是后人将志主的事迹进行略写而挤占篇幅。众所周知，墓志属于中国古代非公务应用文的文体，志文有特定的格式，一

---

① 宋敏求编：《唐大诏令集》卷25《册杨恭道女为婕妤文》，商务印书馆，1959年，第81页。
② 宋敏求编：《唐大诏令集》卷25《册崔弘道女为才人文》，第81页。
③ 宋敏求编：《唐大诏令集》卷25《册萧铿女为才人文》，第81页。
④ 宋敏求编：《唐大诏令集》卷25《册萧铄女为美人文》，第81页。
⑤ 董诰等编：《全唐文》卷19《册皇帝妃王氏为皇后诰》，中华书局，1983年，第227页。
⑥ 宋敏求编：《唐大诏令集》卷25《皇帝良娣董氏等贵妃诰》，第81页。
⑦ 宋敏求编：《唐大诏令集》卷25《良娣杨氏等为贵妃诏》，第82页。诏书原文并未写明时间，陈丽萍据其中信息确定诏书应为肃宗时颁布，参见氏著《贤妃嬖宠：唐代后妃史事考》，社会科学文献出版社，2014年，第146页。
⑧ 宋敏求编：《唐大诏令集》卷25《册独孤颖长女为贵妃文》，第82页。
⑨ 宋敏求编：《唐大诏令集》卷25《郑氏为才人制》，第83页。
⑩ 周绍良、赵超主编：《唐代墓志汇编续集》龙朔019，上海古籍出版社，2001年，第130页。

般包括散文体的"志"与韵文体的"铭"。志主的姓名、郡望、生平、家族世系、履历等均被记录下来。正是因为文体所限,它所具有的"追述性"超过了"客观性"。

类似的书写方式频频出现,比如《大唐故江国太妃杨氏墓志铭》①《大唐太宗文皇帝故贵妃纪国太妃韦氏墓志铭并序》②《大唐故越国太妃燕氏墓志铭并序》③《大唐睿宗大圣真皇帝贤妃王氏墓志铭并序》④等。对后妃家世充满美誉的记载,不仅反映一种炫耀的心态,⑤也体现皇室的重视。睿宗豆卢贵妃墓志在追述先辈时,亦不避繁琐地夸耀了数代:"惟定公挺忠肃之纯粹,惟敬公禀河岳之闲气,惟汾州蓄明哲之上智。累仁积庆,钟秀于贵妃焉。"⑥按照唐人的观念,女子良好品格的养成与父祖的熏陶是分不开的,选择性情好的女性作为妻妾有助于孕育优秀的后代。⑦ 这不仅是选妃注重门第的原因,也是魏晋以来门第观念的反映。

在哀册文中,有关后妃出身的记述部分,往往用华丽的辞藻与典故说明后妃家世之盛。《太穆皇后哀册文》称窦氏家族"门德丕承,华宗递兴。皇家汉氏,祥发庆膺。冥符世胄,并会休征"⑧。《旧唐书·后妃传》则明确记载了窦皇后的家庭背景,说明其母亲的身份:"隋定州总管、神武公毅之女也。后母,周武帝姊襄阳长公主。"⑨从哀册与史传的差异化记载,可以看出哀册多用典故和辞藻进行渲染,正史的书写往往更强调后妃家世真实

① 赵文成、赵君平选编:《新出唐墓志百种》,西泠印社出版社,2010 年,第 18—19 页。
② 周绍良、赵超主编:《唐代墓志汇编续集》乾封 008,第 162—163 页。
③ 周绍良、赵超主编:《唐代墓志汇编续集》咸亨 012,第 192—194 页。
④ 周绍良、赵超主编:《唐代墓志汇编续集》天宝 026,第 599 页。
⑤ 陈丽萍:《贤妃嬖宠:唐代后妃史事考》,第 46 页。
⑥ 吴钢主编:《全唐文补遗》第五辑,三秦出版社,1998 年,第 29 页。
⑦ 李志生据郑氏《女孝经》的记载,指出唐代女教强调孕妇品行对胎儿的重要性,参见氏著《唐人理想女性观念——以容貌、品德、智慧为切入点》,荣新江主编《唐研究》第十一卷,北京大学出版社,2005 年,第 165 页。李贞德在讨论汉唐之间乳母的选择时,提及《产经》择女为妻重视面貌体态的说法,但未言及对于性情的要求,这同样和繁衍后代的需求有关,参见氏著《女人的中国医疗史:汉唐之间的健康照顾与性别》,第 223 页。
⑧ 董诰等编:《全唐文》卷 143《太穆皇后哀册文》,第 1453 页。
⑨ 《旧唐书》卷 51《后妃上》,中华书局,1975 年,第 2163 页。

性的叙述。

随着门阀制度的消解，中晚唐时期，刻意渲染后妃出身的现象在墓志中已不常见，"选自良家"成为频率较高的词汇。比如《故楚国夫人赠贵妃杨氏墓志铭并序》或因贵妃出身弘农杨氏这一著姓，对其家族渊源有所叙述："贵妃弘农人也，受氏有周，分茅往汉，伯侨盖得姓之始，赤泉乃启土之侯，派自河汾，诞生淑哲，以良家子选居禁掖，而待年于公宫。"①志文中并无凸显杨氏祖、父的仕宦情况，或许因为其家在当时本不属于世家大族，没有多少值得夸耀的地方，只好上溯前代，显示其家族历史悠久、积淀深厚，采用模糊化、套路化的表达方式。毛汉光在《唐代后妃后半期之分析》中指出，唐代后半期后妃家世多不显赫。② 后妃家世书写方式的变化与该群体的来源发生转变存在必然联系。因为出身不再如唐前期的嫔妃一般显赫，墓志、祭文只能略而不书，或以追溯姓氏源流、先代名人的方式来彰显家族源远流长。③ 这说明，后一种处理方式体现了中晚唐时期皇室对后妃的出身仍有期待。关于选后、选妃重视门第的原因，《唐故赠陇西郡夫人董氏墓志铭并序》中有清楚的表述：

> 王者统天地，合阴阳，外班元士之秩，内备嫔御之列，莫不慎择华族，精选良家，将以应九九之阳数，佐明明之盛德。④

在唐代，对后与妃出身的要求应当是存在一定的差异，试举一例：

> 帝欲立(王才人)为后，宰相李德裕曰："才人无子，且家不素显，恐诒天下议。"乃止。⑤

在立妃为后时，子嗣与家世是两个重要的标准。皇后若无子且出身寒微，或许会招致天下人的非议。相对而言，对妃子出身的要求则较为宽松，这与唐

① 周绍良主编：《唐代墓志汇编》咸通 041，上海古籍出版社，1992 年，第 2410 页。
② 毛汉光：《唐代后妃后半期之分析》，《文史哲学报》1989 年第 37 期，第 175—189 页。
③ 吴丽娱、陈丽萍：《从太后改姓看晚唐后妃的结构变迁与帝位继承》，荣新江主编《唐研究》十七卷，北京大学出版社，2011 年，第 357—398 页。
④ 周绍良主编：《唐代墓志汇编》开成 010，第 2174 页。
⑤ 《新唐书》卷 77《后妃下》，中华书局，1975 年，第 3509 页。

人对妻、妾的不同期许及妻、妾所承担的不同义务有关。① 追封皇后或皇太后时相应的标准又放宽了,尤其是在晚唐时期,皇帝追封家世不显的生母时,不再过分强调家世背景。②

综上所述,笔者认为唐代后妃的理想出身多为著姓或良家,其先辈中不乏杰出的前贤。这种观念的形成,一方面受到魏晋以来门第观念的深刻影响;另一方面,与帝王统治、管理的需求以及繁衍优良后代的考虑相关。

二、兰心蕙质: 后妃之品格

后妃身为当时女性的榜样,需要发挥表率作用,官方对于她们的品格有着诸多的要求。嫔妃美好的品性并非天生所具备,而是在接受教育后逐渐形成的。《大唐故江国太妃杨氏墓志铭》称杨嫔"习茂范于中闱,宪柔仪于内傅"③,《大唐故越国太妃燕氏墓志铭并序》赞美燕氏"宠丰慈膝而弱不好弄,训关师氏而幼有成德"④,均体现了唐代后妃在闺中受教导、习礼仪的情况。

墓志的撰写者有意夸大后妃"出自天然"的禀赋,削弱后天教育的作用。如"不师而礼容自昭,不学而妇工弥劭"⑤,"仁爱共俭,禀于生知,诗书礼乐,成自师氏"⑥。显然,墓志为了凸显后妃的优秀品性,将种种美德夸赞为浑然

---

① 李志生注意到了唐代对不同身份女性的期许存在差异,并指出唐人对于妻、妾的不同要求,参见氏著《唐人理想女性观念——以容貌、品德、智慧为切入点》,荣新江主编《唐研究》第十一卷,第163—166页。

② 如"穆宗宣懿皇后韦氏,失其先世。穆宗为太子,后得侍,生武宗。长庆时,册为妃。武宗立,妃已亡,追册为皇太后,上尊谥,又封二女弟为夫人",《新唐书》卷77《后妃下》,第3507页。"宣宗元昭皇后晁氏,不详其世。少入邸,最见宠答。及即位,以为美人。大中中薨,赠昭容,……帝追册昭容为皇太后,上尊谥,诏后二等以上亲悉官之,配主宣宗庙,自建陵曰庆陵,置宫寝。"《新唐书》卷77《后妃下》,第3510页。"懿宗恭宪皇后王氏,其出至微。咸通中,列后廷,得幸,生寿王而卒。王立,是为昭宗,追号皇太后,上谥,祔主懿宗室,即故葬号安陵,召后弟环官之。"《新唐书》卷77《后妃下》,第3511页。

③ 赵文成、赵君平选编:《新出唐墓志百种》,第18页。

④ 周绍良、赵超主编:《唐代墓志汇编续集》咸亨012,第192页。

⑤ 雷闻:《"被遗忘的皇妃"——新见〈唐故淑妃玉真观女道士杨尊师(真一)墓志铭〉考释》,《华中师范大学学报》2016年第1期。

⑥ 董诰等编:《全唐文》卷464《册淑妃王氏为皇后文》,第4744页。

天成。

唐代后妃的理想品格大致可以分为以下六类：恭顺柔婉的性情，高洁坚贞的情操，守礼有德的表现，低调谦和的品质，勤俭节约的美德，不羡不妒的品格。

嫔妃恭顺柔婉的性情向来为唐人所称道，《大唐莫贵嫔墓志铭》即夸赞莫氏拥有"恭和婉嬺"①之品德。类似的记载在墓志中并不少见，《大唐故婕妤亡尼三品墓志铭并序》称某婕妤"体温恭之德"②，《故楚国夫人赠贵妃杨氏墓志铭并序》提到杨氏"渐渍于保姆之训，肄习于婉嬺之仪"③，反映其学习、形成柔顺文静举止的过程。封赠后妃的诏令亦体现官方对于这一品质的赞扬，《吴氏等封昭仪制》载："（吴氏等）有柔婉之行。"④拥有这种性情的后妃，获得的不仅是赞誉或赏赐，还有皇帝和其他人的敬重。《旧唐书·高祖二十二子传》云："楚王智云，高祖第五子也。母曰万贵妃，性恭顺，特蒙高祖亲礼。宫中之事皆咨禀之，诸王妃主，莫不推敬。"⑤在宫中无后的情况下，万贵妃因恭顺的品格受到唐高祖的礼遇，并在一定程度上承担了皇后的职责，受到了其他妃嫔及诸王公主的尊重。后来，高祖后妃中仅有万氏一人陪葬献陵，⑥死后亦蒙受恩宠的一面，与她的个人素养和管理后宫的功劳密不可分。

后妃高洁坚贞的情操亦受时人看重。在《大唐莫贵嫔墓志铭》中，撰写者称莫氏"洁比秋霜"⑦。《祭故赠婕妤孟氏文》载："兰幽有香，守明节而保身。"⑧《赵国夫人一品制》称夫人"操履坚正"⑨。书写者常将后妃品行之高

① 胡戟、荣新江主编：《大唐西市博物馆藏墓志》，北京大学出版社，2012年，第61页。
② 周绍良、赵超主编：《唐代墓志汇编续集》麟德021，第154页。
③ 吴钢主编：《全唐文补遗》第三辑，三秦出版社，1997年，第258页。
④ 宋敏求编：《唐大诏令集》卷25《吴氏等封昭仪制》，第83页。
⑤ 《旧唐书》卷64《高祖二十二子传》，第2423页。
⑥ 王溥：《唐会要》卷21《陪陵名位》："献陵陪葬名氏：楚国太妃万氏、馆陶公主、河间王孝恭……"中华书局，1955年，第412页。
⑦ 胡戟、荣新江主编：《大唐西市博物馆藏墓志》，第61页。
⑧ 董诰等编：《全唐文》卷681《祭故赠婕妤孟氏文》，第6960页。
⑨ 宋敏求编：《唐大诏令集》卷25《赵国夫人一品制》，第82页。

洁、节操之坚贞与白霜相比较,或者称嫔妃之德行如兰草般芬芳,进一步突出了她们的情操。唐朝并不流行嫔妃为帝王殉葬,毕竟这是不人道的行为,《新唐书·后妃传》所载唐武宗王贤妃殉葬之事,实为少见:

> 俄而疾侵,才人侍左右,帝熟视曰:"吾气奄奄,情虑耗尽,顾与汝辞。"答曰:"陛下大福未艾,安语不祥?"帝曰:"脱如我言,奈何?"对曰:"陛下万岁后,妾得以殉。"帝不复言。及大渐,才人悉取所常贮散遗宫中,审帝已崩,即自经幄下。当时嫔媛虽常妒才人专上者,返皆义才人,为之感恸。宣宗即位,嘉其节,赠贤妃,葬端陵之柏城。①

王才人殉葬一事,以今人的视角来看,即便出于本人意愿,也未免太过残忍。但史书记载王氏有情有义、坚贞有节,甚至她死后被追赠贤妃封号。这既证明了唐代后妃殉葬行为之罕见,同时也表明时人对女性高洁坚贞操守的嘉许。

与之相对应的是,不符合贤惠标准的嫔妃,史书中亦不缺少负面的记载。据《旧唐书》:"建成、元吉又外结小人,内连嬖幸,高祖所宠张婕妤、尹德妃皆与之淫乱。"②鉴于张婕妤和尹德妃支持李建成和李元吉,与李世民对立,这种描述未尝不是胜利者书写的缘故,故意抹黑四人。《新唐书》未言及此事,仅载:"建成与元吉通谋,内结妃御以自固。"③《资治通鉴》则称:"或言蒸于张婕妤、尹德妃,宫禁深秘,莫能明也。"④宋代史官对此持怀疑态度,认为后宫之事几经书写,后人已难以寻觅个中真相。

《旧唐书·哀帝本纪》记载:

> 戊申,(朱)全忠令知枢密王殷害皇太后何氏于积善宫,又杀宫人阿秋、阿虔,言通导蒋玄晖……又敕曰:"皇太后位承坤德,有愧母仪。近者凶逆诛夷,宫闱词连丑状,寻自崩变,以谢万方。朕以幼冲,君临区宇,虽情深号慕,而法难徇私,勉循秦、汉之规,须示追降之典。其遣黄

---

① 《新唐书》卷77《后妃下》,第3509—3510页。
② 《旧唐书》卷64《高祖二十二子传》,第2416页。
③ 《新唐书》卷79《高祖诸子传》,第3541页。
④ 《资治通鉴》卷190,中华书局,1956年,第5958页。

　　门收所上皇太后宝册，追废为庶人，宜差官告郊庙。"①

因王殷、赵殷衡的谗言与朱全忠谋朝篡位的野心，何太后死于非命，本就冤枉，又被诬陷不贞，称其与蒋玄晖有私，最终被追废庶人。从张婕妤、尹德妃与何太后之例可见，政治斗争对后妃形象的塑造会产生影响，由此折射出的嫔妃形象恰好是理想形象的对立面。

　　后妃守礼有德的表现也常反映在诏令、墓志、哀册及史传等资料之中。关于守礼和有德的描述各有不同。据《旧唐书·后妃传》记载，唐睿宗昭成皇后"姿容婉顺，动循礼则，睿宗为相王时为孺人，甚见礼异"②。可以说，她美好的姿容和守礼的表现为她赢得了睿宗的敬重。《旧唐书·后妃传》又载："德宗韦贤妃，……性敏慧，言无苟容，动必有礼，德宗深重之，六宫师其德行。"③韦贤妃的性情与德行使她受到德宗的推重，成为后宫的榜样。《大唐故贤妃京兆韦氏墓志铭并序》则夸赞她"七十二年，礼无违者，册命曰贤，不亦宜哉！"④韦氏一生规矩守礼，贤妃一名她当之无愧。《和思皇后哀册文》记载皇后赵氏"荣必循礼"⑤；《赠武惠妃贞顺皇后制》赞颂武惠妃言行有度，称其"行合礼经，言应图史"⑥，表明官方十分看重后妃的礼仪德行。

　　至于德，多指四德，包括妇德、妇言、妇容、妇功。⑦《故南安郡夫人赠才人仇氏墓志铭并序》对仇才人有"仪标九嫔，行备四德"⑧之美誉。遵从四德的后妃，往往在后宫之中具有榜样的作用，为人所敬仰、推崇。《唐故张美人墓志铭并序》言美人"四德增茂，六宫归美"⑨。《懿宗先太后谥议》夸赞太后

---

① 《旧唐书》卷 20 下《哀帝》，第 804 页。

② 《旧唐书》卷 51《后妃上》，第 2176 页。

③ 《旧唐书》卷 52《后妃下》，第 2194 页。

④ 董诰等编：《全唐文》卷 680《大唐故贤妃京兆韦氏墓志铭并序》，第 6950 页。

⑤ 董诰等编：《全唐文》卷 258《和思皇后哀册文》，第 2621 页。

⑥ 董诰等编：《全唐文》卷 24《赠武惠妃贞顺皇后制》，第 275 页。

⑦ 《周礼·天官·内宰》："九嫔掌妇学之法，以教九御妇德、妇言、妇容、妇功，各帅其属而以时御叙于王所。""注云：'妇德谓贞顺，妇言为辞令，妇容为婉婉，妇功为丝枲'"。孙诒让撰，王文锦、陈玉霞点校：《周礼正义》卷 14，中华书局，1987 年，第 552 页。

⑧ 周绍良主编：《唐代墓志汇编》大中 055，第 2291 页。

⑨ 唐玮：《新出唐〈张美人墓志〉考释》，西安碑林博物馆编《碑林集刊》（十），陕西人民美术出版社，2004 年，第 121 页。

"四德之姿始耀,六宫之望攸归"①。不过在笔者看来,这只是一种理想化、程式化的描述。

四德、六行乃至百行相并列:六行指孝、友、睦、姻、任、恤,②百行则指诸种德行。《大唐太宗文皇帝故贵妃纪国太妃韦氏墓志铭并序》称赞韦氏"六行昭备,四德攸宣"③,《大唐故顺妃墓志铭并序》赞美韦顺妃"四德闻于六宫,百行周于一体"④,这些其实都是对后妃美好品格的叙述。墓志中亦见对后妃的妇功进行专门描述:《唐故张美人墓志铭并序》称美人"勤织纴纂组之工"⑤,《元献皇太后哀册文》言太后"纴组克修"⑥,《许氏等为美人制》称赞许氏、尹氏、段氏"早备组纴之训"⑦。然而,女红之事未必是后妃亲力亲为,文中所述更多体现出对后妃形象的理想化塑造,其目的是希望民间的女性能够像后妃一样掌握女性必备的技能。

在必要的时候,懂得辞让封拜被视作女性谦逊的表现。比如,《懿安皇太后哀册文》称,太后"让封拜以诚乎谦抑"⑧。《大唐故婕妤高氏墓志铭并序》称婕妤"谦光而振曜",描写比较生动:"上既爱此盛行,欲致之重秩。而意恳讵夺,色正不回。乃言身以事圣为荣,非苟于贪位;心以体真作乐,何庸乎窃名。上又特惜其义,权止其事。"⑨郭海文、李恭在《〈高婕妤墓志〉考释》⑩中结合墓志及新旧《唐书》的记载,认为高氏的行为与当时后宫的残酷斗争有关,反映了其审时度势的智慧。在《故德妃王氏墓志铭并序》中,对于

① 董诰等编:《全唐文》卷765《懿宗先太后谥议》,第7952页。
② 《周礼·地官·大司徒》:"以乡三物教万民,而宾兴之。一曰六德,知、仁、圣、义、忠、和;二曰六行,孝、友、睦、姻、任、恤;三曰六艺,礼、乐、射、御、书、数。"孙诒让撰,王文锦、陈玉霞点校:《周礼正义》卷19,第756页。
③ 周绍良、赵超主编:《唐代墓志汇编续集》乾封008,第162页。
④ 郭海文、赵文朵:《〈大唐故顺妃墓志铭并序〉考释》,杜文玉主编《唐史论丛》第23辑,三秦出版社,2016年,第280页。
⑤ 唐玮:《新出唐〈张美人墓志〉考释》,西安碑林博物馆编《碑林集刊》(十),第121页。
⑥ 董诰等编:《全唐文》卷355《元献皇太后哀册文》,第3600页。
⑦ 宋敏求编:《唐大诏令集》卷25《许氏等为美人制》,第83页。
⑧ 董诰等编:《全唐文》卷728《懿安皇太后哀册文》,第7508页。
⑨ 胡戟、荣新江主编:《大唐西市博物馆藏墓志》,第501页。
⑩ 郭海文、李恭:《〈高婕妤墓志〉考释》,吕建中、胡戟主编《大唐西市博物馆藏墓志研究:续一》,陕西师范大学出版社,2013年,第103—105页。

嫔妃谦和的品格有着另一种描写："处宠贵而益谦,持礼教以垂训……而又识满盈之理,审荣辱之机,常以止足为戒,又其见班婕好之不若也。故得侍宠十有余年,而未尝居有过之地。"①王德妃虽颇受宠爱,却未恃宠而骄,反而始终保持着谦逊有礼的姿态,为人谨慎,十余年未曾犯错。这种优良的品格展现了她的后宫生存智慧,并为官方所称道。

勤俭节约的品行也被看作嫔妃的理想品质。《旧唐书·后妃传》所存贞懿皇后哀册称独孤氏"服缯示俭"②。《懿安皇太后哀册文》则声称郭氏"服浣濯以警其华焕"③。据《懿宗先太后谥议》记载,窦氏生前有着"服浣濯而自修,抑华侈而不御"④之美行。可以明显地看出,后妃的德行常与其所着服饰相关,通过朴素的着装彰显她们身居高位却依旧节俭。当然,此种描述未必是真实情况的反映。在当时书写者看来,却是后妃应有的理想品格。

在宫廷之中,后妃出现妒忌某人的情况实属人之常性,不羡不妒反而难能可贵,是唐代嫔妃的理想品格之一。当某一位或某几位嫔妃受宠时,嫉妒的感情可能在其他妃子中产生,甚至引发后妃之间的争斗。据《旧唐书·后妃传》载："(媚娘)俄而渐承恩宠,遂与后及良娣萧氏递相潜毁。帝终不纳后言,而昭仪宠遇日厚。后惧不自安,密与母柳氏求巫祝厌胜。"⑤《新唐书·后妃传》载："当时嫔媛虽常妒才人专上者,返皆义才人,为之感恸。"⑥据《故楚国夫人赠贵妃杨氏墓志铭并序》载："泊乎显回天旨,恩拜御中,无锢宠妒娟之心,有蹈和纳顺之誉。"⑦显然,这是赞扬杨氏不妒的品性。《和丽妃神道碑铭奉敕撰》言："樛木以广恩"⑧,《册淑妃为皇后文》对何

---

① 吴钢主编：《全唐文补遗》第二辑,三秦出版社,1995年,第72页。

② 《旧唐书》卷52《后妃下》,第2192页。

③ 董诰等编：《全唐文》卷728《懿安皇太后哀册文》,第7508页。

④ 董诰等编：《全唐文》卷765《懿宗先太后谥议》,第7952页。

⑤ 《旧唐书》卷51《后妃上》,第2170页。

⑥ 《新唐书》卷77《后妃下》,第3510页。

⑦ 周绍良主编：《唐代墓志汇编》咸通041,第2410页。

⑧ 董诰等编：《全唐文》卷231《和丽妃神道碑铭奉敕撰》,第2336页。《诗·周南·樛木序》："《樛木》,后妃逮下也,言能逮下,而无嫉妒之心焉。"参见毛亨撰、郑玄笺、孔颖达疏《毛诗正义》,李学勤主编《十三经注疏》,北京大学出版社,1999年,第41页。

氏有"御众妾而木能逮下"①的赞美,均是表示对后妃不妒、施恩于下的肯定。对于后妃提出这种要求,均出于维护宫廷和睦秩序的考量。

三、官方视角下的建构与表达

后妃形象的描绘用词透露出上层社会对理想女性的认知标准,这一标准带有典范、鉴戒的意味。墓志的书写者多为男性,对于后妃闺中之事并非完全了解,加之唐代后妃墓志的书写权掌握在官方手中,其内容反映了男性所主导的官方意志。闺中受教习礼的描述,一方面体现了后妃接受良好教育、知礼有德,另一方面也展现了官方认可的女性形象,受到儒家伦理道德的制约且带有一定的想象色彩。

综合考查两《唐书》、诏令、哀册等文献,尤其关注地下文本墓志的记载,我们可以发现,唐代后妃的理想形象涉及其家世、品格等方面。在家世上,著姓或良家实乃后妃之理想出身,但是随着科举制的逐步推行,门阀制度得以消解,越来越多的世家大族逐渐成为谱牒中的追忆。而在选妃方面,著姓良家只是停留在文本的表达中,这是变革时代观念与现实的冲突,官方不得不采用妥协的做法。

实际上,入宫的女子多来自皇亲国戚与权贵之家,她们以所谓的德、才、貌闻名而入选,属于"礼聘"的方式;除此之外,还有来自民间的"采选"。唐代宫廷定期在民间采选良家女入宫,良家女入宫后充实后宫或入太子东宫以及诸王王府,幸运者被册立为嫔妃、太子妃或王妃。年龄在十几岁左右的良家女,除了姿色出众或有特殊机缘成为嫔妃外,大部分人终其一生以普通宫女身份供职。唐玄宗和唐文宗曾经先后下诏《选皇太子诸王妃敕》《选皇太子妃敕》。后妃们表面上看似生活优渥,但入宫后难免存在争宠与争斗,这也是后妃传记中一部分人年纪轻轻却早夭的原因,多以"遘疾""因病暴薨"作为掩饰用语。当然,这是史书、哀册、墓志等文本刻意回避的内容。

在理想品格方面,恭顺柔婉的性情、高洁坚贞的情操、守礼有德的表现、

---

① 董诰等编:《全唐文》卷833《册淑妃为皇后文》,第8781页。

低调谦和的品质、勤俭节约的美德、不羡不妒的品格是历朝历代对女性的要求，均能得到官方的称许。相反，参与政治斗争且处于败绩的后妃，她们的形象塑造会非常负面，从中折射出的嫔妃形象恰好是理想形象的对立面。大而化之的表达并不具有新奇性，但是撰写者仍然不厌其烦地表达出来，这既满足了特定文本的程式化特征，也表明了女性所承载的道德呈现。

唐代后妃群体依附位于权力中枢的皇室，从地位、待遇考虑，与皇帝有着非同一般的关系。同时，理想的后妃并不应该陷入权力的漩涡，而是要与政治保持适当的距离，需要在适当的时候履行规劝上谏与移风易俗的职责。种种标准与期冀，体现出儒家思想与现实情况的交汇。母仪天下、一国之母这般的角色期待，或许是与备受荣宠、如履薄冰交织在一起的。在唐朝历史上，前期的后妃干政与不得善终的女性并不少见。程式化文本中对于后妃乃至完美女性趋近理想化的要求与描述，历代延续而不尽然。

制作女皇帝：武则天巡幸与
祀典改革*

古怡青

一、前　言

天子当巡行天下，蔡邕《独断》："天子以天下为家，不以京师宫室为常处，则当乘车舆以行天下。"唐代皇帝巡游名胜，并非单纯游乐，如祭奠先贤时，皇帝往往引以为鉴，在政治上，具有见贤思齐的警惕作用。唐代皇帝借由巡幸亲自深入民间、了解民情、掌握百姓的生活，也是皇帝考核官员、加以赏罚的重要途径，带有最高统治者政治视察的作用。皇帝在巡幸过程中，一方面亲自深入查核了解沿途诸州刺史的处政优劣，发现与派使臣调查所得结论有所出入，可实时取得第一手讯息，对于政绩卓著或不称职的官员，可迅速地嘉奖或罢免；另一方面探访关照辖境内的高年耆老，形式上是统治者维持体训民情、长治久安的举措，但实际上展现出统治者提高敬老尊贤的全民教化作用，与战战兢兢力求良治的意图。

唐代皇帝巡幸不仅是游乐，更重要的是为了维护政治秩序，巡幸原因与目的包括封禅、祀后土、访问高年、巡游名胜、祭奠先贤、巡视地方、军事征伐、奖励官吏、来往两京避暑就食等。巡幸内容，分为微行、行驻蹕礼、临幸、播迁幸、搜狩幸、游幸等。武则天身为中国第一位也是绝无仅有的女皇帝，究

* 本文为台湾地区科技事务主管部门研究计划"唐代皇帝巡幸研究"（编号 MOST107－2410－H－032－003－)部分研究成果之一。

竟在巡幸过程中,以何种巡幸活动为主? 此外,自光宅元年(684)以来,武则天的"革命"计划便开始有条不紊地进行,①武则天如何透过巡幸奠定武周政权的政治与文化基础?

"行驻跸礼"是唐代皇帝在政治上重要的巡幸活动之一。"行驻跸礼"不仅限于封禅的亲祭,还包含郊庙与宗庙祭祀,均是皇帝透过巡幸在礼制上的实践。学界对明堂研究甚丰,多集中于明堂的礼制,然而唐代皇帝亲享明堂其实是皇帝巡幸中重要的一环,皇帝郊祀的亲祭所展现出谒庙时重要的礼仪,与皇帝的权威息息相关。究竟武则天巡幸是否符合祭祀的规范? 武则天如何透过封禅、郊庙和宗庙祭祀,建立周朝帝国的帝王地位? 武则天是否巡幸行宫,贪玩享乐呢? 此均为本文不可忽视的重要论题。

有关唐代皇帝巡幸研究,张琛《唐代皇帝行幸礼仪制度研究》是目前有关皇帝巡幸较完整的专论,②惜全文偏向礼制论述,对于武则天皇帝巡幸的目的与政治关系等问题,并未加以探讨。拜根兴《唐代帝王的巡幸》主要探讨唐代皇帝巡幸的目的。③ 梁克敏《隋唐时期皇帝巡幸洛阳探析》分析隋唐皇帝巡幸洛阳的原因与影响。④ 两篇短文均未论及武则天巡幸在礼制与政治层面的运作及影响等问题,值得再深入探究。吴宏岐《隋唐行宫制度与宫廷革命——兼论陈寅恪"玄武门学说"之拓展》,⑤及吴宏岐、郝红暖《隋唐行宫制度与中央政治空间格局的变化》论述隋唐行宫的类型与对政治空间的影响,⑥然两文仅限于唐前期,有关武则天的行宫制度仍付之阙如,本文拟进一

---

① 雷家骥认为"太后下制改元'光宅',旗帜改以金色,东都改为'神都',而宫名改为'太初',并且大改官名,隐然有改正朔、易服色、定官名、兴礼乐,以示革命更化之意"。参见雷家骥《武则天传》第九章《大周革命》,台湾商务印书馆,2015 年,第 271 页。孙正军《二王三恪所见周唐革命》,《中国史研究》2012 年第 4 期,第 102 页。

② 张琛:《唐代皇帝行幸礼仪制度研究》,暨南大学 2013 年博士学位论文。

③ 拜根兴:《唐代帝王的巡幸》,《唐代朝野政治与文化研究》,中国社会科学出版社,2016 年,第 188—196 页。

④ 梁克敏:《隋唐时期皇帝巡幸洛阳探析》,《乾陵文化研究》2014 年第 1 期,第 109—117 页。

⑤ 吴宏岐:《隋唐行宫制度与宫廷革命——兼论陈寅恪"玄武门学说"之拓展》,《陕西师范大学学报》2008 年第 3 期,第 101—106 页。

⑥ 吴宏岐、郝红暖:《隋唐行宫制度与中央政治空间格局的变化》,纪宗安、汤开建主编《暨南史学》第五辑,2007 年,第 362—379 页。

步深入探究。张敏探讨武则天封禅嵩山,包含政治与文化中心转移、思想界对封禅批判、嵩山优越地理位置与嵩岳崇拜、崇奉佛教等原因,①惜未详细探讨武则天封禅嵩山次数与情况,本文欲进一步考证武则天封禅在巡幸中的意义。

　　学界有关明堂、封禅与宗庙祭祀研究甚丰,但鲜少将南郊祭祀、封禅与明堂等议题结合,而皇帝赴宗庙、南郊祭祀均是巡幸活动的一环,本文欲借由武则天巡幸的地点与频率次数,从整体角度考察武周帝国的建立过程,对于武则天政权统治的经营规划与建构,均具有重大的意义。

二、武则天巡幸

　　本文所谓"武则天时期",广义指武则天干政到建周时期,即显庆元年(656)至长安五年(705),前后长达50年,其间武则天的身份可分为三个时期,分别为皇后时期(656—683A.D.)、皇太后时期(684—689A.D.)、称帝时期(690—705A.D.)。本文论述以武则天巡幸活动为主,将焦点集中于武则天建周称帝时期(690—705A.D.)。

　　兹将武则天称帝期间历次巡幸,制成"武则天巡幸表(688—704A.D.)"②:

表1　武则天巡幸表(688—704A.D.)

次数	时　　　间	地　点	备　　注	出　　处
1	垂拱四年(688)正月	宗庙1	东都立高祖、太宗、高宗三庙	通典47
2	垂拱四年(688)五月戊辰(11日)	南郊(洛阳)1	告谢昊天上帝	旧唐24、通鉴204
3	垂拱四年(688)十二月己酉(25日)	拜洛受图1	"宝图"为"天授圣图"	旧唐6、新唐4

① 参见张敏《唐代封禅研究》,山东师范大学2007年硕士学位论文,第36—43页。

② 本表出处:《旧唐书》卷6《则天皇后本纪》、《旧唐书》卷22—25《礼仪志》、《新唐书》卷4《则天皇后本纪》、《资治通鉴》卷204—207《则天皇后纪》。

（续表）

次数	时　间	地　点	备　注	出　处
4	永昌元年(689)正月乙卯朔元日	亲享明堂1（万象神宫）	纵东都妇人及诸州父老入观	旧唐6、旧唐22、新唐4、通鉴204、太平御览533
5	载初元年(690)正月庚辰朔(初一)	亲享明堂2（万象神宫）	大赦，以"曌"字为名，改诏书为制书	旧唐6、旧唐22、通鉴204
6	载初元年（690）春二月	亲享明堂3（万象神宫）	九月九日，革唐命，改国号为周。改元为天授，大赦。乙酉(20日)加尊号圣神皇帝	旧唐6、旧唐22、通鉴204
7	天授二年(691)正月癸酉朔(初一)	亲享明堂4（万象神宫）	受尊号于万象神宫，祀昊天上帝，百神从祀，武氏祖宗配飨，唐三帝亦同配	旧唐6、通鉴204
8	天授三年(692)正月戊辰朔(初一)	亲祀明堂5（万象神宫）	大赦天下，改元如意	旧唐6、通鉴205
9	长寿二年(693)春一月壬辰朔(初一)	亲祀明堂6（万象神宫）	以魏王承嗣为亚献，梁王三思为终献。太后自制神宫乐，用舞者九百人	旧唐6、通鉴205
10	长寿二年(693)九月乙未(初九)	亲祀明堂7（万象神宫）	受"金轮圣神皇帝"尊号，大赦天下	旧唐6、通鉴205
11	长寿三年(694)春一月丙戌(初一)	亲祀明堂8（万象神宫）	五月加尊号为越古金轮圣神皇帝，大赦天下，改元为延载	旧唐6、通鉴205
12	证圣元年(695)九月甲寅(初九)	合祭天地于南郊(洛阳)2	一月初一，加尊号"慈氏越古金轮圣神皇帝"，大赦，改年证圣 九月初九加尊号"天册金轮大圣皇帝"，大赦，改年天册万岁	旧唐6、通鉴205

（续表）

次数	时　　间	地　点	备　　注	出　　处
13	万岁登封元年（696）腊月（12月）甲申（11日）至癸巳（20日）	嵩岳封禅1	腊月（12月）丁亥（14日）少室山封禅	旧唐6、旧唐23、新唐4、通鉴205
14	万岁登封元年（696）腊月（12月）甲午（21日）	亲谒太庙2	大赦天下，改元万岁登封	旧唐6、旧唐23、新唐4、通鉴205
15	万岁通天元年（696）夏四月朔日（初一）	亲享明堂（通天宫）9	大赦天下，改元万岁通天	旧唐6、旧唐22、新唐4、通鉴205
16	万岁通天二年（697）正月己亥朔（初一）	亲享明堂（通天宫）10	四月造九鼎	旧唐6、旧唐22、新唐4
17	神功元年（697）九月	亲享明堂（通天宫）11	大赦天下，改元神功	旧唐22、通鉴206
18	神功元年（697）七月	万安山玉泉寺1	封石泉子	旧唐89
19	圣历元年（698）正月甲子朔	亲享明堂（通天宫）12	大赦天下，改元圣历	旧唐6、旧唐22、新唐4、通鉴206
20	圣历元年（698）四月初一	亲祀太庙3	曲赦东都	旧唐25、通鉴206
21	圣历二年（699）正月丁卯朔	亲享明堂（通天宫）13	行"告朔"之礼	通鉴206
22	圣历二年（699）春二月戊子（2日）至丁酉（17日）	嵩岳封禅2	幸缑氏山过王子晋庙	旧唐6
23	圣历二年（699）九月乙亥（13日）至戊寅（26日）	幸福昌县1	曲赦	旧唐6、新唐4、通鉴206
24	圣历二年（699）腊月（12月）乙巳（24日）	嵩岳封禅3		新唐4、通鉴206

（续表）

次数	时　间	地点	备　注	出　处
25	圣历三年(700)春一月丁卯(17日)至戊寅(28日)	幸汝州之温汤 1	造三阳宫	旧唐 6、新唐 4、通鉴 206
26	圣历三年(700)夏四月戊申(28日)，至久视元年(700)闰九月戊寅(初二)	幸三阳宫 1	大赦天下,改元久视	旧唐 6、新唐 4、通鉴 207
27	久视元年(700)十一月丁卯(22日)至壬申(27日)	新安县 1	曲赦新安县	旧唐 6、新唐 4、通鉴 207
28	大足元年(701)五月乙亥(3日)至七月甲戌(3日)	幸三阳宫 2	曲赦告成县	旧唐 6、新唐 4、通鉴 207
29	长安元年(701)冬十月至辛酉(22日)	幸京师长安 1	壬寅（3日）西入潼关	旧唐 6、新唐 4、通鉴 207
30	长安二年(702)十一月戊子(25日)	亲祀南郊(长安)3	大赦	旧唐 6、新唐 4、通鉴 207
31	长安四年(704)四月丙子(21日)至七月甲午(11日)	幸兴泰宫 1		旧唐 6、新唐 4、通鉴 207

从表1可知,武则天称帝期间共巡幸31次,包括亲享明堂(万象神宫、通天宫)13次,亲享宗庙(太庙)3次,亲祀南郊3次,嵩山封禅3次,幸三阳宫2次,巡幸洛水1次,万安山玉泉寺1次,幸福昌县1次,幸汝州之温汤1次,巡幸新安县1次,长安1次,幸兴泰宫1次。

武则天巡幸基本上可分为四阶段:第一阶段"称帝准备时期",第二阶段"称帝亲享明堂时期",第三阶段"称帝嵩山封禅时期",第四阶段"晚年巡行地方与行宫时期"。

第一阶段,称帝准备时期。垂拱四年(688),武则天称帝前一年,武则天借由亲享宗庙、亲祀南郊与拜洛授图,奠定武则天称帝的基础。

第二阶段,称帝亲享明堂时期。永昌元年(689)武则天正式称帝后,至长寿三年(694)五年间,连续 8 次亲享明堂(万象神宫),至此武则天政治地位已然确立。

第三阶段,称帝嵩山封禅时期。证圣元年(695)至圣历二年(699)五年间,武则天首创在洛阳合祭天地于南郊、嵩山封禅,并亲享太庙后,再度 3 次亲享明堂(通天宫)。

第四阶段,晚年巡行地方与行宫时期。从圣历三年(700)至长安四年(704)五年间,武则天开始巡幸地方与建造行宫,如汝州之温汤、新安县、京师长安、三阳宫、兴泰宫,与最后一次南郊。或许武则天执政已到晚年,开始过着巡幸地方与行宫避暑的安乐生活。

三、武则天巡幸与国家祭祀

《大唐开元礼》是唐代国家祭祀典范,也是中国保存最早、最完备的国家祭祀仪礼的礼典。《大唐开元礼》全部 150 卷,有关吉礼的 78 卷中,卷首至卷36 是关于皇帝祭祀天地诸神或有司代行(有司摄事),其次卷 37—44(共 8卷)是关于皇帝御灵屋祭祀祖先的宗庙祭祀礼,卷 45 为皇帝祭拜先帝陵的拜五陵,卷 46—47 是立春之际皇帝躬耕田地预祝活动的"籍田礼"。可知,唐代皇帝祭祀活动中,最重要的是祭天地,其次是祭祀宗庙,即祭祀皇帝祖先之庙。[①]

令人好奇的是武则天执政对于郊庙与宗庙,何者比较重视? 武则天巡幸在郊庙祭祀中大祀、中祀、小祀的实际情况为何? 本文借由武则天历次巡幸,探讨武则天执政期间,在巡幸过程中透过礼制改革,塑造武周时期的政治地位。

---

① 金子修一:《中国古代皇帝祭祀の研究》序章《皇帝支配と皇帝祭祀——唐代の大祀・中祀・小祀を手がかりに》,岩波书店,2001 年,第 1 页。中译本见金子修一《中国古代皇帝祭祀研究》序章《皇帝统治与皇帝祭祀——以唐代的大祀、中祀、小祀为主》,西北大学出版社,2018 年,第 1 页。

（一）《大唐开元礼》规范的国家祭祀

《大唐开元礼》卷1《序例》"择日"条开宗明义记载唐代皇帝祭祀分为大祀、中祀和小祀：①

> 凡国有大祀、中祀、小祀。昊天上帝、五方上帝、皇地祇、神州、宗庙，皆为大祀；日月、星辰、社稷、先代帝王、岳、镇、海、渎、帝社、先蚕、孔宣父、齐太公、诸太子庙并为中祀；司中、司命、风师、雨师、灵星、山林、川泽、五龙祠等并为小祀。州县社稷、释奠及诸神祠，并同小祀。

高明士指出秦汉以后宗庙制度的存在，不只是礼制上追养继孝的作用而已，而是作为皇权和国家的有形化身，隋唐以后"以礼入律"，②上述引文中《大唐开元礼》的礼制，也规范于"开元七年（719）令"与"开元二十五年（737）令"的令文中。③ 皇权的基础建立在天命和祖灵两大要素之下，宗庙的祖灵是皇权的重要来源之一，于是国家祭祀典礼以郊庙之礼最为隆重，而唐代祭祀规模分为大祀、中祀与小祀，最早应始于隋代。④

"大祀"所祭诸神中，昊天上帝是宇宙主宰的天神，五方上帝是据五行思想衍生统治天上中央与东西南北五个方位的天神，皇地祇与神州是相对于昊天上帝的地神，宗庙是祭祀唐朝祖先和已故唐朝历代皇帝的祖先，因此，"大祀"包含祭祀天地的"郊祀"和祭祀祖先的"宗庙"（庙享）。⑤

"中祀"所祭诸神中，"先代帝王"指高辛氏（帝喾）、尧、舜、禹、商汤、周

---

① （唐）萧嵩著，[日]池田温解题：《大唐开元礼》卷1《序例》"择日"条，古典研究会，1972年，第1页。
② 高明士：《中国中古礼律综论：法文化的定型》第四章《中古皇家宗庙的祭祀礼仪——礼律的考察》，元照出版有限公司，2014年，第116—123页。
③ 仁井田陞考证此条令文施行于"开元七年令"与"开元二十五年令"，见仁井田陞《唐令拾遗》（东京大学出版会，1964年）《祠令第八》"大中小祀"【开元七年】【开元二十五年】，第159页。
④ 高明士：《中国中古礼律综论：法文化的定型》第七章《隋文帝时代的制礼作乐》，第185—188页。
⑤ 金子修一：《中国古代皇帝祭祀の研究》序章《皇帝支配と皇帝祭祀——唐代の大祀・中祀・小祀を手がかりに》，第2—3页。中译本见金子修一《中国古代皇帝祭祀研究》序章《皇帝统治与皇帝祭祀——以唐代的大祀、中祀、小祀为主》，第2页。

文王、周武王、汉高祖共八位。① "岳镇海渎"是五岳、四镇、四海、四渎,"五岳"是东岳岱山、南岳衡山、中岳嵩山、西岳华山、北岳恒山,"四镇"是东镇沂山、南镇会稽山、西镇吴山、北镇医无闾山,"四海"是东海于莱州、南海于广州、西海于同州、北海于洛州,"四渎"是东渎大淮于唐州、南渎大江于益州、西渎大河于同州、北渎大济于洛州。② "中祀"祭祀对象,包括日月、星辰、社稷等祭祀诸神的"郊祀",和孔宣父(指孔子)、齐太公(指太公望吕尚),帝社(又称先农,指神农氏)、先蚕、诸太子庙等传说中有德行的君主和唐朝之前名君的"宗庙"(庙享)。

"小祀"包含司中、司命、风师、雨师、灵星、山林、川泽、五龙祠和州县祭祀,《大唐开元礼》规范"中祀"以上原则上由皇帝亲祭,而"小祀"规定由有司主礼祭祀活动。然而,祭祀孔宣父(指孔子)、齐太公(指太公望吕尚)的释奠礼实际上由有司主礼,非由皇帝亲祭。③ 先蚕是祭祀养蚕神,自汉代以后由皇后主礼。有关《大唐开元礼》记载的唐代祭祀规模,参见"唐代祭祀规模表":

表 2　唐代祭祀规模表

祭祀规格	郊祀:祭祀天地诸神	宗庙:庙享	祭祀主事者
大祀	天神:昊天上帝、五方上帝 地神:皇地祇、神州	唐高祖之后的诸帝神主(祭祀祖先)	皇帝亲祭

---

① 仁井田陞《唐令拾遗》(东京大学出版会,1964 年)《祠令第八》"仲春之月三年一享"【开元七年】【开元二十五年】,第 98 页:"先代帝王,每三年一享,以仲春之月,牲用太牢,祀官以长官充,若有故,遣上佐行事。帝高辛氏于顿丘,唐尧于平阳,稷卨配;帝舜于河东,皋繇配;夏禹于安邑,伯益配;商汤于偃师,伊尹配;周文王于酆,太公配;周武王于鄗,周公、召公配;汉高祖于长陵,萧何配。"

② 仁井田陞《唐令拾遗》(东京大学出版会,1964 年)《祠令第八》"五岳等年别一祭",第 91 页:"二十三甲【唐代】 五岳、四镇、四海、四渎,年别一祭,各以五郊迎气日祭之。东岳岱山祭于兖州,东镇沂山祭于沂州,东海于莱州,东渎大淮于唐州;南岳衡山于衡州,南镇会稽山于越州,南海于广州,南渎大江于益州;中岳嵩山于洛州;西岳华山于华州,西镇吴山于陇州,西海西渎大河于同州;北岳恒山于定州,北镇医无闾山于营州,北海及北渎大济于洛州。其牲皆用太牢,祀官以当界都督刺史充。"

③ 《大唐开元礼》卷 54《吉礼》"国子释奠于孔宣父",第 298—303 页。《大唐开元礼》卷 55《吉礼》"仲春仲秋释奠于齐太公",第 303—306 页。

（续表）

祭祀规格	郊祀：祭祀天地诸神	宗庙：庙享	祭祀主事者
中祀	五岳：东岳岱山祭于兖州、南岳衡山于衡州、中岳嵩山于洛州、西岳华山于华州、北岳恒山于定州 四镇：东镇沂山祭于沂州、南镇会稽山于越州、西镇吴山于陇州、北镇医无闾山于营州 四海：东海于莱州、南海于广州、西海于同州、北海于洛州 四渎：东渎大淮于唐州、南渎大江于益州、西渎大河于同州、北渎大济于洛州	孔宣父、齐太公、帝社、诸太子庙	皇帝亲祭
小祀	司中、司命、风师、雨师、灵星、山林、川泽、五龙祠		有司摄事

（二）武则天巡幸与大祀

国家祭祀中"大祀"是武则天巡幸的重要活动，"大祀"包含祭祀天地的"郊祀"和祭祀祖先的"宗庙"（庙享）。

1. 宗庙祭祀

儒家礼制理想中，宗庙祭祀是祖先崇拜极为重要的表现形式。太庙为皇帝京师的宗庙，相对于官员家庙而言。中国古代郊祀礼仪与太庙祭祀是国家祭祀的两大支柱，也是君主展现"天子"和"皇帝"双重身份最重要的礼仪舞台。尤其是太庙祭祀，兼具公私两种性质："公"的方面，太庙祭祀表现皇帝受命于祖，象征统治万民、帝位传承的合法性，是皇帝统治国家的权力来源之一；①"私"的方面，又是皇帝和宗室追缅先祖时的祭祀方式。②

---

① 甘怀真讨论汉唐时期皇帝以宗庙作为国家最高象征的公共性，见甘怀真《中国中古时期"国家"的形态》，《皇权、礼仪与经典诠释：中国古代政治史研究》，喜玛拉雅基金会，2003年，第254—256页。

② 高明士最早提出太庙祭祀兼具公私两种性质，朱溢进一步论述太庙祭祀中私家因素，见高明士《礼法意义下的宗庙——以中国中古为主》，《东亚传统家礼、教育与国法（一）：家族、家礼与教育》，台大出版中心，2005年，第65—66页。朱溢《唐至北宋时期太庙祭祀中私家因素的成长》，《台大历史学报》第46期，2010年，第35—39页。

　　正祭(常祀)的时祭中,武则天共三次亲享宗庙祭祀,垂拱四年(688)正月,武则天称帝前第一次于东都洛阳设立太庙,立高祖、太宗、高宗三庙,四时享祀,如京庙之仪,同时也立武氏的崇先庙。① 万岁登封元年(696)腊月甲午(21日)武则天称帝从嵩山封禅后,第二次亲谒太庙,此时拜谒武氏太庙。圣历元年(698)四月庚寅朔(初一),②第三次亲祀太庙,随后在东都洛阳城内举行曲赦。武则天在圣历元年(698)已决心把帝位返还唐室,将庐陵王李哲即中宗从房州召回,中宗回到神都洛阳是三月戊子(28日),距离四月庚寅朔(初一)武后祭祀太庙只有两天,可知武则天将立中宗为太子之事告祭太庙。③

　　2. 南郊举行天地合祭

　　唐朝郊祀制度是唐高祖武德七年(624)透过《武德令》制定的。贞观十一年(637),太宗制定《贞观礼》,与《武德令》最大区别在于雩祀的祭神由昊天上帝变成五方上帝。显庆三年(658),高宗制定《显庆礼》,祭祀天神最大改革是正月祈谷、孟夏雩祀、季秋明堂、冬至圜丘均祭祀昊天上帝,孟冬(立冬)祭祀地神不是祭祀神州(北郊),而是祭祀皇帝祇。开元二十年(732),玄宗制定《开元礼》,与《显庆礼》唯一不同是孟冬(立冬)不是祭祀皇帝祇,而是祭祀神州(北郊)。④ 有关唐代礼、令在郊祀祭神中的变化,参见"唐代礼、令制定郊祀祭神表"⑤:

---

① (唐)杜佑:《通典》卷47《礼典》"吉礼・天子宗庙",中华书局,1988年,第1312页。

② 《资治通鉴》卷206《则天皇后纪》"圣历元年"条,中华书局,1956年,第6530页:"夏,四月,庚寅朔,太后祀太庙。"但圣历元年四月无"庚寅",朔日应为"壬辰"。《旧唐书》卷25《礼仪志》"太庙",中华书局,1975年,第945页:"圣历二年四月,又亲祀太庙。"《旧唐书》载"圣历二年"有误,应为"圣历元年"。

③ 参见金子修一《中国古代皇帝祭祀の研究》第七章《唐代における郊祀・宗庙の运用》,第327—328页。中译本见金子修一《中国古代皇帝祭祀研究》第七章《唐代郊祀、宗庙祭祀制度的实行》,第230—233页。

④ 唐代郊祀制度在礼制上的变化讨论参见金子修一《中国古代皇帝祭祀の研究》第二章《唐代における郊祀・宗庙の制度》,第67—82页。中译本见金子修一《中国古代皇帝祭祀研究》第二章《唐代的郊祀、宗庙祭祀制度》,第45—54页。

⑤ 本表修改自金子修一《中国古代皇帝祭祀の研究》第二章《唐代における郊祀・宗庙の制度》,第81页。中译本见金子修一《中国古代皇帝祭祀研究》第二章《唐代的郊祀、宗庙祭祀制度》,第53页。

表3　唐代礼、令制定郊祀祭神表

唐代令礼 祭祀种类		武德令 武德七年 （624）	贞观礼 贞观十一年 （637）	显庆礼 显庆三年 （658）	开元礼 开元二十年 （732）
天 神	正月祈谷	感生帝（南郊）	感生帝（南郊）	昊天上帝（圜丘）	昊天上帝（圜丘）
	孟夏雩祀	昊天上帝	五方上帝	昊天上帝（圜丘）	昊天上帝（圜丘）
	季秋明堂	五方上帝	五方上帝	昊天上帝	昊天上帝
	冬至圜丘	昊天上帝	昊天上帝	昊天上帝	昊天上帝
地 神	夏至方丘	皇帝祇	皇帝祇	皇帝祇	皇帝祇
	孟冬地祭	神州（北郊）	神州（北郊）	皇帝祇（方丘？）	神州（北郊）

　　武则天多次南郊亲祭中，有些与明堂相关，有些是独立的。如垂拱四年（688）五月戊辰（11日），武则天亲拜洛水接受"宝图"前，首度祭祀南郊，告谢昊天上帝，命令各州都督、刺史及宗室、外戚以祭拜洛水前十日在神都洛阳会集。① 此次亲祀南郊是武则天夺取政权的第一步，同年七月丁巳（初一）举行大赦，虽然大赦在亲祭南郊后两个月，但武则天在称帝前首次将亲郊与政事联系在一起。②

　　证圣元年（695）春一月辛巳朔（初一），加尊号为"慈氏越古金轮圣神皇帝"，大赦天下，改年号为证圣。丙申（初八），因薛怀义不满武则天宠幸御医沈南璆，当晚秘密焚烧天堂，大火延烧到明堂。③ 由于明堂大火，不及重建，九月甲寅（初九），武则天合祭天地于南郊，加尊号"天册金轮大圣皇帝"，大赦天下，改年号为"天册万岁"。④

　　证圣元年（695）武则天亲祀南郊，开始出现天地合祭情形是具有深意

① 《资治通鉴》卷204《则天皇后纪》"垂拱四年二月"条，第6448页。
② 金子修一探讨武周时期郊庙亲祭，参见金子修一《中国古代皇帝祭祀の研究》第七章《唐代における郊祀・宗庙の运用》，第325—331页。中译本见金子修一《中国古代皇帝祭祀研究》第七章《唐代郊祀、宗庙祭祀制度的实行》，第229—234页。
③ 《资治通鉴》卷205《则天皇后纪》"证圣元年"条，第6499页。
④ 《旧唐书》卷6《则天皇后本纪》，第124页。《资治通鉴》卷205《则天皇后纪》"证圣元年"条，第6503页。

的。从表3可以看到,祭祀昊天上帝的天神于圜丘,祭祀皇帝祇的地神于
方丘,天神与地神的祭祀是分开的。事实上,从天授二年(691)元日,武则
天亲祀明堂开始,就出现天地合祭。① 这次南郊,也是郊庙祭祀和大赦改
元同时举行的首例,从此皇帝接受尊号、举行郊庙等亲祭、改元大赦的形
式,被此后的唐朝皇帝沿袭,②武则天时代再度出现天地合祭,天地合祭成
为中晚唐和五代皇帝亲郊的常见形式,最后在北宋初年制度化,③实具有
莫大的影响。

长安二年(702)十一月戊子(25日),武则天第三次亲祀南郊,④并举
行大赦,这是武则天最后一次亲祀南郊,也是武则天称帝期间唯一一次在
长安举行南郊亲祀。由此可知,武则天准备将政权归还李唐而回到京师
长安。

(三) 武则天巡幸与中祀

武则天称帝过程中,凭借"好祥瑞"的形象,积极为自己的政治目标制造
舆论。⑤ 武则天称帝前亲祭南郊与洛水,借由拜洛水受图箓,成为天后称帝
伪托君权神授的一种手段。垂拱四年(688)五月庚申(3日),⑥武承嗣使人
在白石上凿刻文"圣母临人,永昌帝业",将紫石捣成粉末掺上药物将字填
平,再指使雍州人唐同泰上表献石给武则天,声称是洛水中获得的。太后大

① 唐朝礼令规定天地分祀,武则天大享明堂出现天地合祭。相关论证参见高明士《中国中古
　礼律综论:法文化的定型》第五章《唐代礼律规范下的妇女地位》,第151—152页。
② 参见金子修一《中国古代皇帝祭祀の研究》第七章《唐代における郊祀・宗庙の运用》,第
　326页。中译本见金子修一《中国古代皇帝祭祀研究》第七章《唐代郊祀、宗庙祭祀制度的
　实行》,第230页。
③ 朱溢:《从郊丘之争到天地分合之争——唐至北宋时期郊祀主神位的变化》,《汉学研究》
　第27卷第2期,2009年,第267—302页。
④ 《旧唐书》卷6《则天皇后本纪》"长安二年"条,第131页。见《新唐书》卷4《则天皇后本纪》
　"长安二年"条,中华书局,1975年,第103页。《资治通鉴》卷207《则天皇后纪》"长安二年"
　条,第6561页。
⑤ 孟宪实:《武则天时期的"祥瑞"——以〈沙州图经〉为中心》,《敦煌吐鲁番研究》2015年第1
　期,第261—280页。
⑥ 《资治通鉴》卷204《则天皇后纪》载于垂拱四年四月庚午,但四月无"庚午"日,据《新唐书》
　卷4《则天皇后本纪》当改"庚午"为"庚申",相关考证见周绍良《资治通鉴・唐纪勘误》,北
　京师范大学出版社,2001年,第118页。

喜,将石头命名为"宝图",同时提拔唐同泰为游击将军。同年五月戊辰(11日),武则天下诏当亲自祭拜洛水,接受"宝图"。5月乙亥(18日),太后加尊号为圣母神皇。六月壬寅(16日),唐朝制作神皇的三个玺印。① 7月丁巳(初一),武则天举行大赦,将"宝图"改名为"天授圣图",也将"天授圣图"出现地点命名为"圣图泉",其旁设置永昌县,目的显然是为再次烘托与加强君权神授的意涵,为改唐为周的帝业制造舆论基础。

垂拱四年(688)十二月己酉(25日),武则天首次亲拜洛水,接受"天授圣图"。皇帝、皇太子都随从,内外文武百僚、蛮夷酋长,各按方位排列站立。祭坛设于洛水北侧、中桥左侧,珍禽、奇兽、各种珍宝皆陈列于祭坛前,典礼完成当日还宫。武则天此次巡幸意义重大,唐朝开国以来从未有过如此盛大的文物、卤簿与礼乐仪仗。②

四、武则天巡幸与亲享明堂

明堂是天子处理政务的地方,对于儒家和历代皇帝而言,这不单是执政的场所,而是象征理想统治的建筑物,明堂作为象征君王理想统治的德治场所,成为历代各王朝强烈关心的对象。③ 明堂作为儒家理念的最高实践仪制之一,也是统治者践行奉天承运、调理四时、布恩施政的神圣空间。明堂的建设,象征儒家"圣王"理念,一旦明堂建设成功,皇帝作为古代圣王的形象便会深入人心。从贞观六年(632)至仪凤二年(677),有关明堂建设的讨论已长达45年,若从开皇十三年(593)算起,已达84年,即便皇帝亲自参与决断,明堂仍停留在儒生设想的祭祀、布政景观,明堂真正开始建设,还有待垂拱四年(688)武则天的实际行动。④

---

① 《资治通鉴》卷204《则天皇后纪》"垂拱四年二月"条,第6448页。
② 《旧唐书》卷24《礼仪志》"释奠"条,第925页。《资治通鉴》卷204《则天皇后纪》"垂拱四年"条,第6454页。
③ 金子修一:《魏晋より隋唐に至る郊祀・宗庙の制度について》,《史学杂志》第88编第10号,1979年,第49页。
④ 参见吕博《唐初明堂设计理念的变化》,《魏晋南北朝隋唐史资料》第三十七辑,2018年,第115—116、130页。

（一）洛阳重建明堂设计

垂拱四年（688）二月己亥（10 日），①武则天拆乾元殿，在原地兴建明堂，②并非偶然之举，武则天表面上认为乾元殿所占之地正是明堂应当坐落之处，③实际上武则天一定要拆毁乾元殿的深意在于否定乾元殿代表象征男性帝王的概念。④

武则天重建明堂的真正目的是为奠定女皇的统治地位，建设明堂是宣告政治地位的重要举措。武后执政期间，为她正式登基称帝作准备，决定建造明堂，令沙门薛怀义负责主持并担任礼仪使，直到垂拱四年（688）十二月己酉（25 日）明堂终于建成。⑤ 明堂建成后，武则天颁发诏书"时既沿革，莫或相遵，自我作古，用适于事。今以上堂为严配之所，下堂为布政之居，光敷礼训，式展诚敬"⑥。明确阐明新明堂是因应新时代的思想设计而创造。

（二）亲享明堂（万象神宫、通天宫）

明堂是武则天称帝期间巡幸最频繁的地点，后改称"万象神宫"。⑦ 武则天重建明堂两次，第一次是垂拱四年（688）十二月己酉（25 日）明堂终于建成后，从永昌元年（689）、载初元年（690）、天授二年（691）、长寿二年（693）、长寿三年（694）五年内，直到证圣元年（695）春正月，明堂被焚毁前，

---

① 史籍记载垂拱四年（688）明堂被毁，日期有二说，一为正月，二为二月。今采二月说，相关论证参见高明士《中国中古礼律综论：法文化的定型》第五章《唐代礼律规范下的妇女地位》注释 6，第 144—145 页。

② 《旧唐书》卷 183《外戚列传·薛怀义传》，第 4741—4742 页："垂拱四年，拆乾元殿，于其地造明堂，怀义充使督作。"

③ 《新唐书》卷 200《儒学列传·陈贞节传》，第 5696 页："武后始以乾元正寝占阳午地，先帝所以听政，故毁殿作堂。"

④ 张一兵：《明堂制度研究》第五章《明堂形制考》，中华书局，2005 年，第 411 页。

⑤ 史籍记载明堂完成时间有垂拱四年（688）十二月己酉（25 日）与辛亥（27 日）二说，今采《旧唐书》说。相关论证参见高明士《中国中古礼律综论：法文化的定型》第五章《唐代礼律规范下的妇女地位》注释 7，第 145 页。

⑥ 《旧唐书》卷 22《礼仪志》"明堂"，第 851 页。

⑦ 南泽良彦论述武则天建设明堂从万象神宫的建立与机能，至通天宫的建立过程，参见南泽良彦《中国明堂思想研究——王朝をささえるコスモロジー》第七章《唐代私が古典を创作する》第二节"则天武后の明堂"，岩波书店，2018 年，第 226—232 页。（原载南泽良彦《唐代の明堂》，《中国哲学论集》第 36 期，2010 年，第 1—27 页。）

武则天几乎年年元日亲享明堂（万象神宫），甚至载初元年（690）和长寿二年（693）一年两次亲享明堂。第二次是万岁通天元年（696）春三月，再次重建明堂，称帝期间共 13 次亲享明堂（万象神宫）。

永昌元年（689）正月乙卯（元日），明堂建成后，武则天称帝后首次在元旦亲享明堂，接受群臣朝见。① 武则天御则天门，服衮冕、搢大圭、执镇圭为初献，皇帝（睿宗李旦）为亚献，太子（李成器）为终献。同时大赦天下，改年号为"永昌"。同月戊午（4 日）在此布告政令，颁九条以训百官。值得注意的是自垂拱四年（688）十二月己酉（25 日），明堂建成后，武则天"纵东都妇人及诸州父老入观，兼赐酒食，久之乃止"②，陈弱水指出武则天对大量洛阳女性给予进入明堂参观的特权，"诸州父老"显然是地方长官选派入京，直到永昌元年（689）正月己未（5 日）才停止，前后共 12 日，在中国历史上实现了首度开放让大量妇女得以自由参观明堂的创举，武则天提高妇女地位的作为，实为了两年后登基称帝作准备。③

来年改永昌元年十一月为载初元年正月。载初元年（690）武则天一年两次亲祀明堂，正月庚辰朔（初一），武则天第二次亲祭明堂，并大赦天下，武则天自己取名为"曌"，改称"诏"为"制"。同年二月，武则天第三次亲临明堂，大开三教。九月戊寅（初五），群臣进言有凤凰从明堂飞入上阳宫，又飞回停在左肃政台的梧桐树上，过了很久，才向东南方飞去，还有赤雀数万只集结在朝堂上，武则天借由凤凰与赤雀群集而来的异象，反映政权的正当性。九月九日壬午，改唐国号为周，改年号为天授，亦大赦天下，乙酉（20日），加尊号为圣神皇帝。④ 武则天正月和二月连续两次亲祭明堂，正式确立

---

① （北宋）宋敏求：《唐大诏令集》卷 73《典礼》载垂拱四年十二月"亲享明堂制"，学林出版社，1992 年，第 372 页："来年正月一日，可于明堂宗祀三圣，以配上帝。"

② 《旧唐书》卷 22《礼仪志》"明堂"，第 864 页。同条见《太平御览》卷 533《礼仪部》"明堂"，台湾商务印书馆，1975 年，第 2549‐2 页。

③ 陈弱水指出"垂拱四年（688）正月，武则天在东都洛阳建成明堂……民众参观活动持续整整一年"。然前述垂拱四年（688）十二月己酉（25 日）明堂建成，至永昌元年（689）正月 5 日结束妇女及诸州父老参观活动，前后共 12 日。参见陈弱水《初唐政治中的女性意识》，《隐蔽的光景：唐代的妇女文化与家庭生活》，广西师范大学出版社，2009 年，第 185—186 页。

④ 《旧唐书》卷 6《则天皇后本纪》，第 120—121 页。《旧唐书》卷 22《礼仪志》"明堂"，第 864 页。《资治通鉴》卷 204《则天皇后纪》"载初元年"条，第 6462 页。

武周皇帝的政治地位。

自天授二年(691)、天授三年(692)、长寿二年(693)、长寿三年(694)连续四年,武则天在正月初一元日亲祭明堂。天授二年(691)正月癸酉朔(初一),武则天首次在万象神宫接受"圣神皇帝"的尊号。武则天为更强化李唐政权结束、正式迈入武周政权的印象,甲戌(初二)改在神都洛阳设立社稷坛,辛巳(初九)安置武氏神主于太庙,唐朝在长安的太庙改名为享德庙,四季只祭祀高祖以下三庙,其余宣帝、元帝、光帝、景帝四室关闭不再祭祀。乙酉(13日),冬至日,武则天合祭天神与地神于明堂,祭祀昊天上帝,百神陪从受祭,武氏祖宗配享,唐朝三位已故皇帝也一同配享。① 此为武则天第四次亲祀明堂,从宗庙祭祀中正式宣告武周政权的建立。天授三年(692)正月戊辰朔(初一),武则天第五次亲祀明堂,大赦天下,改年号为如意。②

长寿二年(693)武则天一年两次亲祀明堂,春一月壬辰朔(初一)武则天第六次亲享明堂,以魏王武承嗣为亚献,梁王武三思为终献。武则天以武家人为亚献和终献,与永昌元年(689)亲享万象神宫相较,亚献、终献易人,固然不能说明武则天传位给武家子弟,但一定程度上表明武则天这时候是想要把皇位传给武氏子弟,对于李家皇嗣的排斥是显而易见的。③ 崔融《请封中岳表》提及"秘篆有云:'中岳之神姓武'"④,更加表明武则天把嵩山和武姓联系在一起。武则天自编神宫乐,用乐舞人员达九百人。⑤ 长寿二年(693)九月乙未(初九)武则天第七次亲享明堂,接受魏王承嗣等五千人上表请求,加尊号为"金轮圣神皇帝",制作金轮宝、白象宝、女宝、马宝、珠宝、主

---

① 《旧唐书》卷6《则天皇后本纪》"天授二年"条,第121页。《资治通鉴》卷204《则天皇后纪》"天授二年"条,第6470页。

② 《旧唐书》卷6《则天皇后本纪》"天授三年"条,第122页。《资治通鉴》卷205《则天皇后纪》"天授三年"条,第6481—6482页。

③ 武则天对于皇嗣问题探讨参见孙正军《二王三恪所见周唐革命》,《中国史研究》2012年第4期,第103—105页。

④ 《文苑英华》卷600《请劝进及封岳行幸》"为朝集使于思言等请封中岳表"条,中华书局,1966年,第3116-2页。

⑤ 《旧唐书》卷6《则天皇后本纪》"长寿二年"条,第123页。《资治通鉴》卷205《则天皇后纪》"长寿二年"条,第6488页。

兵臣宝、主藏臣宝等七宝,并实行大赦。①

　　长寿三年(694)春一月丙戌(初一)武则天第八次亲享明堂,五月,魏王武承嗣等二万六千余人上奏,加尊号为"越古金轮圣神皇帝"。甲午(11日),武则天驾临则天门城楼接受尊号,同时大赦天下,改年号为"延载"。② 证圣元年(695)春一月丙申(初八),因薛怀义不满武则天宠幸御医沈南璆,当晚秘密焚烧天堂,大火延烧到明堂。③ 武则天下令依照旧有规格重建明堂,至万岁通天元年(696)春三月丁巳(16日),再次重建的新明堂竣工,高290尺,方300尺,规模大致小于被焚毁的明堂,另造由群龙捧着铜火珠,定名"通天宫",改年号为"万岁通天"。明堂落成隔月,万岁通天元年(696)夏四月朔日(初一),武则天第九次亲享明堂,并举行大赦。④

　　明堂第二次重建开始,武则天连续三年元日亲享明堂。万岁通天二年(697)同年两次亲享明堂。万岁通天二年(697)正月己亥朔(初一),武则天第十次亲享明堂。同年四月,武则天铸造冀州鼎名武兴、雍州鼎名长安、兖州名日观、青州名少阳、徐州名东原、扬州名江都、荆州名江陵、梁州名成都为"九鼎",移置于通天宫,命司农卿宗晋卿为九鼎使。⑤ 同年九月武则天第十一次亲享通天宫,举行大赦,改年号为"神功"。⑥ 圣历元年(698)正月甲子朔元日,武则天第十二次亲享通天宫,举行大赦,改年号为"圣历",并下制

①《旧唐书》卷6《则天皇后本纪》"长寿三年"条,第123页。《资治通鉴》卷205《则天皇后纪》"长寿三年"条,第6493页。

②《旧唐书》卷6《则天皇后本纪》"长寿三年"条,第123页。《资治通鉴》卷205《则天皇后纪》"长寿三年"条,第6493页。

③《资治通鉴》卷205《则天皇后纪》"证圣元年"条,第6499页。

④《旧唐书》卷6《则天皇后本纪》"万岁登封元年"条,第125页。《新唐书》卷4《则天皇后本纪》,第97页。《资治通鉴》卷205《则天皇后纪》"万岁登封元年"条,第6503页。《旧唐书》卷22《礼仪志》"明堂",第867页。

⑤《旧唐书》卷6《则天皇后本纪》"万岁登封元年"条,第126页。《新唐书》卷4《则天皇后本纪》,第97页。《资治通鉴》卷206《则天皇后纪》"万岁通天二年"条,第6512、6517页。《旧唐书》卷22《礼仪志》"明堂",第867—868页。

⑥《资治通鉴》卷206《则天皇后纪》"万岁通天二年"条,第6523页。《旧唐书》卷22《礼仪志》"明堂",第868页。

每月一日在明堂举行告朔的礼仪。① 圣历二年(699)正月丁卯朔,武则天第十三次在通天宫行"告朔"之礼。②

武则天称帝期间从永昌元年(689)正月乙卯(元日)第一次亲享明堂,直到圣历二年(699)正月丁卯朔最后一次亲享明堂,十年间共十三次,执政晚年不再亲享明堂,可见武则天借由亲享明堂确立皇帝的统治地位。明堂是武则天政治生命中具有纪念碑性的建筑物,武则天借由明堂展现政治号召力,明堂从"万象神宫"到"通天宫"的转变,完成李唐王朝到武周政权的转换,也是武则天从临朝称制的太后转变成武周政权的皇帝。③ 武则天从皇后到天后,再到圣母皇帝、圣神皇帝、金轮圣神皇帝、越古金轮圣神皇帝、慈氏越古金轮圣神皇帝、天册金轮皇帝,④尊号的每一次变化,都浓缩地反映在政治上前进的轨迹。明堂成为武则天塑造君主形象的重要空间。⑤

五、武则天巡幸与嵩山封禅

封禅祭礼是国家最隆重的祀典,作为皇权核心,其仪式象征有极重要的意义,武则天以一系列宗教祭祀活动,亲自主持封禅大典仪式,标志武周革命的成功,⑥正式宣告武周时代的来临。

陈弱水指出,"封禅"是中国政治传统中最特殊、最隆重的皇帝祭天地之礼,唐代观念需同时具备内外安辑、年谷丰登、福瑞毕至等条件,才能举行这

---

① 《旧唐书》卷6《则天皇后本纪》"圣历元年"条,第127页。《新唐书》卷4《则天皇后本纪》,第98页。《资治通鉴》卷206《则天皇后纪》"圣历元年"条,第6525页。《旧唐书》卷22《礼仪志》"明堂",第868页。

② 《资治通鉴》卷206《则天皇后纪》"圣历二年"条,第6538页。

③ 武则天对于明堂的设计意涵,参见韩建华《东都洛阳武则天明堂初探》,《中原文物》2019年第6期,第113—121页。

④ 武则天利用佛教宣扬自己统治的合法性,参见孙英刚《武则天的七宝——佛教转轮王的图像、符号及其政治意涵》,《世界宗教研究》2015年第2期,第43—53页。

⑤ 吕博:《明堂建设与武周的皇帝像——从"圣母神皇"到"转轮王"》,《世界宗教研究》2015年第1期,第42—58页。

⑥ 何平立:《巡狩与封禅:封建政治的文化轨迹》第四章《魏晋至隋唐的巡狩与封禅》,齐鲁书社,2003年,第341页。

一旷代大典,其重要性不言而喻。① 历史上真正举行过完整封禅礼的皇帝大概只有秦始皇、汉武帝、汉光武帝、唐高宗、唐玄宗、宋真宗六位。武则天曾参与高宗麟德三年(666)正月举行的封禅大典,不但是重要支持者,更要求由她和外命妇参加祭祀地祇的"禅礼",以女性配享为口实参加国家大典,使得妇女在封禅中扮演重要角色,更加树立武则天的威望和权力的正当性。②

(一) 武则天嵩山封禅

武则天称帝以后连续七次亲享明堂,接下来于万岁登封元年(696)腊月(12月)首次至嵩山封禅,腊月(12月)甲戌(初一),武则天从神都洛阳出发,甲申(11日)登嵩山封禅,并大赦天下,改年号为万岁登封,允许官民尽情聚饮九天。三日后(丁亥,14日)登少室山封禅,六日后(癸巳,20日),返回神都洛阳,③实现武则天成为帝王的天命思想。武则天为了与洛阳百姓共同庆祝"顺天命"的夙愿,腊月(12月)己丑(16日),宣布洛州百姓免除徭役二年,登封县、告成县免除徭役三年,④由此可见武则天拉拢民心的手段。

圣历二年(699)春二月戊子(2日),武则天第二次巡幸嵩山,从神都出发前往嵩山。二月己丑(3日)至洛州缑氏县,缑氏县位于往来洛阳与嵩山之间的交通要道,距河南府洛阳63里。⑤ 值得说明的是武则天中途再次谒周灵王的王子晋庙,即升仙太子庙。⑥ 然而,武则天为何特地在巡幸途中再次

---

① 有关唐代封禅性质与状况,参见 Howard J. Wechsler, *Offerings of Jade and Silk: Ritual and Symbol in the Legitimation of the T'ang Dynasty.* Chapter 9: "The Feng and Shan Sacrifices," Yale University Press, 1985, pp.170 – 194。

② 陈弱水提出武则天要求加入禅礼,使用正统的妇女观作为理论根据,相关论述参见陈弱水《初唐政治中的女性意识》,《隐蔽的光景: 唐代的妇女文化与家庭生活》,广西师范大学出版社,2009 年,第 173 页。

③ 《旧唐书》卷 6《则天皇后本纪》,第 124 页。《新唐书》卷 4《则天皇后本纪》,第 95—96 页。《资治通鉴》卷 204《则天皇后纪》"万岁登封元年"条,第 6503 页。

④ 《旧唐书》卷 6《则天皇后本纪》,第 124 页。《新唐书》卷 4《则天皇后本纪》,第 95—96 页。《资治通鉴》卷 204《则天皇后纪》"万岁登封元年"条,第 6503 页。

⑤ 严耕望遗著、李启文整理:《篇伍陆　洛阳郑汴南通汉东淮上诸道》,《唐代交通图考》(第六卷河南淮南区),"中研院"历史语言研究所,2003 年,第 1869 页。

⑥ 神功元年(697),武后专程寻访王子晋遗迹,参见《陈子昂集》卷 6《冥寞君古坟志铭》,世界书局,1980 年,第 138 页。

谒王子晋庙? 从洛阳东南到阳翟县为嶂岭路,共 240 里。① 王子晋庙在缑氏山,其在缑氏县东南 29 里,②并不在嶂岭路的主要道路上。事实上,武则天长子李弘,亦即孝敬皇帝的"恭陵",位于缑氏县东北五里的懊来山上。③ 恭陵所在的缑氏县成为武则天往来两地的必经之地,④两次嵩山之行都取道此地,甚至还在缑氏县北十里建起行宫,⑤恭陵在行宫东南五里有余,几乎就在行宫旁边。可推知武则天谒代表孝敬皇帝的王子晋庙,也缅怀长子李弘的"恭陵"。⑥

二月辛卯(5 日)至嵩阳,壬辰(6 日)武则天得病,命给事中栾城人阎朝隐向少室山神祈祷请求代替武则天承担病痛,武则天病愈后赐给丰厚赏赐,丙申(10 日)武则天巡幸缑氏山,丁酉(17 日)从嵩山返回洛阳。⑦ 武则天洛阳至嵩山的里程约 143 里,来回共 16 日,平均日行 17.87 里。万岁登封元年(696)武则天嵩山封禅平均日行仅 14.3 里,比前次日行 17.87 里慢,或因武则天途中身体欠安稍作停留有关。

圣历二年(699)腊月(12 月)乙巳(24 日),武则天第三次至嵩山,⑧也是武则天称帝期间最后一次巡幸嵩山,在她执政的最后五年再也没有至嵩山封禅。

(二) 封禅嵩山原因

洛阳位于"天下之中",水陆交通发达,利于漕运,便于向四方行使王权。

---

① (唐)李吉甫撰:《元和郡县图志》卷 5《河南道》"河南府",中华书局,1995 年,第 2 - 1 页:"东南取嶂岭路至阳翟县二百四十里,从县至许州九十里。"

② 《元和郡县图志》卷 5《河南道》"河南府·缑氏县",第 4 - 1 页。

③ 《新唐书》卷 38《地理志》"河南道·都畿采访使·河南府河南郡",第 982—983 页。

④ 《旧唐书》卷 38《地理志》"河南道·河南府",第 1423 页:"缑氏　隋县。贞观十八年省。上元二年七月复置,管孝敬陵,旧县治西北涧南。上元中,复置治所于通谷北,今治是。"

⑤ 《太平寰宇记》卷 5《西京》"缑氏县条",第 75 页:"则天行宫,在县北十里。"

⑥ 唐雯:《女皇的纠结——〈升仙太子碑〉的生成史及其政治内涵重探》,荣新江主编《唐研究》第 23 卷,北京大学出版社,2017 年,第 238—239 页。

⑦ 《旧唐书》卷 6《则天皇后本纪》,第 128 页。《新唐书》卷 4《则天皇后本纪》,第 99 页。《资治通鉴》卷 204《则天皇后纪》"圣历二年"条,第 6538 页。

⑧ 《新唐书》卷 4《则天皇后本纪》,第 100 页。《资治通鉴》卷 204《则天皇后纪》"圣历二年"条,第 6545 页。

武则天定都洛阳,以神都为政治中心,目的在于远离李唐统治中心长安,另建新政治格局。[①] 武则天封禅嵩山,也是对李唐政权的重要改革。

令人好奇的是武则天因改唐为周的需要,封禅的地点一反李唐封禅于东岳泰山,但五岳另有西岳华山、北岳恒山、南岳衡山,为何武则天对中岳嵩山情有独钟? 愚意以为武则天于嵩山封禅可能有以下四个原因: [②]

第一,武则天嵩山封禅目的在于辨方正位,为武周政权正名。嵩山为五岳之中岳,居于五方之中位。政治视野下,东南西北四岳象征被统辖的四疆域,泛称所有的政治领土。嵩山作为中岳,标志五岳的中心,也是核心地域,更是中央集权正统性的象征。武则天在嵩山封禅,象征"天地之中",表示加强皇权的正统性。[③]

第二,嵩山地理位置靠近神都洛阳。武则天选择嵩山封禅的优点是便于女皇巡幸封禅,避免路途劳顿。以万岁登封元年(696)武则天嵩山封禅为例,腊月(12月)甲戌(初一)从神都洛阳出发,甲申(11日)登嵩山封禅,癸巳(20日)即可还宫,前后共20日。洛阳至嵩山封禅的里程,洛阳向东微南行63里至缑氏县,又东南中经嶷岭37里至崿岭,约9里至轘辕,又约26里至登封县,故洛阳至登封县135里。[④] 嵩山在登封县北8里,[⑤]洛阳至嵩山约143里,武则天从洛阳至嵩山封禅,来回各约10日,平均日行约14.3里。每日里程之所以缓慢,因皇帝封禅巡幸"大驾"随行卤簿1 838人,分为24队,

---

① 何平立:《巡狩与封禅:封建政治的文化轨迹》第四章《魏晋至隋唐的巡狩与封禅》,第350页。

② 张敏探讨武则天封禅嵩山,包含政治与文化中心转移、思想界对封禅的批判、嵩山优越地理位置与嵩岳崇拜、崇奉佛教等原因,参见张敏《唐代封禅研究》,山东师范大学2007年硕士学位论文,第36—43页。

③ 李丹丹、王元林:《唐代嵩岳崇祀之礼与意象新探》,《广西社会科学》2015年第8期,第111页。

④ 严耕望遗著、李启文整理:《篇伍陆　洛阳郑汴南通汉东淮上诸道》,《唐代交通图考》(第六卷河南淮南区),"中研院"历史语言研究所,2003年,第1869页。

⑤ 《元和郡县图志》卷5《河南道》"河南府登封县",第139页:"登封县畿　西北至府一百三十五里。本汉嵩高县武帝元封元年置以奉太室,后省入阳城,累代因之。高宗将有事于中岳,分阳城、缑氏置嵩城县,万岁登封元年,则天因封岳,改为登封。嵩高山在县北八里,亦名外方山。又云东曰太室、西曰少室、嵩高总名,即中岳也。山高二十里,周回一百三十里。"

列为 214 行，①随从王宫贵族、官僚及警卫部队，人数动辄千计。若女皇远赴泰山封禅，依照皇帝巡幸的大驾卤簿仪仗，实劳师动众，也劳民伤财。

第三，武则天嵩山封禅，与周代崇拜嵩岳天神有关。根据《新唐书·宰相世系表》，武氏出自姬姓，最早祖先可溯源至居于洛阳的周平王少子。② 因此，武周政权追尊周文王为始祖文皇帝、周公为褒德王。而周人以嵩山为祖先神，因而武则天于嵩山封禅，与周代崇拜嵩岳天神有关。③

第四，武则天利用佛教的宗教思想力量，作为夺位称帝和强化统治的背景，以神权抬高皇权地位。④ 封禅是皇帝巡幸活动之一，唐代皇帝对山岳祭祀和封禅地点多元化，不仅局限于泰山，如嵩山、华山等五岳都是被封禅对象，封禅地点取决于政治需要。唐朝皇帝巡狩五岳祭祀有增无减，武德二年（619）十月，李渊曾就祠于华山，来年四月再祠华山。而太宗继位屡次欲封禅泰山不果告终。唐高宗、玄宗封禅泰山，也是五岳唯一的道教山岳。武则天笃信佛教，嵩山是佛教圣地，武则天当然不可能在道教氛围浓厚的泰山封禅。武则天在嵩山封禅，打破泰山独尊的地位，也就代表打破男性皇帝一统天下的神话。⑤

（三）首创为山川神加封人爵

甘怀真提出"具有神格的自然神，或超自然的自然神"概念，⑥雷闻

---

① 《唐六典》卷 14《太常寺》"鼓吹署"，中华书局，1992 年，第 408 页："凡大驾行幸有夜警晨严之制。（大驾夜警十二曲，中警七曲，晨严三通。……凡大驾卤簿一千八百三十八人，分为二十四队，列为二百一十四行；小驾卤簿一千五百人，分为二十四队，列为一百二十行）。"
② 《新唐书》卷 74《宰相世系表》，第 3136 页："武氏出自姬姓。周平王少子生而有文在手曰'武'，遂以为氏。"
③ 何平立：《巡狩与封禅：封建政治的文化轨迹》第四章《魏晋至隋唐的巡狩与封禅》，第 351 页。
④ 何平立：《巡狩与封禅：封建政治的文化轨迹》第四章《魏晋至隋唐的巡狩与封禅》，第 356 页。
⑤ 高文文：《唐代巡狩制度研究》第三章《唐代巡狩制度的内容及其文化内涵》，陕西师范大学 2009 年硕士学位论文，第 16—17 页。
⑥ 甘怀真指出西汉以后儒家经典中"气化宇宙观"对神祇的理解方式，儒教中诸天神，如天、日、月、星辰等称为具有神格的自然神，或超自然的自然神，以区别当时流行的佛道教中人格神的观念。儒教这类天神的形象就是自然，不具有人的样子。天子祭祀的目的，不在祈福或除秽，而在于促进天地间诸气的和谐运作。参见甘怀真《〈大唐开元礼〉中的天神观》，《皇权、礼仪与经典诠释：中国古代政治史研究》，喜玛拉雅基金会，2003 年，第 198 页。

进一步论述隋唐时期,转变成现实,使其真正具有人格化的特点,最明显的表现就是偶像崇拜的祭祀方式,给"岳、镇、海、渎"等山川神添加人间封爵。[①] 唐代独创给山川神加封人爵,首创此举的帝王就是武则天。垂拱四年(688)七月丁巳(初一),武则天为感谢洛水神,将洛水改名为永昌洛水,首次给洛水加封人爵,封洛水神为显圣侯,加位特进,禁止在洛水上捕鱼垂钓,祭祀洛水的礼仪如同四渎,也是武则天时期唯一一次给洛水神封人爵。

武则天时期,共四次在巡幸嵩山后加封人爵。垂拱四年(688)七月丁巳(初一),因嵩山与洛水接近,武则天改嵩山为神岳,封其神为天中王、太师、使持节、大都督。[②] 此应为中国历史上首次给"岳、镇、海、渎"加封人爵,具有极为重大的意义。

第二次为证圣元年(695),武则天于嵩山封禅,尊嵩山为神岳,尊嵩山神为天中王,夫人为灵妃。[③] 第三次万岁登封元年(696)腊月(12 月)甲戌(初一),武则天从神都洛阳出发,甲申(11 日)登嵩山封禅,三日后(丁亥,14 日)登少室山封禅,六日后(癸巳,20 日)返回神都洛阳。[④] 武则天因封禅之日被嵩山神灵保佑,尊嵩山神天中王为神岳天中皇帝,灵妃为天中皇后,夏后启为齐圣皇帝,封启母神为玉京太后,少室阿姨神为金阙夫人,王子晋为升仙太子,另外为他立庙。武则天亲自作《升中述志碑》立于登封坛南方。[⑤] 最后一次为神龙元年(705)二月,嵩山神复为天中王。[⑥]

除中岳嵩山以外,武则天也为万安山加封"石泉子"。神功元年(697)

① 雷闻:《郊庙之外:隋唐国家祭祀与宗教》第一章《隋唐国家祭祀的神祠色彩》,生活·读书·新知三联书店,2009 年,第 38—42 页。

②《旧唐书》卷 6《则天皇后本纪》,第 119 页。《新唐书》卷 4《则天皇后本纪》,第 87 页。《资治通鉴》卷 204《则天皇后纪》"垂拱四年"条,第 6449 页。

③《旧唐书》卷 23《礼仪志》"封禅"条,第 891 页。

④《旧唐书》卷 6《则天皇后本纪》,第 124 页。《新唐书》卷 4《则天皇后本纪》,第 95—96 页。《资治通鉴》卷 204《则天皇后纪》"万岁登封元年"条,第 6503 页。

⑤《旧唐书》卷 23《礼仪志》"封禅"条,第 891 页。

⑥《唐会要》卷 47《封诸岳渎》,上海古籍出版社,1991 年,第 833 页。《旧唐书》卷 23《礼仪志》"封禅"条,第 891 页。

七月武则天曾巡幸至万安山玉泉寺。万安山位于河南府河南郡寿安县西南四十里,①因山路陡峭,武则天欲乘坐人挽的"腰舆"通过陡峭山路,"辇"是人抬的交通工具,抬至腰平则称为"腰舆"。② 但王方庆劝谏乘坐"腰舆"通过崎岖山路,比昔日汉元帝曾乘船祭庙更加危险,令人担忧。武则天听从建言而停驻,可见武则天巡幸时习惯乘坐腰舆登山。但同年武则天封万安山"石泉子"。③

六、武则天巡行地方与行宫

武则天执政晚期,从圣历元年(698)至长安元年(701)四年间连续四次巡幸地方,同时举行曲赦,唯有最后一次在长安举行大赦。第一次是圣历元年(698)四月初一,④第三次亲祀太庙,随后在东都洛阳城内举行曲赦。第二次是圣历二年(699)九月乙亥(13 日),武则天巡幸福昌县,举行曲赦,至戊寅(26 日)回到神都洛阳。⑤ 武则天从福昌县回到洛阳,回程共 14 日,福昌县隶属东都洛阳,距洛阳 150 里,⑥平均日程 10.71 里。第三次是久视元年(700)十一月丁卯(22 日),武则天巡幸新安陇涧山,新安举行曲赦,十一月壬申(27 日),返回神都洛阳。⑦ 新安县距离洛阳 70 里,⑧此行回程共 6 日,平均日行 11.66 里。此外,武则天第二次巡幸三阳宫期间,六月辛未(30 日),

① 《新唐书》卷 38《地理志》"河南道·都畿采访使·河南府河南郡",第 983 页。

② 《资治通鉴》卷 198《唐太宗纪》"贞观二十年"条胡三省注云,第 6235 页:"腰舆者,人举之而行,其高才至腰。"

③ 《旧唐书》卷 89《王方庆传》,第 2898 页。同条见《新唐书》卷 116《王綝传》,第 4224 页。

④ 《资治通鉴》卷 206《则天皇后纪》"圣历元年"条,第 6530 页:"夏,四月,庚寅朔,太后祀太庙。"但圣历元年四月无"庚寅",朔日应为"壬辰"。《旧唐书》卷 25《礼仪志》"太庙",第 945 页:"圣历二年四月,又亲祀太庙。"《旧唐书》载"圣历二年"有误,应为"圣历元年"。

⑤ 《旧唐书》卷 6《则天皇后本纪》"圣历二年"条,第 128 页:"冬十月"有误,应为"九月"。见《新唐书》卷 4《则天皇后本纪》"圣历二年"条,第 100 页。《资治通鉴》卷 206《则天皇后纪》"圣历二年"条,第 6542 页。

⑥ 《元和郡县图志》卷 5《河南道》"河南府·福昌县",第 9－2 页。

⑦ 《旧唐书》卷 6《则天皇后本纪》"久视元年"条,第 129—130 页。《新唐书》卷 4《则天皇后本纪》"久视元年"条,第 101 页。《资治通鉴》卷 207《则天皇后纪》"久视元年"条,第 6553 页。

⑧ 《元和郡县图志》卷 5《河南道》"河南府·新安县",第 11－2 页。

曲赦告成县。

长安元年（701）冬十月壬寅（3日），太后从洛阳西行入潼关，至辛酉（22日）抵达京师长安，并举行大赦，改年号"长安"，[①]从此显示出武则天反李唐政权的决心与意图。长安东至洛阳680里，长安东至潼关120里，[②]此行共20日，平均日行6里。永淳元年（682）高宗晚年后，武则天一直留在洛阳，此次不仅是时隔近二十年行幸长安，年号也改称"长安"，表明此次行幸的重要性。[③]

武则天执政晚年巡幸汝州温汤、三阳宫与兴泰宫。圣历三年（700）春一月丁卯（17日），武则天前往汝州温汤，甲戌（24日），从温汤返回，并在嵩山告成县石淙建造三阳宫，戊寅（28日）返还神都洛阳。[④] 来回共12日，三阳宫距离洛阳160里，平均日行20里。

三阳宫建成后，武则天同年四月第一次巡幸三阳宫，圣历三年（700）夏四月戊申（28日），武则天至三阳宫避暑时，曾有位胡僧邀请武则天参观埋葬佛舍利，武则天允诺，但狄仁杰劝谏"山路险狭，不容侍卫，非万乘所宜临也"。可见皇帝巡幸时卤簿仪仗队伍人数众多。五月癸丑（4日），举行大赦，改年号为"久视"，取消"天册金轮大圣"称号。至久视元年（700）闰九月戊寅（初二），才从三阳宫返回洛阳。[⑤] 武则天此次巡幸是登基以后在行宫停留时间最长的一次，从夏四月戊申（28日）自洛阳出发赴三阳宫，至闰九月戊寅（初二）返回洛阳，共停留三阳宫180日，时间长达半年。

来年武则天再度巡幸三阳宫，大足元年（701）夏五月乙亥（3日）至三阳

---

① 《旧唐书》卷6《则天皇后本纪》"长安元年"条，第130页。《新唐书》卷4《则天皇后本纪》"长安元年"条，第102页。《资治通鉴》卷207《则天皇后纪》"长安元年"条，第6557页。

② 《元和郡县图志》卷2《关内道》"华州"，第7-2页。

③ 金子修一：《武则天的登场与其后》，收入《被埋没的足迹：中国性别史研究入门》，台湾大学出版中心，2020年，第139页。

④ 《旧唐书》卷6《则天皇后本纪》"圣历三年"条，第128页；"戊寅"腊月无此日，有误，应为"丁卯"。见《新唐书》卷4《则天皇后本纪》"久视元年"条，第100页。《资治通鉴》卷206《则天皇后纪》"圣历二年"条，第6545页。

⑤ 《新唐书》卷4《则天皇后本纪》"久视元年"条，第101页："闰七月戊寅，复于神都。"有误，应为闰九月。见《旧唐书》卷6《则天皇后本纪》"圣历三年"条，第129页。《资治通鉴》卷207《则天皇后纪》"久视元年"条，第6546页。

宫,七月甲戌(3 日)回到神都洛阳,此次武则天停留 60 日,武则天第二次巡幸三阳宫期间,六月辛未(30 日),曲赦告成县。①

长安四年(704)正月丁未(21 日),武则天下令拆毁三阳宫,以拆下来的木石材于万安山修建兴泰宫。万安山位于洛州寿安县西南 40 里。三阳宫和兴泰宫都是武三思建议武则天修建,由于工程浩大,左拾遗卢藏用上疏建议:

> 左右近臣多以顺意为忠,朝廷具僚皆以犯忤为戒,致陛下不知百姓失业,伤陛下之仁。陛下诚能以劳人为辞,发制罢之,则天下皆知陛下苦己而爱人也。②

武则天未接受卢藏用认为修建兴泰宫劳民伤财的建言,同年四月丙子(21 日)驾幸兴泰宫,至七月甲午(11 日)返洛阳。③　此次巡幸兴泰宫是武则天晚年最后一次巡幸,停留兴泰宫长达 79 日。

七、结　　论

武则天作为女子称帝,不仅在唐代以前是绝无仅有的大革命,也是中国历史上空前绝后的唯一女皇帝。武则天取代李唐,作为女皇另辟蹊径,立武氏宗庙、洛阳建明堂、嵩山封禅都是突破传统礼制规范,挑战旧制陈规,在政治与礼制上的革新。④

从武则天巡幸地点可知,其称帝前一年便积极塑造女皇帝的形象与地位。称帝初期连续八次亲享明堂,再借由嵩山封禅达到皇帝政治地位的高峰,然后伴随着三次亲祀南郊与五次亲享明堂,武则天为了奠定女皇帝的统

---

① 《旧唐书》卷 6《则天皇后本纪》"大足元年"条,第 130 页。《新唐书》卷 4《则天皇后本纪》"久视元年"条,第 102 页。《资治通鉴》卷 207《则天皇后纪》"长安元年"条,第 6555 页。

② 《资治通鉴》卷 207《则天皇后纪》"长安四年"条,第 6569 页。

③ 《旧唐书》卷 6《则天皇后本纪》"长安四年"条,第 131—132 页。《新唐书》卷 4《则天皇后本纪》"长安四年"条,第 104 页。《资治通鉴》卷 207《则天皇后纪》"长安四年"条,第 6569 页。

④ 何平立:《巡狩与封禅:封建政治的文化轨迹》第四章《魏晋至隋唐的巡狩与封禅》,第 349—350 页。

治，通过历次亲享明堂、南郊亲祭与宗庙祭祀，逐步奠定皇帝地位。直到执政晚年，武则天才开始巡幸地方与行宫。可知武则天借由巡幸，在礼制上开创不少新举措，为武周政权制造合法性依据，也为自己增添神圣光环。

附记：拙稿曾以《制作武则天：从巡幸看武则天的武周革命》为题，2019年9月21—22日发表于南开大学中国社会史研究中心主办之"第三届南开中古社会史工作坊"，承蒙评论人复旦大学唐雯教授精辟意见，获益甚多，特此致谢！

拙稿曾以《制作女皇帝：武则天巡幸与祀典改革》为名，刊登于陈俊强主编《中国历史文化新论——高明士教授八秩嵩寿文集》（元华文创出版社，2020年，第319—347页），本文乃据前稿，增补修订而成。

试论文成公主与金城公主
形象的历史演变[*]

沈 琛

  在唐蕃关系史上,文成公主、金城公主先后入藏和亲是影响重大的历史事件,汉藏文史料对此记载颇详。然而文成公主与金城公主在后世的历史地位相差极大,文成公主入藏成为千古传诵的佳话,金城公主的地位则远远不及文成公主。虽然学界对于这一段历史的讨论不少,但是对于两位公主的事迹与评价仍然莫衷一是。[①] 本文旨在通过对汉藏文史料的辨析,厘清文成公主与金城公主形象的演变历史,对两位唐朝女性在唐蕃关系史上的地

[*] 本文系国家社科基金青年项目"吐蕃与周边地区文化交流史研究(7—10 世纪)"(20CZS073)阶段性成果。

[①] 山口瑞凤:《古代チベット史考异——唐朝と古代チベット王朝との姻戚关系(上)》,《东洋学报》第 49 卷,1966 年,第 1—38 页;《古代チベット史考异——唐朝と古代チベット王朝との姻戚关系(下)》,《东洋学报》第 49 卷,1967 年,第 466—522 页;Yamaguchi Zuiho, "Matrimonial relationship between the T'u-Fan and the T'ang Dynasties (Part 2)," *Memoirs of the Research Department of the Toyo Bunko 28*, 1970, pp. 59 – 100; H. Uebcah, "Eminent ladies of the Tibetan Empire according to Old Tibetan texts," In S. G. Karmay and P. Sagant (eds.), *Les Habitants Du Toit Du Monde. Nanterre: Sociétéd'Ethnologie*, 1997, pp. 53 – 74; H. Richardson, "Two Chinese Princesses in Tibet: Mun-sheng Kong-co and Kim-sheng Kong-co," in *High Peaks, Pure Earth, Collected Writings on Tibetan History and Culture*, London, 1998, pp. 207 – 215; Ch. I. Beckwith, "The Central Eurasian Culture Complex in the Tibetan Empire: The Imperial Cult and Early Buddhism," in Ruth Erken ed., *1000. Jahre asiastisch-europäische Begegnung*, Frankfurt, 2011, p. 299; 石硕:《金城公主事迹中一个疑案的研究——关于金城公主在吐蕃是否生子问题的考证》,《四川大学学报》2002 年第 2 期,第 104—109 页;林冠群:《文成公主和亲考实》,《干戈玉帛:唐蕃关系史研究》,联经出版公司,2016 年,第 153—168 页。

位做出相对客观的评价。

（一）两次和亲史事概说

吐蕃贞观八年通使唐朝之后，其后几年的出使活动基本都是围绕请婚展开的。贞观十年"（吐蕃）闻突厥及吐谷浑皆尚公主"，便遣使随入蕃宣慰使冯德遐入朝，"多赍金宝，奉表求婚，太宗未之许"①。松赞干布于贞观十二年亲自击破吐谷浑，进攻松州，"命使者贡金甲，且言迎公主"②。战败之后遣使谢罪，唐朝许其婚。贞观十四年十月"禄东赞献黄金五千两及珍玩数百"，作为聘礼。③ 贞观十五年正月，太宗遣礼部尚书、江夏王李道宗送文成公主入蕃，松赞干布亲迎于柏海（今河源之鄂陵湖）。之所以派遣李道宗送使，除了其李氏宗亲的尊贵身份之外，最重要的一点是他对于入蕃路线的熟悉。其时吐蕃北界为柏海，"柏海近河源，古未有至者"。李道宗曾在贞观九年与李靖、侯君集等人率军攻破吐谷浑，而李道宗与侯君集所部"以一军趣南，出其左。……阅月，次星宿川，达柏海上，望积石山，览观河源"④。李道宗熟悉入蕃之路线，且为皇室宗亲，为送婚使的最佳人选。

文成公主入藏之后到底嫁给了谁呢？汉藏文传世史料都记载文成公主是嫁予赞普松赞干布，这可能是靠不住的。P.t.1288《吐蕃王朝编年史》记载："（641年）文成公主为噶尔·禄东赞迎至吐蕃地。……（649年）松赞干布驾崩，与文成公主结婚三年。"⑤而在 P.t.1286《吐蕃赞普世系》记载(ll.63-64)："（松赞干布之子）恭松恭赞与公主(khon co)芒木杰赤噶结婚生子芒伦芒赞"(gung srong gung rtsan dang／khon co mang mo rje khri skar du bshos pa 'I sras／／mang slon mang rtsan／)。由于"khon co"一词是从汉语"公主"

① 《旧唐书》卷196上《吐蕃传上》，中华书局，1975年，第5221页。
② 《册府元龟》卷979《外臣部·和亲》，凤凰出版社，2006年，第11325页；《旧唐书》卷196上《吐蕃传上》，第5221页。而《旧唐书·吐蕃传》与《资治通鉴》均言"遣使贡金帛"，苏晋仁指出帛非吐蕃所出，应以"金甲"为是。苏晋仁、萧鍊子：《〈册府元龟〉吐蕃史料校证》，四川民族出版社，1981年，第22页。
③ 《资治通鉴》卷195，中华书局，1956年，第6157页。
④ 《新唐书》卷221《吐谷浑传》，中华书局，1975年，第6226页。
⑤ Brandon Dotson, *The Old Tibetan Annals: An Annotated Translation of Tibet's First History*, Wien：ÖAW, 2009, p. 82.(简称 *OTA*).

音译而来,这里的公主芒木杰赤噶很有可能就是文成公主。山口瑞凤据此最早指出,文成公主入藏所嫁之人其实一开始并非是松赞干布,而是松赞干布的儿子恭松恭赞,恭松恭赞死后文成公主便改嫁松赞干布,故有松赞干布与文成公主"结婚三年"之说。后世藏文史料讳言此事,将其移花接木到金城公主身上,云金城公主入藏时先嫁于吐蕃王子,公主未至而王子身死,因此金城公主被迫改嫁于老迈的赞普赤德祖赞,后者被称为麦阿聪(Myes Ag tshom,意为"白胡子祖父"),实际上金城公主入藏之时赤德祖赞只有 6 岁,此事显然不是发生在金城公主身上,而是由松赞干布娶儿媳文成公主一事转嫁而来。[①] 也有学者不认同这种观点,如于伯赫认为"khon co"只是误写而已,这位芒木杰赤噶应该不是文成公主。[②] 白桂思认为吐蕃遵循了内陆欧亚的传统,实行兄弟收继婚制度,文成公主实际上先是嫁给了松赞干布的弟弟赞松(Rtsan Srong),赞松死后方嫁给松赞干布。[③] 不过白桂思的这一论点是套用了所谓的内陆欧亚模式,而吐蕃是否存在这一兄弟收继婚的习俗尚且不确定,在没有直接证据的情况下,他的论点难以采信。对此林冠群已辨其非,他同时认为山口瑞凤的观点也难以成立,假如芒伦芒赞为文成公主之子,则唐人不可能不知晓,很有可能是文成公主入藏 5 年之后,松赞干布才同公主同居。[④] 杜晓峰认为芒伦芒赞是文成公主之子这一点很值得怀疑,但是文成公主最早嫁给恭松恭赞是可以肯定的,藏史对于这一事件的隐晦与后世对于法王松赞干布的神化密切相关。[⑤] 新近发现的 15 世纪成书的普兰王国史书《日种王统》提供了一些新的材料:

> 松赞干布之子为贡松贡赞,关于他的事迹,说:"贡松十三继位之,在位五年十八亡,据说父王又执政,火狗之年生芒松。"……在位五年,

---

① 山口瑞凤:《古代チベット史考异——唐朝と古代チベット王朝との姻戚关系(下)》,《东洋学报》第 49 卷,1967 年,第 466—522 页;OTA, pp. 22‐23。

② Uebach, "Eminent ladies of the Tibetan Empire according to Old Tibetan texts," p. 66.

③ Beckwith, "The Central Eurasian Culture Complex in the Tibetan Empire: The Imperial Cult and Early Buddhism," p. 229.

④ 林冠群:《玉帛干戈:唐蕃关系史研究》,第 159—162 页。

⑤ OTA, pp. 23‐25。

十八岁亡……据说,于父王之前过世而父王晚年又掌权,故称半代。①

《日种王统》虽然成书较晚,但参照了不少已佚的吐蕃宫廷史书,其史料价值极高。以前学者并不能确定贡松是否做过赞普,②从这里记载来看,贡松确实曾经做过五年名义上的赞普。而这五年恰好是文成公主入藏的前5年(641—646年),其年龄亦正好与文成公主相仿,松赞干布将文成公主嫁与恭松恭赞是理所当然的,而646年恭松恭赞去世之后,松赞干布重新执政,又娶文成公主三年,似乎是最合理的解释。

相对于金城公主,汉文史料对于文成公主的记载非常少,除了其"宗女"的身份外,我们对于文成公主的家世并不清楚,文成公主641年嫁至吐蕃,680年去世,嫁在蕃中四十年,但与唐朝的互动非常之少,目前所见的仅有两次,"贞观中,文成公主贡金,遇盗于岐州,主名不立"③。此处的文成公主贡金其实是吐蕃赞普的贡金,按照惯例吐蕃朝贡往往将一部分贡物划为公主贡物。另一次则是在文成公主去世前一年,"吐蕃文成公主遣其大臣论塞调傍来告丧,请和亲,不许"④。此时唐蕃围绕青海与四镇战争不断,吐蕃以文成公主的名义求和亲仍然被唐所拒。可以认为,吐蕃请婚之时,尚未与唐朝接境,国力尚不强大,因此唐朝出嫁的文成公主仅为普通的宗室女,文成公主年纪尚幼,而朝中有松赞干布与禄东赞主持朝政,唐廷实际上并不关心文成公主入蕃之后的情形,而文成公主实际上无法左右吐蕃的政局。唐朝皇室与文成公主关系并不亲密,在高宗时期唐与吐蕃交恶,文成公主也无法起到缓和两国关系的作用。

金城公主在710年正月入藏,金城公主为嗣雍王李守礼之女,李守礼为章怀太子次子,章怀太子为中宗之兄,因此金城公主算是中宗的侄孙女,而为中宗所养。中宗以养女嫁于吐蕃,这在唐朝历史上是很罕见的,中宗亲自

① 古格班智达·扎巴坚赞著,巴卡尔·阿贵译注:《王统日月宝串》,青海人民出版社,2020年,第91页。

② Dotson, *The Old Tibetan Annals*, p.22.

③《新唐书》卷105《李义琛传》,第4034页。

④《旧唐书》卷5《高宗本纪》,第105页。

下诏曰:"金城公主,朕之少女,岂不钟念,但为人父母,志息黎元,若允乃诚祈,更敦和好,则边土宁晏,兵役服息。遂割深慈,为国大计,筑兹外馆,聿膺嘉礼,降彼吐蕃赞普。"①这里所说的吐蕃赞普就是指年幼的赤德祖赞(Khri Lde gtsug rtsan),又称甲祖如(Rgyal Gtsug ru),赤德祖赞生于704年,当年其父赞普赤都松死于征讨南诏途中。次年,主持朝政的太后墀玛类(赤都松之母)废黜太子拉跋布(Lha Bal pho),立甲祖如为赞普。金城公主入藏之时,甲祖如年仅6岁。②

709年九月吐蕃迎亲使团到达长安,《景龙文馆记》记载:"吐蕃使其大首领瑟瑟告身赞咄(zhang Brstan to re Lhas byin)、金告身尚钦藏('Bro zhang Khri bzang kha che stong)以下来迎金城公主"③,而据《资治通鉴》,"吐蕃赞普遣其大臣尚赞咄等千余人逆金城公主",吐蕃迎亲使团有"千余人"之多。尚赞咄出自祖母墀玛类的没庐家族,为赤都松之舅,赤德祖赞之舅祖父,根据《编年史》,他在701年即辅佐墀玛类在吐蕃中央主持会盟,718—720年的中央会盟也是他主持的,但在721年死于政变。④唐中宗隆重接待了吐蕃使团,"宴吐蕃使于承庆殿,太常引乐人奏五方师子、太平破阵乐、六夷等舞,殿中奏蹀马之戏",还令驸马都尉杨慎交与吐蕃使者打球,"中宗宴之于苑内球场,命驸马都尉杨慎交与吐蕃使打球,中宗率侍臣观之"。⑤

---

① 《旧唐书》卷196上《吐蕃传上》,第5227页。

② 白桂思认为吐蕃在712年甲祖如正式改名赤德祖赞之前拉跋布都是赞普,金城公主所嫁对象乃是拉跋布,参 Ch. I. Beckwith, "The Revolt of 755 in Tibet," In：Steinkellner, E. (ed.) Contributions on Tibetan Language, History and Culture, Wien：Universität Wien, 1983, pp. 8 - 10.他的看法是建立在误读史料的基础之上,杜晓峰已辨其非,参 OTA, p. 103, note. 222。实际上,705年拉跋布已然遭到废黜,《编年史》中在此之后详细记载甲祖如与墀玛类的行宫,而甲祖如则不知所踪,712年墀玛类死前为甲祖如改名标志着赞普亲政,而非政权更迭。

③ 武平一撰、陶敏辑校:《景龙文馆记》卷3《二月一日送金城公主入蕃应制》,中华书局,2015年,第79页。

④ OTA, pp. 101, 110 - 112.

⑤ 《景龙文馆记》卷2"九月二十二日宴吐蕃使奏蹀马之戏"条(第80页)。《封氏闻见记》则云,与吐蕃使者打球的还有李隆基,"中宗又令(玄宗)与嗣虢王邕、驸马杨慎交、武秀等四人,敌吐蕃十人,……吐蕃功不获施"。封演撰、赵贞信校注:《封氏闻见记校注》卷6"打球",中华书局,2005年,第53页。

　　金城公主出嫁吐蕃时的场面轰动一时,送亲规格之高在唐朝历史上是绝无仅有的。史载:"帝念主幼,赐锦缯别数万,杂伎诸工悉从,给龟兹乐。诏左卫大将军杨矩持节送。"①而在金城公主启程之日,"(中宗)幸始平,送金城公主归吐蕃"②。《景龙文馆记》则记载了中宗送女时命群臣赋诗之事,"二月一日,送金城公主。金城公主和蕃,中宗送至马嵬,群臣赋诗。帝令御史大夫郑惟忠及〔周〕利用护送入蕃,学士赋诗以饯。"李峤、崔湜、张说、薛稷、徐坚、李适等十七人应制作诗。③ 中宗继而曲赦始平郡,将其改名为金城郡。要知道肃宗的亲生女儿宁国公主出嫁回纥时肃宗也不过"送宁国公主至咸阳磁门驿"而已。④ 中宗六月去世,睿宗即位,次年(711)册封金城公主为睿宗长女,⑤还将九曲之地作为公主的汤沐邑赠予吐蕃,虽然史书将此事归罪于鄯州都督杨矩"奏与之"⑥,但其实此事无疑是吐蕃方面提出,而由睿宗亲自批准,杨矩不过是替罪羊而已。由此可见,金城公主与皇室关系之密切以及唐廷对与吐蕃和亲之重视。相对于文成公主,金城公主的地位无疑更为显赫,因此也更受皇帝的疼爱,其送婚之排场自然非文成公主可比。

　　IOL Tib J 1368《吐谷浑编年史》(22—30 行)中记载了金城公主入藏时途经吐谷浑的事迹: ⑦

　　　　lo sar dang/ sbyar sla ra ba'i sku bla ched po gsol// de nas zla
　　　　ba … b[-]n gyi … / rgya rje'I sras mo mun sheng khong co bzhes …
　　　　zhang brtsan to re dang 'bro zhang khri bzang kha che stongs cog ro …

---

① 《新唐书》卷 216 上《吐蕃传上》,第 6081 页。
② 《旧唐书》卷 7《中宗本纪》,第 149 页。
③ 《景龙文馆记》卷 3《二月一日送金城公主入蕃应制》,第 117 页。
④ 《旧唐书》卷 195《回纥传》,第 5200 页。
⑤ 《唐大诏令集》卷 42《册金城公主文》,中华书局,2008 年,第 206 页。
⑥ 《旧唐书》卷 196 上《吐蕃传上》,第 5228 页;《资治通鉴》卷 211,第 6704 页。
⑦ F. W. Thomas, *Tibetan Literary Texts and Documents concerning Chinese Turkestan*, vol. 2, London, pp. 5–6(简称 *TLTD*); Ch. I. Beckwith, *The Tibetan Empire in Central Asia: A History of the Struggle for Great Power among Tibetan, Turks, Arabs, and Chinese during the Early Middls Ages*, Princeton, 1987, p. 57;山口瑞凤:《吐蕃王国成立史研究》,岩波书店,1983 年,第 651—656 页;周伟洲、杨铭:《关于敦煌藏文写本〈吐谷浑(阿柴)纪年〉残卷的研究》,《中亚学刊》第 3 辑,1990 年,第 95—108 页。

[drang ste] mch[i]s nas / de nas btsan mo khri bangs dang / sras ma
ga … gshegs nas / / yum sras kyi zham ring du / / 'a zha'i zhang lon
ched po … da re da blon yi dang / / mug lden da'I hvon sod dang / / …
dpon wang … [-]o [dung (/dur)] / phu'i thob pa / / thabs can gi mchis
brang la stsogs … mun sheng khon co dang mjal nas / phan tshun phyag
bgyis / / stong … sna mang po phul / / de nas mun sheng khon co / cong
bul dbusu … dur btab /

　　狗年初夏举行圣寿大典,此后……月(赞普赤德祖)娶唐皇之女金
城公主(Mun sheng khon co)为妃。尚赞咄(zhang Brtsan to re)与没
庐·尚钦藏('Bro zhang Khri bzang kha che stong)及属庐(Cog ro)……
护送到来。此后赞蒙墀邦与子莫贺(吐浑可汗)去……。母子之侍从及
吐谷浑大尚论达热达博论夷(Da re da blon Yi)、慕登达浑索(Mug lden
da'i Hvod sod)及……高官的妻子等人,谒见金城公主,互相致礼,进献
许多(礼品)。其后,金城公主定居于藏地本土。

此处的金城公主写作"Mun sheng khon co",《编年史》中写作"Kim shang
kong co",有着明显的差别,而与文成公主(Mun cang kong co)的发音相近,
因此托玛斯和山口瑞凤曾误认为是文成公主。但是乌瑞指出尚赞咄其人在
《编年史》和汉文史料中都记载其为金城公主的迎婚使,且赞蒙墀邦在《编年
史》中明确记载其在 689 年嫁到吐谷浑,因此可以确定 Mun sheng khon co 指
的是金城公主。① 我们还可以补充一点的是《吐谷浑编年史》中提到的迎婚
副使 'Bro zhang Khri bzang kha che stong 就是《景龙文馆记》中的"金告身尚
钦藏"。毋庸置疑,《编年史》中记载的是 710 年金城公主入藏事,但是我们
也要看到 Mun sheng khon co 确实与文成公主的发音更为相近。这是抄写的
错误还是有意为之呢,我们并不清楚。这件文书抄写的年代应该是在吐蕃
统治敦煌之后,是否当时人对于金城公主和文成公主的名字已经有些混淆,

---

① G. Uray, "Die Lehnfürstentümer des tibetisches Reichesim VIII. – IX. Jahrhundert," *Trudy
Dvadcat'pjatogo Mezdunarodnogokongressavostokovedov*, Moscau, 1963, p. 206; Uebach,
"Eminent ladies of the Tibetan Empire according to Old Tibetan texts," p. 61.

这种可能性是存在的。

金城公主 710 年入藏,一直到 739 年才去世,在吐蕃生活了 29 年,在此期间唐蕃关系虽经起伏,但金城公主一直与唐廷保持着密切的联系,唐朝通使吐蕃之时,都要给金城公主敕书及赏赐,金城公主则"每使人迎劳"唐使于鹘莽驿。吐蕃通使唐朝时,金城公主也常常主动上疏提出各种要求,在唐蕃交恶之时公主也常常代为求和。如 714 年"上言吐蕃赞普之(祖)母死"①,716、717 年来请和,731 年"公主请《毛诗》《礼记》《左传》《文选》各一部,制令秘书室写与之"②。733 年请于赤岭立碑。③《册府元龟・外臣部》"和亲"条和《张九龄集》中保存了许多皇帝与金城公主的往来通信,黎吉生指出由于金城公主入藏时赞普尚未成年,祖母墀玛类去世时赞普也年仅 9 岁,而金城公主又自有僚属,因此在相当长的一段时间里,作为一名有意志力的成熟女性,金城公主在唐蕃关系乃至吐蕃朝廷中扮演了很重要的角色,724 年金城公主遣使箇失密(今克什米尔)欲逃至彼国,这很有可能是赞普成年之后夫妻矛盾或是权力斗争的结果,但在此之后金城公主则很忠实地维持了她在唐蕃之间的积极作用。④

739 年,吐蕃境内黑痘(即天花)蔓延,金城公主感染天花而死。同年死去的还有赞普的长子拉本(Lhas bon)。741 年,"举行了赞普之子拉本与赞蒙(金城)公主二人之葬礼"(btsan po sras lhas bon dang/ btsan mo khong co gny Is gyi mdad btang/)⑤。白桂思据此认为两人系合葬一处,因此拉本应是金城公主之子。⑥ 石硕也持相同意见。⑦ 于伯赫指出这是白桂思的误译,两人大约同时举行葬礼,并不意味着同葬一处。⑧ 杜晓峰指出假如拉本为金城

---

① 《册府元龟》卷 979《外臣部・和亲》,第 11331 页。
② 《旧唐书》卷 196 上《吐蕃传上》,第 5232 页。
③ 《资治通鉴》卷 213,第 6800 页。
④ Richardson, *High Peaks*, *Pure Earth*, pp. 211 – 214.
⑤ *OTA*, p. 122.
⑥ Beckwith, "The Revolt of 755 in Tibet," pp. 8 – 10.
⑦ 石硕:《金城公主事迹中一个疑案的研究——关于金城公主在吐蕃是否生子问题的考证》,《四川大学学报》2002 年第 2 期,第 104—109 页。
⑧ Uebach, "Eminent ladies of the Tibetan Empire according to Old Tibetan texts," p. 60, note. 16.

公主之子,金城公主应被称为"母后"(yum),但是这里只是称作赞蒙(意为王妃),且据后世藏史,拉本为赤德祖赞与王妃巴擦氏(Pa tshab)或者来自南诏的王妃所生。① 笔者认为,拉本很有可能是与金城公主死于同一场瘟疫,而根据吐蕃的停灵制度,王族在死去后需要停灵2—3年方能入葬,拉本与金城公主同年死去,停灵时间一致的话当然是同年入葬,这并不能说明拉本为金城公主之子。且其时金城公主与唐使、唐廷均保持密切的联系,拉本在当时又是赤德祖赞唯一的儿子,假如为金城公主之子,唐人不可能不知情,这一假说明显不能成立。

(二) 后世金城公主角色的消隐

如果我们将传世藏文史料中有关文成公主与金城公主入藏的描写加以对比,就会发现有趣的反差。文成公主并非是只身入藏,而是伴有一定的杂役和侍女队伍,同时还应该携带一些嫁妆。汉文史料对此几乎没有描写,除了交代江夏王李道宗送婚至河源之外,对于文成公主的仪仗、嫁妆未置一词,仅说松赞干布"执子婿之礼甚恭,既而叹大国服饰礼仪之美,俯仰有愧沮之色"②。而藏文史料则对此多有浓墨重彩的描写,《韦协》(Dba'bzhed)载:"使者等待两个月方得以启程,文成公主与其三百名随从被送往上部(即吐蕃),赏给噶尔·东赞三十名皇家宫女为妻。……如此,文成公主嫁到了蕃地。而后赞普入住于丹噶宫,文成公主留寓于小昭寺(Ra mo che),从汉地迎请来的释迦牟尼金像亦供奉于小昭寺,上祖松赞干布所开佛法仅此而已。"③这是藏文传世史料中对文成公主入藏最为简略和写实的描写。《汉藏史集》中则记载文成公主的嫁妆包括:"不计其数的珍宝、本尊释迦牟尼像、卜算之书(gab rtse)六十种、医药、工巧书十八种、各类谷物种子、众多男女侍从等。"④《西藏王统记》《贤者喜宴》等书的记载更为夸张,唐太宗亲口赐予

---

① *OTA*, pp. 24, 121.

②《旧唐书》卷 196 上《吐蕃传上》,第 5221 页。

③ Pasang Wangdu & Hildegard Diemberger, *DBa' Bzhed: The Royal Narrative Concerning the Bringing of the Buddha's Doctrine to Tibet*, Verlag der Österreichischen Akademie der Wissenschaften, 2000, p. 31;巴桑旺堆:《〈韦协〉译注》,西藏人民出版社,2012 年,第 3 页。

④ 班觉桑布('Bam 'byorbzangpo):《汉藏史集》(藏文),四川民族出版社,1985 年,第 157—158 页;陈庆英译:《汉藏史集》,青海人民出版社,2017 年,第 82 页。

文成公主嫁妆,包括各类珍宝、首饰、织锦之外,还包括经籍(gtsug lag)360种、卜算书300种、工巧书(bzoyi rig byed)60种、各类医方与器械、绫罗绸缎(dargosza 'og)两万匹。①《西藏王统记》还记载在文成公主启程之日,"皇帝皇后曾率大臣短送一程,王父母二人眷恋难舍"。对于文成公主入藏之后的功业,大部分藏文史书都强调文成公主不仅建立了小昭寺,而且发挥其舆地学的专长,帮助松赞干布建立了四茹的许多寺庙。

我们回头来看后世藏文史料中对于金城公主入蕃的记载,金城公主出嫁一事可谓轰动一时,这必然也会给入唐迎亲的吐蕃使者留下深刻的印象,但蹊跷的是,传统藏文史料对金城公主入藏之事记载非常简略。

《拔协》《弟吴宗教源流》《西藏王统记》《汉藏史集》的故事框架都大同小异,即赤德祖赞为王子求婚于唐主,金城公主通过宝镜看到王子俊美之面容,因此自定姻缘,愿嫁吐蕃。然而公主赴蕃途中王子骤然去世(《弟吴宗教源流》则说王子是个白痴),被迫嫁给公公赤德祖赞。② 如前所述,710年赤德祖赞年仅6岁,此事乃是后人将文成公主的事迹移花接木到金城公主身上。

而对于金城公主入藏时的场面,仅《西藏王统记》有简洁的交代:"皇帝乃厚其奁仪而赐之,帝颇念公主,遂偕王公宰臣送行,至城垣高耸之始平县,设大帐殿,宴诸蕃使。帝悲泣唏嘘久之。又为公主谆谆教诲,大赦始平县所有罪犯,诏免其一年兵役与赋税,并改始平县为金城县,又派遣二人领兵送往蕃地。"③《西藏王统记》的这一记载与前后文充满夸张色彩的描述风格差异很大,显然是参照了汉文史料。《贤者喜宴》也保存了大致相同的内容,并且注明是"汉籍(rgya'i deb)所载",而在原文部分则仅仅是说"皇帝向公主作了教诲"④。《拔协》《弟吴宗教源流》《汉藏史集》则从头到尾没有提及唐

① 索南坚赞著:《西藏王统记》(藏文),民族出版社,1981年,第141—142页;刘立千译:《西藏王统记》,民族出版社,2000年,第67—68页。
② 许德存译:《弟吴宗教源流》,西藏人民出版社,2013年,第148页;陈庆英译:《汉藏史集》,第93页;刘立千译:《西藏王统记》,第116页。
③ 刘立千译:《西藏王统记》,第116页;萨迦·索南坚赞著,陈庆英、仁庆扎西译:《王统世系明鉴》,辽宁人民出版社,1985年,第160页。
④ 黄灏、周润年译注:《贤者喜宴——吐蕃史译注》,中央民族大学出版社,2010年,第112页。

皇送金城公主的场景。而对于金城公主在吐蕃的作为，藏文史料中也鲜有记载，只说她为赤松德赞之母，且言赤松德赞出生后即为那囊氏王妃所夺，一岁时自行认母云云。然而根据《编年史》，金城公主去世于 739 年，而赤松德赞 742 年才出生，当年其母那囊莽布支（Sna nam Mang po rje Bzhi steng）去世。因此关于金城公主生赤松德赞一事也不成立。

传世藏文史料对于两位公主记载的差异是非常明显的，文成公主被描述为唐太宗的爱女，禄东赞携带丰厚嫁妆前往求婚，通过唐皇重重考验，方在诸国求婚使者中胜出。唐太宗对文成公主予取予求，嫁妆丰厚，眷恋难舍，亲自送行，文成公主入藏后协助松赞干布大建佛寺，宣扬佛法。而金城公主的故事框架则是吐蕃遣使，金城公主自定姻缘于赤德祖赞之子，后因王子去世改嫁其公公，在蕃时期也无任何功业可以称道。这与我们所论述的历史之间存在很大的反差，文成公主和金城公主的地位似乎颠倒过来，黎吉生认为文成公主的许多传说都应该归于金城公主，金城公主才是一位虔诚的佛教徒，小昭寺可能是金城公主所建，藏文史料所说的携带一尊金像入蕃有可能是金城公主所为。[①] 黎吉生的观点为学界提供了新的思路，但是黎吉生仅是从吐蕃佛教史的观点入手，并不能完全坐实其结论，也存在求之过深、矫枉过正的疑虑，我们可以为此提供一些新的面向。

第一，关于唐主与公主的关系，藏文史书描述文成公主为唐主之爱女，实际情况是唐主与文成公主父女情深、依依惜别的场面并不存在，但却与金城公主的身份、事迹非常符合。

第二，关于文成公主的嫁妆与侍从，文成公主入蕃时汉文史料并未记载其携带两万匹丝绸，也没有提及携带了众多的杂役和工匠，但是金城公主入藏时却明确记载"赐锦缯别数万，杂伎诸工悉从，给龟兹乐"。就文成公主的地位而言，文成公主不可能获赐上述的奁仪，传世藏史对于文成公主嫁妆的记载更适用于金城公主。

第三，关于文成公主携带大量的典籍入蕃，汉文史料中并未有和亲时陪嫁大量典籍的先例，且当时吐蕃势力并不算强大，文成公主也并非至亲，

---

① Richardson, *High Peaks*, *Pure Earth*, p. 207.

和亲之时文成公主尚为少女,文成公主本人不会主动要求携带这些典籍,而如果吐蕃使者做此要求的话也不可能不记载于史书。相反,在金城公主之时,曾经"请《毛诗》《礼记》《左传》《文选》各一部",并引发了唐廷内部的争论。另外说文成公主带入吐蕃很多卜算与医药文献,也没有任何佐证。虽然许多藏文医药文献被冠以文成公主之名,这应该是后人附会之题,并不能据此认为是文成公主从汉地携来。而根据《弟吴宗教源流》,赤德祖赞时期翻译了多部历算和医学方面的书籍。① 根据《莲花遗教》,赤德祖赞通过历算学和医药学守护蕃地,作为金城公主的丈夫,他精通算卜之学。② 据此,汉地的历算和医药文献最有可能是金城公主时代传到吐蕃,并开始系统翻译的。

第四,藏文传世史料中说文成公主帮助建造了吐蕃四茹的众多佛殿(有12、42、47 所之说),《噶迥寺碑》中提到 "赤松赞(弃宗弄赞)之世,建逻些之神殿等等,……赤德祖赞之世,于札玛建瓜州寺与钦浦寺"③,根据《韦协》:"松赞干布迎娶了泥婆罗国王的公主赤尊,修筑了拉萨佛堂和四茹之地的诸佛堂。"④最新发现的 12 世纪成书的藏文古格王朝史书《月种王统》明确记载:"先祖赤松德赞时期,正法经典复兴,兴建桑耶寺、孜蔡寺(Ska 'tshal)、昌珠寺(Khra 'brug)、江寺(Rgyang)、强真寺(Byams sprin)以及边陲卡切神殿甘露源等 108 座。于马年,一日之内同时开光。"⑤《月种王统》所记吐蕃兴佛史事更加平实,神话色彩更少,因而其可信度更高。由此可见松赞干布时期是否在境内修建众多的佛堂,也是很值得怀疑的,其中应该有不少佛寺是赤松德赞时期所建。目前可以确认逻些的大昭寺、小昭寺应该都是松赞干布时所建,但是这些佛殿的兴建似乎仅有小昭寺与文成公主直接相关。学界通过对大昭寺、昌珠寺建筑风格的分析,指出这些佛堂最早期的建筑都是泥

---

① 许德存译:《弟吴宗教源流》,第 148 页。

② Sørensen and Hazod, *Thundering Falcon*, p.172.

③ 王尧:《吐蕃金石录》,文物出版社,1982 年,第 153—154、160 页。

④ Wangdu & Diemberger 2000, p. 26;巴桑旺堆:《〈韦协〉译注》,第 1 页。

⑤ 古格班智达·扎巴坚赞著,巴卡尔·阿贵译注:《王统日月宝串》,第 175 页。

婆罗风格,①文成公主或许对修筑佛寺起过某种推动作用,但显然是无法参与吐蕃佛寺的设计与修筑的。而金城公主与赤德祖赞夫妇显然对于佛教更为虔诚,《韦协》记载:②

> 王子赤德祖赞在位时迎娶了金城公主,在钦浦囊热('Chinbu Nam ra)、札玛瓜州(Brag dmar kva cu)、詹桑(Bram bzang)、(逻些)岩城('Khar brag)、(札玛)麻贡(Mas gong)建立佛寺。金城公主每年在拉萨小昭寺瞻仰、供养其先辈姑姑文成公主所迎请的释迦牟尼像,祈祷此佛并向千名僧俗宣法。为了蕃地亡灵的福祉,公主一改不向佛像供奉食物的习俗,开创了称之为“茨”(tshe)的祭祀亡灵的仪轨。

此处《韦协》明确记载小昭寺的释迦牟尼像是由文成公主带来,并没有混入后世对于文成公主和松赞干布兴佛的附会夸大之辞,因此其真实性基本上是有保证的。黎吉生当时并没有机会看到目前的《韦协》版本,因此将小昭寺的兴建和释迦牟尼金像的入蕃都归功于金城公主,应该是站不住脚的。《于阗阿罗汉授记》与《于阗教法史》均记述了吐蕃兴佛的一段传说,吐蕃赞普娶汉地菩萨公主,在吐蕃境内大兴佛法,并收留于阗等地逃亡的僧人,其后吐蕃境内黑痘肆虐,公主也染黑痘去世,吐蕃大臣认为是僧众带来瘟疫,因此将僧人一一驱逐。学界已经基本确认,此处的公主是指金城公主,公主死后的灭法就是赤松德赞即位初期的灭法活动。③ 可见吐蕃王朝时汉地公主兴佛的事迹已经在于阗流传,然而金城公主之名并没有被人所记住。

　　《韦协》在记述赤松德赞初期灭法活动时还提到“小昭寺的一名汉和尚,

---

① Per K. Sørensen and Guntram Hazod, *Thundering Falcon: An Inquiry into the History and Cult of Khra-'brug, Tibet's First Buddhist Temple*, Wien, 2005, p. 18; André Alexander, "The Lhasa Jokhang — Is the World's Oldest Timber Frame Building in Tibet?" *Webjournal on Cultural Patrimony* 1, no. 1, 2006, pp. 123 – 54.

② Wangdu & Diemberger 2000, pp. 33 – 35;巴桑旺堆:《〈韦协〉译注》,第4页。

③ *TLTD* 1, pp. 60, 80; Richardson, *High Peaks, Pure Earth*, p. 212; M. Kapstein, *The Tibetan Assimilation of Buddhism: Conversion, Contestation, and Memory*, Oxford: Oxford University Press, 2000, pp. 41 –42;朱丽双:《〈于阗教法史〉译注》,荣新江、朱丽双《于阗与敦煌》附录二,甘肃人民出版社,2015年,第447—450页。

曾是公主的侍从,此时被逐回汉地"①。这位和尚还留了一只靴子在汉藏边界,并预言佛法重新在吐蕃恢复。这一记载在经后人篡改增补之后的《拔协》中也基本得到保留,②且被征引于《贤者喜宴》一书当中。③ 但这一故事在较晚成书的《西藏王统记》中则被移花接木到顿渐之争的摩诃衍身上。但从史料的源流来看,《韦协》的记载才是最早的源头。④ 而且嫁接到摩诃衍身上也不符合逻辑,摩诃衍之后吐蕃佛法依旧盛行,禅宗在吐蕃依旧流传,汉文史料中记载摩诃衍自认在顿渐争辩中胜出,也不可能留下如此预言。金城公主的侍从成为佛教徒也是金城公主崇佛的体现,当时吐蕃虽然建立了小昭寺等佛殿,但是并没有吐蕃人出家的记录,吐蕃人出家是从 779 年桑耶寺建立之后开始的,小昭寺作为一所汉寺,成为金城公主侍从的出家之地是比较合理的。

　　金城公主对于佛教的公开宣扬确实是文成公主所不能比的,这与两位公主的地位和当时的风气都是密不可分的,彼时较之松赞干布时期佛教已经有了很大的发展,无论在吐蕃与唐朝都是如此,因此金城公主凭借其地位和意志可以发挥更大的作用。

　　总之,传世藏文史料中倾向于夸大文成公主的地位和功绩,而相对忽略金城公主的贡献,这一趋势越到后来越明显,正如"层累的构成古史"一般,后人倾向于将吐蕃时期汉藏文化交流的大部分功绩都归于文成公主,而将有关文成公主和松赞干布之间有悖于后世伦理的婚姻关系转嫁到金城公主身上。对于文成公主地位的无限拔高背后隐含的语境其实是对松赞干布的神格化,松赞干布几乎占据了传统吐蕃史叙述的一半篇幅,松赞干布被神化为观世音菩萨的化身、最早的吐蕃法王,这一趋势在于阗教法史料中就已经开始出现,11 世纪之后则成为吐蕃史叙述的固定范式。⑤ 我们在剥离了传

---

① 巴桑旺堆:《〈韦协〉译注》,第 5 页。

② 佟锦华、黄布凡译注:《〈拔协〉增补本译注》,四川民族出版社,1990 年,第 9 页。

③ 黄灏、周润年译注:《贤者喜宴——吐蕃史译注》,第 122 页。

④ Per K. Sørensen, *Tibetan Buddhist Historiography: The Mirror Illuminating the Royal Genealogies*, Weisbaden, 1994, pp. 402, 595.

⑤ Martin Mills, "Ritual as History in Tibetan Divine Kingship: Notes on the Myth of the Khotanese Monks," *History of Religions* 51.3, 2012, pp. 219－238.

世藏文史料中对两位汉地公主史事的夸大或错置的内容之后,可以放心利用剩下的材料梳理文成公主对于汉藏文化交流的贡献。

(三) 文成公主时代的东西交通

文成公主入藏的背景是在吐蕃与唐朝刚刚通使不久,吐蕃王朝的制度与文化都还处在比较不完善的阶段,因而文成公主入藏给吐蕃王室与社会都带来了不小的震动,这一点在汉文史料中有着较为精炼的记载。《旧唐书·吐蕃传》概括了文成公主对吐蕃的影响:[1]

> (贞观十五年)弄赞率其部兵次柏海,亲迎于河源。……既而叹大国服饰礼仪之美,俯仰有愧沮之色。及与公主归国,谓所亲曰:"我父祖未有通婚上国者,今我得尚大唐公主,为幸实多。当为公主筑一城,以夸示后代。"遂筑城邑,立栋宇以居处焉。公主恶其人赭面,弄赞令国中权且罢之,自亦释毡裘,袭纨绮,渐慕华风。仍遣酋豪子弟,请入国学以习《诗》《书》。又请中国识文之人典其表疏。

这里反映了文成公主入藏对吐蕃四个层次的影响,其一是逻些城的建设,松赞干布时期逻些小昭寺、岩堡(Mkhar phrag)以及鸿胪馆等建筑的建设实际上很多都是由于文成公主入藏或者迎接唐使而建立的,文成公主在松赞干布去世之后常驻逻些小昭寺。

其二,文成公主对于吐蕃风俗的影响,对于吐蕃的赭面风俗,黎吉生指出有关于阗的藏文文献在 8 世纪末时仍然蔑称吐蕃人为"赭面",可见松赞干布并未彻底纠正吐蕃人的赭面习俗。而文成公主对于吐蕃服饰习俗的影响应该是存在的,但是仅限于贵族阶层的穿衣风尚,对于普通平民阶层并没有多大影响。[2]

其三,促进了双方的技术与文化交流。唐蕃之间技术的交流对吐蕃的影响重大,649 年"因请蚕种及造酒、碾、硙、纸、墨之匠,并许焉"[3]。唐代的造纸术传到吐蕃之后,吐蕃很快就学会了用本土的材料制造纸张,藏纸的制

---

[1] 《旧唐书》卷 196 上《吐蕃传上》,第 5221—5222 页。

[2] Richardson, *High Peaks, Pure Earth*, p. 208.

[3] 《旧唐书》卷 196 上《吐蕃传上》,第 5222 页。

作工艺一直流传到今天,其主要材料为瑞香狼毒(rel jog pa)、沉香(a ga ru)、山茱萸科的灯台树、杜鹃科的野茶花树(dong lo ma)和故纸等。① 学者对于敦煌藏文文书的纸张分析显示,从温江多发出的吐蕃宫廷诏书的原料则是瑞香科的植物,这也证明了吐蕃本土造纸以瑞香科植物为原料的事实,②吐蕃纸张具有坚韧厚实、耐拉抗蛀的优点,与汉地的纸张有明显区别。除了外交文书可能是使用纸张外,吐蕃在很长一段时间内是使用木牍(khram)作为公文书的载体,官方的籍帐称为红牍(Khram dmar po),吐蕃全面使用纸张似乎是在744年,《编年史》明确记载"(744)赞普下令,将红牍(籍帐)全部转抄于黄纸之上,是为一年"(btsan po bkas khram dmar po shog ser po la spos par lo chIg)③,这也标志着吐蕃造纸术的成熟和普及。吐蕃占领敦煌之后,吐蕃纸张作为抄经纸被大量配发到敦煌,敦煌的藏文贝叶经多数都是吐蕃纸,敦煌藏文 P.t.1997《十万颂般若经》背面保存了一则题记:"吐蕃的纸张非常平顺!"(bod yul gyi shog bde ba 'dra'o),可见敦煌抄经人对于吐蕃纸张的喜爱。④ 不过纸张并未完全取代木牍,在米兰与麻札塔格等地出土的大量藏文木简,其数量较之藏文纸质文书要多得多,对于篇幅较短、格式要求不高、层级较低的公私文书,木牍仍然是重要的载体。⑤

文成公主入蕃引起了吐蕃贵族对于汉文化的崇尚,吐蕃借此机会遣弟子入太学,并请中国之人典其表疏,这些进入太学的贵族子弟得以全面了解唐朝的律令体制和儒家文化,为吐蕃完善各项制度提供了"他者"的借鉴。这些留学生成为吐蕃社会中最为了解唐朝文化的精英分子,在很长一段时间内影响了吐蕃的对唐政策。吐蕃送贵族子弟入太学的时间应该没有持续很久,始于641年文成公主入藏,终于670年大非川之战之前,这些贵族子弟虽然名义上

① 次旺仁钦:《藏纸考略》,《西藏研究》2002年第1期,第87—88页。
② Agnieszka Helman-Wazny and Sam van Schaik, "Witnesses for Tibetan Craftmanship: Bringing Together Paper Analysis, Palaeography and Codicology in the Examination of the Earliest Tibetan Manuscripts," *Archeometry* 55, 2013, pp. 704‑741.
③ *OTA*, p. 124.
④ 张延清:《吐蕃敦煌抄经研究》,民族出版社,2016年,第170页。
⑤ T. Takeuchi, "Formation and Transformatin of Old Tibetan,"《神户市外国语大学研究年报》No. 49, 2012, pp. 4‑5.

是学生,但也具有质子的身份,在双方彻底交恶之前这些人应该都已经回到吐蕃了。在显庆三年(658)、咸亨元年(670)吐蕃使臣论仲琮即"少游太学,颇知书……然(高宗)以仲琮非用事臣,故杀其礼"①。《册府元龟》则记载"四夷多遣子入侍,其论钦陵、阿史德元珍、孙万轩等,皆因充侍子,遂得遍观中国兵威礼乐,其后竟为边害"②。论钦陵入充侍子未见载于他处,若其为真,应该是在7世纪四五十年代。虽然在705年唐中宗即位后曾下诏"蕃王及可汗子孙愿入学者,附国子学读书"③,但并没有迹象显示吐蕃再度遣学生入唐。

其四,文成公主入藏之后唐朝开辟了吐蕃—泥婆罗—天竺的新路线,方便了使臣与求法僧往来天竺。吐蕃部分主要分为两部分,北段是唐蕃古道从吐谷浑到拉萨河流域,南段是经由雅鲁藏布江谷地到达芒域(Mang yul,今吉隆一带)的蕃尼边境。蕃尼古道的开通与当时政治局势是密切相关的,在641年,除了文成公主入藏之外,另一件大事是吐蕃出兵泥婆罗,常年在吐蕃流亡的泥婆罗王子那陵提婆(Narendradeva)得以回国执政。《编年史》记载:"他们杀掉泥婆罗之 Yu sna kug ti(Vishnugupta),立那陵提婆(Na ri ba ba)为王"(bal po yu sna kug tIbkum/na rI ba ba rgyal phor bchug)④,在此之前虽然流亡吐蕃的赤尊公主已经嫁给松赞干布,但是吐蕃与泥婆罗政权之间并未建立起外交关系,在此之后泥婆罗臣属于吐蕃。⑤《唐会要》载"提婆之父为其叔所杀,提婆出奔,吐蕃纳之,遂臣吐蕃"⑥正与此相印证。蕃尼道路畅通无阻,连接上北部的唐蕃古道,便成为此后二十年间唐朝出使天竺最方便、安全的通道。

《大唐西域求法高僧传》中记载了经吐蕃—泥婆罗道入天竺求法的一些僧人,其中包括玄照、道希、玄太、道生四人,其中玄照更曾在吐蕃受到文成

---

① 《新唐书》卷216上《吐蕃传上》,第6076页。
② 《册府元龟》卷544《谏诤部·直谏》,第6219页。
③ 《新唐书》卷44《选举志》,第1164页。
④ OTA, p. 82.
⑤ R. Vitali, *Early Temples of Central Tibet*, London, 1990, pp. 71 - 72; Per K. Sørensen, *Tibetan Buddhist Historiography: The Mirror Illuminating the Royal Genealogies*, Weisbaden, 1994, p. 199, note. 560.
⑥ 《唐会要》卷100"泥婆罗国"条,上海古籍出版社,2006年,第2124页。

公主的礼遇。另有末底僧诃、师鞭、玄会等听闻泥婆罗道开通之后欲从泥婆罗道归国，但死于泥婆罗。① 这些僧人途经此路的时间都是在 643—665 年之间，即文成公主入藏之后，吐蕃吞并吐谷浑之前。

结 论

总之，文成公主入藏处在唐蕃交往上的蜜月期，一方面，吐蕃借由文成公主入藏派遣学生入太学、引进唐朝的各类工匠和技术，吐蕃在此时期系统借鉴唐朝的律令制度、馆驿制度和文书制度等；另一方面吐蕃打开国门，开通了蕃尼道路，这一时期唐蕃之间因为政治上的蜜月关系而出现了文化交流的高潮，但是文成公主个人的作用是有限的，这种文化交流在 670 年之后因为唐蕃交恶而急剧降温。金城公主处在唐蕃关系回暖的时期，唐蕃地位相对平等，金城公主与唐朝皇室的关系更为密切，金城公主的个人意志也更为强烈，因此金城公主不仅在政治上充当了唐蕃双方冲突的调和人，而且在文化交流中扮演了更重要的角色。金城公主以个人名义向唐朝求取儒家典籍，也在吐蕃境内大力兴佛。

文成公主和金城公主入蕃是唐蕃文化交流史上的两座高峰，但在后世由于将松赞干布神化为观世音菩萨化身之法王，文成公主也被赋予协助其将佛法引入藏地的"历史使命"，加之文成公主作为唐蕃始通的象征，又加上了一层汉藏文化交流使者的滤镜，受到后世藏史的普遍尊崇。在此背景之下，藏史将文成公主的婚姻秘辛转嫁到金城公主身上，而将金城公主的许多贡献转到文成公主身上，层累地构成了现在流传的文成公主形象。

---

① 范祥雍：《唐代中印交通吐蕃一道考》，《中华文史论丛》1982 年第 4 辑，第 195—227 页；季羡林：《玄奘与〈大唐西域记〉》，季羡林等《大唐西域记校注》，中华书局，1985 年，第 101—102 页。

从皇后亲蚕到"后妃四星"

——唐玄宗王皇后被废史事发微

史正玉

　　唐前期,高层女性参政热情高涨,皇后预政屡见史载。陈寅恪在《记唐代之李武韦杨婚姻集团》中借高宗朝皇后之废立,指出废立皇后不仅是宫闱后妃之争,更是政治、社会集团之争。① 皇后与政治关联密切,尤以高宗武后、中宗韦后相继秉持国政最为典型。与上述皇后相比,唐玄宗发妻王皇后在史传中记载寥落,形象黯淡,相关研究也极为有限。② 其历史地位当真无足轻重,以致其事迹不值得史书着墨吗? 笔者不揣谫陋,欲还原王皇后的人生轨迹和她的政治生命历程,究析其被废原因。

---

① 陈寅恪:《记唐代之李武韦杨婚姻集团》,《金明馆丛稿初编》,生活·读书·新知三联书店,2015 年,第 273 页。

② 黄永年认为王皇后欲比肩武后,事涉不轨被玄宗处置。黄永年:《说唐玄宗防微杜渐的两项新措施》,《黄永年文史论文集》(第二册),中华书局,2015 年,第 132—144 页。其余提及王皇后被废原因者,观点皆与黄先生近似:《剑桥中国隋唐史》称"王皇后的贬黜可能出于政治动机"。崔瑞德编:《剑桥中国隋唐史》,中国社会科学出版社,1990 年,第 346 页。李文才提出王皇后因干政被废。李文才:《试论唐玄宗的后宫政策及其承继——〈太平广记〉卷 224 "杨贵妃"条引〈定命录〉书后》,《北华大学学报》2007 年第 2 期,第 78—84 页。总之,既往研究普遍认为王皇后的干政行为导致其被废。

一、从册后到亲蚕

（一）从名门之女到母仪天下

王皇后出身太原王氏之乌丸王氏。① 据其父王仁皎墓志②及神道碑③所载，王皇后七代祖王神念，由北魏奔梁，官至右将军、散骑常侍；六代祖王僧脩仕北周为仪同三司，为南朝名将王僧辩之弟；高祖王景孝仕隋为内史舍人、屯田侍郎；曾祖王诠，位至明威将军、歙县男；祖父王文泪，定州唐县令，赠定州刺史、右仆射。长寿二年（693），玄宗为临淄王时，王氏被纳为妃。④ 二人完婚时，玄宗年仅九岁，刚经历丧母之痛，不久便被长期监禁。而王氏虽为名门之女，但父、祖仕宦并不十分显赫。王氏之父王仁皎，早年任职不过同州参军、晋州司兵参军之类低品级官。身为岳丈的王仁皎为女婿李隆基庆生尚需"脱紫半臂易斗面，为生日汤饼"⑤。王皇后与玄宗可谓自幼相识、共历患难的"贫贱夫妻"。

---

① 《旧唐书》卷70《王珪传》："王珪，字叔玠，太原祁人也。在魏为乌丸氏，曾祖神念，自魏奔梁，复姓王氏。祖僧辩，梁太尉、尚书令。"故太原王氏王神念支，又被称为乌丸王氏。中华书局，1975年，第2527页。

② 《大唐故开府仪同三司赠太尉、益州大都督王公墓志铭并序》，赵文成、赵君平编《秦晋豫新出墓志蒐佚续编》（第2册），国家图书馆出版社，2015年，第538页。

③ 张说撰：《张燕公集》卷18《题赠太尉、益州大都督王公神道碑》，上海古籍出版社，1992年，第142—143页。

④ 王溥撰：《唐会要》卷3《皇后》载："玄宗皇后王氏，长寿二年，纳为妃。"上海古籍出版社，2006年，第29页。

⑤ 《新唐书》卷76《后妃传上》，中华书局，1975年，第3491页。此则材料史源为晚唐李濬所作《松窗杂录》："王皇后始以色进，及上登位不数年，恩宠日衰。后忧畏之状，愈不自安。然抚下有恩，幸免谗语共危之祸。忽一日泣诉于上曰：'三郎独不记阿忠脱新紫半臂，更得一斗面，为三郎生日汤饼耶？何忍不追念于前时？'上闻之，戚然改容，有悯皇后之色。"李濬撰，罗宁点校：《松窗杂录》，中华书局，2019年，第94页。宋人笔记《南部新书》记载与之类似。"半臂"为唐代男子的特色服饰，穿之可增加男子的威武之感，叶娇：《敦煌文献服饰词研究》，中国社会科学出版社，2012年，第202页。此服饰与王仁皎参军官职身份相符，但"紫"为唐代三品以上服色，以王仁皎早年官品距服紫相去甚远。此则材料恐系晚唐五代文人出于对王皇后之同情心理而杜撰。但王氏父女与玄宗遇于微时，对玄宗有照拂之恩当属实。

　　玄宗与姑母太平公主联合发动政变,剿灭韦后集团、拥立睿宗,作为妻子的王氏,也参与到此次政变中。《旧唐书》称其"颇预密谋,赞成大业"①,《资治通鉴》则载"上之诛韦氏也,王皇后颇预密谋"②。寥寥数字,却道出王氏曾参与政变,出谋划策、贡献良多。唐隆政变的成功,令玄宗获太子之位,王氏则进位为太子妃。先天元年(712),玄宗即位为帝,王氏被册为皇后。在《文苑英华》中保留了《册皇后文》,③是睿宗以太上皇的名义册立时为皇帝妃的王氏为皇后的诰文。诰曰:"妃王氏冠盖盛门,幽闲令德。艺兼图史,训备公宫。顷属艰危,克扬功烈。聿兴昌运,实赖赞成。正位六宫,宜膺盛典。诏令作礼,可册为皇后。"诰文中不仅表彰了王皇后之出身、私德及才艺足以正位六宫,"顷属艰危,克扬功烈。聿兴昌运,实赖赞成"几句亦证实了她确实曾在危难之际,参与机密事务,为玄宗政变及诛除韦后做出贡献。

　　唐代的纳后之礼,《大唐开元礼》中有《纳后》和《临轩册命皇后》二仪,其中"临轩"为御正殿,是一项重大的朝廷礼仪活动,"朝廷只有在极重大的庆典朝会或者册命时皇帝才有'临轩',因此'临轩册后'无疑是给皇后最高的礼遇"④。而在繁复的礼仪中,又有皇后受群臣贺、皇后会群臣、外命妇朝会、群臣上礼和庙见等仪式。据吴丽娱考证,皇后受册时受群臣、内外命妇朝拜的礼仪在唐代源于武后被册立时的实践。⑤ 这些武后时期的册后仪注被《开元礼》所继承,也即意味着册立王皇后所行用之"盛典"也仿照武后之传统,临轩册命和受群臣命妇朝贺等礼仪活动,给予王皇后极大的荣耀,彰显了其祗承宗庙的身份和母仪天下的地位。

　　此时的王皇后,虽为女性至尊,但论权势却远不及太平公主。从唐隆政变

①《旧唐书》卷51《后妃传上》,第2177页。

②《资治通鉴》卷212"唐玄宗开元十年八月"条,中华书局,1956年,第6870页。

③ 本注云:"《诏令》作《太上皇立皇帝妃为皇后制》。"李昉等编:《文苑英华》卷446《册皇后文》,中华书局,1966年,第2255页。按:《全唐文》此文题作《册皇帝妃王氏为皇后诰》,玄宗即位初,睿宗作为太上皇,"其处分事称诰、令"。故《全唐文》所拟题近是。

④ 吴丽娱:《兼融南北:〈大唐开元礼〉的册后之源》,《魏晋南北朝隋唐史资料》第23辑,2006年,第103页。

⑤ 吴丽娱:《朝贺皇后:〈大唐开元礼〉中的则天旧仪》,《文史》第74辑,2006年第1辑,第109—137页。

结束直到玄宗初年,在睿宗的支持下,太平公主权势急剧膨胀。"公主惧玄宗英武,乃连结将相,专谋异计。其时宰相七人,五出公主门。常元楷、李慈掌禁兵,常私谒公主。"①这导致太平公主与玄宗矛盾激化,因此玄宗即位之初便有诛除太平公主之意,但他不仅目睹过节愍太子李重俊于景龙元年(707)政变失败而亡,也亲自发动过推翻韦后的唐隆政变,深知政变之凶险。尤其是对付太平公主这样政治实力雄厚、斗争经验丰富的政敌,一步之差便会身死名裂。在唐隆政变中,曾与玄宗并肩作战、"赞成大业"的王皇后,在玄宗即将发动另一场更加凶险的政变时,岂能袖手旁观?这个时候,既要联合、巩固支持玄宗的政治力量,又要避免躁进引起太平公主集团警惕、反扑。毫无疑问,王皇后的女性身份,使她从事相关活动比起玄宗亲行,更加适宜、不易打草惊蛇。于是一项废阙已久又与皇后关联至深的盛大礼仪活动——先蚕礼,得以举行。

(二)先蚕礼的政治属性与王皇后亲蚕的政治功用

先蚕礼又称享先蚕,是中国古代皇家礼仪中的一种。先蚕礼主祭者为皇后,故又称"皇后亲蚕",是为数不多的以女性为核心的皇家祭礼。皇后亲蚕往往与皇帝籍田亲耕对举,是帝制时代用来劝课农桑的重要礼仪活动,但在历代实践中,先蚕礼的政治属性不断增强。这一点考察唐前期先蚕礼实施情形便可知晓。

第一,唐代先蚕礼祭祀规格的升降,有政治因素在起作用。唐代先蚕礼的等级曾有调整。据《旧唐书·礼仪志》,武德、贞观年间,以太牢和笾、豆各九的规格祭祀先蚕。② 高宗时期先蚕礼的祭祀情况发生了变化。《册府元龟》载:"高宗永徽三年(652)三月甲子,诏升先蚕为中祀。"③从这条史料来看,高宗时期先蚕礼的等级升为了"中祀",则意味着武德、贞观时期,先蚕礼的等级当为低一级的"小祀"。然而,《唐会要》载此事则云:"永徽三年三月七日,制以先蚕为中祀,后不祭,则皇帝遣有司享之如先农。"④此处并未提及

---

① 《旧唐书》卷183《外戚传》,第4739页。
② 《旧唐书》卷24《礼仪志四》:"武德、贞观之制……孟春吉亥祭帝社于藉田,天子亲耕;季春吉巳祭先蚕于公桑,皇后亲桑,并用太牢,笾、豆各九。"第910页。
③ 王钦若等编:《册府元龟》卷33《帝王部·崇祭祀二》,中华书局,1960年,第357页。
④ 《唐会要》卷10《皇后亲蚕》,第299页。

先蚕礼规格之升降,但却说明该年高宗皇后王氏不曾亲祭,乃有司代行。另据许敬宗议笾豆之数所言:"按今《光禄式》,祭天、地、日、月、岳、镇、海、渎、先蚕等,笾、豆各四。"① 高宗永徽三年,曾祀先蚕,但为有司代行,祭祀规格用笾、豆各四;而太宗朝祭先蚕在贞观元年(627)三月,由长孙皇后亲行,用太牢之礼,笾、豆各九。唐代祭祀所用笾、豆之数,以多为贵,两相对比,很难说高宗永徽三年是把先蚕礼的规格"升"到了中祀,《唐会要》"制以先蚕为中祀"的表述较为妥当。

高宗初年祭祀标准之混乱,由时任礼部尚书许敬宗笾豆之议可见一斑:"寻此式文,事深乖谬。社稷多于天地,似不贵多;风雨少于日月,又不贵少。且先农、先蚕,俱为中祭,或六或四,理不可通。又先农之神,尊于释奠,笾、豆之数,先农乃少,理既差舛,难以因循。"而祭祀笾、豆,实以多为贵。故他建言:"宗庙之数,不可逾郊。今请大祀同为十二,中祀同为十,小祀同为八,释奠准中祀。自余从座,并请依旧式。"他的建议得到认可,此后先蚕作为中祀,祭祀标准由笾、豆各四上升到笾、豆各十。祭祀所用笾、豆数量的增多,意味着先蚕礼祭祀规格的提升。《唐会要》将此议论系于永徽二年(651),然据上引史料可知,永徽三年先蚕礼才被定为中祀。许敬宗何以在永徽二年的议论中便云"先农先蚕,俱为中祭,或六或四,理不可通"呢? 考《旧唐书·许敬宗本传》所载其仕宦履历:

> 高宗嗣位,代于志宁为礼部尚书。敬宗嫁女与蛮酋冯盎之子,多纳金宝,为有司所劾,左授郑州刺史。永徽三年入为卫尉卿,加弘文馆学士,兼修国史。六年(655)复拜礼部尚书。②

可知许敬宗曾两任礼部尚书。则他关于笾、豆之议必在重任礼部尚书的永徽六年之后,若进一步推断,此议当在显庆元年(656)季春之前。永徽六年,高宗于"冬十月己酉,废皇后王氏为庶人,立昭仪武氏为皇后,大赦天下"③。

---

① 《旧唐书》卷21《礼仪志一》,第825页。
② 《旧唐书》卷82《许敬宗传》,第2762页。
③ 《旧唐书》卷4《高宗纪上》,第74页。

而武后首次亲蚕就在被立的次年,即显庆元年。① 武后之立,许敬宗助力颇多,"高宗将废皇后王氏而立武昭仪,敬宗特赞成其计"②。身为礼部尚书的许敬宗,必然从自己职掌范围内,为武后争取更多的权益以巩固其地位。因此他选择以国家祭祀中笾豆之数混乱为切入点,既规范了国家祭祀体系,又能提升先蚕礼的重要性,从而实现提升新皇后武氏政治地位的目的。由此可知,先蚕礼祭祀规格变化背后,是政治因素在起作用。

第二,先蚕礼的举行与皇后权威密切相关。以武后为例,她在显庆元年三月辛巳、总章二年(669)三月癸巳、咸亨五年(上元元年,674)三月己巳、上元二年(675)三月丁巳,前后四度亲蚕,是整个唐代行先蚕礼次数最多的皇后。借助亲蚕,武后极大地提升了自己的威望。特别是上元二年在邙山之阳举行的亲蚕,日本学者新城理惠认为,武后通过这场礼仪,确立了自己在皇帝认可下的独立权威。③ 中宗韦后当政时,迦叶志忠"进《桑条歌》十二篇,伏请宣布中外,进入乐府,皇后先蚕之时,以享宗庙",太常少卿郑愔引申其义,均受厚赏。④ 韦后虽未亲行蚕礼,但她大肆发挥先蚕礼的奏乐问题,收买人心、巩固地位,侧面证实先蚕礼之于皇后权力的重要。不过韦后最终并未亲蚕,这也说明了先蚕礼虽然是皇后树立权威的重要礼仪,但并非是每位皇后例行之礼,它的实施往往别有深意。但尽管如此,先蚕礼与皇后权威之间密切关联,经过武后的发挥后几乎成为唐人的共识。

在这样的时代背景下,王皇后于先天二年(713,即开元元年,此年三月王皇后亲蚕,其时尚未改元,故下文皆用先天二年)行先蚕礼。关于此次亲蚕,史书中的记载相当简略。《通典》云:"大唐显庆元年三月辛巳皇后武氏、先天二年三月辛卯皇后王氏、乾元二年(759)三月己巳皇后张氏,并有事于先蚕,其仪备《开元礼》。"⑤《旧唐书·睿宗本纪》:"三月辛卯,皇后祀先蚕。"⑥《旧唐

---

① 《旧唐书》卷4《高宗纪上》,第75页。
② 《旧唐书》卷82《许敬宗传》,第2763页。
③ 新城理惠:《先蚕仪礼と唐代の皇后》,《史论》第46期,1993年,第37—50页。
④ 《旧唐书》卷51《后妃传上》,第2173页。
⑤ 杜佑:《通典》卷46《礼六·沿革六·吉礼五》,中华书局,2016年,第1279页。
⑥ 《旧唐书》卷7《睿宗纪》,第161页。

书·礼仪志》:"玄宗先天二年三月辛卯,皇后王氏祀先蚕。"①《唐会要》:"开元二年(714)正月辛巳皇后亲蚕。自嗣圣以来,废阙此礼,至是始重行焉。"②《资治通鉴》载:"开元元年(713)三月辛巳,皇后亲蚕。"③玄宗王皇后与唐代其他行亲蚕的皇后相比,影响力颇有不及。因此,先天二年的先蚕礼也相对不受关注,相关记载极少,且时间不一。综合诸书,此次亲蚕在先天二年,具体日期为三月辛巳日。④

表1　唐朝皇后亲行蚕礼一览

皇后	事件	出处
长孙氏	贞观元年三月癸巳,皇后亲蚕。	《旧唐书》卷2《太宗纪上》
	贞观九年(635)三月,文德皇后率内外命妇,有事于先蚕。⑤	《唐会要》卷10下《皇后亲蚕》
武氏	显庆元年三月辛巳,皇后祀先蚕于北郊。	《旧唐书》卷4《高宗纪上》
	总章二年三月癸酉,皇后亲祀先蚕。	《旧唐书》卷5《高宗纪下》
	上元元年三月己巳,皇后祀先蚕。	《旧唐书》卷5《高宗纪下》
	上元二年三月丁巳,天后亲蚕于邙山之阳。	《旧唐书》卷5《高宗纪下》
王氏	先天二年三月辛卯,皇后祀先蚕。	《旧唐书》卷7《睿宗纪》
张氏	乾元二年三月己巳,皇后祀先蚕于苑中。	《旧唐书》卷10《肃宗纪》

---

① 《旧唐书》卷24《礼仪志四》,第935页。
② 《唐会要》卷10《皇后亲蚕》,第300页。
③ 《资治通鉴》卷210"唐玄宗开元元年三月"条,第6798页。
④ 《通鉴考异》云:"《玄宗实录》脱此年二月、三月事。《祀先蚕诏》乃三月丁卯也。而《唐历》承其误,云:'正月辛巳,皇后祀先蚕。'《太上皇录》云:'三月辛巳,皇后亲蚕。自嗣圣、光宅以来,废阙此礼,至是重行。'《太上皇睿宗实录》《旧本纪》皆云辛卯。按制书云'以今月十八日祀先蚕',是月甲子朔,今从《玄宗实录》。"《考异》所引诏书今已佚,然先天二年三月确为甲子朔,十八日正是辛巳。根据唐代"季春吉巳祭先蚕于公桑,皇后亲桑"的传统,应以《通鉴》所记时间为准。
⑤ 《资治通鉴》载:"后(长孙皇后)素有气疾,前年(贞观八年)从上幸九成宫,柴绍等中夕告变,上擐甲出阁问状,后扶疾以从,左右止之,后曰:'上既震惊,吾何心自安!'由是疾遂甚。"(《资治通鉴》卷194"唐太宗贞观十年六月"条,第6232页)据此可知,贞观八年长孙皇后已经病重,贞观十年六月即因病去世。贞观九年三月之先蚕礼,以长孙皇后之病体恐难行事,《唐会要》所载恐误。

　　此次亲蚕地点在何处，各书均未载。陈寅恪在论述隋唐制度来源及其继承关系时，指出："隋唐之制度虽极广博纷复，然究析其因素，不出三源：一曰魏、齐，二曰梁、陈，三曰魏、周。"论述唐前期礼仪制度的源流时，云："《唐会要》及《旧唐书》之所谓古礼，参以《新唐书》之文，足知即为隋礼。然则唐高祖时固全袭隋礼，太宗时制定之《贞观礼》即据隋礼略有增省。"①陈先生此段论述扼要点明武德、贞观之礼承自隋礼，隋礼又师法北朝。《隋书·礼仪志》记北齐、北周、隋之先蚕礼演变历程云："后齐为蚕坊于京城北之西，去皇宫十八里之外……每岁季春，谷雨后吉日，使公卿以一太牢祀先蚕黄帝轩辕氏于坛上，无配，如祀先农。礼讫，皇后因亲桑于桑坛……"；"后周制，皇后乘翠辂，率三妃、三妃、御媛、御婉、三公夫人、三孤内子至蚕所，以一太牢亲祭，进奠先蚕西陵氏神"；"隋制，于宫北三里为坛，高四尺。季春上巳，皇后服鞠衣，乘重翟，率三夫人、九嫔、内外命妇，以一太牢、制币祭先蚕于坛上，用一献礼。"②而从唐初先蚕礼祭以太牢的等级来看，北朝后期至隋唐，至少在先蚕礼相关的礼仪制度继承关系确如陈先生所论。据此推断，长孙皇后亲蚕之地应在长安北郊，或者在长安宫城以北。武后亲蚕之地，一处明确为长安北郊，另一处则为邙山之阳。而邙山位于洛阳城北，邙山之阳当为洛阳城之北郊。则武后亲蚕地都为北郊。肃宗张皇后则在苑中亲蚕，王泾在《大唐郊祀录》中载先蚕坛方位云："其坛在宫北苑中，高四尺，周回三十步。"③此坛当为张皇后享先蚕之坛。总之，上述几位皇后亲蚕的地点，不论是在北郊也好，还是在宫北苑中也好，其方位都与北有关。另据《唐六典》内侍条载："凡季春吉日，皇后亲蚕于功桑，享先蚕于北郊。"④在此条下，注文罗列了历朝先蚕礼制，言"北齐置蚕坊于城北""隋于宫北三里为坛"，最后称"皇朝因用其礼"。可知唐代皇后亲蚕因用前朝亲蚕之

---

① 陈寅恪：《隋唐制度渊源略论稿》，商务印书馆，2011年，第68—69页。
② 《隋书》卷7《礼仪志二》，中华书局，1973年，第145页。
③ 王泾：《大唐郊祀录》卷10《飨先蚕》，古典研究会，1972年，第799页。
④ 李林甫等撰，陈仲夫点校：《唐六典》卷12《内官宫官内侍省》"内侍"条本注，第356页。按《唐六典》卷4《尚书礼部》"祠部郎中"条载"孟夏吉亥，享先农于东郊，以后稷配；季春吉巳，享先蚕于西郊。"此言唐代于西郊祭先蚕，恐系与前文东郊祭先农对举成文，随文设语而致误；另，此句起首言孟夏亥日祭先农，"孟夏"当为"孟春"，此处记载之舛误可见一斑。《唐六典》，第122页。

礼,亲蚕地在北郊。综上,王皇后亲蚕之地当与唐代其他皇后一样,同在北郊。

《唐会要》及《通鉴考异》所引《太上皇录》在记述先天二年王皇后亲蚕时,特意点明先蚕礼废阙已久,"自嗣圣、光宅以来,废阙此礼,至是重行"①。一项本就不常行的礼仪,在长期废阙后重行,自然别有深意。如果将时间线拉长,就会发现先天二年的先蚕礼是一次政治功用极强的典礼。在当年的七月份,发生了一次对玄宗朝意义深远、影响至关重要的事件: 太平公主集团的覆灭。《旧唐书·睿宗本纪》载:

> 三月辛卯,皇后祀先蚕。癸巳,制敕表状、书奏、笺牒年月等数,作一十、三十、四十字。夏六月丙辰,兵部尚书、朔方道行军大总管郭元振加同中书门下三品。秋七月甲子,太平公主与仆射窦怀贞、侍中岑羲、中书令萧至忠、左羽林大将军常元楷等谋逆,事觉,皇帝率兵诛之。②

留心军国大政又惜墨如金的旧史家,在皇帝本纪中记叙这场重大政变前,提一笔皇后亲蚕,说明在他们意识中亲蚕是值得一书之事,且与之后的政变有一定关联。而在行文更简明扼要的《新唐书·玄宗本纪》中记载相关事件云:

> 开元元年正月辛巳,皇后亲蚕。七月甲子,太平公主及岑羲、萧至忠、窦怀贞谋反,伏诛。乙丑,始听政。丁卯,大赦,赐文武官阶爵。庚午,流崔湜于窦州。③

《新唐书》的内容取舍和行文逻辑表明,王皇后亲蚕与太平公主伏诛、玄宗听政之间应有直接关联。④

---

① 《资治通鉴》卷210"唐玄宗开元元年三月"条,第6799页。
② 《旧唐书》卷7《睿宗纪》,第161页。
③ 《新唐书》卷5《玄宗纪》,第122页。
④ 玄宗在此年八月加封华山山神为金天王,制文为:"门下、惟岳有五,太华其一。表峻皇居,合灵兴运。朕恭膺大宝,肇业神京。至诚所祈,神契潜感。顷者乱常悖道,有甲兵而窃发。仗顺诛逆,犹风雨之从助。永言龙赞,宁忘仰止。厥功茂美,报德斯存。宜封华岳神为金天王。仍令景龙观道士、鸿胪卿员外置、越国公叶法善,备礼告祭。主者施行。"宋敏求编:《唐大诏令集》卷74《岳渎山川》,中华书局,2008年,第418页。可见这次华岳祭祀与诛灭太平公主集团有直接联系。三月份的先蚕礼,与八月份的华山告祭,一前一后,将七月份的政变夹在中间,则三月份的先蚕礼也当是为此次政变作准备而举行。

　　唐代的先蚕礼,由皇后主持,内外命妇共同参与。《大唐开元礼》记载皇后亲行先蚕之礼的礼仪十分盛大隆重,分为斋戒、陈设、车驾出宫、馈享、亲桑、车驾还宫、劳酒七个环节。载皇后亲蚕时助蚕者的座次陈设云:"尚舍直长设内命妇及六尚以下次于大次之后,俱南向。守宫设外命妇次大长公主、长公主、公主以下于南壝之外道西,三公夫人以下在其南。俱重行,每等异位。"在设置"望瘗位""采桑位"等与礼人员位置时,皆云"每等异位"。馈享时皇后奠献、贵妃亚献、昭仪终献。三献之后,则有瘗埋之仪。瘗埋礼毕,皇后采桑三条,内、外命妇一品各采五条,二品、三品各采九条,蚕母受蚕,婕妤喂蚕,礼毕于斋所燔烧祝版。在典礼的各个环节,都是按品级高低、身份尊卑行事。

　　"皇后之尊,侔于天子"①。皇后作为皇帝正妻,与帝齐礼,也具有"君"的身份。② 颜师古云:"后亦君也。天曰皇天,地曰后土,故天子之妃,以后为称,取象二仪。"③不仅如此,皇后还要承担"助宣王化"的义务,上承天地宗庙,下抚黎民百姓。而唐高宗时兴起的皇后在受册时接受群臣、命妇朝拜之仪,表明唐代的皇后不仅是后宫之主,同样是外朝群臣所应敬奉之"君"。太平公主作为外命妇,也应参与到盛大的先蚕祀典中。但无论其权势多大,她与主祭的皇后相比,还是臣的身份。君臣之别,使她无法取代皇后母仪天下的身份,无法争夺象征正统地位的皇后独有的祭祀权。其他外命妇,在神圣庄严的先蚕礼中,也必然感受到帝国的秩序和尊卑等级,增进"忠君"的认同感。车驾还宫的次日,内、外命妇设会于正殿劳酒。这项集会,既重申了皇后的权威,也起到安抚众命妇的作用,普降君恩。"在古代中国社会,对统治权威的合法性的信仰,来源于传统的礼。"④皇后主导的亲蚕,以女性身份为纽带,将前朝与后宫的政治力量以典礼的形式进行整合。后妃制度是维护

---

① 《汉书》卷99《王莽传上》,中华书局,1962年,第4057页。
② 《后汉书·皇后纪上》云:"后正位宫闱,同体天王。"中华书局,1965年,第397页。《后汉书》建宁四年七月乙未制诏称:"皇后之尊,与帝齐体。供奉天地,祇承宗庙,母临天下。"《后汉书》卷95《礼仪志中》,第3121页。类似表述在典籍中常见。这表明自汉至唐,皇后地位尊贵,与皇帝一同承担供奉天地、宗庙的重任。
③ 《汉书》卷97《外戚传上》,第3935页。
④ 刘泽华:《中国传统政治哲学与社会整合》,中国社会科学出版社,2000年,第77页。

皇权的必要补充,皇后权威也是皇帝权力的延伸。在帝后一体的背景下,王皇后个人权势的增进自然也巩固了玄宗作为天子的至尊地位。先天二年的亲蚕礼表面上是以王皇后为核心举行,实际上这次亲蚕是为玄宗的政治目的服务:以盛大典礼的举行,宣示帝后供奉天地、继承宗庙的正统地位和合法性;以祭祀权的归属,重申了君臣名分和尊卑之别;以典礼进行时的礼仪秩序,强调了朝堂上的政治秩序,巩固了玄宗的政治基础。

此外,王皇后的兄长王守一亲自参与斩杀萧至忠、岑羲,在推翻太平公主的过程中立下大功,事后加官晋爵。王皇后的妹夫窦庭芳,在太平党窦怀贞伏诛后,被赐予怀贞旧宅。《长安志》记载此宅隔街为姜皎宅,姜皎在玄宗夺权变中亦有功。姜皎宅南原为永寿公主庙,此庙被赐予姜皎作鞠场。① 据此可知,窦庭芳当有定策之功,才被赏赐了和同为功臣受赏的姜皎隔街的宅院。综上几点,可以推论,王皇后及其家人在诛灭太平公主集团的过程中发挥了重要作用,王皇后行先蚕之礼服务于玄宗夺权。尽管王皇后的先蚕礼是在玄宗授意下举行的,但客观上也极大地提升了她个人的声望。可以说这次亲蚕,如同武后的邙山亲蚕,也令王皇后获取了玄宗默许范围内的独立权威。

二、从"后妃四星"到祝祷致祸

太平公主败亡后,王皇后凭借在两次政变中立下的功劳,受到后宫、前朝的一致敬重,个人威望达到顶峰;王皇后兄长、妹夫等亲属又立下定策之功,她的家族势力也得到显著提升。为避免重蹈女主临朝之覆辙,玄宗采取了一系列行动,打压政治力量增强的皇后集团。

(一) 玄宗对"后妃四星"的再解读

玄宗采取了各种或明或暗的手段来贬抑皇后地位。玄宗的首个举动,便是利用对"后妃四星"的解释调整后妃制度,②皇后地位在这次调整中明尊

---

① 宋敏求撰,辛德勇、郎洁点校:《长安志》卷7《唐京城一》,三秦出版社,2013年,第259页。
② 赵贞在《唐宋天文星占与帝王政治·绪论》中指出内官变更是"对于天上星官的仿效和模拟"。北京师范大学出版社,2016年,第6—7页。

实降。"后妃四星",又称"后句四星",是指天上星象中对应人间帝王之妻的四颗星。《旧唐书·后妃传》记述唐朝后妃制度云:"唐因隋制,皇后之下,有贵妃、淑妃、德妃、贤妃各一人,为夫人,正一品。"①唐前期,贵妃、淑妃、德妃、贤妃各一人,作为正一品四妃,对应天象中的"后妃四星",而皇后地位凌驾于四妃之上。

> 玄宗以皇后之下立四妃,法帝喾也。而后妃四星,一为正后。今既立正后,复有四妃,非典法也。乃于皇后之下立惠妃、丽妃、华妃等三位,以代三夫人为正一品。②

玄宗认为后妃制度上既然取法帝喾,而"帝喾时,立四妃象后妃四星。其一明者为正妃,其三小者为次妃"③,就不应以皇后之下的四一品妃对应四星,而应以皇后之正妃对应四星之明者,再立惠妃、丽妃、华妃三次妃对应四星之三小者。表面上,玄宗的改制是为了符合礼书中的古制,强调皇后的正妻地位。但实际情况却是,皇后由凌驾于对应"后妃四星"的贵、淑、德、贤四妃之上,变成和惠、丽、华三妃共同对应星象,皇后从独一无二的后宫之主沦为和三妃捆绑在一起的后妃四星之一员,这无疑是对皇后超然地位的贬抑。④

玄宗"又置芳仪六人,为正二品;美人四人,为正三品;才人七人,为正四品;尚宫、尚仪、尚服各二人,为正五品;自六品至九品,即诸司诸典职员"。在调整后,妃三人、芳仪六人、美人四人、才人七人的制度,与《周礼》所载"三夫人、九嫔、二十七世妇、八十一御女"之规定相比,差别悬殊;此外,玄宗后期又恢复了"贵妃"等旧有妃号。显然,复古只是名号,后妃调整只是表象,玄宗的真实用意只在于打压皇后权威。

---

① 《旧唐书》卷 51《后妃传上》,第 2161—2162 页。
② 《旧唐书》卷 51《后妃传上》,第 2162 页。
③ 郑玄注、贾公彦疏:《周礼注疏》,《十三经注疏》,艺文印书馆影印本,2013 年,第 18 页。
④ 过去学者多认为玄宗的后宫制度调整,是惩前朝之弊而别内外、正家道。如任爽在《唐代典制》中云:"玄宗即位以后,惩旧制之弊,对妃嫔加以裁撤,以别内外,以正家道。"吉林文史出版社,1995 年,第 35 页。霍斌则认为玄宗内官制度改革与太平公主的政治较量有关,是为了清除太平公主安插在宫内的眼线。《唐玄宗内官制度改革发微》,《唐史论丛》2014 年第 1 期,第 280—288 页。然玄宗下《开元二年出宫人诏》时,太平公主早已败亡,清除其宫内余党,不必如此大费周章借改定妃号行之。

　　而这项后宫制度调整始于何时？霍斌推论当在太平公主集团覆灭之后，开元二年八月之前，进一步缩小范围的话当在开元元年（即先天二年）十二月。这一年玄宗大赦天下、改元，"唐玄宗很有可能循高宗旧制，改易官名之时也更改了六宫内官名号"①。笔者赞同此论。《大唐开元礼》记载唐代皇后馈享先蚕时，有皇后初献，贵妃亚献，昭仪终献。太宗时期的韦贵妃就曾"蚕月呈功，侍三缫于北馆"，表明其曾参与到先蚕礼中，并作亚献。据《通典》载"大唐显庆元年三月辛巳皇后武氏，先天二年三月辛卯皇后王氏，乾元二年三月己巳皇后张氏，并有事于先蚕，其仪备《开元礼》"②，可知，贵妃在先蚕礼中亚献的制度也体现在先天二年王皇后亲蚕中。另据延和元年（712）十月《皇帝良娣董氏等贵妃诰》载："皇帝良娣董氏……可贵妃"③，说明玄宗即位之初，后宫确有贵妃董氏。也就是说，至迟在王皇后亲蚕时，后妃中仍有贵妃，后宫改制还未进行。而在太平公主败亡不久，玄宗最大的政治阻碍清除之后，他便着手强化集权，在后宫借改制打压皇后。

　　除了贬抑皇后地位，玄宗还通过宠幸赵丽妃、武惠妃给王皇后造成压力，分化皇后的后宫势力。《旧唐书·职官志》论惠、丽、华三妃职掌云："三妃佐后坐而论妇礼者也，其于内则无所不统，故不以一务名焉。"④关于妃嫔与皇后同坐，《史记·袁盎传》载如下故事：

> 　　上（文帝）幸上林，皇后、慎夫人从。其在禁中，常同席坐。及坐，郎署长布席，袁盎引却慎夫人坐。慎夫人怒，不肯坐。上亦怒，起，入禁中。盎因前说曰："臣闻尊卑有序则上下和。今陛下既已立后，慎夫人乃妾，妾主岂可与同坐哉！适所以失尊卑矣。"

可见妃与后，妾、主有别，地位悬殊，不可同坐。三妃与后坐而论妇礼，虽未必为同坐，但其地位崇高，毋庸置疑。名义上三妃辅佐皇后管理后宫，实际上却在无形中分化皇后职能，弱化皇后权威。其中赵丽妃出身寒微，本是乐

---

① 霍斌：《唐玄宗内官制度改革发微》，《唐史论丛》2014 年第 1 期，第 281—282 页。

② 《通典》卷 46《礼六·沿革六·吉礼五》，第 1279 页。

③ 《唐大诏令集》卷 25《妃嫔》，第 81 页。

④ 《旧唐书》卷 44《职官志三》，第 2162 页。

伎。但其神道碑铭称:"丽妃赵氏,天水人也。丽者以华美为贵,妃者以配合为尊。《易》云:'日月丽天',《传》称:'星辰合度'。丽加妃号,自我为初。"①可见玄宗为她创立妃号,恩宠备至。而新创妃号并非寻常之事,高宗立武后前本打算为其进号宸妃,但宰相来济上表称"宸妃古无此号,事将不可"②,最终高宗未能如愿。如今玄宗再创妃号,不能不令王皇后倍感压力。除了创立妃号,玄宗在开元三年(715)正月立赵丽妃所生之子李瑛为皇太子。当其时也,帝后正值盛年。玄宗急于立储,储君既非长子,生母出身又极卑贱。玄宗此举,既是因宠爱丽妃,爱屋及乌及于其子;也是期望通过立太子的方式,令丽妃母以子贵,获得与皇后分庭抗礼的资格,削弱王皇后在后宫的势力。赵丽妃之后,获盛宠者又有武惠妃。武惠妃以一介嫔妃,对皇后"显诋之",显然不利于皇后在后宫树立权威。此外,武惠妃"阴怀倾夺之志",欲拉拢宫人诋毁皇后。而王皇后"抚下素有恩,终无肯潜短者",武惠妃的计划未能奏效。但上有玄宗打压,下有嫔妃觊觎,王皇后后宫之主的地位并不稳固。正因宠妃先后得志,后宫争斗激烈,古人往往将王皇后被废黜的原因归结为其色衰爱弛,受宠妃冲击。如《旧唐书·玄宗杨贵妃传》云:"开元初,武惠妃特承宠遇,故王皇后废黜。"③唐人李濬也言:"终以诸妃恩遇日盛,皇后竟见黜焉。"④诸妃宠遇过盛,虽不是王皇后被废的根本原因,但说明玄宗的后宫政策确实有效分化了皇后权势,打压了皇后地位,以致后人认为王皇后因此被废。

(二) 玄宗打压王皇后族人

除了改定妃位,贬抑皇后地位、分化皇后职权;玄宗还格外留心外戚,并借机打压王皇后族中势力。王皇后出身名门太原王氏,父兄皆有旧勋,因此王皇后兄妹婚娅皆为贵戚名族。此时,王皇后家族成员及姻亲关系如下:

---

① 《张燕公集》卷22《和丽妃神道碑铭奉敕撰》,第194页。
② 《旧唐书》卷80《来济传》,第2742页。
③ 《旧唐书》卷52《后妃传上》,第2178页。
④ 《松窗杂录》,第94页。

表 2　王皇后家族成员及姻亲关系表

成　员	事　迹	出　处
父亲王仁皎	脱紫半臂易斗面,为婿李隆基作生日汤饼。	《新唐书》卷76《后妃传上》
堂叔王仁忠	制定玄宗即位礼仪。	《文苑英华》卷913《赠安州都督王仁忠神道碑》
姑母王氏	嫁元贞皇后(李渊之母)侄孙独孤贤道,追封太原郡夫人。	《大唐西市博物馆藏墓志》174《独孤贤道墓志》
兄长王守一	娶清阳公主,讨萧至忠、岑羲有功。	《旧唐书》卷183《外戚传》
妹(或姊)王氏①	嫁嗣江王李钦为妃。	《旧唐书》卷64《李元祥传附李钦传》
妹王氏	嫁嗣濮王李峤为妃。	《旧唐书》卷76《李泰传附李峤传》
妹王氏	嫁长孙昕(长孙昕因殴御史大夫李杰被处死)。	《旧唐书》卷100《李杰传》
妹王氏	嫁窦庭芳(窦庭芳获赐窦怀贞宅)。	《长安志》卷7《唐京城一》

王氏家族男性成员中,后父王仁皎于玄宗微时有恩情,受玄宗礼敬;堂叔王仁忠制定玄宗即位礼有功;后兄守一讨太平公主有功,本人尚主。女性成员里,王皇后两位姊妹与宗室联姻,为王妃;其余包括姑母在内的三位女性成员,分别嫁与独孤氏、长孙氏、窦氏,俱为唐前期著名的贵戚家族。此时的皇后家族势力已经相当强盛,面对这种情形,玄宗立刻采取了约束措施。

在太平集团覆灭不久的先天二年十一月,玄宗讲武新丰,密召姚崇,欲其为相。姚崇奏请十事,其中竟有半数言及外戚:"后氏临朝,喉舌之任出阉人之口,臣愿宦竖不与政";"戚里贡献,以自媚于上。公卿方镇寖亦为之,臣愿租赋外一绝之";"外戚贵主,更相用事,班序荒杂,臣请戚属不任台省";"燕钦融、韦月将以忠被罪,自是谔臣沮折,臣愿群臣皆得批逆鳞、犯忌讳";"汉以禄、莽、阎、梁乱天下,国家为甚,臣愿推此鉴戒为万代法"。② 最后一事

---

① 史书所见王皇后姊妹五人,除嗣江王李钦妃未知与王皇后长幼顺序,其余三人皆明确为王皇后妹。

② 《新唐书》卷124《姚崇传》,第4383页。

特别强调了两汉因外戚亡国的惨痛教训,恳请玄宗以此为鉴。君臣所虑不谋而合,十事上完,姚崇立刻拜相。

开元四年(716)正月,"尚衣奉御长孙昕恃以皇后妹婿,与其妹夫杨仙玉殴击御史大夫李杰"①。御史大夫为宪台首长,负责纠察百官,为皇帝腹心喉舌。而长孙昕自恃皇后妹夫,公然殴击,着实胆大妄为。这侧面反映了当时王皇后的政治地位崇高、家族势力庞大,故其妹夫敢仗势不法。此事一出,玄宗震怒,令朝堂斩长孙昕以谢百官。在处理长孙昕一事上,朝官意见不一。以马怀素为首的大量官员以阳和之月不可行刑为由反对诛杀长孙昕,但最终玄宗执意杖杀长孙昕。② 对这一处理结果,宋人胡寅议论云:

> 长孙昕恃亲肆忿,辄殴李杰,比之尉迟敬德施诸道宗者亦何以异?削官可也,远贬可也,置之于死,无乃不论轻重之序而失刑罚之中乎?高宗有言虽太子有罪亦不可赦,近于公矣,而失父子之恩。缘此意太子他日安能免于绌死? 玄宗以重刑加诸后党之轻罪,亦近于公矣,而伤夫妇之义。缘此意皇后它日安能免于废杀?③

其议论道明了长孙昕罪不至死,而玄宗执意杖杀,是因长孙昕身为后党而轻罪重罚。玄宗此举,目的是通过杀一儆百的方式,约束后族,打压皇后势力。

玄宗以铁腕手段诛杀长孙昕,虽不免无情,但长孙昕的确过错在先,玄宗尚能借口整肃朝纲杀之。但其对皇后堂叔父王仁忠的提醒,则显是有意震慑。王仁忠在玄宗即位时曾"洽革旧典,节制新仪",立下功劳。在其担任左千牛卫将军一职后,玄宗对他讲:"昔太上皇尝居此职,时相委任,是属亲贤。"王仁忠听后"兢惧满盈,诚恳辞避。鸿私屡抑,嘉愿莫从。雾露不宣,膝理成疢",不久便因病去世。玄宗虽未明言斥责,但他这番话无疑是对王仁

---

① 《旧唐书》卷8《玄宗纪上》,第176页。

② 玄宗敕书云:"长孙昕、杨仙玉等,凭恃姻戚,恣行凶险,轻侮常宪,损辱大臣,情特难容,故令斩决。今群官等累陈表疏,固有诚请,以阳和之节,非肃杀之时,援引古今,词义恳切。朕志从深谏,情亦惜法。宜宽异门之罚,听从枯木之毙。即宜决杀,以谢百僚。"《旧唐书》卷100《李杰传》,第3111页。

③ 胡寅撰:《致堂读史管见》卷20,台湾商务印书馆,1981年,第1319—1320页。

忠的敲打警示。王仁忠心中惶惧,竟然一病不起。李邕作《赠安州都督王仁忠神道碑》,①盛赞王仁忠道德人品,称其"时之正人"。神道碑文或许有夸大之处,但王仁忠在太常寺就职多年,主持礼仪,并因此得到嘉许。想来其为人纵不如李邕所言道德文章毫无瑕疵,也当是饱学知礼之士,绝不是狂躁孟浪之辈。而他在千牛卫任上"昼巡盖常,夜拜是功",可谓尽职尽责,与长孙昕之骄纵不法判然有别。归根到底,还是他后族的身份及千牛卫将军宫殿侍御宿卫的职掌,令玄宗感到压力。玄宗借题发挥,欲令王仁忠知难而退。王仁忠体悟到玄宗用心,内心惶恐,立刻请辞,玄宗惺惺作态,坚持不允。在此等情形下,王仁忠竟尔一病不起。仁忠故后,玄宗下旨厚葬,极尽哀荣,这或许是玄宗对他的补偿。

通过上述几事,玄宗采取各种手段打压王皇后家族,避免皇后势力坐大,皇后势力不可避免地一损再损。

(三) 王皇后卜祝事件始末

经历了长孙昕事件,皇后外戚已被严厉打压;而随着开元七年(719)后父仁皎、开元十年(722)叔父仁忠等家族长辈的故去,皇后家族势力已大不如前。加之后宫宠妃的迫胁和玄宗的有意压制,王皇后的处境内外交困,实在看不出她还有何政治能量威胁到玄宗统治。开元十年冬天,玄宗便产生了废后的念头。玄宗心腹姜皎不慎泄露玄宗密谋,被嗣濮王李峤所奏。中书令张嘉贞顺应王守一意思,构陷姜皎,姜皎因此丧命,"自余流死者数人,时朝廷颇以皎为冤,而咎嘉贞焉。源乾曜时为侍中,不能有所持正,论者亦深讥之"②。历经此事,玄宗发觉皇后势力虽然衰微,但还远未到一言废之的地步。此时的王皇后还有身为宗室的妹夫嗣濮王李峤支持,中书令张嘉贞与后兄王守一声气互通;侍中源乾曜虽未与后族交通,但默认张嘉贞所为、不能有所抗争。玄宗一时并无废后的正当理由和十足把握。

但经此风波的王皇后感到自身地位岌岌可危,她希冀唤起玄宗与自己

---

① 李邕:《赠安州都督王仁忠神道碑》,李昉等编《文苑英华》卷913,第4808—4809页。
② 《旧唐书》卷59《姜皎传》,第2337页。

的患难深情来维持地位。她向玄宗哭诉:"陛下独不念阿忠脱紫半臂易斗面,为生日汤饼邪?"①《南部新书》载玄宗听到此语的反应云:"上戚然悯之,而余恩获延三载。"②似乎玄宗念及旧情而优容王皇后,但考虑到玄宗打算废后的时机就会发现,玄宗并非感情用事之人。皇后堂叔父王仁忠掌管宫廷宿卫,而唐前期多次政变中,宫廷武装力量都是决定胜败的关键因素。王仁忠身为皇后密亲又职责敏感,是玄宗废后不得不顾虑的存在。开元十年三月王仁忠去世,当年冬天玄宗便与姜皎密议废后,可以推论王仁忠之死令玄宗感到废后之事再无后顾之忧。只是他不曾想到,宫廷内部的隐患虽不复存在,朝堂上的反对势力尚有如此规模。宗室、宰相当中都有支持皇后的力量,不得已玄宗诿过于姜皎。正逢皇后哭诉,玄宗便顺势暂时按捺废后的想法。这次废后风波并未打消反而是加剧了玄宗废后的念头。通过此事他清楚地了解到皇后及后族在朝堂上盘根错节的势力,前朝与后宫联动这是他所不能容忍的,也是他的底线。为此在姜皎贬死之后,玄宗下制云:

> 朕君临宇内,子育黎元。内修睦亲,以叙九族。外协庶政,以济兆人。勋戚加优厚之恩,兄弟尽友于之至。务崇敦本,克慎明德。今小人作孽,已伏宪章。恐不逞之徒,犹未能息。凡在宗属,用申惩诫。自今已后,诸王、公主、驸马、外戚家,除非至亲以外,不得出入门庭,妄说言语。所以共存至公之道,永协和平之义,克固藩翰,以保厥休。贵戚懿亲,宜书座右。③

这份制书的针对性不言而喻,诸王(嗣濮王、嗣江王等)与公主、驸马(清阳公主、驸马王守一)等贵戚不得擅自交通,煽动朋党。此外,玄宗"又下制,约百官不得与卜祝之人交游来往",以免不轨之徒惑乱人心。

受到警示的王皇后及兄长王守一惴惴不安。虽然王皇后暂保后位,但太子李瑛年岁日长,丽妃、惠妃先后盛宠;皇后外戚屡受打压,族中长辈谢世,家族力量大减。面对此种情形,兄妹二人急于找寻巩固地位的方法,居

---

① 《新唐书》卷76《后妃传上》,第3491页。
② 钱易撰,黄寿成点校:《南部新书》卷1,中华书局,2002年,第8页。
③ 《旧唐书》卷8《玄宗纪上》,第184页。

然妄图通过祝祷求子固宠，令"左道僧明悟为祭南北斗，刻霹雳木，书天地字及上讳，合而佩之。且祝曰：'佩此有子，当与则天皇后为比'"①。这与之前玄宗严禁交接卜祝之人的制书背道而驰，事发后玄宗怒不可遏，下制废后，称："皇后王氏，天命不祐，华而不实。造起狱讼，朋扇朝廷。见无将之心，有可讳之恶。焉得敬承宗庙，母仪天下。可废为庶人，别院安置。刑于家室，有愧昔王。为国大计，盖非获已。"②所谓"造起狱讼，朋扇朝廷"，自然指姜皎被贬死一事，但此事起因乃是姜皎漏泄禁中语，玄宗自己也曾言此事属于"小人作孽，已伏宪章"，此时又归咎于皇后，岂不自相矛盾？真正令玄宗无法容忍的恐怕是皇后祝文所云"与则天皇后为比"的愿望，玄宗认定皇后"见无将之心，有可讳之恶"，是皇后谋反的证据。但考虑到皇后处境，她如何能有谋反的政治资本和依靠力量？所谓比肩武后，不过是希望如武后般诞下嫡子，母以子贵，保住大唐皇后的名号罢了。但武后毕竟曾以周代唐，并残害过玄宗生母，王皇后的愿望正触及玄宗逆鳞，此举非但未能令其保住后位，反而加速废后，王皇后在被废后不久便郁郁而终。

　　总之，王皇后被废是玄宗早已定下的成算，祝祷事件只是导火索，至于皇后是否真有谋反的能力和行动反而无关紧要。遍观史籍，除祝祷一事，再未见王皇后有其他悖逆举动；王皇后父亲生前谨小慎微、不过问政事，后兄王守一除参与姜皎案也未见其他交通大臣、左右朝政之行径。③ 王皇后本人及其近亲都未表现出强烈的干政愿望。王皇后废死后，玄宗曾流露悔意；甚至在宝应元年，王皇后被"雪免复尊为皇后"④。种种迹象表明，王皇后并无谋反之实证。因此后人才有"后无罪被摈，六宫共怜之"之语。⑤ 王皇后根基深厚、在后宫深得人心，家族有一定的势力且通过姻亲关系与宗室和朝堂重臣发生联系，这些王皇后具备的潜在政治力量令玄宗不得不忌惮女主政治

① 《旧唐书》卷51《后妃传上》，第2177页。
② 《旧唐书》卷51《后妃传上》，第2177页。
③ 据《旧唐书》卷183《王仁皎传附王守一传》载，"仁皎不预朝政，但厚自奉养，积子女财货而已"，王守一也仅仅是"性贪鄙，积财巨万。及籍没其家，财帛不可胜计"。未见父子二人有干政之举。
④ 《旧唐书》卷51《后妃传上》，第2177页。
⑤ 《松窗杂录》，第94页。

再次上演,这才是她被废身死的根本原因。

结　语

　　王皇后幼年成婚,陪伴玄宗饱经困厄;盛年得立,先后助力玄宗两次成功夺权。作为玄宗识于微时、患难与共的发妻,王皇后堪称尽职尽责的贤内助。但玄宗却只可与共患难,不可与共富贵。王皇后从立到废,十余年的皇后生涯,仅在先天二年举行了一次亲蚕,远不能与武则天四次亲蚕又行封禅之亚献相提并论。这仅有的一次亲蚕盛礼,也只是她在符合玄宗政治需要时赢得的短暂荣耀。当玄宗地位稳固、大权在握,王皇后不但失去主持祭祀的独立权威,自身地位也被贬抑并屡受冲击,其家族成员也因皇后亲属的身份饱受打压。最终,王皇后孤注一掷,利用祝祷这种愚妄的方式希望诞育嫡子、比肩武后,这种想法触及玄宗逆鳞,导致了她废死的悲惨下场。

　　王皇后的被废并非孤立事件,她的结局与玄宗对政变功臣的疏忌及玄宗对后宫和宗室的严密控制息息相关。《旧唐书·王琚传》载在太平公主覆灭后,"或有上说于玄宗曰:'彼王琚、麻嗣宗,谲诡纵横之士。可与履危,不可得志。天下已定,宜益求纯朴经术之士。'玄宗乃疏之","(开元)二年二月回,未及京,便除泽州刺史,削封"。① 玄宗对待王琚的态度正反映了其对政变功臣们的普遍看法。追随玄宗政变的勋旧在开元年间几乎都被贬或死。

表3　玄宗朝政变功臣境遇简表

人物	功　劳	下　场	出　处
郭元振	玄宗诛太平公主党羽时,郭元振率兵侍卫睿宗有功。②	开元元年骊山讲武,坐军容不整将斩,后流于新州,后起为饶州司马,道病卒。	《旧唐书》卷97《郭元振传》

---

① 《旧唐书》卷106《王琚传》,第3251页。
② 相关研究参见唐雯《唐国史中的史实遮蔽与形象建构——以玄宗先天二年政变书写为中心》,《中国社会科学》2012年第3期,第182—204、208页。

（续表）

人物	功　劳	下　　场	出　　处
刘幽求	请以羽林兵诛太平公主党。	贬授睦州刺史，削实封，后迁杭州刺史，（开元）三年转桂阳郡刺史，道卒。	《旧唐书》卷97《刘幽求传》
李令问	参与诛太平党	贬为抚州别驾	《资治通鉴》卷213"唐玄宗开元十五年九月"条
王毛仲	参与诛太平党	赐死	《旧唐书》卷106《王毛仲传》
葛福顺	参与唐隆政变	贬壁州员外别驾	《旧唐书》卷8《玄宗纪上》《旧唐书》卷106《王毛仲传》
李守德	参与诛太平党	贬严州员外别驾	《旧唐书》卷8《玄宗纪上》《旧唐书》卷106《王毛仲传》
钟绍京	参与唐隆政变	左迁绵州刺史，累贬琛川尉，尽削阶爵及实封。	《旧唐书》卷97《钟绍京传》

　　钟绍京在开元十五年（727）入朝向玄宗泣奏称："陛下岂不记畴昔之事耶？何忍弃臣荒外，永不见阙庭？且当时立功之人，今并亡殁，唯臣衰老独在，陛下岂不垂愍耶？"①钟绍京的自陈说明了定策功臣们在开元年间大多受到玄宗猜忌打压，普遍不得善终。王皇后本人及其兄王守一，都在玄宗政变中出力甚多，本质上也属于功臣集团。她的被贬被废是玄宗对前朝功臣贬黜政策在后宫的延续。

　　而玄宗对后宫的控制也是一以贯之的。在王皇后被废后，长达三十余年的时间，玄宗后宫中宫虚位。先后得幸的武惠妃、杨贵妃，虽然都曾宠冠六宫，如武惠妃"宫中礼秩，一同皇后"②，杨贵妃"宫中呼为娘子，礼数实同皇后"③，但她们生前都无皇后名号。而玄宗元献皇后杨氏，更是因诞育肃宗

①《旧唐书》卷97《钟绍京传》，第3042页。
②《旧唐书》卷51《后妃传上》，第2177页。
③《旧唐书》卷51《后妃传上》，第2178页。

才被追封为皇后。司马光言:"皇后敌体至尊,母仪四海。六宫之内,无与等夷。妃品秩虽贵,而皇后犹为女君。"①正是因为皇后名分非比寻常,身居后位极易插手政治,故玄宗在皇后设置上格外慎重,对于得宠后妃,只肯优待,不肯正名。而王皇后正是因其皇后身份而获得参政的天然优势,即便她本人并未表现出强烈的干政欲望,她的身份所集聚的政治势力也是玄宗不可忽视的不稳定因素。

此外,王皇后两位姊妹都嫁给宗室嗣王为王妃,后兄守一尚主。这使得王皇后与宗室产生密切交集。对宗室的严密防范,终玄宗一朝都不曾松懈。无论是外派诸王出刺地方,还是建立"五王宅""十王院""百孙院",都是玄宗加强宗室控制的手段。王皇后以姻亲关系得到宗室(嗣濮王李峤)支持,进而又与宰执(张嘉贞)发生关联。前朝、后宫、宗室的联动,形成不利统治的隐患,为玄宗所不能容。

王皇后自认为未能诞育皇子导致自己被废;旧史家以为诸妃恩遇日盛,造成皇后见黜;前人研究则把王皇后被废归结为其干政行为。这些观点都失之片面,由于王皇后兼具功臣与后妃的双重属性,又通过姻亲和宗室发生关联,这几重身份都是玄宗猜疑疏忌的。当多种身份集合于一身,并显示出一定的政治力量,王皇后便从与玄宗齐体的政治盟友转化为玄宗统治的对立面。这种对立不以帝后个人意志为转移,而是形势使然。正是地嫌势逼,导致王皇后最终位废身死。

---

① 司马光:《温国文正司马公文集》卷 25《章奏十·后妃封赠札子》,《四部丛刊初编·集部》第 138 册,上海书店,1989 年。

附　录

工作坊综合讨论实录

讨论时间：2019 年 9 月 22 日 14：30—16：00

讨论地点：南开大学津南校区历史学院饮冰室（117 室）

参与讨论学者（以发言先后为序）：李碧妍、李志生、高世瑜、劉静貞、姚平、杨振红、唐雯、衣若蘭、古怡青、徐畅、夏炎、王安泰

李碧妍：我和古怡青老师比较相似，虽是女性学者，但是感兴趣的方向是政治和军事，所以我是抱着学习的目的来参加本次会议的。为期一天半的工作坊结束了，我来谈一谈自己的感受和看法。首先，在女性史、妇女史、性别史等称谓中，我最喜欢的是性别史这样一个称呼，原因我会在最后进行解释。本次工作坊的文章我都仔细读过，我认为以下几个方面还可以有所突破：首先是法律史视野下的女性研究。从秦汉到唐宋的律令很成体系，加上新文献的出土，为这方面研究提供了很好的条件，此次楼劲老师的《释唐令"女医"条及其所蕴之社会性别观》一文已经涉及了这些问题。我再举一个例子，最近我和中西书局的吴志宏编辑正在审戴建国老师的书稿。戴建国老师是宋史研究和法制史研究的专家，他的文章讲到范仲淹第五子的母亲张氏到底是继室还是妾这一问题。由于张氏的墓志被发现，通过墓志中的记载、《天圣令》一些条例的比勘和传统史籍的描述，戴建国老师最终认为张氏的身份应为妾或婢女而不是继室。这就是一个将墓志、法令与传世文献结合得比较好的社会史的案例，是未来女性史一个大有可为的方向。这次还讲到了长时段的研究，比如高世瑜老师《从汉礼到唐律：中古性别制度建构概说》和衣若蘭老师《籍帐登记与妇女人身支配》两篇文章。在 20 世纪，高世瑜老师和姚平老师的女性史研究起到了重要的奠基作用，对于后来

的学者来说,如何保持这种长时段的考虑,如何在这种基础上继续精深,也是一个重要问题。比如可以将女性的一些行当单独拿出来,谈深、谈透,这是我的第二个看法。第三,我觉得在讨论中古女性问题的时候,贵族、士大夫和庶民是完全不一样的概念。我相信在一个时代,不管是上层还是下层,他们会共享一些风气,但仍然存在区隔,所以希望可以看到一些层次比较分明的研究,而不是笼统称为唐代的女性。并且不同的阶层对应不同的材料,比如庶民阶层更多还是依靠墓志。还有一点,此次会议的参会学者都是史学界而不是文学界的,如果有文学界的学者参会,可能会有"文学表达中的女性"这样的题目。同样是信佛,男性墓志与女性墓志的表述完全不同,文学作品中的女性切入会有一种镜头感,如果历史学和中文文学能够交叉来谈,可能能够把社会的面向揭露得更好。我们这次的话题里也讲到了宗教与女性,中古时代的佛教史料和道教史料是可以大力挖掘的。引申开来说,女仙、女神、女妖等志怪记载,以及晚唐杜光庭的一些笔记中的道教史料,很多形象和传世文献中是不同的,可以和文献史相挂钩进行深挖。最后我来说一下为什么更喜欢两性史或者性别史这个称呼。两性史是历史研究中一个很重要的方向,是和男性女性都相关的,而不仅仅是女性史,不仅仅站在一个性别上来谈两性关系。正如我现在提出"男性史"这个名词,大家肯定会觉得很奇怪。我个人非常希望能够看到唐宋时期两性史的一个通史性质的研究,希望中古女性史研究能够更精深、长时段、放宽视野尤其是使用比较的视野,在一个关系网中看女性,最终看到一个时代的变化。

李志生：我也和李碧妍老师讨论过这个问题,感触非常深的就是,会议上最后报告的两位学者,沈琛的《汉蕃之间：文成公主与金城公主历史形象的演变》和史正玉的《从皇后亲蚕到"后妃四星"——玄宗王皇后被废史事发微》的研究。二位都是青年男性学者,与做女性史的女性学者的切入点和观察点很不一样。传统史学和主流史学在实际上就是男性史学,男性史学就是西方在17、18世纪以来建立的一套研究体系,强调史料、强调语言、强调架构。妇女史的研究强调社会性别理论,其中重要的一点就是强调女性的感受,而这一点在传统史学中是不太受到关注的。拿丧服礼来说,女性在家时要为父母服丧三年,出嫁之后这个三年就转移到了她的丈夫和她的公婆上,对生身父母的服丧期则减为一年,那么女性的感受会如何呢? 这里涉及妇女自我认同的问题,女性学者的感受可能更深刻一些。所以如何把两性的研究搭建在一个平台上,实际上是很难的一件事。我在《情感史视角下的唐代妇妒》一文所谈的情感史是一个比较集中的话题,虽然史料中多有"妇妒"的记载,感觉有些研究过度,但真正研究情感史是非常困难的。拿墓志来说,墓志往往"千人一面",并没有妇女的情感在其中。美国学者林恩·亨特(Lynn Hunt)《历史: 它的用处?》(*History: Why it Matters?*)这本书谈到美国历史学界1975到2015年最受欢迎的研究方法就是妇女史和社会性别史,而且是成果最多的,如果中国能够真正把社会性别理论用好,做一部漂亮的两性关系的通史,非常值得期待。另外我想说的是,这次会议非常好,两性学者都有参加,很多时候女性史的研究只有女性学者参加。最后我觉得这次工作坊挺成功,给大家提供了很好的交流机会,并且议题集中,大家都能参与讨论,对我个人而言收获很大。

高世瑜: 我也特别希望能够有这样一部两性关系史。但是这在妇女史学界是存在争议的,因为如果过于强调两性关系,就会削弱女性的主体地位,不再是妇女史了。所以现在我们比较认同的是"妇女/性别史"这个称谓,即以妇女为主角,同时涉及性别,注重性别视角。"妇女史"还是"女性史"这个称谓问题,我刚刚和刘静贞老师也有讨论。开始时我们提出"妇女史",我写《唐代妇女》,指的就是妇女这个社会群体,是从这个角度出发的,也考虑到在中国古代史领域,大家对"女性史"的接受度要低些。

李志生: 在中国古代就有"妇女"一词,在室为女,出嫁为妇,这是我们的传统语境。如果按照西方色彩,则更多使用的是"女性"一词。

高世瑜: 是的,但是在书写妇女史的时候,我们又不得不使用"女性"一词,比如"某个妇女""某个女子"这样的称呼比较别扭,"某个女性"就顺畅得多,这一点我们接下来可以继续讨论。我想说的另一点感受是,研究主体的认识与客体并不完全对应,研究主体的个人经历不同,对客体的看法也不相同,这一点相信做妇女史研究的学者们会有所体会。再有,我们在20世纪八九十年代所进行的社会史研究更像是规划出的草图,可以为大家提供一些方向和思路,但是社会史不能碎片化。具体来说就是可以进行碎片式的研究,但要有综合性分析,最终还是需要回归到对社会、对历史的宏观思考和见解。最后,李志生老师目前进行的情感史研究非常难做,就比如"妇妒"这一问题,不仅仅是人性中的嫉妒本性这么简单,有时候是出于家门阶级,有时候是出于维护尊严,在只言片语的记载中进行探讨难度颇大。

刘静贞:我也来谈一谈"妇女史"这个名称的问题吧。十几年前我曾和李贞德老师在台湾清华大学合开过一门课,课程名称从"两性与社会"到"妇女史"再到"性别与中国",后来贞德自己开课又用了"女性史",几经改易,正可见这是一个反省很多的领域。在我进入妇女史研究后,我一直想把问题焦点落在以前的人(无论女性还是男性)如何面对自己所处时代的性别文化。希望如果能使用这种处理方式,让不管是哪个领域的历史研究,都能得到更多可讨论可交流的空间。其次,我一开始并不做妇女史研究,之所以后来进入这个领域,我觉得可能和我自身是女性,所以会对这一部分更感兴趣有关。虽然有些男性学者觉得,因为我们是男性,不了解女性,所以不适合做女性史的议题。但我想说,我的博士论文方向是宋朝皇帝,可是我并没有做过皇帝。而这也正是历史研究的一个要点,我们当然有自己的主体性在,但我们的目的正是要去理解与我们不同时代的人是如何生活又如何面对生活。"妇女史"抑或"女性史",并不一定哪一个名词才是对的,而是研究者有着不同的关怀的时候,或许我们就该依着自己的议题取向选择最合适的名词或者方向。昨天徐畅老师曾谈到,妇女史的议题有些类型化,我觉得这不仅是女性史才出现的问题。历史本就是复杂多样的,一定会有层次、会有地域性,这些组成了一个个时代的横断面,而当它们汇总起来的时候,又构组成历史不同的纵切面。所以研究上往往会有类型化的现象,集中在某些课题上,但无论是类型化也好,有自己感兴趣的独特的课题也好,研究过程都非常需要交流讨论,才能往前走。在我读大学的时候,老师告诉我们历史是有真相的,经过多年的研究,我发现历史其实不是当年我知道的那样,只有一个真相或者只有一个角度。女性史若可以放在这样一个脉络里研究思考,也许我们会走出更宽广的路途。

姚平:"妇女史"也好,"性别史"也好,我们不一定要追究到底应该用哪个名称。一方面,做"妇女史"研究是很必要的,因为在历史中妇女往往被忽略。另一方面，做"性别史"研究也很重要，不过"性别史"着重发掘这个时代的性别制度，用性别制度来分析两性关系，最终的目的是通过分析性别制度来看当时的社会，所以两者的着重点是不一样的。

　　杨振红：妇女史目前还是一个相对小众的研究方向，研究的学者有限，主要以女性学者为主。要扩大其影响力，引起学术界的广泛关注和重视，必须提高我们的研究质量，有深度，能够激发和促进其他方面的历史研究，让别人不得不看我们的研究成果，才不至于成为"自娱自乐"。这是一个艰巨的任务。李碧妍老师提到代沟问题，祖孙三代观念差别很大，其实这不仅是个体的差异，更是时代的差异。祖孙三代的观念差异，首先是她们所处的时代环境决定的，所接受的时代观念和教育都不同。所以女性史研究必须放到其所处的时代背景下展开。专门史研究其实难度很大，要求很高，要有宏观把握，有时代感，要看到其中的变化。比如本次工作坊衣若蘭老师《籍帐登记与妇女人身支配》的文章就涉及了整个通史，只有对每个朝代的制度和特点都有了深刻理解之后，才能将其中女性户籍登记的意义抽离出来，得出一个清晰、准确的认识和把握。断代史研究也是如此，研究唐史，不仅仅要研究唐代，还要溯其源流，只有在比较中才能找到唐代的特点，找到与其他朝代、其他国家的不同。此外，不仅是妇女史研究，其实整个中国历史学都面临一个共同问题——历史研究不应把注意力放在常识性问题上来，试问，我们辛辛苦苦贡献出来的文章，如果得出的结论是人们熟知的常识，不能给人以启迪，那么意义何在呢？说到个案研究，深入到个体研究时，我觉得研究的主体和客体应该保持一定距离，可以"理解之同情"，却不宜深陷其中，脱离客观叙述、分析的立场，更不宜把个案的特点变成普遍性、规律性特征。我们不能根据一个一个的个案来总结一个时代的特征。至于"妇女史"概念，李志生老师是从"妇女"一词的词源上来考察的。我觉得还需要考虑到当前的文化背景。我们现在设有妇女节与儿童节，妇女是不包括女童的，所以在现代概念下，使用"女性史"可能更合适。"性别史"与之不同，"性别"本身包含两性，男性与女性在性别史研究中应当给予同等的分量，这是很明确的。

　　高世瑜：就杨振红老师的话题接着说，妇女史研究的理论讨论中就存在两个派系，一派主张客观理性中立，另一派认为要有情感代入，不存在绝对的客观理性中立。

李志生：一些美国女性学者就强调必须要有情感代入，不代入的话就不是女性的研究。

杨振红：其实这种代入会不自觉出现，"同情之理解"难以避免，但有意识的代入我觉得还是尽可能不要。

高世瑜：刚刚杨振红老师提到"个案"。在后现代主义进入学界之后，所强调的是个体差异大于性别差异，并不区分男性群体与女性群体，不强调性别，所以如何处理个案研究是很难的。

劉静貞：我们遇到的情况可能可以理解为，本来存在的个体差异，往往会因为生活中的被逐渐规训而整合入群体，个体遂因此而被认知为是某群体的一部分。

唐雯：我也很关注女性史的研究，但是后来没有进一步的深入，很重要的一个原因就是史料的问题。中古有很多女性的墓志发掘，从一般印象来说，确实是增加了开拓的空间。但是仔细爬梳材料会发现，如同李晓敏老师的《唐代墓志与女性佛教研究再思考》一文提到的，史料中往往存在模式化倾向，中古史料中呈现出来的女性往往是男性心中的女性形象，这也是一种无奈的现实。女性墓志中会特别强调宗教因素，信佛崇道对女性来说是一种美德，但男性墓志中这种情况就比较少，正史中亦然。夏炎老师昨天的点评提示了我，要注意这样一种对比，从对比中发现更真实的女性形象也是一个有趣的话题。

衣若蘭：大家今天谈到的"妇女史"与"性别史"，我认为要看自己论文的研究方向和哪个主题更切合来进行选择，不过有时这两者存在重叠。至于"性别意识"，简单来说就是女性如何在这个文化建构下成为女性，男性如何在这个文化建构下成为男性。我认为"性别史"强调的是性别意识，将"性别"作为一个研究的视角，所以研究对象可以是男性也可以是女性，这点区别于"两性史"。比如古怡青老师的《制作武则天：从巡幸看武则天的武周革命与统治》，讲到武则天如何把一个男性才具备的礼仪象征变为女性也可以参与，就是性别史研究中很好的例子。再来，我看到我们这次的工作坊请到的文学系的学者并不多,大概是由于研究视角和方法、材料的取用上都与历史学不一样。在明清史研究中,利用文学作品的现象很多,比如"晚明重情"这个概念。"晚明重情"的"情"更多来说是与"理"相对的,所以这个"情"就与李志生老师所谈的情感史不完全一致,情感史需要的是一种"感知",这也是我们在研究中需要注意的点。刘静贞老师曾经提到过"虚像"与"实相"这个观点,很多结论其实不应该直接从史料中归纳出来,那并不是"实相"。在我看到的明代史料中,作者谈及别人的妻子,往往字句寥寥,但是谈及别人的母亲字数就会充实很多,因为作者勾勒不同的"像"的目的和侧重点是不同的。

杨振红:那么谈及的内容都是好的吗? 都是正面评价吗?

衣若蘭:大部分来说都是好话。

杨振红:墓志也存在这个问题,往往都是溢美之词。

劉静貞:这里我想说一个有趣的例子,就是欧阳修帮梅尧臣妻子写的墓志。欧阳修认为女性身居"内"室,一些言行不宜被记载让外人知晓,但架不住好友梅尧臣的屡屡恳求,最终为梅的妻子写下了《南阳县君谢氏墓志铭》,内容以转述梅尧臣的书信为主。这篇墓志与其他女性墓志不同的是,里面提到了诸如偷听宾客谈话等被当时人认为不太好但是很真实的内容。所以想要得到历史的真相,还需要我们再小心一些,才能挖掘出被掩藏起来的真实。

衣若蘭:是的,在中古资料有限的情况下,我们如何来挖掘和解读这些史料很重要。另外一个我想谈的问题是,我们可能在某些时候太过注重妇女和性别了,就像拿着放大镜来看她们。而实际上很多时候某个问题在某个人身上、某个时空当中,并不是性别的问题,而是譬如结构、阶级、种族、区域、经济等的问题,所以中国性别史中的特殊性需要被指出来。我很感谢高世瑜老师和杜芳琴老师在早年提出的"中国性别特色",把年龄辈分、阶层、嫡庶等问题与性别交织在一起,才能真正看到比较符合那个时空中的形象。妇女史在中国刚刚兴起时受到美国女性主义的影响,但是现在看来,美国社会文化和中国社会文化存在很大差异,不能用同样的视角来看待。总之不管在哪个时段来谈中国妇女史或者性别史,希望我们都能回到中国的区域或者说文化语境里面。

古怡青：很高兴能够来参加此次工作坊，我一直都有关注妇女史研究方向，这次参会的收获也很大。在台湾，妇女史的研究还是比较多的，比较著名的学者有陈弱水、李贞德老师等。我的老师高明士教授主要研究法制史，我也是，所以也会有从法制史角度涉及妇女及性别问题的研究，比如从法制角度看唐代的夫妻关系。以前我们谈到的官制往往是男性的，但是其中也应有女性的身影，比如唐代的宫官，所以现在我也在指导学生研究唐代后期的女官。也就是说，不论是法制史还是制度史抑或是其他方向，如果从女性史的视野出发，应该会有新的启发。最后，如果将来的会议能够请到一些文学方向的学者一起来讨论问题，应该会激荡出不一样的火花。

徐畅：唐雯老师提到，在整个中古时代，无论是借助儒家经典还是墓志，只要是文人士大夫书写的文本，我们得到的女性的镜像都是比较固定的，比如男外女内这种男女在空间上的分配。我的硕士论文是研究秦汉时代女性的行旅生活，论证女性因为什么样的原因会走上行旅生活，又会受到什么样的磨难；一次去香港参加会议，了解到铁爱花老师从事宋代女性的行旅生活研究，和她交流后我发现，尽管秦汉和宋代时代悬隔，社会运转模式有别，而面对的史料也大不相同，最后得到的结论却是相似的，很耐人寻味。我觉得目前的研究，起码大陆的女性史研究存在一个倾向，即追求女性固定镜像的反面。比如传统认为女性应该固定在内闱，所以研究者的兴趣点集中在女性的行旅、女性的工作，荣新江老师研究的女扮男装现象也是一个例子；又如传统认为女性在政治上无所作为，研究恰集中在女主和女权，集中在武则天这类政治女性。大家觉得女性史研究中可以开拓的是"反面"，这个"反面"不是我们直接看到的女性镜像，而是一些男性具有的特性。从我自己的研究经历来看，这些新鲜的反面图景的呈现，往往受制于材料。我们应该更加尊重一些原始档案，或是实物、绘画，或是女性自我书写的文本等相对客观的材料，在此基础上的研究，可能会给未来中古史女性史带来一些实质性突破。

夏炎：谢谢各位老师，通过这次的工作坊，我也学习到了很多。从我个人来看，史料中的女人首先应作为"人"来看待。历史研究中的分类诸如政治史、制度史、法律史、文化史、社会史等,都是人的行为方式的不同层面,然而女性史和这些分类却并不是一个类型,女性史更多是融合在各个专题之中的。所以我认为在研究中应该以从性别角度展开,将女性和男性结合起来,作为一个整体来进行性别史或者说两性关系史的研究,而妇女史则更像是把性别史中的妇女作为研究课题。刚刚古怡青老师提到的女性宦官群体,我认为还是属于官制史。从中古现存史料来看,大部分由男性书写,强调的是男性的价值取向,其中的女性形象往往是以作为男性的"我"的母亲、"我"的妻子、"我"的女儿等视角来表现的。所以一方面,中古史料中的女性并没有缺席,但另一方面,又很难作为独立史料来处理,这就是中古妇女史研究的困难之处。总之,不论男性和女性,都是融入在社会中的"人",可以看到女性在政治史中的存在比较微弱,但在社会史中占比就很多,因此在不同的领域,我们可以有不同的处理方法。

高世瑜: 社会史领域中包括社会群体史,例如农民、商人、工商业者等等,我认为妇女也可以列为一个社会群体。妇女史是在80年代随着社会史的兴起而兴起的,从这个概念上来说,妇女史属于社会史。以黄正建老师研究的衣食住行为例,这些在以前并不入"史",但是现在随着日常生活史的发展,也成了史学研究的重要部分,所以学科是在不断发展、有新进展的。

刘静贞: 夏老师说的将妇女放在各个研究领域中依然可以得到体现,这一点我很认同。现在学术讨论的重点,如种族、阶级、性别,其实都是因为其中存在着一种"规约性",想要去打破这种"规约性"就要回过头去反省它的来源。至于到底是"妇女史"还是"性别史",还在于不同研究者的问题方向不同、想要勾勒出的东西也不同。

姚平: 我们不用性别来区分一个社会的话,那一段历史是不健全的,这才是研究性别史的意义。我的文章讲到了女人社,如果仅仅看到女性结社的伟大,而不用性别制度的概念来分析,就欠缺了对真正的当时社会的认识。这里并没有什么立场,而只是为了历史研究的意义。

衣若兰: 我很赞同妇女史研究中的一些课题需要与男性作对照,因为目前很多研究是将妇女抽离出来的,这种情况是妇女史发展的一个危机。

王安泰: 谈到"妇女"这个词,比如我们称"妇女节"而不是"女性节",可能因为"妇女"在中文的语境里有附属于男性、相对弱势的感觉,讲"妇女史",可能也预设了一种妇女身处男权社会的状态,所以如何客观研究妇女是很有难度的,尤其是现在的性别史中有了第三性、甚至第四性的研究范畴。我同意夏炎老师所讲的,不一定要把女性从政治史、社会史中跳脱出来,同时我认为,我们更需要强调的是女性的独立性和自主性,随后再将女性放入政治史、社会史等领域,这个时候就不再需要单独强调女性,女性很自然地成了其中一个研究课题。对于中古妇女史研究来说,女性资料相对缺乏是一种先天的缺陷,所以在强化女性的重要性、建立这种意识的同时,在具体研究中稍淡化一些,也许能有更全面和客观的收获。

夏炎:感谢各位的发言,本次工作坊的所有议程到此顺利结束。

贾恺瑞整理　经各位发言学者校订

"第三届南开中古社会史工作坊：
中古中国的女性与社会"会议综述

贾恺瑞

　　2019年9月21日至22日，第三届南开中古社会史工作坊在南开大学历史学院举办。南开中古社会史工作坊由南开大学中国社会史研究中心、南开大学历史学院主办，是学界首个以社会史为学术旨趣、聚焦中古时期的学术活动。自2017年开始，工作坊每年围绕一个主题邀请相关专家学者进行讨论，目前已成功举办三届。每届工作坊结束后，成果将汇总为论文集由中西书局出版。

　　本届工作坊的主题为"中古中国的女性与社会"。妇女史作为一个新兴研究领域，自20世纪80年代在社会史和妇女学兴起的双重背景下于中国大陆起步。进入21世纪，北京大学中国古代史研究中心率先举办了"唐宋妇女史研究与历史学"国际研讨会，标志着妇女史研究进入主流学界。多年来，各地高校多次举办不同规模的学术会议，妇女史研究方兴未艾。立足于近年新史料的发掘以及研究视角的拓展，本届南开中古社会史工作坊邀请了来自海内外的25名专家学者，提交论文16篇，就传世文献、简牍、文书、石刻文本中的女性形象塑造，女性参与政治、社会活动及其在中古时代的历史定位，中古女性的日常生活，中古女性的思想信仰，中古女性史研究的范式与路径五个方面进行了全方位的对话交流，展示了当下学界在妇女史研究领域的前沿成果。

一、不同载体下的中古女性形象塑造

　　中国妇女史的传统研究有"阶级""地域""族群"等角度或范畴，随着

"社会性别"概念的引入,"性别"亦不失为分析制度和文化的有用角度,逐渐受到学界的认可与重视。从汉至唐的中古时代是古代性别制度确立的重要时代,父系家族伦理在礼与法中的实践与当时的妇女生活息息相关,并对后世的妇女生活产生深刻影响。中国国家博物馆高世瑜编审数十年来致力于中国古代妇女史和性别史研究,著有《唐代妇女》《中国古代妇女生活》《中国历史中的妇女与性别》《从礼到法——中国古代性别制度的法典化》等论著,本次工作坊高先生提交了《从汉礼到唐律:中古性别制度建构概说》一文,将传世史料与出土简牍相结合,更加详细地追溯了由汉至唐性别制度的发展过程。首先,中国古代的性别制度最明显地体现于"礼"中,而作为礼教源头的周礼,发源于祭神之礼,起初只是作为贵族宗法制度衍生的礼仪规则。由"礼"规定的古代性别制度,以"男女有别为主旨",此"别"不仅包含分隔男女之义,也包括两性的等级之别,后来由此发展出许多进一步严格区分两性的仪制和限制妇女的规范。随后在汉代,董仲舒提出"三纲"思想,为礼教确立奠定了基础,白虎观经学会议进一步论证和确立了纲常伦理准则。《礼记》和《白虎通》成为关于性别制度的权威经典,《列女传》与《女诫》成为开创性的女教著作,性别制度在汉代得以确立和巩固。从汉到唐,性别制度逐渐由礼入法。汉代张家山汉简《二年律令·贼律》中出现有关性别的法规基本内容框架雏形,首开以礼入法之端。魏晋时期的《晋书·刑法志》首创"准五服制治罪",更明显地体现出礼法合一的特色。到了唐代,唐律继承和改革前朝有关律条,"一准乎礼",即以礼教伦理为准则,严格制定了有关妇女与性别的法规,使周、汉、魏晋以来的性别制度由礼制化全面走向礼法合一化,成为性别制度完成由礼入法的里程碑。其中,唐律最明确体现两性地位与关系的立法原则有婚姻法律、两性关系、家庭斗讼、财产继承、妇女刑律等,这些律条以完善的性别法规强化了对两性地位等差的维护,体现出"以刑护礼"的特点。通过以上对性别制度从礼到法的过程概述,高世瑜先生总结,汉唐时代的妇女生活保持了相对的自由,并没有完全受到礼法的严重束缚,同时也应当看到中古时期有关性别的礼与法的成熟确立对后世影响深远。

　　中国历史研究院研究员、岳麓书院讲座教授楼劲先生评议此篇文章。

指出汉唐之所以重要,是因为所有先秦以来的历史,都可以在汉代找到总结,所有到今天为止的历史,都可以称为唐代以来历史的延续。这篇文章从宏观把握,以"礼"和"法"的角度对中古性别制度的建构做出高度概括,具有开拓方向的指导意义。从纵深度来说,文章上及先秦,下及受唐律影响的各个时期;从横截面上来说,从制度到过程,再到观念,始终用"礼"来贯穿一体。楼教授认为文章的亮点有二:第一,抓住了关键词和关键问题,传递出一种体系化的中国女性与性别认识;第二,撷取了汉礼和唐律来认识、构筑中古女性从礼到法、从观念到制度的发展历程,同时隐含了以此来构筑中古女性问题研究框架的用意。最后,楼教授就文章提出了几点建议,可以给相关研究领域开辟新的方向。一是汉礼的内容依然有挖掘的余地。二是唐律当中有大量关于女性的内容,这些内容应当是来自魏晋的,应当注意。三是可以把秦汉简牍中的内容与唐律加以比对,来梳理条文的来龙去脉。四是在考虑礼律关系时,一定要关注东汉时期的建树。五是礼律之间的形成与制定存在互用现象,可以对此进行比较。

妇女史研究与中国史其他研究领域相似,宋元以降信息丰富,隋唐以前史料稀少,因此历代《列女传》中记载的女性成为妇女史研究不可回避的话题。刘向《列女传》开古代女性传记之先河,全书分为母仪、贤明、仁智、贞顺、节义、辩通、孽嬖七篇,全方位展示了女性的精神风貌,其体例与书法都对后世诸正史《列女传》产生深远影响,是研究妇女史的重要史料。立足于不同角度,台湾成功大学历史学系刘静贞教授曾发表《刘向〈列女传〉的性别意识》《宋本〈列女传〉的编校及其时代——文本、知识、性别》等《列女传》相关论文。本次工作坊中刘静贞教授则着眼于历史书写,提交《列女传书写传统的成立与递变——女性传记书写对证》一文。文章通过对比刘向《列女传》与其他正史中的《列女传》,剖析了历史书写背后更深层面的两个问题。一是刘向《列女传》应当放在什么样的时代背景与知识体系中考察的问题。文章指出,司马迁发明的纪传之"传"中所留存的个人历程,必须符合书写者所关怀的"大历史"发展法则或在重要事件的框架之内。刘向身处西汉晚期,因此《列女传》以"传"为名也应当放在这样的背景中来考察,即刘向借这些"历史事实"来证明六经蕴含的"真理",并用这些"历史的"教训作为法则宣扬其性别伦理,以维持汉室的政治稳定。刘向《列女传》中讲述的并不是女性真实生活,而是经由改编以实现教化理想的历史教材,不宜直接划入历史记录的范畴。二是如何透过刘向《列女传》的分类架构来解读刘向的女性历史书写与正史中的女性历史书写的问题。刘向《列女传》为了使人物符合篇目义理,对于人物原本的生命故事存在改写情况。因此厘清刘向真实的书写意图,将女性人物放在全局的分类架构中考量,有助于梳理出人物原本的时空位置与现实情境,重建其真实生活。自刘向《列女传》后,《后汉书·列女传》《晋书·列女传》《金史·列女传》等正史在继承刘向的书写方式的同时,出现了女性故事书写重心与表现重点的转移。女性由被提倡成为协助男性的从属者角色,逐渐转换为以自身行止为凭的主体位置。最后,刘静贞教授提醒,各个书写者依靠不同时代的《列女传》,建立起各自不同的书写方式,切合各自不同的"理",故而出现在不同史书中的"列女传"资料是否能以同一思考脉络来进行解读必须慎重考量。以往学界对于《列女传》的着眼点聚焦在其选材标准、西汉的婚姻观及妇女观、女性形象所包含的文化价值与社会意义等方面,刘静贞教授的这篇文章揭示了《列女传》书写与解读的动态过程,为中国古代女性书写传统的研究提供了更多思考方式。

美国加州州立大学洛杉矶分校历史系姚平教授认为,正如文章所说,《列女传》研究非常活跃,但是目前为止在如何解读上还没有完全展开,此篇论文对《列女传》的研究提出了一个新的角度。刘老师所关注的是两大问题,一是刘向《列女传》与正史《列女传》所用的"传"这一文体在女性历史研究上应如何对待,二是刘向《列女传》与正史《列女传》的类目安排是否与成文时期的大环境、社会背景和历史条件有关。这也是大家非常关注的、十分深刻的两个问题。同时,姚平教授也很赞同刘向《列女传》是"commentary"而不是"biography"的看法,认为很有启发。《列女传》由"史"部转移到"子"部,设定读者由天子转移到女性,所反映的是读者与作者在时代背景与知识体系上的不同,这个观点是非常高明的。总而言之,刘静贞教授以刘向《列女传》为基点来探讨《列女传》传统所反映的各大历史背景下的社会性别关系,是一个值得提倡的取向,为我们在研究过程中避免陷入困境指出了有效途径。最后，姚平教授提出，由"史"部转移到"子"部的《列女传》，是否从来没有脱离"commentary"的轨道，其演变过程是否与其他文字体裁和表达模式的演变有关，这些问题值得进一步研究。

近年来《天圣令》的发现与整理出版，为唐宋史研究提供了极为珍贵的史料，就制度史而言，由《天圣令》可以上溯至唐朝前期诸令典，乃至日本《大宝令》《养老令》。此外，妇女史与医疗史作为两个蓬勃发展的研究方向，颇有交涉之处，为双方都带来了新气象。楼劲先生此次提交的《释唐令"女医"条及其所蕴之社会性别观》一文，主要考释了唐《医疾令》中的"女医"条，是妇女史与医疗史、制度史研究相结合的佳作。唐代存在从官户子女和官奴婢中选取、教习宫廷和官府所需技术人员的制度，《医疾令》中"女医"的选取之法亦可归入其中，即女医是从官户和官婢中选取。之所以从这两类人群中选取，实际上是女医身份相对于官府其他方术生卑微、处于附属地位的写照。相对于男性方术生而言，女医的选取必须符合"二十以上，三十以下"且"无夫无男女"的条件，女医的住所要"别所安置"，女医的课程学习范围窄、克期时间短，女医的培养方式为"按文口授"，以上种种体现了当时社会对于女性的限制。文章据此得出两点结论：第一，太医署教习的女医多为医官助手，主要是为嫔妃宫女提供贴身的医疗服务。故其各项规定一方面从属于官府各技术部门所设制度，另一方面对女医的选取条件、安置住所、课程安排、教习方式等项做出调整，以适应需要。第二，女医之制通体处于特定社会性别观的笼罩之下，从一个独特的角度反映了当时医疗领域的社会性别状态。这不仅集中体现于女医在整套官方医事体系中的卑微身份和附属地位处处渗透于其习业、执业的全过程，而且也典型地透露了当时在女性身心和智力、女医与男医之别、女性疾患就医等方面的一系列共识或者说偏见。结合这两点，楼劲先生认为唐令女医条的资料价值主要不在于医学本身，而在于其中所展示的医疗社会学范畴的各种状态，包括其具象化为相应的职业规范、习惯和官方制度的态势，可以看出特定政治体制、知识系统和社会性别观对于医疗史和妇女史的深切影响。文章结语部分对唐"女医"之制进行了溯源，结合文献和图像，猜想女医之制大致始于北周，并在隋定《医疾令》时附入"令"篇，置于医署生徒教习诸条之后。唐初以来当又有所调整，最终成为今天所见《天圣令·医疾令》所存唐令"女医"条之模样。

北京故宫博物院研究员、古文献研究所所长王素先生认为这篇文章是本次工作坊中分量相当重的一篇。文章爬梳资料广泛，见解新颖，对道教经典、墓志、印章、敦煌壁画等都有留意，对仅88个字的"女医"条进行了细致的再解读。另外，《文史知识》一刊曾于2007年发表《唐代的女医教育》一文，《中国民族博览》一刊于2017年发表《唐代宫廷中的女医探究》一文，这两篇文章对于女医研究有丰富的总结，可供研究此方向的学者们参考，或能提供更多思路。王素先生就本篇文章提出的问题主要有三点：一、中国的中医药学源出宫廷，宫廷御医制度影响深远，"女医"条应当与宫廷而不是官府有更大的相关性，所以既要站在中医药史的宏观层面对女医制度进行再挖掘，又要意识到女医与宫廷的紧密联系。二、汉代的律令系统非常发达，中国的女医制度当发源于汉，而文章将女医制度定型和入令限定在西晋至唐初之间，有更多考虑的余地。三、从微观层面来看，根据《资治通鉴》中的胡三省注，"官户婢"的真实含义可以再进行补充与修正。

结合对两《唐书》、诏令、哀册等多种资料的利用，尤其关注地下文本墓志的记载，中央民族大学历史文化学院蒋爱花副教授发表了《播英声而无朽：唐代后妃形象的建构与表达》一文，从正反两方面探究唐代后妃的形象。文章首先追溯了此前学术著作中丰富多彩的女性形象，提出唐代后妃作为上层女性中的特殊群体，其形象的塑造具有独特之处，不仅关涉外在的样貌，更反映了当时的官方观念，甚至牵扯复杂的政治斗争。唐代后妃的理想出身应为著姓或良家，这种观念的形成一方面受到门第观念的深刻影响，另一方面与帝王统治、管理需求以及繁衍优良后代的考虑相关。唐代后妃的理想品格大致分为恭顺柔婉的性情、高洁坚贞的情操、守德有礼的表现、低调谦和的品质、勤俭节约的美德，以及不羡不妒的品格六类。唐代后妃的才学，官方的理想标准并不局限于某一方面，展现出了多样化的特征，无论是文史、舞乐、书法，还是天资聪颖，皆可得到书写者的赞美。在家史、品格、才学之外，理想的唐代后妃还拥有其他特性，主要涉及姿容、子嗣、与皇帝的关系、与政治的关联等方面。种种希冀与标准之下，是儒家思想与现实情况的交汇，这种"播英声而无朽"的诉求，展现了官方对完美女性的提倡，并非后妃个人的真实写照。

陕西师范大学历史文化学院焦杰教授评议这篇文章，她认为文章对于不同史料的综合使用值得称赞，显示出了作者的功底，并且观察十分细致，注意到了史料共性表达中的差异。同时也提出了几点建议和思考，第一，"后"与"妃"可以拆分开来，进行更加细化的分类讨论。第二，中晚唐时期，刻意渲染后妃出身的现象在墓志中已不常见，这种情况的出现除了门阀制度的消解，是否还存在其他因素如科举制度的影响。第三，舞乐出众的嫔妃往往更受帝王喜爱，那么这一优点放在皇后身上又会产生什么样的倾向。第四，如何将妇女史的研究由微观视角走向宏观视角，是一个共同的努力方向。

二、政治、社会活动中的女性及其历史定位

敦煌文书是研究政治制度、社会状况、法律条文、寺院经济等的第一手资料，文书中的各种社约从不同侧面展示了中古社会的民间社团活动，其中不乏女性的身影。在过去的讨论中，学者们对于敦煌女人社活动内容的看法基本一致，即丧葬互助和上香燃灯，但是对于敦煌女人社的成员身份以及女性结社意义的看法尚有分歧。姚平教授提交的论文《社会性别视野中的敦煌女人社》正是对这两点分歧的进一步探讨。文章首先列举《敦煌社邑文书辑校》中 S.527《显德六年正月三日女人社社条》和 P.3489《戊辰年正月廿四日裡坊巷女人社社条》的人名，通过与其他敦煌文书中人名作对比，认为其中部分人名可能不是女性。然后指出在有"某恩子"署名的文书中，这些"恩子"参与的社团的其他成员绝大多数是男性，因此 S.527 中学者的讨论热点"社人恩子"可能也不是女性。随后文章列举了籍帐文书和社邑文书中常见的男女性名字并进行详细分析，推测 S.527 和 P.3489 中的部分人名应为男性，很可能是女人社成员的丈夫。至于如何理解敦煌文书社条中的"女人"一词，姚平教授认为这里的"女人"一词并不是性别标志，不是相对于"男人"

而言的,它的狭义是婚姻角色的标志,它的广义是家庭角色的标志,它的意义是父权制度的标志。最后文章指出,虽然这些社条反映了敦煌地区女性可以独立结社的现象,但是如果该文对社员名字的推测可以成立,那么则进一步证明女人社是中古时期敦煌社会父家长制的体现,并且从总体上来说,敦煌文书反映了中古女性在家庭中的从属地位。

刘静贞教授评议说,文章从女人社的文书中谁是签名画押者和女人社成员的地位两个问题入手,从社条和社员名字做出分析,再与籍帐文书、社邑文书进行比对,最后还使用了吴籍女性的俗名来对照,开辟和完成了一条几乎不可能开拓的道路。刘教授认为,女性史或者说性别史也常常遇到道路开辟的问题,有意识流传的传世史料书写会给研究带来困扰,但无意识的资料留存也会被怀疑是否为特例,本文的这种将个案研究与普遍的历史背景相联系的处理方式,或是一种积极的有意义的尝试。就论文细节如画押与签名是否为同一人、画押是否为全家共用、名字中的中性词如何界定、文字记录的正误、"女人"一词的使用等问题,刘教授与姚教授进行了进一步的讨论。

武则天作为中国历史上绝无仅有的女皇帝,其巡幸不仅是为了游乐,更有维护政治秩序的意涵。台湾淡江大学历史系古怡青副教授《制作武则天:从巡幸看武则天的武周革命与统治》一文,细致讨论了武则天巡幸过程中以何种巡幸活动为主,和武则天如何透过巡幸奠定政治文化基础两个问题。文章第一部分为前言,整理了相关学术史并总结了文章的主要论题。第二部分以表格的形式列举武则天的巡幸经历,并分为"称帝准备时期""称帝亲享时期""称帝嵩山封禅时期""晚年巡幸地方与行宫时期"四个阶段。第三部分结合《武德令》《贞观礼》《大唐开元礼》和相关正史记载,梳理并分析了武则天巡幸在郊庙祭祀中大祀、中祀、小祀的实际情况,探讨武则天执政期间借由巡幸进行的礼制改革,进而塑造自身在武周时期的政治地位。第四部分通过武则天建造天堂、明堂并多次亲享的史实,认为武则天借由亲享明堂确立皇帝的统治地位。第五部分讨论了武则天的三次嵩山封禅并首创为山川加封人爵的政治原因和意义。第六部分整理了武则天在执政晚期,从圣历元年至长安元年四次巡幸地方与行宫的情况。文章最后指出,武则天借巡幸过程,在礼制上开创了不少新举措,其目的是为武周政权制造合法性依据,同时也为自己增添神圣光辉。

复旦大学中文系唐雯教授评议这篇文章,她指出,武则天在获得权力以及代唐建周的过程中,始终都面临着政治合法性的危机,所以不管是在皇后时期还是在称帝时期,都在通过一系列的行动来巩固自身地位。本文的主题是通过梳理武则天的历次巡幸来展示武则天在武周建立以后做出的维护统治合法性的努力。正如学术史回顾中所说,对于武则天巡幸的相关研究并不是特别多,所以文章的选题还是比较新颖的,展现了武则天和武周时期的另一个侧面。文中制作表格及精细分类的方式值得借鉴,有利于更加详细地了解武周时期的礼仪和宗教活动。但在"巡幸"之定义、仪式之细节方面尚有更深入讨论的余地。

除女皇武则天外,女性中参与政治活动较多的群体当属后妃、公主和女官。陕西师范大学历史文化学院郭海文教授为本次工作坊提交了《国之鸿宝:唐代和政公主的内外之际》一文,聚焦被赞誉为"国之鸿宝"的和政公主在玄宗和代宗朝的政治参与。该文以《和政公主神道碑》为核心材料,首先以《颜真卿集》为底本,对《和政公主神道碑》进行校勘。接下来结合两《唐书》梳理和政公主的个人生命史,并对神道碑与正史所记公主册封及结婚日期存在出入做出解释,认为神道碑所记符合史实,即公主曾两次受封,第一次受封,与柳潭结婚;第二次受封,柳潭被授予驸马都尉、银青光禄大夫、太仆卿。随后,作者对和政公主被称为"国之鸿宝"的原因进行分析。和政公主在安史之乱和代宗时期的叛乱中,不仅在前沿阵地奋勇参战,表现出了杰出的才能,在战争的后方也同样居功至伟。相比较太平公主与安乐公主,和政公主不惜牺牲生命也要维护父兄的统治地位,是儒家教化的结果,也是"国之鸿宝"的真正含义。文章最后将和政公主与肃宗张皇后做出比较,指出她们的所作所为尽管与她们的夫君、子弟事业相联系,却明显超出了"女教""女训"中对于她们的直接要求。而由男性书写的正史和神道碑,在肯定女性对男性牺牲的同时,对其分享胜利果实却持警惕的态度。

古怡青副教授在评议时首先称赞了郭海文教授对于女性史研究尤其是公主研究的专业性,随后提出了可以将唐德宗的爱女唐安公主也放入对比的建议,最后指出了文章中出现的一些小问题。这些问题包括正文第一部分神道碑录文的引用来源,《和政公主神道碑》的底本选取,女子行笄礼的年龄要求,和一些具体的文本校对。

南开大学历史学院助理研究员沈琛博士提交了《汉蕃之间: 文成公主与金城公主历史形象的演变》一文,探讨唐代两位入蕃公主的历史形象在文本叙述中的演变。首先,文章利用汉藏传世史料和敦煌藏文文献,对文成公主和金城公主的生命历程进行较为精细的史实重建。传世史料中记载文成公主嫁与赞普松赞干布是错误的,文成公主所嫁之人是松赞干布的儿子恭松恭赞,恭松恭赞死后文成公主改嫁松赞干布。后世藏文史料讳言此事,将其移花接木到了金城公主身上。其次,对比两位公主在汉藏史料中的历史形象,可见传世藏文史料中倾向于夸大文成公主的地位和功绩,而相对忽略金城公主的贡献,这一趋势到后来愈发明显。这种对文成公主地位的无限拔高背后隐含的语境其实是对松赞干布的神格化。再次,文成公主入藏处在唐蕃交往上的蜜月期,一方面吐蕃借由文成公主入藏,学习、借鉴唐朝的制度和技术,另一方面吐蕃打开国门,开通了蕃尼道路,出现了唐蕃文化交流的高潮。这种文化交流在 670 年左右因为唐蕃的交恶而急剧降温,此时金城公主作为冲突双方的调和人,扮演了至关重要的角色。但由于后世对松赞干布的过度神化,将金城公主的许多作为都嫁接到文成公主身上,使得金城公主的地位隐晦不明。

南开大学历史学院王安泰副教授点评本篇论文。王老师认为,首先,文章在第一部分对文成公主和金城公主的和亲史事做了明确而仔细的讨论,为后文的辨析奠定基础。随后,文章中列举了大量的吐蕃藏文记载,如《吐蕃赞普世系》《吐谷浑编年史》《韦协》《汉藏史集》等,并与传统史料中的唐代部分进行比较研究,最终厘清文成公主与金城公主形象的演变历史,论据还是比较充分的。但是,能否将两位公主的和亲等史事放在东亚或东欧亚的整体概念中考虑，可进一步讨论。最后，王老师就和亲当中女性扮演何种角色提出了一些补充意见。

南开大学历史学院博士研究生史正玉发表了《从皇后亲蚕到"后妃四星"——玄宗王皇后被废史事发微》一文。文章主要分为两节，第一节通过综合考索传世文献，对王氏被纳为皇后的具体经过和王皇后亲蚕的政治功用进行了考察，由此推断王皇后及其家人在诛灭太平公主集团的过程中发挥了重要作用，王皇后行先蚕之礼服务于玄宗夺权。尽管王皇后的先蚕礼是在玄宗的授意下进行的，这次亲蚕也如同武后的邙山亲蚕，令王皇后获取了玄宗默许范围内的独立权威。文章第二节继续铺陈史料，探讨玄宗为了打压政治力量不断增强的王皇后而采取的一系列行动，包括对"后妃四星"的再解读来贬抑皇后地位、打压王皇后族人、避免外戚势力坐大，加之祝祷事件作为导火索，完成了彻底的废后。文章结尾认为，王皇后自以未能诞育皇子导致被废，旧史家以为嫔妃受宠而造成废后，前人研究归结于干政被废，这三种观点都失之片面，由于王皇后兼具功臣与后妃的双重属性，又通过姻亲和宗室发生关联，多重身份令玄宗产生猜忌，最终从玄宗的盟友被推到了其对立面。

中国人民大学历史学院博士后李殷评议该文。她认为，从神龙元年到开元元年，短短八年间换了四任皇帝，接连发生了五场政变，这一系列令人眼花缭乱的政治争斗映射出皇权以及支撑皇权政治结构的失序，短促而动荡的中宗、睿宗时代一般不过被视为武后与玄宗这两个稳定期中的一段插曲。但无可回避的话题是如何来理解从武后到玄宗这一时代转换的性质。女主政治，是男性主导政治统治的权力变易，一旦回归正轨，君主必然建立维系自身统治新的权力结构。玄宗一系列措施之出发点都是出于建立玄宗朝新的权力结构为根本目的。而对于王皇后的任何处置都可以纳入这个范畴中，其实质都是为了破坏并重建武则天以来的宫廷权力结构。如果从这个角度进行适当升华与深入，可能会为玄宗朝政治结构与特色提供新的解释。

三、中古女性的日常生活

　　"日常生活"作为一种研究取向，丰富了历史研究的面向，从这个角度思考与勾勒中古女性的日常生活，或能使传统的制度史、思想史、家庭史、中外交流史等领域焕发出新的生机。首都师范大学历史学院教授、中国唐史学会副会长王永平先生提交的论文题目为《女性与宠物：〈簪花仕女图〉中的拂菻狗》，结合传世文献和出土文献聚焦拂菻狗这一研究对象，为丝绸之路上的物种传播提供了另一个有价值的例证。拂菻狗在唐代广受妇女儿童的喜爱，对唐代女性休闲娱乐生活产生了一定影响。唐代文献虽然对拂菻狗多有记载，其出现的场景大多与妇女儿童的日常生活有关，但是对拂菻狗的外貌特征却描述甚少。文章整理了《簪花仕女图》《唐人宫乐图》以及一些唐墓壁画和唐三彩俑中的拂菻狗，这些物质材料的保存得以复原拂菻狗的真实形象。从名称可以看出，拂菻狗并非本土宠物犬，"拂菻"即东罗马帝国，又称拜占庭帝国，在《旧唐书》记载中，拂菻狗虽然由高昌王贡献给唐王朝，但原本应出自拜占庭。据拜占庭史家弥南德《希腊史残卷》记载，粟特人在突厥汗国与拜占庭帝国的交往当中扮演了非常重要的角色。另据蔡鸿生先生统计，在唐代的九姓胡中康国的入贡次数最多，因此，在九姓粟特胡人进献给唐王朝的贡品中包含有拜占庭物品是合情合理的。文章通过考察拂菻狗的物种来源，证实远距离的物种传播过程往往通过间接转手或接力传递的方式来实现。由此也可以大致描绘出拂菻狗从拜占庭到唐的东传路径，即：从地处丝绸之路最西端的拜占庭传到中亚粟特地区的康国，再翻越葱岭到达吐鲁番盆地的高昌，最后抵达丝绸之路的最东端唐朝。文章还讨论了唐代文学作品中有关于拂菻狗的描写，提出了拂菻狗品种流传的进一步思考和猜想。

　　台湾大学历史学系衣若兰教授赞扬了此篇论文对史料的充分利用，文章使用了诗文、图像、壁画、器物等等，史料的使用非常多元。她认为文章考证细腻，研究态度严谨，丰富了关于唐代女性日常生活的研究，对中西交流、物种传播与女性生活的交融考虑表示赞同。并就唐代女性饲养宠物的心态、拂菻狗如何"曳马衔烛"、拜占庭和波斯地区是否存在类似图像、物种传播的方式等提出了进一步的疑问。

作为妇女中的一类特定人群，妒妇经常出现在各类记载中，对于中国古代特别是中古时期的妇妒，学界的研究不胜枚举，但基于情感视角的分析还尚未见到。北京大学历史学系李志生副教授提交的《情感史视角下的唐代妇妒》一文则基于情感史视角从多方面分析唐代妒妇现象，强调妇妒作为一种情感在不同的历史语境下扮演的角色，填补了这一空白。文章第一部分总结了儒家礼教重"五伦"、强调"五教"的人伦体系，这种人伦体系并不强调夫妻亲密之情的建立，对夫妻妾情更多是一种约束和规范。其目的是避免妻妒而致胤嗣无继、家庭失和，也避免因夫妾亲密之情建立，导致妻妾倒置、家庭秩序混乱。第二部分对比历史上其他时期的妇妒，对唐代妇妒诸问题进行了再讨论。关于唐代妇妒的表达方式、争取的目标，文章认为并未有特殊之处，仅是杂糅了前朝各类妇妒的行为表现。关于唐代妇妒流行的范围，日本学者大泽正昭提出妇妒存在"下移"，李志生教授则指出笔记小说中记载的妇妒多少并不一定能成为衡量妒风扩散的标尺，"下移"观点或可进行商榷。关于唐时惧内之风的出现和唐人对惧内的谐谑，文章认为这是魏晋风度的遗绪和唐代整体风气的缩影，可见唐人对妒妇的宽容性较高。第三部分以宪宗朝宰相李绛的次子李顼与妾章四娘、杜佑与妾李氏等夫妾关系为例，基于情感史的视角讨论了妇妒问题的复杂性。妇妒背后所掩盖的，可能是建立在一夫一妻多妾的不平等婚姻制度上的作为"人"的真实情感。文章第四部分整理了唐律和日常教化对妇妒的约束，并在此部分回应大泽正昭教授所提出的妇妒"下移"观点——综合《女孝经》和《女论语》及唐代笔记小说、敦煌吐鲁番文书等材料，在纳妾较少的下层百姓中，妇妒并未形成风气，唐代妇妒蔓延范围大体还是以官僚或知识阶层为主。在文章的最后一部分，李志生老师认为唐代妇妒最值得关注的还是它的历史化，即在父权制理论下、在社会性别理论下、在近代人眼中等不同历史语境下唐代妇妒所扮演的不同角色，变化中的妇妒角色显示了情感的社会化历程。

台湾佛光大学佛教学系林欣仪助理教授评议这篇论文。她指出，文章从情感史的角度出发,分别从儒家礼教中"妒"的位置和情感表达、礼律对于妒忌的约束,以及妒妇的历史再现等多个面向探讨唐代的妇妒现象,并对前人的说法加以检讨和反思。林老师认为,在重新梳理史料的过程中,文章特别凸显历史人物的情感表达,也透过礼律和史料来谈对情感的约束和抑制。所以文中不止有妇妒的情感,也可以看到戏谑、嘲弄、幽默、深情甚至撒娇等情感表现,这在史学论文中是很少见的,是一个值得继续探索的方向。最后,林老师就魏晋南北朝与隋唐妇妒成因的差异、女性"妇妒"这一标签背后的更多内涵、"妇妒"是否为书写者的一种策略、男性是否存在"夫妒"现象等方面提出延伸问题。

"编户齐民"作为一种户籍制度,多与政治史和经济史相关,历来很少与性别史或家庭史研究连结,衣若兰教授《籍帐登记与妇女人身支配》一文按照时间顺序,把妇女人身支配放在了自先秦至清这样一个长时段中进行考察,梳理了历代籍帐制度下的妇女如何进入"编户齐民"的官方记录并且接受国家人身支配,又逐渐退出编户行列的发展过程。文章首先考察了《商君书》《睡虎地秦简》《居延汉简》《走马楼吴简》等簿册中登记的妇女,认为"编户齐民"最初始于战国,秦朝和汉朝的户籍调查对象即包括妇女,户口簿册中对不同年龄、身份的女子均有记载,但整体属于"个别地被登记"的情况。秦汉和三国时期记口征赋,妇女以户为单位被政府征调。随后,文章对魏晋南北朝的传世史料和敦煌吐鲁番文书进行对比,认为两晋南朝十六国时期的妇女与男性一样被视为"丁",承担赋税和征调,与政府产生密切的联系。北朝时的授田与课征也不排除妇女,但与晋朝以年龄分别男女丁壮的概念有些微不同,基本上强调的是"夫妇一体"。隋唐时期,隋的均田法起初承自北齐制度,继承了"夫妇一体"的课税方式。到了隋炀帝时"除妇人及奴婢部曲之课",转而将控制着重于丁男。唐代的妇女原则上不授田,也不是课税对象,但出土文书中仍可见不少丁妻丁寡与丁女之记载,所以文章指出,唐代女子是否成丁,还是为丁之妻、丁之寡妻,仍有待进一步探讨。唐德宗时施行的两税法则不再以人丁征税,转向以土地、财产为主的收税方式,遂再难以看到女性在赋役制度下的身影,是一个重要转折点。进入宋代,从现有史料来看丁账不登记女口,妇女不再是丁口,渐渐脱离国家编户的体制。元明两朝的籍帐记录较为模糊,但妇女依然不是丁口,也不是赋役征收的对象。清朝"摊丁入亩",把丁税平均摊入田赋中,女性的记录更为罕见。衣若兰教授在文章最后指出,如果"齐民"指的是具有法律地位和自主经济的平民,那么中古中国的女性可能只属于半个"民",或者说妇女曾进入"编户"的系统,但是否达到"齐民",仍有待深思。

南开大学历史学院杨振红教授充分肯定了这篇论文的宏观视角,称赞文章的基本结构把握准确。同时杨教授对于文章中总结的唐代两税法是一个转折点这一观点非常认可,两税法确实意味着统治者统治方式的变化。但是,杨教授指出,在短时间内宏观把握如此长时段的赋役制度是十分不容易的,所以文章中一些具体的说法和结论还需要再斟酌。杨教授的建议主要有以下三点:一是对"编户齐民"概念的进一步界定。"编户齐民"这一概念比较复杂,关系到对不同社会形态和社会结构的认识,"齐民"并不一定会进入"编户",是否征收赋役和是否为丁,也并不影响是否为"编户齐民"。二是对"个别人身统治"概念的进一步界定,这个词汇能否使用在此处应当有更多考量。三是中古至近世赋役制度的变化对妇女的影响可以进行更丰富的补充。

四、中古女性的思想与信仰

在中古史研究中,墓志材料除了能够提供生卒里居、年代史事等文字资料,还记载有相对可靠的思想信仰内容,在妇女资料相对匮乏的中古社会,女性墓志资料的留存无疑更显珍贵。从女性生活与佛教信仰的关系出发,结合对墓志资料的细致考察,郑州大学历史学院李晓敏教授提交了《漫谈唐代墓志与女性佛教生活》一文。该文首先阐释了女性如何对佛教信仰产生内在认同,一方面,佛教思想和儒学中的一些一致观念致使社会舆论和男性社会鼓励女性投身佛教,女性在潜移默化中受到社会大环境和家庭的影响;另一方面,女性也通过佛教活动为自己找到了精神出口。此外,唐代女性在生活中采取什么样的方式来表达信仰,以及佛教信仰对她们的日常生活产生什么样的影响,这两者之间往往是相关联的。唐代女性信仰佛教有不同的层次,少数女性选择出家为尼,大多数女性选择诵经念佛和戒荤吃斋;不同层次也会有不同的信仰方式,体现在加入写经造像等各种佛事活动中和不与俗同的安葬方式等。随后,就时代而言,佛教自两汉时传入中国,从墓志可见北朝的贵族女性已经狂热地投入到佛教信仰之中,就区域而言,目前仅见对于山东士族女性的专门研究,其他区域的女性佛教信仰值得继续探讨。最后李晓敏老师指出,墓志的撰写者都为男性,因此其中体现的是一种"理想化的女性生命过程",体现的是男性对女性的价值判断和要求。在墓志撰写者眼中,佛教带给女性的不是新的理念和新的价值观,佛教和儒家礼教所要塑造的是同一种女性,这种统一恰恰说明了在佛教中国化的过程中,不同文化之间的互动和交融之深入与细微。

南开大学历史学院夏炎教授评议此篇文章。夏教授首先肯定了文章关于仅通过墓志无法直接探知女性佛教生活原貌的观点,作为一种文学体裁而不是史学体裁,墓志中的大部分书写都是模式化的,所以从墓志资料中挖掘和深描唐代女性与佛教之间的关系具有一定难度。文章主要探讨如何用墓志来研究佛教和女性生活,看到了由于墓志主要是由男性书写所以表达了男性的价值观和诉求,特别是把佛教和儒学相结合,最终体现的依然是男性对女性的约束和要求。最后夏教授提出,也应当重视墓志中对男性佛教信仰的描述,并将其与女性研究相结合,这种将男性和女性的历史进行综合考量的方法或可为妇女史研究提供新方向。

台湾佛光大学林欣仪老师提交了《中国中古时期"佛教、产孕与医疗"课题的回顾与展望》一文。文章第一部分为前言,论述了选题源起与意义。文章第二部分为"佛教、孕产与医疗",指出在佛教研究中,与产孕议题相关却影响最深远的议题是《血盆经》及其仪式与信仰中的产孕污秽观。学界对其的考证有很多,但是仍未触及佛教教义本身如何看待产孕,亦未追溯中国中古时期以降此类观念的历史演变和发展。佛教对于性别和身体的观点深受其修行传统影响,从戒律或四念处当中的不净观可以得见。由观身不净或女身不净延伸而来的佛教身体观也体现在佛教的胞胎论述中,具体内容在

第三部分进行了详述。佛教与医学的联系也很紧密，学界对此专题的研究也很丰富，但这些成果未必触及孕产医疗。以上研究为进一步探索佛教相关论述与疗愈实践对于孕产、身体、性别观之影响提供了绝佳起点。文章第三部分为"佛教文献中的胞胎论述"。在佛教与医疗的领域中，近十多年来出现了若干研究佛教不同地域与派别关于胎产的论述，林老师对此做了细致的整理，并发现报恩经典和变文当中的胞胎，以简化后的内容来强化母亲产孕之苦和子女尽孝的重要。第四部分为"经典论述与修行实践中的孕产处置"，林老师梳理了佛典、相关陀罗尼经咒、敦煌写本和祈愿文等资料中，关于信仰和仪式在产孕时提供的身心愈疗协助和产后育儿照护的内容。通过现有研究可以看到，佛教在胎产和育儿方面提供的神灵和仪式医疗资源，不仅在印度内部和医学领域已有交集，更辗转传入西域、汉地乃至日本，受到一定程度的应用。文章最后一部分为研究展望，希望通过对上述研究的整理，使佛教、产孕与医疗课题可供深入理解中古时期宗教与医疗的交流，并促进不同宗教之间的交流，对性别史、妇女史和身体史也可以有更清楚的认识。在这一课题未来可以继续推进的方向上，林欣仪老师也提出了自己的见解。

郭海文教授评议认为，首先，在唐代女性的佛教信仰研究中，以往关注的方向多是比丘尼研究和信众研究，从佛教与孕产医疗出发的文章少之又少；从另一个角度来看，在医疗史和儿童史的研究中也很少有人从佛教来入手，所以这篇文章的选题是很新颖的。其次，这篇文章梳理了大量资料和论著，提醒大家在进行中古女性史研究的时候不要拘泥于现有材料，要善于发现和使用新的资料。最后郭教授提到，姚平教授曾著《唐代妇女的生命历程》一书，这个"生命历程"指的是一个人从出生到死亡的时间段，而出生前的情形并没有涉及，林老师的论文引发思考，人在母体中的"前生命历程"也应成为一个值得关注的时间段。

陕西师范大学历史文化学院焦杰教授提交的论文题目为《巫术、性别与政治——唐代朝野政治斗争中的女巫》，从生存环境、现实需求、政治参与等多方面探究唐代女巫这一特殊群体。在文章第一部分"禁淫祀政策与唐代女巫的生存环境"中,作者从唐代官僚阶层对女巫的态度和李唐皇室对女巫的态度两个层面进行介绍。在唐代的主流话语中,女巫的活动遭到禁绝,一些不信鬼神的官员对于巫风实施打压的政策,李唐皇室对待女巫的态度大体上也是压制的。文章第二部分"现实生活的需求与对女巫的欲罢还休"对女巫的现实需求情况进行了具体的分类。其一,为了消病除灾,女巫也在唐人的延请范围之内;其二,在国家正祀祈祷不灵时,中央政府和地方官员也会邀请女巫做法攘灾;其三,出于神道设教的目的,个别皇帝对巫风有所推崇,体现了唐代统治者对于巫术的矛盾心理。文章第三部分是"唐代女巫自下而上的生存努力"。女巫的社会与法律地位都比较低下,生存环境常常因上层统治者的个人好恶而发生改变,因此想要获得较好的生存环境必须向上层社会渗透,女巫或利用女性身份之便或利用老年身份之便向社会上层渗透。第四部分为"唐代女巫与朝野政治斗争",女巫由于其通神视鬼、预言吉凶祸福的能力,在特殊时期会主动或被动地介入政治活动,出现在朝野斗争和地方斗争中。在这一过程里,并非所有女巫都能获得利益,最终大多数女巫都沦为政治斗争的牺牲品。在结语中,焦杰教授指出唐代女巫群体的特殊性:女巫群体一方面没有合法的身份,巫术活动受到国家法律制度的禁止,不断被驱逐和被边缘化;另一方面由于社会大众消灾除厄的心理,依然为女巫提供了宽泛的存在土壤,使她们甚至有机会进入上层或干预朝野的政治生活。应当看到的是,法术是女巫的筹码和工具,但最终决定其命运的依然是掌握公共权力的男性。

　　苏州大学社会学院历史系铁爱花教授评议认为,文章选取唐代女巫这样一个特殊群体作为研究对象,从巫术、性别与政治的视角切入,对唐代女巫的生存环境、现实生活对女巫的需求、女巫自下而上的生存努力、女巫与朝野的政治斗争几方面入手,层层挖掘,来探讨女巫的生存和命运等问题,提出了不少有见地的观点,令人颇受启发,同时也提出了一些建议。一、在一些宗教信仰研究和唐代淫祠研究的论著中,有不少涉及唐代女巫,所以相关研究的学术史回顾方面尚有补充的空间。二、中国古代鬼神信仰与佛教广泛传播是否存在直接相关的关系,唐代女巫活跃的文化土壤到底是什么,需要进一步的深挖。三、唐代本命神信仰的流行受到佛教思想还是道教思想的影响更多,还应再作考虑。四、文章第三部分中,女巫利用老年身份之便向社会上层渗透的这一观点仅有两则材料作为支撑,这两则材料是否具有普适性值得探究。

五、中古女性史研究的范式与路径

中古妇女史研究经历了 20 世纪的拓荒、凝滞、蓬勃发展等阶段,在新世纪不断涌现新视角、新方法和新材料,获得了瞩目成绩。但是其中依然存在两个值得注意的问题,一是材料,二是方法,对这两个问题的认识与处理,在某种意义上成为新世纪妇女史研究继续纵深的关键。铁爱花教授回顾以往学界研究的不足,结合自身研究经验,为本次工作坊提交了题为《浅议中古妇女研究的材料和方法》的论文。文章首先简要追溯了中古妇女史的研究情况,随后就"史料发掘与议题开拓"和"方法理论与研究路径"两个方面进行分析。在"史料发掘与议题开拓"部分,铁爱花教授认为,中国妇女史研究的困难很大程度来自史料,包括史料的搜集整理和史料的解读使用。因此,既要拓展史料的搜集范围,进行扎实的史料整理工作,在此基础上开拓中古妇女史研究的空间,又要以各种不同史料来相互参照,并进行重新审视与解读。同时,不同类型的文献材料还具有不同的特点,须进行精耕细作的整理、辨析和利用。除正史、方志、文集、墓志资料之外,还需广泛关注儒家经典、法典、笔记、诗词文、类书、石刻、出土文献等多种资料,并要注意其各自不同的特点。在"方法理论与研究路径"部分,传统的实证分析法无论如何不能摒弃,应坚持以历史学为本位,多学科综合研究的路径。在利用社会性别理论进行妇女史研究的同时,避免理解浅层化和使用泛滥化,使用时不应过于强调男女两性的二元对立。文章最后介绍了社会学中的"社会控制"理论、社会分层概念、社会流动概念和法学中的"法文化"理论,提出对这些概念的理解和使用对中古妇女史研究不无裨益。

北京师范大学历史学院徐畅副教授认为,作为女性史研究的专家,铁老师这篇论文非常具有理论性。作为评议人,徐教授将评议内容分为以下三部分。第一部分为建议,主要建议在梳理相关材料的时候不妨以材料的性质进行分类,进而分为原始档案类、编纂性材料类、文学书写类、图像实物资料类。其中图像实物资料在当下的应用并不充分,如利用得当应能为未来妇女史的发展开拓新的方向。第二部分为提问,就妇女史和女性史概念的定义、为何女性史研究的学者大部分为女性、女性史研究是否存在程式化倾向等方面提出了一些疑问。第三部分为个人感受。徐教授认为,现在的中古女性史或者说妇女史的研究可能存在先验性的现象,在女性史研究中,终极目的其实还是重构历史复杂的图景,而女性是其中的一个关键要素,因此不能本末倒置地把女性从历史的脉络中抽离出来,在不同的断代研究中得到相同的结论。

结　语

本次工作坊历时两天,为妇女史研究提供了良好的平台,专家学者们立足史料展开了深入的交流与讨论,对相关议题发表真知灼见,为中古妇女史研究的深化做出了值得肯定的努力。围绕"中古中国的女性与社会",报告论文内容丰富,广泛涉及政治史、社会史、宗教史、医疗史、敦煌学等众多领域,或提出全新观点,或对以往专题进行系统整理,或跨断代进行综合研究,体现出较高的学术水准和创新意义。专题报告与特约评议结束后,与会学者还举行了综合讨论。讨论内容包括妇女史与女性史的概念区分、从"妇女史"到"妇女/性别史"的演变过程、中国妇女史未来的突破方向等,这些讨论与争鸣充分体现出借鉴新的研究方法和多学科综合研究对于丰富和创新妇女史研究的助益。可以说,本届工作坊水准颇高、收获颇丰,为今后的中古妇女史研究起到良好的推动作用。相信在不断壮大的队伍中,中古妇女史发展将迎来更多元的视角、更多样的课题和更广阔的研究领域。

附记:原文刊于常建华主编《中国社会历史评论》第 26 卷,天津古籍出版社,2021 年。

作者信息（以文章先后为序）

高世瑜　中国国家博物馆编审

楼　劲　中国历史研究院研究员、岳麓书院讲座教授

劉静貞　成功大学历史学系教授

铁爱花　苏州大学社会学院历史系教授

姚　平　美国加州州立大学洛杉矶分校历史系教授

李志生　北京大学历史学系副教授

王永平　首都师范大学历史学院教授

李晓敏　郑州大学历史学院教授

林欣儀　佛光大学佛教学系助理教授

焦　杰　陕西师范大学历史文化学院教授

郭海文　陕西师范大学历史文化学院教授

远　阳　陕西师范大学历史文化学院硕士研究生

蒋爱花　中央民族大学历史文化学院副教授

胡楚意　武汉大学历史学院硕士研究生

古怡青　淡江大学历史系副教授

沈　琛　南开大学历史学院助理研究员

史正玉　南开大学历史学院博士研究生

贾恺瑞　南开大学历史学院硕士研究生

编　后　记

　　教育部人文社会科学研究重点研究基地"南开大学中国社会史研究中心"是中国社会史研究的重镇,近年来致力于助推中古社会史研究。从 2017年开始推出每年一届的"南开中古社会史工作坊"系列学术活动,邀请专家学者围绕社会史相关话题,采用工作坊的形式展开学术交流;并与中西书局合作,将每届工作坊的主要论文结集出版。

　　2019 年 9 月 21—22 日,第三届工作坊在南开大学津南校区举行,此次工作坊的主题是"中古中国的女性与社会"。早在 21 世纪初的 2001 年,北京大学中国古代史研究中心曾举办"唐宋妇女史研究与历史学"国际学术研讨会,这是中国大陆首次以中古时期妇女为主题而举办的学术盛会。而 18 年后的此次工作坊,再度将中古时代的女性群体推向话题的中心,探讨她们对于中古社会发展的重要历史意义。围绕文本、史实与方法,本届工作坊共设五个相关论题,即传世文献、简牍、文书、石刻文本中的女性形象塑造;女性参与政治、社会活动及其在中古时代的历史定位;中古女性的思想与信仰;中古女性的日常生活;中古女性史研究的范式与路径。这些论题顺应近年来中古史学术发展趋势,呈现出一定的时代特色。

　　此次工作坊的筹备始自 2017 年。当年 11 月 11—12 日,由南开大学中国社会史研究中心主办的"日常生活视野下的中国宗族史"学术研讨会在南开大学津南校区召开,北京大学历史学系李志生教授应邀参会。那次会后,编者便将工作坊的计划向李老师作了汇报,并请李老师协助拟定中国大陆方面拟邀请学者名单。2018 年 8 月 31 日—9 月 9 日,编者率南开大学历史学院伯苓班同学赴中国台湾地区进行学术交流。在台湾大学历史学系交流期间,又请衣若蘭教授帮助拟定境外妇女史研究相关专家名单。在两位教授的帮助下,此次工作坊的计划最终得以实现,谨向她们多年来对南开社会史研究的支持表示诚挚的谢意。

此次工作坊共邀请到海内外 19 个高等院校、科研院所及出版社的 25 名学者齐聚南开,提交论文 16 篇。高世瑜(中国国家博物馆编审)、刘静贞(台湾成功大学历史学系教授)、楼劲(中国历史研究院研究员、岳麓书院讲座教授、中国魏晋南北朝史学会会长)、王永平(首都师范大学历史学院教授、中国唐史学会副会长)、姚平(美国加州州立大学洛杉矶分校历史系教授)、李志生(北京大学历史学系副教授)、衣若兰(台湾大学历史学系教授)、铁爱花(苏州大学社会学院历史系教授、历史系主任)、林欣仪(台湾佛光大学佛教学系助理教授)、李晓敏(郑州大学历史学院教授)、焦杰(陕西师范大学历史文化学院教授)、郭海文(陕西师范大学历史文化学院教授、陕西师范大学女性研究中心副主任)、古怡青(台湾淡江大学历史系副教授)、蒋爱花(中央民族大学历史文化学院副教授)、沈琛(南开大学历史学院助理研究员)、史正玉(南开大学历史学院博士研究生)等学者分别作专题报告及论文评议,同时特别约请王素(北京故宫博物院研究员、故宫研究院古文献研究所所长)、杨振红(南开大学历史学院暨中国社会史研究中心教授)、唐雯(复旦大学中文系教授)、徐畅(北京师范大学历史学院副教授)、夏炎(南开大学历史学院暨中国社会史研究中心教授)、王安泰(南开大学历史学院暨韩国研究中心副教授)、李殷(中国人民大学历史学院博士后)等学者单独进行论文评议。区别前两届,此次工作坊还特别增加了综合讨论环节,各位学者在轻松的学术氛围下,围绕女性史研究相关话题,总结当下,展望未来。关于综合讨论实录及工作坊的详细情况,请参阅本论文集的附录部分。

此论文集为南开中古社会史工作坊系列文集之三,是以第三届工作坊的主要发表论文为基础编纂而成的。论文集延续前两辑的收文原则,所收录的大部分文章均为首次刊发。同时,所收录的已发表论文亦进行了若干修订,从而保证了本论文集的学术价值。谨向应邀参会且欣然允诺在论文集中发表论文的诸位专家学者致以深深谢意。

在南开大学中国社会史研究中心、南开大学历史学院的大力支持下,工作坊得以成功举行,论文集得以顺利出版。感谢中心主任常建华教授多年来对南开中古社会史研究的积极推动,及对青年学人的鼓励与鞭策。中西书局编辑团队为论文集的编辑出版事宜付出良多。李碧妍副编审每次都亲自莅会指导,其广阔的学术视野,高效的工作效率,令人感佩;吴志宏博士专业且细致的编辑工作,保证了论文集的学术质量。编者的硕士研究生贾恺瑞撰写了会议综述,并对工作坊综合讨论录音进行了整理。博士研究生张弛、史正玉协助了相关编辑事宜。在此一并致谢。

系列文集之四的主题是"中古中国的法制与社会",敬请期待!

编者谨识于津门

2020 年 5 月 8 日